HISTOIRE
DE PARIS

ET DE SES MONUMENTS

Propriété des Éditeurs,

PARIS AU MOYEN ÂGE.

DE PARIS

HISTOIRE
DE PARIS

ET

DE SES MONUMENTS

PAR

EUGÈNE DE LA GOURNERIE

DEUXIÈME ÉDITION

TOURS

A^d MAME ET Cie, IMPRIMEURS-LIBRAIRES

M DCCC LIV

Présenter dans un tableau rapide les points saillants de l'histoire et de la physionomie de Paris, telle est la pensée qui a inspiré ce livre. Les volumes ne manquent assurément point sur notre grande capitale, les gros volumes surtout, qu'on ne lit point ou qu'on lit peu. Ajoutons que le seul qui soit répandu dans le public, l'ouvrage de Dulaure, est un des livres les plus froidement systématiques et irréligieux de notre temps.

Dulaure avait assisté et participé à cette Saint-Barthélemy de dix ans qu'on nomme la Révolution, cette Saint-Barthélemy des croyances, des traditions et des hommes; et de cette terrible expérience il concluait que la civilisation datait précisément parmi nous de l'ère révolutionnaire.

Il avait rencontré dans le passé des peuples féconds et énergiques dont le bon sens savait créer des institutions durables, et la foi des monuments sublimes; et, en présence de nos catastrophes, en présence de nos monuments dessinés au calque, il s'était dit : « La France autrefois était ignorante et esclave; ce n'est que d'aujourd'hui qu'elle est savante et libre. »

Il avait traversé, en remontant le cours des siècles, des calamités sans nombre, des passions, des pestes, des famines; et il n'avait pas pris garde que la plus terrible des passions est celle qui naît du pervertissement réfléchi de la pensée; il n'avait pas compris que, de toutes les famines, celle qui tue le mieux les peuples, ce n'est pas la famine du corps, mais la famine de l'âme lorsqu'elle n'a plus ni foi ni respect.

Dulaure passa sa vie à trier les documents. Ce n'est pas ainsi qu'on peut écrire un livre vrai.

Quant aux ouvrages d'érudition proprement dits, ils ont pour la masse des lecteurs le défaut trop habituel de disséquer au lieu d'animer. Nos villes, nos monuments sont cependant autre chose que des amas de pierres et des dépôts d'archives. Ils ont eu, à toutes les époques, une vie agitée et bruyante, une physionomie caractéristique et mobile. Pourquoi ne pas chercher à leur rendre cette physionomie et cette vie? Je l'ai tenté du moins pour notre vieille Lutèce, comme je le tentais, il y a dix ans, pour Rome [1]. J'ai suivi, du point élevé des siècles, le panorama mouvant de son existence; puis j'ai interrogé à part chacun de ses monuments; j'ai voulu entendre la voix qu'il y a dans ces pierres.

Au lieu de me borner à décrire les palais et les églises, j'ai tenu en outre à savoir quels étaient les saints et les grands hommes qui avaient prié dans ces églises, quels étaient les vertus ou les crimes qui avaient illustré ou souillé ces palais.

Mon livre sera peut-être un peu court pour des érudits, un peu long pour des touristes : je l'offre aux esprits studieux et jeunes comme je l'étais lorsque j'arrivai à Paris; je l'offre à tous ceux qui, dans l'art comme dans l'histoire, cherchent surtout des impressions et des souvenirs.

EUGÈNE DE LA GOURNERIE.

[1] *Rome chrétienne*, 2 volumes. — Paris, Debécourt, 1843.

PARIS

AUX

DIFFÉRENTS AGES DE SON HISTOIRE

I

PARIS AVANT ET PENDANT LA DOMINATION ROMAINE

Sur les confins de la Gaule Celtique et de la Gaule Belgique s'élevait, au temps de César, un pauvre *oppidum* gaulois dont les huttes, couvertes de chaume, occupaient la moins petite d'un groupe de petites îles formées par le cours de la Seine. A voir la forme étroite et allongée de cette île, on l'eût prise pour un navire à l'ancre. L'*oppidum* qui y avait pris naissance est nommé *Lutetia* par César et *Loucotetia* par Ptolémée ; il était habité par les *Parisii*, faible peuplade qui s'était mise sous la protection des Senonais, peu de jours avant l'invasion romaine.

Quelle avait été l'origine de cette peuplade? Essaierons-nous d'en suivre la trace jusqu'à Samothès, fils de Japhet, ce vieil ancêtre des peuplades des Gaules, au dire de nos premiers historiens? Le nom de *Parisii* vient-il du Troyen Pâris, ainsi que le prétend Nicole Gilles; du roi Isus, comme le veut Belleforest; ou de la déesse Isis, dont on a cru reconnaître la statue dans une antique effigie placée jadis près de Saint-Germain-des-Prés, et que Corrozet nous représente « maigre, haute, droite, « noire par son antiquité, et nue, sinon avec quelques « figures de linges enlacés en tous ses membres? » Ou plutôt ne faudrait-il pas voir dans la racine celtique *Par* ou *Bar*, qui se retrouve souvent aux noms de bourgades placées sur les confins de divers territoires, l'indication toute simple de la position frontière de l'île de la Seine? Questions obscures dont la solution jusqu'ici, ou follement prétentieuse ou incertaine, laissera longtemps encore la lice ouverte aux conjectures de la science.

L'époque de la fondation de Lutèce n'est guère mieux connue. Une seule chose est certaine, c'est qu'à l'époque de l'arrivée des Romains, les *Parisii* ne figuraient encore qu'au second rang parmi les peuplades gauloises. Le choix que César fit de leur île pour y transférer l'assemblée générale du pays, lors de la révolte d'Accon, et le séjour parmi eux de plusieurs gouverneurs romains, de Julien surtout, furent les premières et véritables causes de leur puissance.

Mais avant de suivre Lutèce sous cette brillante domination romaine qui, suivant l'énergique prophétie de l'Arverne Critognat, fera perdre à la Gaule *son droit, ses lois, et l'accablera d'une perpétuelle servitude*, tâchons de nous représenter l'aspect primitif du sol sacré que nous foulons.

César nous peint ordinairement les habitations gauloises éparses dans les forêts ou sur le bord des fleuves dans la crainte des chaleurs de l'été, *æstus causa*. Tacite nous trace le même tableau de celles de la Germanie. « Il est suffisamment reconnu, dit-il, que les Germains n'ont point de villes; ils ne pourraient jamais habiter des maisons jointes entre elles; mais les leurs sont éparses et situées dans un champ, dans un bois, ou près d'une fontaine. Chacun laisse un espace autour de la sienne, soit pour prévenir les incendies, soit qu'ils ignorent l'art de construire autrement. »

Mais alors qu'était-ce donc que ces cités (*civitates*) et ces forteresses (*oppida*) qui couvraient le sol des Gaules? Le mot de cité, *civitas*, est employé dans deux sens fort divers par César. Lorsqu'il est appliqué à la Gaule romaine, qui avait pris dès lors les habitudes de Rome, il n'a d'autre signification que celui de ville. Appliqué au contraire à la Gaule barbare, il signifie *nationalité, société*. C'est ainsi, par exemple, que César nous parle de toute la *cité* des Eduens pour exprimer l'ensemble de ce peuple, *tota civitate Æduorum*.

La raison de cette différence se trouve dans les mœurs diverses des deux pays. Les villes de la Gaule romaine étaient en effet le centre d'une administration à laquelle se rattachaient tous les liens sociaux qui constituent la cité; tandis que, dans la Gaule barbare, ces liens n'avaient d'autre centre que les assemblées délibérantes et temporaires qui se formaient chaque printemps à l'ombre des grands bois, autour du dolmen sanglant des druides.

Ainsi, chez les Romains, l'administration commune qui fait le citoyen et la cité est concentrée dans les murs de la ville ; chez les Gaulois, au contraire, elle est éparse dans toute l'étendue du pays. Mais à mesure que les institutions romaines se propageront, on verra les forteresses gauloises se transformer en de populeuses capitales où se réuniront en faisceau les divers liens qui constituent la nationalité des peuples. L'*oppidum* quittera alors son antique nom de forteresse pour prendre celui de la *cité* ou de la société dont elle deviendra l'âme. *Cæsarodunum*, en devenant la cité des *Turones*, prendra le nom de Tours ; *Agedincum*, en devenant la cité des *Senones*, s'appellera Sens ; *Lutetia*, en devenant la cité des *Parisii*, ne sera plus connue que sous le nom de Paris.

Cette révolution dans les noms fut à peu près générale au IVe siècle [1], et elle fut l'expression d'une transformation complète dans les mœurs du pays. Le Gaulois, habitué en effet à la vie des champs, ne considérait l'enceinte des villes que comme un lieu de refuge en cas de guerre et comme un champ de foire en temps de paix. César nous dépeint les *oppida* de la Bretagne comme de vastes camps retranchés. Lui-même campe souvent avec toute son armée dans les *oppida* des Gaules. Les édifices qu'ils contiennent sont exigus ainsi que doivent l'être des demeures passagères, *exiguis ædificiis;* ils ne sont même bien souvent formés que par des toiles, *tecta tentoria*. Ce ne sont, suivant Strabon, que des cabanes et des étables entourées par un cours d'eau ou par de fortes murailles. Ces murailles étaient construites d'assises alternatives de bois et

---

[1] Julien désignait encore Paris par le nom de Lutèce ; mais Ammien Marcellin commençait au même moment à l'appeler Paris, et, à partir de l'année 365, ce dernier nom est le seul qui se retrouve dans l'histoire.

de pierres, ce qui, nous assure César, était loin d'offrir un ensemble désagréable à l'œil. Enfin la porte des *oppida* était ornée de têtes de morts.

Pour ce qui regarde spécialement Lutèce, nous savons qu'elle était unie par deux ponts aux rives marécageuses de la Seine, et que de grands bois couvraient les deux chaînes de collines qui dominent le cours du fleuve, et dont la direction capricieuse détermine ses nombreux méandres.

Ainsi quelques huttes le plus souvent inhabitées, des ponts qu'on brûlait à l'approche de l'ennemi, de grands bois et de vastes marais, tel était l'aspect que présentait à l'œil, soixante-dix ans avant Jésus-Christ, la future capitale de cette Gaule où Strabon disait qu'une providence tutélaire semblait avoir tout disposé, mer, fleuves, montagnes, pour en faire, un jour, le lieu le plus florissant du monde.

Afin de compléter le tableau, il faudrait maintenant nous figurer cette population des Gaules haute et fière, légère et irritable, peuple né pour les vains tumultes, dit Tite-Live, dont l'esprit est prompt comme le cœur, mais qui manque de réflexion et de suite. Ce qu'il lui faut, c'est le bruit, c'est la guerre, ce sont les brillantes parures. Le guerrier des Gaules teint en roux ses longs cheveux; sa femme se farde, elle porte des chaînes d'or massives; l'un et l'autre aiment les chlamydes rayées, les saies de couleurs éclatantes; ils aiment les tuniques de pourpre parsemées de disques et de fleurs. Mais ce que le Gaulois préfère à tout, c'est la hache de guerre, le couteau de silex, le dard brûlant et le casque empanaché que dominent les hautes cornes de quelque tête hideuse d'élan ou d'uroch. On le voit même dans les combats dédaigner toute autre parure et jeter ses vêtements à terre pour courir nu à l'ennemi.

C'était alors, c'était dans ces instants de crise que l'*oppidum* gaulois sortait de sa morne solitude. Femmes, enfants, troupeaux, s'y pressaient pêle-mêle avec les guerriers, qui embrassaient à eux seuls toute la partie virile de la nation. L'enfant qui n'avait pas la force de porter les armes ne pouvait en public aborder son père, et, lorsque le cri de guerre s'était fait entendre, le dernier venu à l'étendard était tué.

Mais, aux jours de paix, Lutèce redevenait déserte. Quelques bateliers et quelques marchands y restaient seuls parmi les ruines. Parfois néanmoins on pouvait apercevoir, à travers les grands arbres de la rive droite, une foule agitée se pressant autour de la robe blanche de quelque druide, près de ces *hautes-bornes* et de ces *pierres-levées* dont le nom demeure encore, après vingt siècles, aux rues qui ont remplacé les sombres allées de la forêt.

Devenue romaine, Lutèce se peupla lentement; elle ne fut comprise, jusqu'à Julien, ni parmi les municipes libres, ni parmi les colonies; elle n'eut ni la constitution indépendante de Nîmes et de Marseille, ni la brillante civilisation latine de Lyon et de Narbonne. Simple *oppidum* au temps de César, elle n'était encore, à l'époque de Julien, qu'un château fort, *castellum*, *oppidulum*. Telle était cependant l'action de Rome sur les moindres parties de l'empire, qu'on y retrouve partout ses traces. Ici, à l'extrémité orientale de l'île de la Seine, c'est un autel dédié par les *nautes* parisiens à Jupiter, divinité toute romaine. Là, sur le penchant du coteau, ce sont des thermes qui rappellent par leur magnificence ceux de Caracalla ou de Dioclétien; dans le vallon d'Arcueil, c'est un aqueduc digne de rivaliser avec les aqueducs de Rome; sur les hauteurs de Chaillot, ce sont de vastes bassins d'où l'eau allait se répandre parmi les fraîches villas qui couvraient le terrain occupé aujourd'hui par le quartier du Palais-Royal; ailleurs, c'est un camp romain occupant une partie de l'enclos actuel du Luxembourg, et dans lequel il est impossible de ne pas reconnaître celui où Julien, la tête ceinte d'un collier de centurion, à défaut de diadème, harangua les légions qui venaient de le proclamer empereur.

Puis, aux quatre coins de la ville, à Saint-Gervais, à Saint-Marcel, à Saint-Jacques, dans la rue Vivienne, ce sont des champs funèbres qui, par leur nombre et par leurs inscriptions latines, révèlent, dès le IVe siècle, le complet envahissement de la civilisation romaine. Citons quelques-unes de ces inscriptions de la mort : *Ampudia Amanda, fille de Pithusa, morte à dix-sept ans.* Un feston de fleurs et de fruits orne l'urne cinéraire. *Nonus Junius Epigonus :* le cippe sous lequel il repose, et qui porte aux angles quatre aigles éployées, lui fut érigé par son affranchi Chrestus. *Patilius, fils de Partichus :* de nombreuses médailles, dont la plus récente est du tyran Magnence (an 350), ont été trouvées dans sa tombe. On se croirait transporté sur la voie Appia, entre ces deux lignes de sépulcres qui annoncent de loin la capitale du monde, si quelques pierres brutes, quelques obélisques gaulois n'apparaissaient encore çà et là comme de muets souvenirs d'une nationalité qui s'efface.

Mais à côté de ces vestiges d'un monde vieilli se révèle un monde naissant qui se fait jour tout à coup à travers la civilisation romaine. Non loin de ces tombeaux païens sur lesquels sont représentées tantôt des scènes d'amour, tantôt des scènes de table, des esclaves servant des convives, des convives couchés, des prêtresses rendant des oracles, remarquez ces deux colombes, symbole de l'amour conjugal, et, au-dessous, cette inscription : *Vitalis à Barbara, son épouse très-aimable, âgée de vingt-trois ans cinq mois et vingt-huit jours.* Le monogramme du Christ remplace ici les têtes de béliers et les représentations bachiques. Il est placé entre l'Alpha et l'Oméga, emblème mystérieux de cette puissance nouvelle qui ne connaît ni le temps ni l'espace, et embrasse toute science depuis le commencement jusqu'à la fin.

II

PRÉDICATION DU CHRISTIANISME. — DOMINATION FRANQUE

Le monde antique se décomposait lentement ; Rome elle-même était à bout de ses forces, et, pendant toute la durée des IVe et Ve siècles, les idiomes, les lois, les mœurs, les costumes se mêlent, se confondent sur la terre des Gaules, sans qu'on puisse, dans cette anarchie de toute pensée et de toute tradition, prévoir l'avenir. Le citoyen de Paris ou de Tours couvre fièrement de la toge sénatoriale sa braie gauloise ; vous l'entendrez prêter à l'harmonieux langage du midi le rude accent du nord ; et, pendant cette lente fusion de deux nationalités, le druide trouve encore de sombres forêts où cacher le mystère de ses sacrifices ; le Romain commande, le Gaulois s'amollit, les barbares accourent. Que sortira-t-il de ce chaos d'idées et de peuples ?

Mais au-dessous de ces révolutions politiques s'opérait depuis longtemps une révolution morale ; au-dessous de toutes ces enseignes romaines ou barbares qui passaient et repassaient sur les débris des empires, s'enracinait dans le silence l'arbre inébranlable de la croix.

Saint Denis fut le premier à le planter aux rives de la Seine et à l'y sceller de son sang. Il fut l'un des plus grands de ces hommes sacrés qui, suivant la sublime expression d'un chroniqueur, « donnèrent à l'Église un accroissement immense et à la France une noblesse avant qu'elle eût un nom. »

Au nord de Paris s'élève une haute colline que les païens appelèrent tantôt le *Mont de Mars* et tantôt le *Mont de Mercure*. Les chrétiens l'appelèrent à leur tour le *Mont des Martyrs*, en souvenir de saint Denis et de ses compagnons, qui y subirent, dit-on, le dernier supplice : et sous ce nom auguste, dont nous avons fait *Montmartre*, le calvaire parisien plana dès lors comme un signe de salut sur toute la contrée.

A chaque élément de dissolution s'opposera désormais un élément de vie ; en face d'Attila apparaît Geneviève ; à côté de Clovis, Clotilde ; et, au milieu des Brunehault, des Chilpéric, des Frédégonde, la figure toujours calme, toujours sereine de Germain de Paris. En même temps, pendant que la civilisation romaine s'éteint, une nouvelle civilisation prend naissance dans les cloîtres et dans les églises. Les cloîtres et les églises ne sont pas seulement des lieux de prière; ce sont des lieux de refuge, des musées, des écoles, des hôtelleries où tout ce qui reste de liens sociaux dans le monde est placé sous la garde de Dieu.

Pauvre bourgade éparse au milieu des joncs et des marais, Paris n'avait encore, quatre siècles après César, que de petites maisons rondes formées de planches ou de claies d'osier, couvertes de paille, sans étages, sans cheminées et sans fenêtres, et voilà que la religion y édifie, coup sur coup, des monuments splendides, d'abord le temple des Apôtres, aujourd'hui Sainte-Geneviève, puis la grande abbaye de Saint-Vincent, aujourd'hui Saint-Germain-des-Prés.

Clovis avait établi à Paris le siége de l'empire des Francs. Lui-même l'habita peu d'ailleurs, mais ses successeurs y régnèrent tour à tour, les uns campés au palais des Thermes, les autres dans leur riche domaine de Clichy; un seul, Charibert, fixa sa résidence dans la ville proprement dite, qui ne s'étendait point encore au delà de l'île de la Seine. Au nord et au sud du fleuve s'élevaient, il est vrai, de nombreuses habitations, des villages même, mais épars parmi les champs et les vignobles. Seule l'île avait sa ceinture de fortes murailles; ses ponts étaient protégés par de hautes tours; on remarquait dans son enceinte une forteresse romaine située vraisemblablement à la place qu'occupe aujourd'hui le palais de justice. Près de cette forteresse s'ouvrait un vaste marché pour le commerce, et, à l'extrémité orientale de l'île, l'église mère, *ecclesia mater*.

Quelque étroites que fussent ces limites, il est certain néanmoins qu'on rencontrait encore çà et là dans la cité, sous les rois de la première race, des champs et des prairies. Et cependant à son ancienne population était récemment venue se joindre une partie des populations gallo-romaines des bords de la Seine. Il est remarquable que les deux grandes invasions dont la Gaule fut la proie, dans l'espace de cinq cents ans, y agirent sur les mœurs et sur le sol dans des sens complétement opposés. Les Romains, accoutumés à la forte organisation municipale et à la splendide civilisation des cités italiques, se groupèrent dans les villes; et du centre de ces villes, comme d'autant de foyers de lumière, la langue, les arts et les institutions de Rome se répandirent sans obstacle parmi les vaincus. Moins d'un siècle après la conquête, il suffit de douze cents hommes aux empereurs romains pour garder la Gaule. Les Francs, au contraire, adonnés à la vie des champs comme les anciens Gaulois, passèrent à côté des villes pour aller étendre leur domination sur les campagnes. A Rome et dans les cités romaines, les patriciens s'éloignaient peu du Forum : dans la Gaule franque, au contraire, la noblesse fut aux champs. « Les bois et les champs forment plus la noblesse que les villes, disait-on. *Plus rura et nemus conferunt ad consequendam nobilitatem.* »

Les villes, devenues ainsi le refuge des vaincus, cessèrent d'occuper le premier rang dans la hiérarchie sociale. Mais si elles perdirent de leur dignité, elles surent garder du moins, malgré les désordres de l'anarchie, quelques précieux vestiges de la civilisation romaine; et ce reste de feu sacré, entretenu par les libertés vivaces de la curie et les immunités naissantes de l'Église, devait finir par user le rude joug des vainqueurs. Ainsi, lorsqu'une nouvelle langue se forme, c'est l'élément latin qui y domine, c'est-à-dire l'influence des vaincus; et lorsque, en face de la féodalité triomphante, se lève tout à coup le pouvoir jaloux et fier de la commune, on ne peut s'empêcher d'y voir, jusqu'à un certain point, une revanche de la civilisation gallo-romaine contre la conquête des Francs [1].

On a remarqué que les noms des villages du territoire parisien étaient la plupart d'origine franque. Il faut en conclure que la population gallo-romaine se réfugia soit dans la ville, soit autour de la ville, soit dans les provinces moins ravagées. A la porte de Paris, vous trouverez *Romainville* (la ville des Romains); et, un peu plus loin, *Franconville* (la ville des Francs).

De cette séparation des races résulta une séparation plus ou moins marquée dans les pouvoirs. A Paris, le pouvoir le plus influent est celui de l'évêque, qui, maîtrisant l'autorité franque par la crainte du sanctuaire, place en quelque sorte la liberté de la cité sous la sauvegarde des libertés de l'Église. Son siége est au centre

---

[1] C'est l'idée de Thierry, idée vraie, tant qu'on ne la prend pas dans un sens absolu, et qu'on fait entrer en ligne de compte, d'une part, le travail de fusion qui s'était plus ou moins opéré entre les races, au sein de l'aristocratie comme au sein du peuple, et, d'autre part, l'action puissante de l'Église.

même de la ville, dans l'île de la Seine. Au dehors, au contraire, la puissance qui domine est la puissance franque ; elle surveille la cité du haut des Thermes. Nous l'avons dit, en effet, un seul des successeurs de Clovis, moins Franc que Romain, Charibert, fixa sa résidence dans l'intérieur des murs, où il trouvait mieux à satisfaire ses goûts de jurisconsulte et de poëte : mais les autres, préférant les bois et les vallons, trônèrent aux Thermes ou à Clichy. La vue de leur capitale leur suffisait ; et encore n'en approchaient-ils qu'à de rares intervalles, lorsque l'amour de la chasse, cette passion d'enfance du Germain, ne les retenait pas dans leurs logis des champs, à Braines, à Nogent, à Chelles, vastes domaines avec granges et garennes, que Fortunat nous représente ornés de portiques sculptés, et dont l'ensemble ne manquait pas d'une certaine majesté rustique.

Autour de ces chefs se presse une foule nombreuse de leudes fidèles et d'ouvriers en tous arts, armuriers, brodeurs, tisserands, orfévres, etc. C'est ce qu'on appelle la *truste*, quelque chose de plus vaste que ce qu'on appellera un jour la *cour*. Les leudes sont presque tous Francs ; ce sont de vieux chefs de bandes qui portent encore l'angon et la francisque. Si parmi eux on en rencontre parfois quelques-uns vêtus de chausses de lin, de brodequins dorés, de chlamydes étincelantes de rubis et de perles, il est aisé de reconnaître en eux les débris épars de l'ancienne aristocratie gallo-romaine. Les ouvriers sont surtout Gallo-Romains. Race vaincue, elle se fait lentement sa place par le travail et par le génie. Quant au Franc, ce qui le distingue dès l'abord, ce sont les traits qu'indique son nom dans l'idiome germanique : fierté hautaine, courage indompté, ambition féroce. Il n'y a pas chez cet homme inculte deux idées ensemble. Il est tour à tour dévot et sanguinaire, rusé et violent. Toutes ses passions sont effrénées, passion de l'amour surtout, et passion de l'or. Avec l'or il croit tout possible, même d'apaiser la colère de Dieu. Aussi jettera-t-il l'or à pleines mains en temples, en abbayes, en fondations charitables et religieuses. Ce sera autant de gagné pour la civilisation. Tel était le peuple qui se trouvait tout à coup en face des mœurs romaines. Le monde romain était usé ; livré à lui-même, il allait s'éteindre dans l'impuissance ; mais aujourd'hui ravivé par l'élément chrétien, il va lentement agir comme un émollient civilisateur sur des trempes plus fortes. A lui les souvenirs puissants toujours du passé ; aux jeunes sauvages du nord la séve de l'avenir.

Ce travail de fusion, d'où devait sortir la France moderne, ne se fit pas toutefois sans intermittences. A peine les Francs se furent-ils amollis au contact de la civilisation romaine, que de nouvelles invasions des Germains vinrent parmi nous renouveler leur barbarie. Les Francs-Germains ne tardèrent même pas à être plus forts que les Francs-Romains. Leur puissance se manifesta et par l'élévation de leur chef au rang de maire du palais, et par l'autorité sans limites qu'ils lui constituèrent. Devenus alors de vains fantômes, les rois s'énervèrent dans l'oisiveté, pour bientôt céder le trône sans combats à la race toute germaine des Pépin et des Karl.

III

ASPECT DE PARIS SOUS LES DERNIERS MÉROVINGIENS

La circonscription de Paris ne changea pas sous la dynastie mérovingienne. C'était toujours la petite île de César et de Julien avec ses deux ponts de bois ; mais, en dehors de cette enceinte, de nombreuses constructions se sont successivement élevées dans les vallons et sur les coteaux au milieu desquels serpente la Seine. Plaçons-nous sur le mont Lucotitius, sur ce mont qui commence déjà à être appelé du pieux nom de Sainte-Geneviève, et d'où l'œil plane au loin sur la contrée. Près de nous se développe, comme une couronne au faîte du coteau, la riche basilique des Apôtres, édifiée par Clovis, avec ses trois portiques en demi-cercle ; à l'est et au sud-est s'étendent de vastes marais que traverse la Bièvre et que domine, du haut d'un monticule, l'oratoire dédié à saint Marcel. Au nord, voici à nos pieds le gigantesque palais des Thermes, et autour de lui de nombreuses églises éparses au milieu de clos de vignes : ici Saint-Étienne, que sa position sur la déclivité de la montagne fera désigner par le nom de Saint-Étienne-des-Grès ou des Degrés, *de Gradibus* ; là, le sanctuaire de saint Bacque, qui plus tard sera consacré à saint Benoît ; un peu plus bas, la chapelle bâtie sur le tombeau de saint Severin le Solitaire ; puis, au bord du fleuve, Saint-Julien-le-Pauvre avec son hospice pour les pèlerins et les voyageurs, qu'habitait dans ses séjours à Paris saint Grégoire de Tours.

Si nous portons maintenant nos regards sur la vaste plaine qui s'étend jusqu'à Issy, nous demeurons frappés par l'effet grandiose que produit au premier plan la glorieuse fondation de Childebert, l'immense monastère de Sainte-Croix et Saint-Vincent avec son église au toit doré ; les petites chapelles de Saint-Symphorien, Saint-Pierre, Saint-Andéol, lui forment comme une ceinture.

En face de ce sanctuaire, sur l'autre bord du fleuve, s'élève le temple circulaire de Saint-Germain-le-Rond, où les pèlerins affluent chaque jour au tombeau de saint Landri. La rive septentrionale a d'ailleurs conservé une partie de ses antiques forêts. Çà et là seulement on aperçoit, dans les clairières, quelques hauts murs surmontés d'une croix, offrant toujours un asile au voyageur. C'est la chapelle près de laquelle a vécu saint Merry et d'où il vient de monter au ciel ; c'est la basilique de Saint-Martin-des-Champs ; c'est le monastère de Saint-Laurent, que longtemps gouverna le bienheureux Domnole.

Entre Saint-Martin et Saint-Laurent se pressent, au mois d'octobre, sous des huttes de branchage, les marchands de toute la Gaule. Vous y verrez une multitude de serfs à tête rase, portant de lourds fardeaux ou dirigeant de petites charrettes. Le marchand de Narbonne se drape dans sa toge comme un sénateur de la vieille Rome, près du Gaulois de vieille race qui porte encore la tunique et les cheveux courts. Le leude frank, la tête enfoncée dans un casque de fer pointu, redresse fièrement sa figure à demi cachée par les longs cheveux qui descendent en ondoyant sur ses épaules. Les plus vieux ont une barbe épaisse, qu'ils parsèment quelquefois de perles ; les plus jeunes n'ont qu'une touffe au menton. Remarquez maintenant autour de vous ces brodequins ouvrés et cette profusion de saphirs et d'escarboucles qui étincellent sur les chapeaux, les manteaux, les chaussures ; remarquez ces soieries bleu et pourpre, ces fourrures d'hermine et de martre zibeline, ces baudriers dorés, ces fourreaux d'épée enduits d'une cire brillante. Plus loin sont entassés les tonneaux d'huile du midi, les charges de sel de l'Armorique, les fruits et le miel des bords de la Loire et de la Seine. Ces hommes à la longue robe, qui se mêlent à tous les groupes, ce sont les collecteurs de l'impôt, qui, dès lors, n'était étranger à aucun des raffinements de notre budget. Une charte célèbre de Dagobert énumère soigneusement les formes variées sous lesquelles il était perçu : droit de navigation sur la Seine, *navigios ;* droit de débarquement sur le port, *portaticos ;* droit de péage au passage des ponts, soit dessus, soit dessous, *pontalicos ;* droit d'amarre au rivage, *rivaticos ;* droit d'entretien pour les voies publiques, *rotaticos ;* dommages-intérêts pour les propriétés voisines, *chespetaticos ;* droit de timon pour les voituriers ; droit d'entrepôt dans les caves ; droit de mouvement et d'entrée pour les vins ; droit de charge pour les bêtes de somme ; droit d'affiche et de criée pour les marchandises, *laudaticos.* Il y avait enfin un droit de passe-debout à travers la ville ; un droit de salut au roi ou au comte, et même un droit de poussière, imposé sur tout objet dont le transport était de nature à soulever la poussière du chemin, *pulveraticos.*

Au nord-ouest et au sud-est du bruyant marché qui vient de passer sous nos yeux, on rencontre, après avoir traversé de grands bois, d'un côté Montmartre et le royal domaine de Clichy avec ses vastes celliers, ses haras, ses hangars, et la colonie industrieuse qui accompagne partout la royauté franque; de l'autre, les humbles oratoires de Saint-Paul et de Saint-Gervais, avec les pieux souvenirs d'Éloi et de Germain, les deux saints évêques qui plus d'une fois prièrent dans leur enceinte.

Enfin, au centre de cet immense amphithéâtre, voici l'île de César, l'antique Lutèce. Tout ce qui l'entoure de près ou de loin n'est encore connu que sous le nom de faubourg. Là est toute la ville, *civitas*, avec ses fortes murailles, les tours qui gardent ses ponts, les moulins qui l'approvisionnent et dont vous entendez le bruit sur le petit bras de la Seine; l'église mère, le baptistère, le palais, la prison. La plupart des monuments romains qui se pressaient dans cet étroit espace ont été dévorés par un incendie dont Grégoire de Tours nous a conservé le souvenir. Les maisons sont de bois, les rues sont obscures et étroites, les églises riches et nombreuses; comment les nommer toutes? Saint-Barthélemy, Saint-Martial, Saint-Denis, Saint-Symphorien, Saint-Jean-le-Rond, Saint-Christophe, Saint-Étienne et Notre-Dame-Marie, *Basilica domnæ Mariæ*. Tantôt ce sont de simples oratoires, où il n'y a de place que pour le prêtre et pour l'autel; tantôt ce sont de spacieux vaisseaux, divisés en trois nefs par des colonnes, et terminés par une abside.

Quant à l'atmosphère morale et intellectuelle qui enveloppait alors Paris et la Gaule, il nous suffira, pour nous la représenter, de prêter l'oreille aux douloureuses paroles de Grégoire de Tours : « La culture des lettres et des sciences libérales dépérit, périt même, dit-il, dans les cités de la Gaule, au milieu des vertus et des crimes. Les barbares se livrent à leur férocité et les rois à leur fureur... La foi chrétienne, fervente dans la plupart des lieux, devient, dans quelques autres, tiède et languissante; les églises sont tour à tour enrichies et dépouillées, et il ne se rencontre aucun grammairien habile dans l'art de la dialectique qui entreprenne de décrire ces choses, soit en prose, soit en vers. Aussi beaucoup d'hommes gémissent : Malheur à nos jours! s'écrient-ils, l'étude des lettres périt parmi nous, et l'on ne trouve personne qui puisse raconter dans ses écrits les faits d'à présent. »

Grégoire de Tours se trompe. Il y a encore dans les cloîtres quelques hommes, rares il est vrai, qui, à son exemple, protesteront de siècle en siècle contre la barbarie; mais vous n'en trouverez plus que là. Il n'y a que là quelque mémoire du passé et quelque souci de l'avenir. « Le monde se fait vieux, » dit Frédegaire, et, dans cette attente d'une fin prochaine, les populations ferment les yeux, courbent la tête, et se contentent de crier à chaque tempête nouvelle : « Le doigt de Dieu est là! »

IV

CARLOVINGIENS. — INVASIONS NORMANDES

L'histoire de la dynastie carlovingienne, si glorieuse d'abord avec Pépin et Charlemagne, se résume pour Paris en deux grands faits : les invasions des Normands, et la constitution de la féodalité qui fera de cette ville, momentanément détrônée au profit des vieilles capitales des bords du Rhin, le centre d'un duché d'où sortira une dynastie nouvelle. Les Mérovingiens avaient été emportés par une invasion germanique ; les Carlovingiens seront emportés par la féodalité. La féodalité existait sans doute en germe dans les mœurs celtiques et germaines ; mais ce qu'on n'a pas vu peut-être assez en elle, et ce que nous y voyons surtout, c'est l'organisation spontanée et instinctive d'un certain nombre de centres de protection et de défense au milieu de l'anarchie qui suivit le règne de Charlemagne et les invasions des Normands. « On répand le bruit, écrivait Hincmar à Charles le Chauve, que lorsque, du milieu des rapines et des déprédations, on porte ses plaintes et ses espérances jusqu'à vous, vous répondez que vous n'avez pas à vous mêler de tout cela. — Que chacun, ajoutez-vous, défende comme il peut ce qui lui appartient. — Voilà, m'assure-t-on, la seule consolation et la seule bonne réponse qu'on obtient. » Ainsi délaissés, les peuples se formèrent par groupes, en

ATTAQUE DE PARIS PAR LES NORMANDS
EN 887.

resserrant et attachant au sol les liens qui leur restaient de leurs mœurs antiques.

Quel temps, en effet, que celui où, à chaque instant, il fallait interroger de l'œil le cours des fleuves pour savoir si l'on pouvait travailler et dormir en paix! Trois fois Paris fut pris et saccagé par les Normands, à la vue en quelque sorte des descendants de Charlemagne, qui ne surent qu'acheter à prix d'argent leur retraite. Elle l'eût même été une quatrième fois, sans l'ardente énergie de l'évêque Gozlin et du vaillant comte Eudes.

La couronne flétrie des Carlovingiens fut alors déposée sur le glorieux front d'Eudes par la reconnaissance publique, *Francorum populo gratante*. C'était un premier triomphe remporté par l'esprit féodal et français sur l'impuissance croissante et les tendances germaniques des descendants de Charlemagne. La lutte devait toutefois se prolonger encore pendant un siècle; mais plus le temps marche, plus la scission devient flagrante entre les Carlovingiens et la nation. Les Carlovingiens ne semblent, en effet, se croire sur le sol de la patrie que lorsqu'ils peuvent apercevoir les flots du Rhin. Au lieu du latin, la langue des Gaules, cette langue dans laquelle dissertait Charibert, versifiait Chilpéric, et que parlait avec une si élégante pureté Charlemagne, ils ne connaissent plus que le rude idiome des anciens Sicambres, et c'est en vers tudesques que Louis le Bègue a conçu la pensée de traduire la Bible.

Ajoutez que si la société franque a encore quelque vie, ce n'est plus par eux; c'est par ces ducs, ces marquis et ces comtes qui, sur chaque partie du territoire, sont devenus des centres de protection énergique et auxquels les rois ont fini, en se suicidant, par accorder l'hérédité comme à la seule force vive de la nation. Eux seuls défendent encore les défilés des montagnes et les passes des fleuves; vous rencontrerez partout leurs châteaux forts s'élevant comme des sentinelles avancées, aux postes les plus périlleux. Robert le Fort triomphe des Normands à Bisserte; Eudes, son fils, leur tient tête à Paris et les écrase, quelques années après, dans les plaines de Montfaucon. Que font cependant les rois en présence de cette puissance nouvelle? Ils se laissent arracher une à une leurs plus belles prérogatives; puis, se voyant dominés, ils tremblent, ils hésitent, et ils finissent par appeler les Germains. Les Germains vinrent jusqu'à Paris; ils n'y entrèrent pas.

Bientôt après, la succession au trône étant venue à s'éteindre dans la ligne directe, au lieu d'aller chercher sur les bords du Rhin, parmi les tributaires de l'empereur, un dernier descendant de Charlemagne, les primats et barons prirent la couronne et la décernèrent à cette héroïque famille de Robert le Fort, qui, depuis cent trente ans, était le conseil et l'épée de la nation.

Pendant toute la durée de la dynastie carlovingienne, Paris n'eut d'autre importance que celle qu'elle tenait de sa position et de ses souvenirs. La plupart des lois de Pépin sont datées de Vernon; celles de Charlemagne de Ratisbonne et d'Aix-la-Chapelle; les autres rois siégèrent tantôt à Metz, tantôt à Laon, et à peine les vit-on quelquefois à Paris. Charlemagne y fit une courte apparition en 779; on peut conclure d'une phrase d'Éginhart qu'il y établit quelques-uns des chantres italiens auxquels il avait confié la réforme du chant français. Louis le Débonnaire y vint deux fois : la première, dans les jours qui suivirent son avénement au trône ; la seconde, dans ceux qui suivirent sa déchéance. Paris le vit alors traîné captif par son fils Lothaire, soumis à une pénitence publique pour des crimes imaginaires dont il avait eu la faiblesse de se reconnaître coupable, et entouré de moines qui avaient reçu mission de le préparer à la vie du cloître. Charles le Chauve passa la Seine deux ou trois fois à Paris ; il y fit reconstruire le grand pont, qui venait d'être détruit par les Normands, et aida le clergé à rebâtir quelques-unes de ses églises. Tels sont, avec divers travaux de fortifications et de remparts, les seuls souvenirs qui rattachent l'histoire de Paris à celle de la dynastie carlovingienne.

Ainsi délaissée par les rois, saccagée et brûlée par les Normands, on ne reconnut plus bientôt cette reine des villes, *regina micans omnes super urbes*, que célébrait le moine Abbon avec un si poétique enthousiasme. « Qu'es-tu devenue, Lutèce des Parisiens ? s'écriaient deux autres moines, Hilduin et Andrevald, toi qui naguère brillais comme une couronne au front de la Gaule, par la gloire, par les richesses, par la fertilité de ton sol, par la douce paix de tes habitants ; toi la fortune des rois et le rendez-vous des peuples, *emporium populorum*.

Lorsque le clergé rapporta les corps des saints à travers les ruines de la ville, après les premières invasions des Normands, il chantait en chœur les lamentations de Jérémie : « Comment gît-elle seule cette cité pleine de

peuple? Elle a été faite veuve la maîtresse des nations; »
et, à la vue des rues désertes, à la vue des murailles pantelantes du sanctuaire, les sanglots entrecoupaient les voix.

Il serait difficile d'énumérer tous les monuments dont il cesse à cette époque d'être question dans l'histoire. Le nombre de ceux qui prirent alors naissance est au contraire fort restreint. Nous nous contenterons de citer Saint-Pierre-des-Arcis, sur l'emplacement actuel de la rue neuve du quai aux Fleurs, et Saint-Merry, qui d'oratoire devint une vaste église. Quelques autres, tels que Saint-Magloire, Saint-Leuffroy et Sainte-Opportune, durent leur origine aux corps saints que la crainte des Normands fit apporter de toutes parts à Paris, lorsque ses fortifications eurent été réparées et accrues. Dépôts sacrés que les Parisiens refusèrent de rendre.

V

CAPÉTIENS. — GUERRES FÉODALES. — COMMUNES

Hugues Capet monta sur le trône, bien moins comme roi que comme chef de la puissante féodalité qui s'était partagé le royaume. Il fut le premier entre ses pairs, *primus inter pares*. Son empire n'est plus l'antique Gaule, c'est l'Ile-de-France; le drapeau de sa race ne sera plus la chape de Saint-Martin, l'apôtre des Gaules, mais l'oriflamme de Saint-Denis, l'apôtre de Paris. La Gaule est fractionnée en vingt états divers, dont la hiérarchie n'est souvent que nominale: étrange organisation qui s'est levée tout armée en face de l'invasion, et qui peut-être a sauvé la France, mais qui risque, à la longue, de briser le lien social. Ce sera donc à resserrer ce lien que tendront tous les efforts de la dynastie nouvelle; elle s'appuiera, pour cela, d'abord sur le clergé, plus tard sur le peuple. Fille de la féodalité, elle lui portera, à chaque siècle, de nouveaux coups. C'est d'abord Hugues Capet, posant en principe la réversibilité à la couronne des fiefs en déshérence; c'est Louis le Gros abattant les donjons des seigneurs, et secondant de tout son pouvoir le mouvement d'affranchissement des communes; c'est saint Louis et son prévôt Estienne Boylesve organisant les métiers de Paris; c'est Louis XI et sa potence, Richelieu et son bras de fer, Louis XIV et ce palais de Versailles où les derniers enfants des grands vassaux viendront, sous le regard du grand roi, se transformer en vain ornement de cour. Il n'y avait plus de France à l'avénement de Hugues Capet; son œuvre et celle de sa race sera de la reconstituer lentement, malgré la féodalité, malgré l'hérésie, cette autre féodalité du XVIe siècle, et de sauver ainsi à jamais son unité et sa grandeur.

Hugues Capet, en sa qualité de comte de Paris, habitait le palais de la Cité. Il continua de l'habiter comme roi. Ses successeurs jusqu'à Charles V et Charles VI, c'est-à-dire pendant un espace de quatre cents ans, y fixèrent également leur résidence. Les principaux événements qui suivirent l'avénement de la dynastie nouvelle peuvent se réduire à trois : les croisades, la guerre féodale et la famine.

La famine, suite naturelle de l'anarchie et de la guerre,

sévit particulièrement et cruellement sur la capitale, pendant les règnes de Robert le Pieux et de Henri Ier. « De sorte que, dit naïvement un historien, on eut peine à s'abstenir de chair humaine. » Tout le monde même ne s'en abstint pas, si nous en croyons la chronique de Glaber : « Sur les chemins, dit-il, les forts saisissaient les faibles, ils les déchiraient, les rôtissaient, les mangeaient. Quelques-uns présentaient à des enfants un œuf, un fruit, et les attiraient à l'écart pour les dévorer. Cet affreux délire alla au point que la bête était plus en sûreté que l'homme [1]. »

Et à la suite de tant d'excès et de souffrances, venaient de cruelles épidémies qui promenaient la mort de ville en ville, et jetaient un tel effroi dans les imaginations, qu'à entendre les historiens du temps, *la plus grande partie du genre humain* aurait été enfouie dans la tombe. L'une de ces épidémies est restée célèbre dans l'histoire sous le nom de *mal des ardents*. On eût dit un brasier intérieur brûlant à petit feu. Ce fut à Paris surtout que s'exercèrent ses ravages.

Les règnes de Henri Ier et de Philippe Ier commencèrent la lutte armée de la royauté contre la féodalité, et malheureusement ils furent absorbés par elle. Ainsi ce n'est pas sans regret qu'on voit ces deux princes rester étrangers aux grandes questions qui s'agitaient dès lors entre le sacerdoce et l'empire, et à cette grande croisade de Jérusalem qui fut l'œuvre des Français sans être celle de leur roi.

---

[1] Glaber, liv. IV, ch. III. — Dans un espace de soixante-treize ans, on compte quarante-huit années de famine.

Louis VI, qu'on nomma *le Gros* lorsqu'il fut vieux, imprima une activité toute nouvelle à la guerre féodale. Aidé des hommes du peuple, à qui les croisades viennent de donner un certain sentiment de leur importance, par les pensées de fraternité et d'égalité qu'elles ont répandues sous la tente, et par la gloire ou le martyre, qui a été commun à tous, il marche à la conquête des châteaux forts qui dominent l'Oise et la Somme. La lutte fut vive de part et d'autre. Paris était cerné et dominé par un cercle étroit de tours féodales, près desquelles il eût été peu sûr de voyager, sans avoir l'armet en tête et la lance en arrêt. Lorsque le roi voulait aller d'Orléans à Paris, il lui fallait une armée pour escorte; mais ces tours finirent par tomber une à une sous les coups du roi et sous les coups du peuple. Le roi commença à reconquérir son autorité, et le peuple conquérait en même temps la sienne. On vit en effet dès lors se former à petit bruit, autour de chaque clocher, une sorte de république populaire sur les anciens fondements d'organisation municipale que Rome avait jetés dans les Gaules. Louis le Gros sanctionna les chartes de plusieurs de ces *communes*, et la révolution sociale dont elles étaient l'expression fut ainsi consacrée.

Depuis les Romains jusqu'aux premières années du xiie siècle, l'enceinte fortifiée de Paris n'avait compris que l'île de la Cité. Louis le Gros la rejeta sur les deux rives. La nouvelle enceinte fit au nord un demi-cercle du Louvre à la Grève, en embrassant d'un côté Saint-Germain-l'Auxerrois, et de l'autre Saint-Jacques-de-la-Boucherie. Au sud, elle s'appuya à la Seine vers les deux extrémités de l'île de la Cité, et s'éleva sur le coteau jusqu'aux Mathurins et aux environs actuels de la Sorbonne. Telles sont du moins les conjectures de la science. Les portes qui donnaient entrée dans cette ligne de circonvallation devaient être : la porte Guéhéri, dans l'axe de la rue Saint-Denis; l'Archet-Saint-Merry, dans le voisinage de l'église de ce nom; la Barre, près des rues Hautefeuille et Saint-André-des-Arcs, et enfin une dernière porte sur l'emplacement actuel de la place Maubert.

Le grand et le petit Châtelet, sombres constructions qui fermaient les deux ponts de l'île, le Pont-au-Change et le Petit-Pont, et dont quelques historiens ont prétendu faire remonter l'origine à l'époque romaine, auraient été, suivant Dulaure, l'œuvre de Louis le Gros et le complément naturel de son système de défense.

Louis VII, fils aîné de Louis le Gros, monta sur le trône dès sa jeunesse, ce qui lui valut pour toute sa vie le nom de Louis le Jeune. C'était une de ces âmes pieuses et douces telle qu'était accoutumée à en produire la race de Hugues le Grand, depuis qu'elle tenait en main le sceptre royal. Rien ne diffère plus en effet des Robert, des Eudes, des Raoul, ardents et ambitieux hommes d'armes, toujours en lutte avec les Normands ou avec le roi, que cette suite de monarques pacifiques et débonnaires, auxquels Hugues Capet laissa la couronne qu'il n'osa jamais porter lui-même. Mais cette placidité de caractère fut peut-être, on l'a remarqué, la plus grande force de la dynastie nouvelle. Le roi ne fut plus seulement le chef des guerriers comme à l'époque des dynasties franques, il fut l'homme du pays, le représentant vivant de ce qu'il y a de perpétuellement calme sous le bruit et le mouvement des passions : la religion et la loi.

Louis le Jeune avait été élevé dans le cloître de l'église cathédrale de Paris, et, longtemps après, il se rappelait encore, comme un touchant souvenir, ces jours de *sa vie commençante* où il vécut dans l'église comme au sein d'une mère, *quasi in quodam maternali gremio.*

VI

MOUVEMENT DES ÉTUDES ET DES ARTS

Le cloître de Notre-Dame était alors la principale école de Paris. C'est toujours dans les cloîtres que nous apparaît, au milieu de la nuit des temps, le faible rayon de lumière qui éclaire encore le monde. Saint-Germain-des-Prés, Saint-Germain-l'Auxerrois, Sainte-Geneviève avaient également leurs écoles publiques et gratuites; mais l'école épiscopale se distinguait entre toutes et par le talent des professeurs et par le nombre des élèves. Lorsque Louis le Jeune y fut reçu, c'est-à-dire au commencement du XIIe siècle, elle comptait parmi ses maîtres les plus grands maîtres du temps, Adam de Petit-Pont, Michel de Corbeil, Pierre le Chantre, et leur maître à tous, Guillaume de Champeaux.

La célébrité de l'école de Paris était au reste toute récente. Naguère encore c'était à Poitiers, à Reims, au Pecq, au Mans, à Auxerre, que se pressaient les docteurs et les élèves; mais à partir de Guillaume de Champeaux et de ses luttes avec Abélard, tout le mouvement des intelligences sembla converger vers Paris. Paris, de capitale de la France, devint dès lors la capitale du monde. Cette subite puissance dont elle va s'emparer pour des siècles ne tient pas uniquement, il faut le dire, à quelques hommes fameux. Depuis déjà cent ans, les Normands et les croisades ont importé par tout pays la gloire et la langue de la France. On bégaie le français à Stratford comme à Antioche ; on a même la prétention de l'y parler *correctement et gracieusement*, bien qu'on n'ose pas se flatter de comprendre parfaitement encore le *français de Paris.*

Paris est donc devenu insensiblement le centre de la pensée humaine, et, de toute l'Europe, jeunes et vieux y accourent pour s'y réchauffer au foyer de la science et du génie. Devant cette foule empressée, les écoles deviennent chaque jour plus nombreuses. Jean de Salisbury comptait jusqu'à douze professeurs qui tenaient maison ouverte, soit dans les environs de Notre-Dame, soit sur la montagne Sainte-Geneviève, et ils n'étaient pas les seuls. Ce qu'ils enseignaient comprenait ordinairement la grammaire, la dialectique, les arts et la théologie. L'étude du droit avait ses écoles spéciales à Orléans et à Angers. Mais le droit, science toute positive, s'effaçait alors devant les hautes questions philosophiques qui agitaient les intelligences. Ce que l'on recherchait, c'était avant tout l'étude de notre être et de ses perceptions si diverses ; on se battait dans le champ clos des idées avec ardeur, avec passion. D'un côté étaient les réalistes, qui admettaient une vérité immatérielle en dehors de ses applications sensibles, qui proclamaient que la vertu était indépendante de l'homme vertueux, le temps indépendant des hommes qui passent; de l'autre, les nominalistes, pour qui il n'y avait que des vérités de détail et nulle vérité universelle, qui reconnaissaient bien des hommes vertueux, mais ne voyaient dans la vertu qu'un nom. Terribles problèmes dans la solution desquels on ne pouvait pas toujours admirer la foi cherchant l'intelligence, comme l'aurait voulu saint Anselme, *fides quærens intellectum* : étroites formules, qui contenaient cependant en germe toutes les questions que tourne et retourne, depuis le commencement du monde, l'éternel Sisyphe de la philosophie.

Les champions les plus zélés de l'Église, Anselme de Laon, Guillaume de Champeaux, saint Bernard, étaient réalistes; les rationalistes du temps, au contraire, les hommes qui, dans leurs aventureuses recherches, ne se laissaient jamais arrêter par les limites de l'orthodoxie, Roscelin, Abélard, étaient franchement ou indirectement nominalistes.

Et la foule se pressait enthousiaste autour des uns et des autres, tantôt en plein air, tantôt sous les voûtes du cloître de Notre-Dame ou dans les écoles qui entouraient Sainte-Geneviève. Vous diriez toute une nouvelle population d'Espagnols, d'Anglais, d'Allemands, de Romains, qui a fait irruption sur Paris. Les discussions et les thèses courent les rues. Le péché est-il dans l'intention ou dans l'acte? la faute originelle est-elle un péché ou une peine? Le grand mystère de la rédemption est-il un sacrifice d'expiation ou un acte de pur amour? La religion enfin est-elle une croyance qui s'apprend, comme dit saint Paul, *fides ex auditu*, ou bien une philosophie livrée à toutes les incertitudes de la raison, ainsi que semble l'enseigner Abélard? Voilà sur quoi discutent, du matin au soir, tous les groupes d'adolescents que vous trouvez errants de la Cité à la montagne Sainte-Geneviève, et parmi lesquels, si vous aviez la science de l'avenir, vous apercevriez de loin des évêques, des cardinaux et un pape [1].

De cette époque, nous l'avons déjà dit, date un accroissement subit dans l'étendue et dans la population de Paris. Paris avait dû sa première grandeur à l'importance de sa position et de son commerce; mais aujourd'hui et désormais il devra surtout le rang qu'il va occuper dans le monde au mouvement des idées dont il devient le centre.

Le xie et le xiie siècle nous apparaissent dans l'histoire comme deux fournaises ardentes, où les éléments divers de la civilisation et de la barbarie sont en fusion, sans qu'on puisse prévoir encore quel sera l'alliage qui en sortira : d'un côté, la violence, le brigandage, la simonie, le meurtre; de l'autre, quelques purs rayons de génie et de vertu qui viennent de temps en temps éclairer l'horizon d'une lumière plus douce. C'est d'abord le bon roi Robert, homme de bénignité et de paix, dont l'âme poétique s'épanche en hymnes pieuses; c'est Louis le Gros, le justicier, toujours en armes et en selle dès que le tocsin ou, comme on disait alors, la cloche irritée, *campana irata*, annonçait par ses lugubres sons que les

[1] Innocent III.

châtelains du pays étaient en campagne; c'est Bernard, le grand abbé de Clairvaux, dominant les rois et les papes de toute l'autorité de sa sainteté et de sa parole; c'est Suger, intelligence pratique et étendue, forte et calme, dont la sévère administration est devenue pour les étrangers un objet d'étude, et auquel le titre de *Salomon* a été décerné par l'admiration de l'Europe.

Autour d'eux et grâce à eux, la civilisation marche, quoique à pas lents. La royauté se consolide, les communes se forment, et à ce réveil de la nation les arts aussi s'éveillent. Quels monuments citer avant le XIe siècle? Des masses pesantes et inertes, que l'inspiration n'a pas encore animées. Mais avec le XIIe commencent les chefs-d'œuvre : Saint-Germain-des-Prés, Sainte-Geneviève, Notre-Dame se suivent sans interruption; puis viendront Saint-Nicolas-des-Champs, Saint-Martin-des-Champs, Saint-Severin, Saint-Jacques-de-la-Boucherie, etc. Après de longs âges de tâtonnements et d'impuissance, l'art est enfin parvenu à se créer une esthétique à lui, esthétique sublime, dont le principe, définitivement marqué par l'ogive, sera de substituer la ligne verticale à la ligne horizontale de l'art païen. La pensée de l'homme n'est plus désormais attachée par des voûtes pesantes à la terre. Le temple, comme la prière, semble monter vers les cieux.

VII

PHILIPPE-AUGUSTE. — RUES DE PARIS. — NOUVELLE ENCEINTE
— UNIVERSITÉ. — FONDATIONS PIEUSES

Le 22 septembre 1180, une foule inquiète se pressait aux abords du palais de la Cité, où le roi Louis le Jeune s'affaissait lentement sous le poids des dernières douleurs. Tout à coup une sourde rumeur se fait entendre : le roi est mort, dit-on, et la foule des courtisans et du peuple court s'agenouiller aux pieds d'un pâle et faible jeune homme à peine âgé de quinze ans. Ce jeune homme, cet enfant était Philippe-Auguste. C'était une bonne fortune pour les grands vassaux que ce règne d'un enfant; mais l'enfant ne s'émut ni de leur puissance ni de leurs menaces. « Quelles que soient, dit-il, leurs outrages et grandes vilainies, aujourd'hui me les convient souffrir; mais, si à Dieu plaist, ils s'affoibliront et envieilliront, et moi je croistrai en force et en pouvoir, et serai, à mon tour, vengé à mon talent. »

Ainsi se révélait du premier coup une des intelligences les plus habiles et les plus fortes qui dussent régner sur la France. Dans quelque circonstance de sa vie que l'on considère Philippe-Auguste, soit qu'il dompte les grands vassaux, soit qu'il augmente le territoire de la France, province par province, soit qu'il lutte avec Richard ou qu'il triomphe d'Othon IV à Bouvines, on reconnaît toujours en lui le caractère qu'indiquaient ses premières paroles : caractère ardent et réfléchi, brave et ferme, passionné, mais surtout politique.

Paris prit sous son règne un essor rapide ; pour apprécier toutefois ce qu'il devint, il est nécessaire de se représenter un instant ce qu'il était. De nombreuses églises, la plupart de bois, des monastères flanqués de hautes murailles, un palais sombre, une multitude de chaumières boiteuses, entre lesquelles circuitaient au hasard des voies boueuses et étroites, tel était le spectacle qu'offrait à l'œil la capitale des Francs. Or, un jour, raconte Rigord, « le bon roi Philippe toujours Auguste se mit à une des fenestres, à laquelle il s'appuyoit aucunes fois pour regarder la Seine couler... et advint que charrette vint à mouvoir si bien la boue et l'ordure... que le roi sentit ceste pueur si corrompue et s'entourna de ceste fenestre en grande abomination de cœur. Lors fist demander li prévost et borgeois de Paris, et li commanda que toutes les rues fussent pavées bien et soigneusement de grès gros et forts. »

Suivant quelques historiens, un financier du nom de Gérard de Poissy contribua aux frais de cette coûteuse entreprise pour une somme de 11,000 marcs d'argent. Suivant une autre opinion, le prix fut uniquement payé des deniers de la commune. Ce pavé était formé de larges blocs de pierre, dont les dimensions sont portées par Dulaure à plus d'un mètre carré sur dix-sept centimètres d'épaisseur. Cette première amélioration, qui ne paraît, au reste, s'être étendue qu'aux deux rues principales de la Cité, c'est-à-dire à ce qu'on appelait *la croisée de Paris*, ouvrit la voie à tout un avenir de vastes travaux. Les croisés avaient été généralement frappés de la splendeur des villes d'Orient. — « Oh! que Constantinople est une belle et grande cité! s'écriait Foulques de Chartres. Que de couvents! que de palais! quel art admirable dans l'architecture! On ne saurait imaginer toutes ses richesses en or, en argent, en variété d'étoffes. » — « Nous avions peine à croire, dit Villehardouin, qu'il y eût au monde une ville si belle et si riche. Grandes murailles, hautes tours, riches palais, superbes églises, tout était si magnifique que nous n'aurions jamais pu nous faire une idée de cette ville impériale si nous ne l'avions vue de nos propres yeux. »

Ces vives impressions avaient suivi les croisés sur la terre de France. Elles leur révélèrent dans leurs gothiques cités mille imperfections jusque alors inaperçues, et de nouvelles idées de luxe et de grandeur se firent jour dans toutes les têtes.

Une première enceinte avait été tracée autour de Paris. Philippe-Auguste en traça une seconde plus digne de la future grandeur de sa capitale. Ce nouveau cercle de fortifications embrassa au nord les villages de Saint-Honoré, Saint-Martin, Bourg-l'Abbé, et au sud, les vastes clôtures qui entouraient Sainte-Geneviève. Quatre tours lui servirent de point d'appui sur la Seine : à l'ouest, la *tour qui fait le coin*, entre Saint-Germain-l'Auxerrois et le Louvre, et la tour de Nesle, sur les terrains actuels de la bibliothèque Mazarine. Ces deux hautes tours, flanquées de tourelles plus hautes encore, n'étaient séparées l'une de l'autre que par le cours du fleuve; à l'est, la ligne de murailles aboutissait d'un côté à la porte fortifiée de *Bar-*

belle-sur-l'yeaue, au point de jonction du quai des Ormes et du quai des Célestins, et de l'autre à la Tournelle, sur le quai qui en a conservé le nom. De l'une à l'autre de ces portes s'étendait un large canal, tracé en ligne droite à travers les prairies et les chantiers de l'île Saint-Louis. Il résulte d'un devis extrait des registres de Philippe-Auguste, que cette vaste enceinte se composait d'un mur épais surmonté d'un parapet crénelé. Une suite nombreuse de tours rondes la flanquait de distance en distance, et chaque porte était également défendue par des tours.

Le plan de la ville était tracé; il fallait maintenant peupler cette vaste enceinte. Dans ce but, Philippe-Auguste déploya toutes les ressources d'une intelligente administration. Il créa des aqueducs, des hôpitaux, des boucheries, des halles; il fonda des colléges, et fit un appel tout-puissant aux études par les immunités et franchises qu'il accorda aux écoliers. Ainsi nul écolier ne put être appréhendé au corps par le prévôt ou ses officiers. Lorsqu'il était frappé, tout bourgeois était tenu de lui venir en aide. Maîtres, écoliers et leurs serviteurs ne relevaient que de l'autorité épiscopale; il n'était permis de les arrêter qu'en cas de flagrant délit; pleine franchise leur était accordée de tous droits de tailles, aides et gabelles.

Quelque exorbitants que fussent ces priviléges, nos rois les concédaient volontiers, par la raison que la gloire et la richesse de Paris tenaient surtout à ses écoles. On continuait, en effet, d'y venir de partout, et on y enseignait partout, dans les cloîtres, dans les églises, dans la rue. Vers la fin du xiiᵉ siècle, le Petit-Pont était même bordé de maisonnettes dans lesquelles Jean de Petit-Pont et ses disciples attiraient les passants pour les prêcher et instruire. Eh bien! cette ardeur, cette frénésie d'enseigner et d'apprendre s'accrurent encore, on le conçoit, lorsque la profession de docteur et celle d'écolier devinrent, en quelque sorte, sacrées et inviolables. La capitale de la France fut alors universellement proclamée l'institutrice du monde, *doctrix totius orbis*. « Tout ce que d'autres pays, d'autres peuples, d'autres siècles ont jamais produit de délicieux, de beau, de spirituel et de grand, s'écriait Guillaume le Breton, tous les trésors de la science et tous les biens de la terre, les jouissances les plus variées de l'esprit et du corps, les leçons de la sagesse, les ornements des beaux-arts, les sentiments chevaleresques, la politesse des mœurs, tout cela se trouve réuni à Paris. »

« Paris est au-dessus d'Athènes, au-dessus de la savante Égypte, » s'écriait à son tour Rigord, et, en effet, il n'était pas de science qu'on n'y enseignât, pas de docteur en Europe qui ne considérât comme le but le plus élevé de son ambition d'être admis à professer dans ses chaires. Telle était alors l'affluence de jeunes gens de toute l'Europe à Paris, qu'à peine était-il possible de s'y procurer quelque logement, et que maintes fois, disent les annalistes, le nombre des étrangers y surpassa celui des habitants de la ville. Paris! c'était *l'arbre de vie du paradis terrestre,* s'écriait-on avec enthousiasme, c'était *le candélabre qui éclaire la maison du Seigneur;* et les charmes de son séjour, ajoutait-on, l'abondance de toutes les choses nécessaires à la vie, la dignité du clergé, le caractère enjoué des habitants y enchaînaient les étrangers jusqu'à leur faire oublier la patrie.

Alors enseignait à Paris et Pierre Lombard, le *Maître des Sentences,* et Pierre Comestor, c'est-à-dire *le mangeur*, ainsi nommé par l'ardeur dévorante qu'il portait à l'étude, et Melior de Pise, le grand théologien, et Ægidius de Corbeil, le grand médecin. Encore quelques jours, et l'on y entendra les puissantes voix d'Albert le Grand, de saint Thomas et de saint Bonaventure.

Chaque matin donc, la population des écoliers se pressait dès l'aurore autour de la chaire des maîtres. Les rues de la montagne Sainte-Geneviève étaient alors fermées, ou tout au moins jonchées de paille, pour qu'aucun bruit ne vînt troubler le recueillement de l'étude; et les écoliers, assis également sur la paille, écoutaient, répétaient, dissertaient. Mais à cet enivrement de la science succédait trop souvent l'enivrement des séductions mondaines. A la porte des écoles rôdaient les juifs et les femmes folles guettant leur proie. « O Paris! s'écriaient quelques hommes graves, ô repaire de tous vices! ô source de tout mal! ô flèche d'enfer! comme tu perces le cœur des jeunes gens écervelés! » Et à la suite du vice venaient les combats de nuit, les rixes, les révoltes, en présence desquels, grâce aux priviléges de l'Université, l'autorité civile se trouvait sans armes.

L'Université formait donc, en définitive, une administration libre et indépendante avec ses droits, ses priviléges, sa juridiction, un État dans l'État. D'elle dépendaient les relieurs, enlumineurs, parcheminiers, écrivains, libraires, dont les boutiques pressées bordaient les ruelles du quartier Latin. D'elle, comme source de la science, relevaient, en certaines occasions, les prédicateurs ; et il lui arriva plus d'une fois, dans ses luttes avec le pouvoir, d'interdire les sermons et de fermer les chaires.

Quelque part, au reste, que nous jetions les yeux, aux xiie et xiiie siècles, nous n'apercevons çà et là qu'une multitude de franchises et d'immunités diverses qui font du droit commun un véritable droit exceptionnel au sein du pays. Ces souverainetés multipliées ont pour signe distinctif tantôt des murailles crénelées, tantôt de hautes tours, le plus souvent des fourches patibulaires. Ainsi, à Paris, tandis que l'Université trône sur la montagne Sainte-Geneviève, la grande abbaye de Saint-Germain étend son domaine sur le clos de Laas et les prés de la Seine. Elle ne reconnaît ni la juridiction de l'évêque de Paris au spirituel, ni celle du prévôt de Paris au temporel. Le Temple et Saint-Jean-de-Latran sont également entourés d'une population qui n'est soumise qu'à leurs officiers, et se trouve, par conséquent, soustraite à l'action du pouvoir public. Saint-Martin-des-Champs et Saint-Victor ont également leurs droits et leur justice comme fiefs.

Quant au reste de la ville, il est à peu près partagé entre le roi et l'évêque. Suivant un accord conclu à Melun, en 1222, entre Philippe-Auguste et Guillaume II, évêque de Paris, l'évêque avait le droit de réunir dans le parvis de Notre-Dame un certain nombre d'ouvriers drapiers, cordonniers, bouchers, boulangers, orfèvres, selliers, barilliers, barbiers, lesquels jouissaient de la liberté dont les ministériaux ou chefs des serfs des évêques avaient toujours joui. Le roi se réservait les causes de rapt et de meurtre dans la culture l'Évêque (quartier de la ville l'Évêque), le bourg Saint-Germain et le clos Bruneau (espace compris entre la rue des Noyers et le collége de France); c'est-à-dire qu'il conservait les droits de justice, confiscations et amendes sur les ravisseurs et les meurtriers. Tous autres criminels ressortissaient, en ces lieux, aux justices particulières soit des abbayes, soit de l'évêque. Les ministériaux de l'évêque ne tombaient sous le coup de la justice royale qu'en cas de flagrant délit. Dans ce cas, le roi avait tous leurs meubles, sans exception. Était assimilée au flagrant délit la conviction par le duel. Dans la rue Neuve-Notre-Dame, l'évêque avait seul la justice, sauf toujours les cas de rapt et de meurtre, pour tout crime commis sur le carreau de la rue; mais le prévôt de Paris pouvait seul pénétrer dans les maisons. Ailleurs, c'était moins au local habité qu'à la profession exercée que tenait la juridiction. Les marchands, par exemple, étaient justiciables du roi, et tous autres habitants de l'évêque. Ailleurs, la propriété était au roi, mais avec des droits de redevance au profit de l'évêque.

Dans les cruelles années du moyen âge, cet enchevêtrement des juridictions avait souvent présenté d'utiles garanties au peuple. Le pouvoir religieux étant le seul alors qui pût lutter avec les caprices tyranniques du pouvoir civil, il était naturel que chacune des libertés conquises par cette partie intelligente de la nation fût considérée comme conquise au profit de la nation elle-même. « Le peuple s'était fait clergé, » pour parler le beau langage de Châteaubriand. « L'histoire de l'Église est l'histoire du peuple, » a dit également M. Guizot. « La renaissance du droit romain, dont une lueur s'était à peine conservée, dit à son tour M. Dupin, ne tarda pas à ramener dans les cours ecclésiastiques, avec le sentiment du droit, une meilleure manière de procéder, qui leur assura, de ce côté, une incontestable supériorité sur les autres juridictions. »

Cette multiplication confuse des droits, cette ardente rivalité des pouvoirs avait donc servi la cause de la civilisation ; mais, lorsque la civilisation fut en marche, elle lui suscita de fréquents obstacles. Les liens qui avaient entravé le mal finirent par entraver le bien. Quelle force, en effet, pouvait avoir l'autorité centrale au milieu de ces mille priviléges de professions, de rues, de naissance, de crimes? Malheur en effet au prévôt de Paris s'il appréhendait au corps un voleur sur les terres de l'évêque, ou si, en poursuivant un coureur de nuit, il trouvait avoir mis la main sur un écolier !

Paris fut le théâtre, sous le règne de Philippe-Auguste, d'une fête publique, l'une des plus anciennes dont il soit question dans l'histoire. Elle eut lieu en 1187, à l'occasion de la naissance d'un fils du roi ; et, durant huit jours, ce ne furent dans toute la ville que chants, danses et plaisirs. « Les rues, dit Rigord, étaient éclairées, la nuit, par des flambeaux de cire dont la splendeur eût éclipsé la lumière du jour. »

Au règne de Philippe-Auguste remontent et l'organisation de l'Hôtel-Dieu et la fondation de diverses autres maisons hospitalières dues à la charité privée, telles, entre autres, que la Trinité de la rue Saint-Denis et l'hospice Sainte-Catherine. De ce même règne datent l'établissement des conduites d'eau qui firent jaillir, au milieu de Paris, les sources pures de Ménilmontant et de Belleville, et la construction des halles aux Champeaux, c'est-à-dire aux lieux mêmes qu'elles occupent aujourd'hui. Ces halles ne se composèrent d'abord que de deux grandes maisons avec étal couvert. Elles étaient entourées d'un mur dont les portes étaient fermées pendant la nuit.

Près des halles, et toujours sur le terrain des Champeaux, *in Campitellis*, s'étendait un espace vague, désert, que traversaient les passants, dans lesquels erraient les animaux, et qui, aux heures de ténèbres, servait trop souvent de repaire à la débauche. Parfois, cependant, vous y rencontriez des familles à genoux, et à la vue d'ossements déterrés vous pouviez reconnaître un cimetière, un des plus anciens cimetières de Paris. « Les marchands, dit Rigord, y débitaient leurs marchandises, et les habitants de Paris avaient coutume d'y ensevelir leurs morts. » Philippe-Auguste, indigné de l'abandon dans lequel il gisait, le fit entourer de murs qui ne s'ouvrirent plus que pour les cérémonies funèbres. A l'angle nord de ce cimetière, du côté de la rue Saint-Denis, s'éleva presque en même temps une église sous le vocable des saints Innocents. On y remarquait la sépulture d'un enfant du nom de Richard, que les juifs de Pontoise avaient égorgé, disait-on, dans une crypte souterraine. Cette église existait encore il y a un siècle; aujourd'hui elle a disparu, et les antiques charniers des Innocents sont devenus un marché public.

Cependant, tandis que les Champeaux, c'est-à-dire l'espace compris aujourd'hui entre la rue Saint-Denis et la pointe Saint-Eustache, étaient encore à l'état de champ de foire, boueux et désert, le quartier du Palais-Royal était un bois. Ce fut en effet dans un bois, *in luco*, qu'un boulanger nommé Renaud Chercins et sa femme Sibylle édifièrent et dotèrent, en 1204, une collégiale en l'honneur de saint Honoré, le patron des boulangers. Cette collégiale était surmontée d'un clocher à pans coupés, qui se terminait en pyramide. Vainement aujourd'hui chercherait-on quelques traces de cet humble et pieux monument qui donna un commencement et un nom au plus brillant des quartiers de Paris. Sur l'emplacement qu'il occupait s'ouvre aujourd'hui la rue Montesquieu ; et les obscurs passages qui relient cette rue avec les rues Croix-des-Petits-Champs et Saint-Honoré ne sont que des débris mutilés de son cloître.

La nef de Saint-Nicolas-des-Champs, avec ses colonnes sans chapiteaux qui s'épanouissent en nervures, date également du règne de Philippe-Auguste. Nous commençons en outre à entendre parler pour la première fois, vers cette époque, de Saint-Étienne-du-Mont, de Saint-Jean-en-Grève, du couvent des Mathurins-aux-Thermes et de celui des Frères Prêcheurs de Saint-Dominique à l'hôpital Saint-Jacques, au faîte de la montagne Sainte-Geneviève.

Enfin à l'est de Paris, hors la porte Baudoyer, sur la longue voie qui commence à Saint-Jean-en-Grève et à Saint-Gervais, voyez-vous cette troupe de femmes éplorées se pressant à la suite d'un pauvre prêtre? Où vont-elles? Au monastère de Saint-Antoine-des-Champs, dont la flèche aiguë apparaît à peu de distance à travers les grands arbres, monastère que ce pauvre prêtre, Foulques de Neuilly, dont la foi et l'amour remueraient des montagnes, vient d'ouvrir à la pénitence. Chaque matin Foulques se met en campagne, et tantôt sur une place, tantôt dans une église, il prêche, il émeut, il entraîne sur le dur chemin de la croix toutes ces créatures d'insouciance et de plaisir. Le monastère de Saint-Antoine-des-Champs a donné son nom à une longue rue et à un populeux quartier, comme le faisaient au même moment, pour d'autres rues et d'autres quartiers, la collégiale fondée par Renaud Chereins et le couvent des Dominicains de Saint-Jacques. De toutes les grandes artères de la capitale française, à peine en citerait-on qui n'aient été nommées par la charité.

VIII

SAINT LOUIS ; SON ADMINISTRATION. — MÉTIERS. — GUET DES BOURGEOIS
— ESSOR DE LA PIETÉ ET DE LA CHARITÉ

Le règne de Louis VIII ne se rattache à l'histoire de Paris que par le souvenir d'une procession ordonnée par la reine Blanche pendant que son mari guerroyait dans l'Albigeois. La foule s'y porta nu-pieds et *en langes*, pour parler le langage d'un vieil historien.

La vie de Louis VIII a été écrite en vers latins par Guillaume de Bray, un pieux chanoine qui avait lu Homère et Virgile et s'était profondément imbu de leurs formes poétiques. On se croirait facilement transporté sur l'Hélicon en entendant son invocation à la muse : — « O muse, raconte les exploits du magnanime roi Louis, combien il a été brave et ce que vit la France belliqueuse sous son règne. » Le bon chanoine nous promène ensuite de l'antre du repos au palais de la nature, du palais de la nature à l'obscur séjour de Pluton. Il nous représente Phébus balayant les nuages, Flore étalant ses mille couleurs printanières, Pallas excitant des guerriers que fortifie d'ailleurs *l'image du Christ*, et dans un coin du tableau, la trahison se cachant pour mélanger du venin de serpent et de l'écume de Cerbère.

Quelle distance il y a, ce semble, entre ces prétentieux efforts de mémoire et la verve si naturellement éloquente de Joinville! Et cependant Joinville est déjà à l'œuvre ; déjà il entreprend de faire pour Louis IX ce que Guillaume de Bray vient de faire pour Louis VIII. Mais l'un copie, tandis que l'autre se laisse nonchalamment aller au courant de son génie et de son siècle. Guillaume de Bray suit la veine classique qui n'a pas cessé un instant de se faire jour, tout en s'égarant quelquefois à travers les sables déserts du moyen âge. Joinville, au contraire, ne connaît d'autre veine que celle de la foi et de la gentilhommerie, source vive qui jaillit, coule au hasard, s'épuise facilement entre ses mains, mais forme du moins çà et là des oasis de fleurs. Ce n'est pas seulement l'histoire de saint Louis qui vous attache à la chronique de Joinville, c'est le charme du récit, qu'on dirait identifié

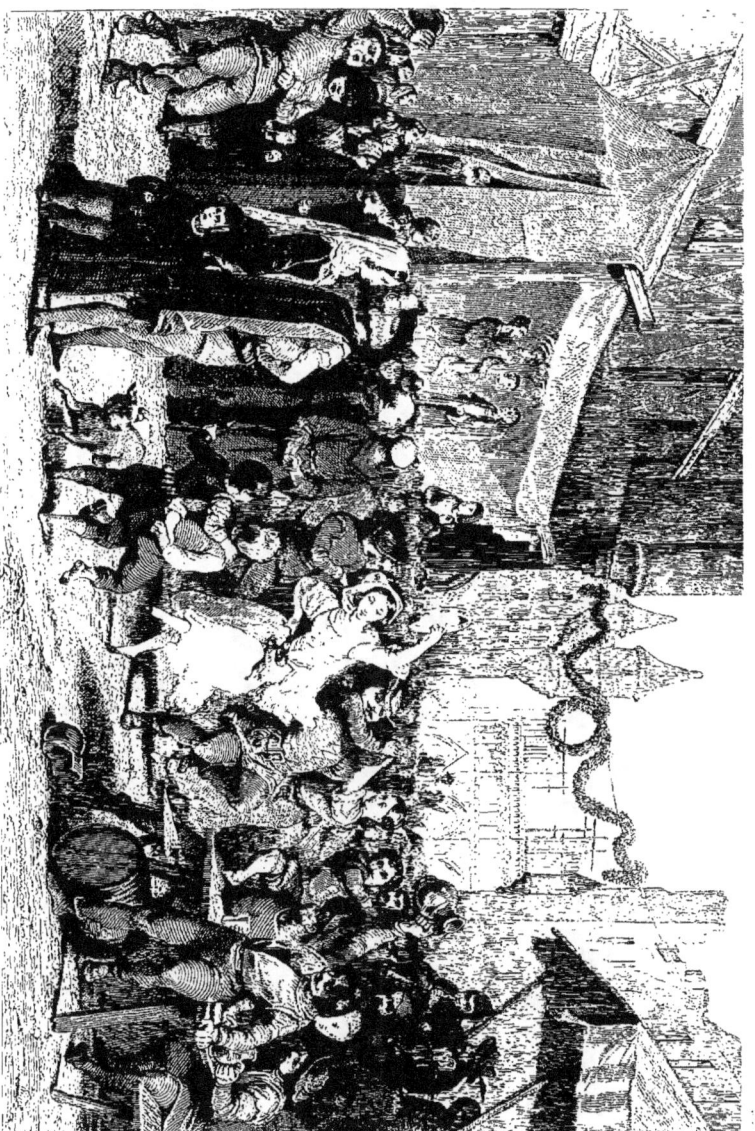

avec la sereine et noble figure du pieux roi, soit qu'il nous le montre guerroyant les Anglais et les infidèles, soit qu'il nous le représente écoutant les complaintes d'*ung chacun*, ou enseignant à ce monde de rapines et de violences que *bataille n'est pas voie de droit*.

La vie de saint Louis retentit dans le lointain de l'histoire comme un hymne de douce et pieuse charité. Religion, bonté, intelligence, activité, courage, rien n'y manque de ce qui peut rendre le passage de l'homme utile sur la terre. Cet homme extatique qui *enclin* le soir *delèz son lict, les coudes appuyés au banc*, demeurait en oraison de si longues heures qu'il *ennuyoit fort*, disent les historiens, à *la mesniée de sa chambre*; ce fils si faible devant sa mère, ce maître si docile à ses serviteurs, vous le retrouverez à Taillebourg et à Damiette, une épée d'Allemagne au poing, un heaume doré sur la tête, dominant tous les chevaliers *des épaules en amont*, pour parler l'expressif langage de Joinville, et s'exposant hardiment à tous les coups. Vous le verrez dans sa chambre du palais, compilant ces *Etablissements* célèbres qui seront à jamais un admirable modèle d'intelligence et de droiture; vous le rencontrerez au Châtelet de Paris, faisant bonnement métier de prévôt avec l'un des plus sages prud-hommes du temps, Me Estienne Boylesve.

Or, c'était un rude et difficile métier que celui de prévôt de la grande ville. Jadis on la renommait pour sa fidélité et pour sa gloire. « C'était le paradis de volupté, s'écriait Jacques de Vitry avec amertume, c'était un jardin de délices répandant dans le monde entier de suaves parfums; on eût dit le puits des eaux vivantes qui arrose toute la surface de la terre ; mais maintenant, telle qu'une chèvre galeuse ou qu'une brebis malsaine, elle corrompt par ses pernicieux exemples les hôtes nombreux qui affluent de toutes parts dans son sein ; elle dévore ses propres habitants et les entraîne avec elle dans l'abîme. »

Et le pieux chroniqueur, se laissant aller à toute la verve d'une sainte colère, nous dépeint en traits hideux les vices sans nombre, usure, violence, ivrognerie, passion du jeu et de la débauche qui souillent du matin au soir les maisons parisiennes. Paris, à l'entendre, est une autre Sodome, et il ne craint pas d'appliquer à ses habitants, comme à tous les peuples de l'Europe occidentale, les sévères paroles du prophète Michée : « Le meilleur d'entre eux était comme une ronce, et le plus juste comme l'épine d'une haie. »

Alors aussi on entend de nouveau parler de la fin du monde. « Le monde vieillit tous les jours, écrivait Rigord sous Philippe-Auguste, et avec lui l'habitude du bien ; c'est une décrépitude, c'est une enfance nouvelle. » Il y a cinq cents ans que ce même cri de douleur sortait déjà de la poitrine de Frédégaire. Et au milieu des tristesses du présent, en face des inquiétudes de l'avenir, on s'exagérait à soi-même, dans l'aveuglement de la douleur, la défaillance sociale.

S'il faut en croire Jacques de Vitry, la foi dépérissait, la charité était éteinte, toute tête était languissante, tout cœur pénétré d'affliction ; et afin que nul n'en doute, il touche du doigt chaque plaie. Ici, le puissant qui mange la chair du peuple ; s'il rencontre un voleur, il court se joindre à lui. « Partage avec moi, lui dit-il, faisons bande commune. » Le voyez-vous, bardé de fer, infestant les voies publiques, ne ménageant ni les religieux ni les pèlerins, ou, la torche à la main, promenant l'incendie sur les propriétés des monastères? Là, le magistrat, l'homme de la loi et de la justice : on dirait de ces loups dont parle Sophronie, qui dévorent leur proie au soir sans en laisser les os pour le matin. Ailleurs, les docteurs de l'Université, têtes gonflées de science, mais cœurs vides, brillants canaux de pierre où ne coulent jamais d'eaux rafraîchissantes. Ce qui les distingue surtout, c'est la haine qu'ils se portent les uns aux autres, ce sont les flatteries par lesquelles ils se disputent les écoliers et mille subtilités sophistiques qui voltigent devant leurs yeux, semblables aux sauterelles de l'Égypte. Et les écoliers! ils sont dix mille, vingt mille dans la seule enceinte de Paris, toujours en rivalité d'idées, de systèmes, de prééminence, de jeux et de dépenses folles. Jacques de Vitry nous les dépeint toujours en querelle. L'Anglais se fait remarquer par sa morgue ridicule, le Français par sa fierté vaniteuse et ses parures efféminées, l'Allemand par ses brutales orgies, le Lombard par sa méchanceté et son avarice, le Romain par un incessant besoin de bruit, de révolte et de médisance, etc., etc.

Continuez de parcourir de l'œil cette longue suite de misères humaines, et vous rencontrerez çà et là plus d'une figure connue : le médecin, qui promet beaucoup et tient peu, qui tue le corps et quelquefois tue l'âme en poussant à la volupté l'imprudente jeunesse ; l'avocat, écumeur de bourse, qui excelle à faire naître, à faire grandir, à faire vivre un procès ; la femme mondaine, à qui il faut de riches parures, de l'argent, des joyaux, des applaudissements, des danses, et qui, pour réussir, ne craint pas même d'appeler le sortilége à l'aide de ses charmes ; le moine portant la croix du Christ par corvée, serviteur nonchalant dont la main est à la charrue et l'œil toujours en arrière comme celui de la femme de Loth.

L'énergique chroniqueur ne voit partout que juments du diable, fosses de larrons, corbeaux d'enfer ; mais tout à coup, à travers les *ténèbres visibles* de ce monde livré aux plus viles passions, pénètrent les rayons d'une vive lumière. En face des loups revêtus de la toison des brebis se rangent les pasteurs fidèles brandissant les armes de la justice, de la droite et de la gauche. A leur tête marchent Foulques de Neuilly, Robert de Courçon, Jean de Lirot, Jean de Nivelles, et sous leur forte influence renaît l'âge d'or des poëtes.

Si la vérité a sa part et sa grande part dans ce tableau, l'imagination y a sans doute aussi la sienne ; l'amère douleur qui y est empreinte nous révèle d'ailleurs combien étaient profondes les émotions qui agitaient alors la société. Le règne de saint Louis fut pour la France comme une brillante aurore après de pénibles jours d'obscurité. La France *se multiplie* alors et *s'amende d'an en an par la justice et la droicture,* pour parler comme Joinville.

Mais c'est à Paris surtout qu'il faut suivre cette marche rapide de la civilisation. Avant saint Louis la charge de prévôt de Paris était vénale, et le plus souvent elle était occupée par quelques-uns de ces loups dont parle Jacques de Vitry, et que chansonnait si gaiement Jean de Meung dans le Roman de la Rose.

> Ce juge fist les larrons pendre,
> Qui de droit dust estre pendu.

Saint Louis la racheta et en mit en possession Étienne Boyleaüe ou Boylesve. « Et aloit souvent le roy au Chastelet seoir près ledict Boyleaüe pour l'encourager et donner exemple aux autres juges du royaume... Tellement que désormais, poursuit Joinville, n'y avoit larron, meurtrier ni autre malfaicteur qui osast demeurer à Paris, lequel, tantôt que Boyleaüe en avoit connoissance, ne fust pendu ou puni à rigueur de justice, selon la qualité du malfaict; et n'y avoit faveur de parenté, ni d'amis, ni d'or, ni d'argent qui l'en eust pu garantir, et si grandement fist bonne justice qu'il fist pendre un sien filleul parce que sa mère lui dist qu'il ne se pouvoit tenir de desrober. »

C'est à saint Louis et à Étienne Boylesve que Paris doit ses premiers règlements de police, son organisation des métiers surtout, et celle du guet des bourgeois pour la sûreté de la ville. Le Livre des Métiers d'Étienne Boylesve est parvenu jusqu'à nous. On y distingue trois choses : d'abord les statuts des métiers ; en second lieu les redevances coutumières, telles que routes, tonlieu, péage, qui existaient à Paris ; enfin les droits respectifs du roi et des divers seigneurs qui y possédaient haute ou basse justice. Préciser ces droits et ces coutumes, c'était mettre un frein aux abus.

Quant à ce qu'on appelait les *abus de la marchandise*, l'organisation des métiers y portait remède en faisant de chaque catégorie de travailleurs une famille vouée à l'accomplissement de l'œuvre de Dieu par une sorte de consécration religieuse, et dont les membres demeuraient solidaires les uns des autres pour la garde de leur dignité non moins que pour celle de leurs droits [1]. Par cette organisation, l'ordre était établi dans l'industrie et dans le commerce, tandis que par celle du guet il était établi dans la rue. Le guet se faisait également par métiers. Chaque métier formait une compagnie de cette imposante milice bourgeoise dont ne furent exempts d'abord que les estropiés, les infirmes, les vieillards. Plus tard on étendit l'exemption au bourgeois dont la femme était en couche et à un certain nombre d'artisans plus ou moins en rapport avec la chevalerie et avec l'Église, tels que les chasubliers, les imagiers, les parcheminiers, les archiers, haubergiers, orfévres, etc. La liste des privilégiés ne laissait pas que d'être longue, et l'on ne sait trop à quel titre ils y figuraient tous : pourquoi, par exemple, le buffetier, le fabricant de gants de laine, le faiseur de chapeaux, le tondeur de draps, le filandier, l'oublaïer, l'écorcheur dormaient tranquilles, tandis que le talmelier, le blazennier, le barillier, etc., faisaient le guet de nuit et de jour.

Quels que fussent toutefois les abus, ils n'entravèrent qu'à demi l'heureuse influence de la règle, et les forces vives de la cité se trouvant unies dans un système de réciproque assurance, une noble émulation succéda à la vieille apathie des temps anarchiques. Naguère encore, si nous en croyons Joinville, le commerce « n'osoit habi-

[1] Étienne Boylesve ne rédigea d'ailleurs aucun des règlements des métiers ; mais en enregistrant ceux qui existaient déjà, en consacrant ainsi les traditions ouvrières, il leur donna un caractère de publicité et d'autorité qui leur avait manqué jusque-là : il y avait des coutumes, il en fit des lois.

ter au royaume de France et estoit lors presque vague ; » mais aujourd'hui les champs se peuplent, les villes s'agrandissent et « les revenus croissent d'an en an de moitié. »

Enfin saint Louis environna la capitale (je cite toujours Joinville) « de gens de religion qu'il y ordonna, logea et fonda à ses deniers. » Par le mot de *gens de religion*, le vieux chroniqueur comprend toutes les œuvres de la piété chrétienne, retraite austère, prières de nuit et de jour, méditation, instruction des enfants, charité envers les pauvres et les malades. C'est l'hôpital des Quinze-Vingts pour les aveugles, le collége de Robert Sorbon, cette célèbre Sorbonne qui ne fut d'abord instituée que pour les *pauvres clercs* et pour leurs *pauvres maîtres*. Ce sont les Cordeliers, les Augustins, les Sachettes ou *pauvres frères du sac*, les Béguins de la rue des Barrés, les Chartreux, les Carmes, les Célestins, les Serfs de la Vierge Marie aux Blancs-Manteaux. C'est la Sainte-Chapelle avec ses glorieuses reliques du Calvaire ; ce sont les églises de Saint-Nicolas-du-Chardonnet, de Sainte-Croix-de-la-Bretonnerie, de Saint-Eustache, de Sainte-Catherine-du-Val-des-Écoliers, de Saint-Sauveur, de Saint-Josse, et les colléges des Bernardins, de Prémontré, de Cluny, de Calvi, des Dix-Huit, etc.

Souvenirs éteints pour la plupart! Vous rencontrerez, il est vrai, encore la rue des Barrés, la rue des Carmes, le quai des Augustins ; mais les édifices qui leur donnèrent leur nom, mais ces grandes institutions d'autrefois qui ont été les premières institutions populaires de la France, il n'en reste plus que le vague souvenir qui s'attache à quelques lettres mortes. La' grande église des Cordeliers est devenue la place de l'École de Médecine ; l'enclos et le cloître des Chartreux, ce cloître où saint Bruno revivait sur les toiles de Lesueur, ont été transformés en pépinière. Demandez la petite église de Sainte-Catherine-du-Val-des-Écoliers, ce gracieux monument que les sergents d'armes élevèrent, en 1229, « pour la joie de la victoire qui fut au pont de Bouvines, » on vous montrera le marché de Sainte-Catherine. Cherchez le collége des Bernardins dans l'ancien clos du Chardonnet, et vous rencontrerez à sa place un magasin public. Informez-vous, place de la Sorbonne, de la jolie église du collége de Cluny, on vous racontera qu'après avoir servi d'atelier à David, après avoir vu la foule se presser devant le *Léonidas* et les *Sabines*, elle est tombée sous le coup de marteau des démolisseurs. L'abside de l'église des Prémontrés, rue de l'École de Médecine, est aujourd'hui le café de la Rotonde ; la nef de Sainte-Croix-de-la-Bretonnerie, l'un des chefs-d'œuvre de Pierre de Montreuil, a été odieusement mutilée pour être transformée en passage, et, à l'instant où j'écris, les derniers arceaux du cloître des Célestins s'écroulent pour faire place aux écuries d'une caserne. Hommes et choses en ce monde ne sont qu'une fuite perpétuelle, *vita in fuga est*.

IX

STATISTIQUE ET TABLEAU DE PARIS SOUS PHILIPPE LE BEL.

Jusqu'à l'époque à laquelle nous sommes parvenus, l'histoire civile de Paris ne nous est connue que par quelques détails assez peu précis des chroniques; mais à partir du règne de Philippe le Bel les documents deviennent moins rares. Nous possédons entre autres deux rôles de contributions, l'un de 1291, l'autre de 1313, qui fournissent de curieuses données tant sur la population que sur l'industrie et les mœurs parisiennes. Le chiffre du dernier de ces rôles s'élève, pour le nombre des imposés, à 5,955, et, pour la somme à percevoir, à 13,021 livres 19 sols 8 deniers. Le nombre des imposés s'entend évidemment des feux ou familles, et en dehors de ce nombre se trouvaient les deux ordres privilégiés du clergé et de la noblesse. L'étendue de Paris au XIVe siècle est d'ailleurs connue. En réunissant les conséquences qu'on peut en tirer pour la population et celles qui résultent tant du rôle de 1313 que des autres mémoires et terriers du temps, un jeune savant, M. Géraud, a été conduit à porter dès lors la population de Paris à plus de 200,000 âmes, tandis que Dulaure, systématique détracteur du passé, ne la porte qu'à 49,000.

Un seul fait met du reste à néant l'estimation de Dulaure. Lors des fêtes qui furent célébrées à Paris, en 1310, à l'occasion de la veillée d'armes des fils du roi, « tous les bourgeois et artisans, disent les chroniques, défilèrent sous les fenêtres du palais, les uns à cheval, les autres à pied; on estima qu'il pouvait y avoir 20,000 chevaux et 30,000 fantassins. »

La surface de Paris, au commencement du XIVe siècle, était de 439 hectares 18 ares; c'était juste 3,000 hectares de moins que celle comprise aujourd'hui dans le périmètre du mur d'enceinte (3,439 hectares 68 ares); mais les rues étaient plus étroites, les logements plus exigus, l'espace plus rempli. Pour apprécier la population ancienne par comparaison avec la population actuelle, ce sont donc les vieux quartiers qu'il faut étudier, les petites rues de la Cité surtout et celles qui se croisent en tous sens autour de l'hôtel de ville.

Quant au nombre des rues, il était de 310 seulement au XIVe siècle; sans compter, il est vrai, les *rues sans chief* ou impasses, assez nombreuses alors. Au XVIe siècle, il n'était encore que de 400; aujourd'hui il dépasse 1,000. Guillot de Paris a pris plaisir à mettre en vers les noms et la topographie des rues qui existaient de son temps. Son poëme se divise en trois sections : *Outre-Petit-Pont*, contenant 80 rues, *Cité* en contenant 36, et *Outre-Grand-Pont*, 194. Ainsi la masse de la population, celle qui vit du commerce et des affaires, était dès lors répandue sur la rive droite de la Seine. La rive gauche était à peu près uniquement occupée par les écoliers, libraires, relieurs, enlumineurs, etc.; la Cité, par les couvents, les églises et les industries qui en dépendent.

La plupart des anciens noms de rues se sont perpétués jusqu'à nous, mais avec des variations de formes qui souvent ont fait perdre la trace de leur origine. Ainsi, par exemple, le quartier habité par les saulniers était traversé par les rues de la *Saunerie* et de l'*Arbre-Sel*, dont nous avons fait la *Sonnerie* et l'*Arbre-Sec*. La rue *où l'on cuit les ouës* est devenue la rue *aux Ours;* la rue de Thibault-aux-Dés, *Theobaldi aleatoris*, a été transformée en rue *Thibautodé*. Nous pourrions citer d'interminables exemples de ces altérations. Ici, c'est la rue *aux Fers*, dont le nom primitif était *du Fuère*, c'est-à-dire *de la Paille;* là, la rue Grénetat, désignée dans les rôles de Philippe le Bel par celui de *Darne-Estat* (dernière étape); plus loin, la rue du *Grand-Hurleur*, dont il serait assez difficile de trouver l'homonyme dans celle de Hue-Leu, *Hugo Lupus*, nom du digne bourgeois qui la baptisa. La rue du Grenier-Saint-Lazare avait été nommée par un bourgeois du nom de Guernier de Saint-Ladre; la rue de la Tâcherie était habitée, du temps de Philippe le Bel, par les *attachéeurs* ou fabricants d'agrafes. Enfin, au lieu où était jadis le pissot Saint-Martin, nous avons aujourd'hui la rue des Fontaines.

Les noms des rues furent d'abord empruntés aux impressions de crainte et de dégoût qu'elles éveillaient: de là ces antiques appellations de *Vide-Gousset*, *Tire-Chappe*, *Trou-Punais*, etc. Il ne serait ni intéressant ni décent de les citer toutes. Lorsque la police eut rendu ces impressions moins vives, les rues prirent les noms des couvents ou églises et ceux des riches bourgeois du quartier. Les rôles de Philippe le Bel sont pleins de ces désignations qui tiennent au sol même et à l'histoire de la ville. Ainsi, près de la rue des Fossés-Saint-Germain, vous trouvez la rue *Roulant-l'Avenier* et la rue *Jehan-Evrout;* à quelque distance de la porte Saint-Honoré, la porte *Feu-Nicolas-Arrode;* non loin de la rue Saint-Martin, la rue *Eudebours-la-Tresfilière.* Ces noms de bourgeoisie sont tellement multipliés dans les rôles, qu'on pourrait suivre en quelque sorte, par la nomenclature des rues de Paris, celle des célébrités de la commune parisienne : Arrode, Piedeë, Bourdin, Charonne, Tison, Menuisset, Roissolle, Boigne, Gieffroy l'Angevin, Pain-Mollet, Cocatrix, Barbette, etc.

Tâchons maintenant de pénétrer dans ces rues du xiv siècle, et d'y surprendre le mouvement et la vie qui les animent. Le rôle de 1291 commence par le quartier de Saint-Germain-l'Auxerrois ; nul quartier n'a un aspect plus morne et plus sévère ; n'en soyons pas surpris, c'est là que demeurent l'usure et les Lombards. On y compte jusqu'à quarante-neuf Lombards. Les Lombards prêtent sur gages. Il ne faut pas les confondre avec les changeurs, qui occupent, ainsi que bon nombre de drapiers et d'orfévres, les boutiques du Pont-aux-Changes. Mais si de Saint-Germain-l'Auxerrois vous passez à Saint-Eustache, à Saint-Merry, à Saint-Martin-des-Champs, tout change, tout prend vie autour de vous. Il n'est pas en effet une seule de ces maisons à pignon sur rue, dans ces voies tortueuses et étroites, qui n'ait sa riche enseigne : à Saint-Jacques, à Saint-Jehan, à la Corne-de-Cerf, au Cheval-Volant, à la Pomme-d'Or, au Bon-Pasteur, etc.; et, sous l'enseigne, son brillant étalage. Vous remarquerez surtout de nombreux étalages de pelleteries : ici, des peaux d'agneau, de chat, de renard et de lièvre ; c'est pour le peuple : là, des peaux de lapin, de chat sauvage, de loutre, de martre ; c'est pour le bourgeois : ailleurs, du petit-gris, de l'hermine, de la martre zibeline et des peaux de lérot ; c'est pour les prélats et pour les nobles.

Les drapiers sont rares. On n'en compte que dix-neuf dans tout Paris, tandis qu'on y compte deux cent quatorze pelletiers. Les Parisiens, on le voit, restent encore fidèles aux vieilles fourrures gauloises.

Lorsque vous traverserez le quartier de Sainte-Opportune, il vous arrivera presque infailliblement de rencontrer la rue de la *Cordouanerie* et la rue *où l'on fait petits souliers de bazenne*. Nulle part on ne trouve de plus nombreuses et de plus belles chaussures. Veut-on des souliers de maroquin de Cordoue, on s'adresse au *cordouanier*. Préfère-t-on des souliers de *bazenne*, désire-t-on des *estivaux* pour l'été, des *heuses* pour voyages, des sandales à lacets, à bandelettes, à boucles, on va chez le *çavatier*. Avec deux sols on est toujours sûr de trouver chez lui chaussure à son pied. Chez le *cordouanier*, au contraire, il faut avoir au moins deux sols huit deniers dans sa poche. Le *çavatier* et le *cordouanier* sont connus sous le nom générique de *sueurs* ; c'est le *sutor* antique.

Les *attachéeurs* ou fabricants de boucles et agrafes habitent de préférence le quartier Saint-Merry. Les bouchers (ils sont quarante-deux) ont leurs étaux partie au Grand-Châtelet, partie à Sainte-Geneviève. La lingerie et la poterie ont surtout leur débit aux Halles ; mais le plus grand nombre des métiers n'en est pas moins épars de rue en rue. Nous citerons, entre autres, les marchands de denrées, tels que *vinetiers, cervoisiers, talme-*

liers, *oïers*, de sorte que chacun peut en trouver dans son voisinage. Il y a à Paris cinquante-huit vinetiers ou marchands de vin, trente-sept cervoisiers ou marchands de bière, quatre-vingt-quatorze talmeliers ou marchands de pain, sans compter, bien entendu, les fourniers de fours banaux et les talmeliers des monastères. Les talmeliers font des pains de mille formes différentes; ils se plaisent même parfois à imiter des objets naturels; l'idée néanmoins ne leur est pas encore venue de pétrir leur farine en forme de boule : aussi ne les appelle-t-on point encore *boulangers*.

Quant à l'*oïer*, il tient fourneau public. Son nom vient de l'oie, qui était évidemment alors le mets d'élite des Parisiens; il est remarquable en effet que le mot d'oie revient sans cesse, soit dans les rues, soit dans l'histoire municipale de la ville. Ainsi, près de Saint-Merry, vous trouverez la rue *Baille-Oë;* plus loin, à l'est, la ruelle *Bec-Oë;* entre les rues Saint-Denis et Saint-Martin, la rue *où l'on cuit les ouës.* Et dans l'histoire parisienne, qui ne se rappelle le bourgeois *Piedoë* et le célèbre prévôt des marchands *Cudoë*, dont l'action fut si puissante aux jours troublés de Charles VI?

Je dis donc que l'oie était, au XIVe siècle, le mets d'élite des Parisiens. Peut-être faudrait-il lui adjoindre l'ail; car je remarque neuf *ailliers,* presque autant que d'épiciers sur les rôles. Peut-être faudrait-il y adjoindre le cresson, si nous ne savions que le cresson était fréquemment employé comme spécifique. Dès qu'on se sent une démangeaison à la peau, on va chez le *cressonneur*. Le roi Philippe le Bel a même voulu avoir un cressonneur à lui seul dans son palais. Les spécifiques de ce genre sont fort nombreux, et ils tiennent assez bien la place des experts en médecine, qu'on n'a pas comme on veut dans la capitale. Paris ne possède en effet que vingt-neuf *mires* et dix *mirgesses;* voilà à quoi se réduisent toutes ses ressources pour la naissance comme pour la mort.

Mais une chose plus étrange encore que tout ce que nous avons remarqué d'étrange dans ce vieux Paris, c'est le bruit qui vous y poursuit jusque dans l'intérieur des maisons, bruit tantôt strident, tantôt sonore. On dirait que tous les *maréchaux-fèvres* et que tous les *serruriers-fèvres* de France s'y sont donné rendez-vous. La raison en est que Paris est le centre de la chevalerie, et qu'à la chevalerie il faut des heaumes et des haumiers, des hauberts et des haubergiers, des écus et des écuciers, des armes et des armuriers. Il lui faut des trumeliers qui lui fabriquent des cuissards, des *escreveissiers* qui lui donnent des cuirasses aussi bien ajustées que celles des écrevisses. Ceux qui entrent dans les ateliers de ces frappeurs d'enclume portent tous le cabasset ou la bourguignotte. Il est facile de reconnaître en eux des écuyers ou des hommes du guet.

Les prêtres et les moines entrent de préférence chez les chasubliers, les aumussiers, les ymagiers, les paternostriers. Il y a, bien compté, à Paris, quatorze paternostriers qui font des chapelets d'os, de corne, de corail, de coquillage, d'ambre ou de jayet. D'habitude aussi le paternostrier s'essaie dans l'industrie des boucles et bouclettes et des noyaux à robe en laiton ou ivoire. Les ymagiers comprennent dans leur domaine à peu près tout ce qui ressortit aux arts du dessin; ils peignent à l'eau ou à l'huile, ils ouvrent l'ivoire ou le bois. Ceux qui s'adonnent à la fusion des métaux prennent le nom d'orfévres. Il y a cent seize orfévres à Paris, sans compter les joailliers et *perriers* qui s'occupent spécialement de la vente des pierres précieuses. Les étoffes de luxe, telles que soieries et draps d'or ou d'argent, sont du ressort des merciers. On trouve en outre chez les merciers grand nombre d'aumônières ou de bourses garnies de perles.

Il serait au reste impossible d'énumérer toutes les industries qui font de Paris le marché du monde. Ici, c'est un *chapelier de gants de laine et de bonnets;* là, un *chapelier de feutre;* plus loin, un *chapelier de couvre-chefs de soie.* Cette femme qui tresse des fleurs, c'est une *floreresse de coiffe;* cet homme qui trempe l'acier, c'est un coutelier-fèvre. Lorsque sa lame sera faite, il l'enverra chez son confrère le *coutelier emmanchéeur.* Si vous vous promenez dans les rues qui aboutissent à la Seine, vous rencontrerez des *passéeurs* qui vous offriront une barque pour passer l'eau. Si vous vous aventurez sur la plage vague de l'île Notre-Dame (île Saint-Louis), vous vous y trouverez au milieu de bon nombre de *charpentiers de nèz* et d'*avaleurs de nèz.* Le charpentier de nèz ou de nefs construit des barques qui voguent à la voile ou à la rame. L'*avaléeur de nèz* les met à l'eau.

Mais quel est cet homme sinistre qui marque au dos, d'un crayon blanc, chaque villageois entrant dans la halle aux légumes? C'est le bourreau, l'homme du pilori et de la potence. Parmi ses priviléges (et ils sont considérables) figure celui de prélever un droit sur les herbages et les légumes verts. Or, afin que nul herbager ne lui échappe dans la foule, il les marque tous de sa quittance à l'épaule. Et celui-ci qui toise le passant d'un air superbe, c'est un champion. Si vous avez un procès à coups d'épée, ou, en d'autres termes, un duel judiciaire, et que vous ne vous sentiez pas le courage à l'égal de votre droit, recourez au champion : il se battra pour vous, comme d'autres un jour plaideront pour vous. C'est l'avocat et l'avoué de la procédure en champ clos. Il est toutefois à savoir que depuis saint Louis le métier baisse. Paris ne possède plus, à l'heure qu'il est, que sept champions. Dans peu d'années il n'en possèdera plus un seul.

Mais voici un mazelinier. Pour se faire une juste idée du mazelinier, il est bon de se rappeler les vers de Virgile :

. . . . . *Pocula ponam*
Fagina, cœlatum divini opus Alcimedontis...

Je l'offrirai une coupe de bois, chef-d'œuvre de ciselure du divin Alcimédon.

Eh bien! Alcimédon était un mazelinier. Le mazelinier fait des coupes et hanaps pour les chevaliers et pour le peuple ; il en fait d'agate, de buis, d'érable, de tremble, etc. Que vous dirai-je enfin? Voulez-vous un baudrier? allez chez le *baudraier*. Voulez-vous une bride pour votre palefroi? allez chez le *lormier* qui travaille le fer, puis chez le *sellier* qui travaille le cuir. Voulez-vous une selle? le *chapuiséeur* commencera par en fabriquer la carcasse, le *blazennier* la couvrira, l'*arçonnéeur* y mettra les arçons, le *peintre-sellier* la décorera ; enfin le sellier proprement dit l'achèvera et la vendra.

Dans le quartier d'Outre-Petit-Pont vous remarquerez que les boutiques sont presque toutes occupées par des relieurs de livres, libraires, enlumineurs, parcheminiers, etc. Les parcheminiers ne peuvent vendre d'autre parchemin que celui qui a été solennellement approuvé par l'Université.

Nous avons dit que la Cité était surtout habitée par les clercs et par les moines. Nous aurions dû ajouter qu'elle était aussi habitée par le roi. Chose singulière! lorsqu'on approche de la demeure royale, on est assourdi, non plus, il est vrai, par le bruit du marteau et du fer comme sur la rive droite de la Seine, mais par le retentissement non moins vulgaire du tranchant et du maillet. Le palais s'ouvre en effet sur la rue de la Barillerie, le grand atelier des barillers et des barils. On y trouve des barils de tous les bois que permettent les statuts du métier, c'est-à-dire de cœur de chêne, de poirier, d'érable et d'œillet (olivier).

La rue de la Barillerie est étroite, comme toutes les rues de la capitale. Aussi à peine est-il donné d'apercevoir dans toute leur hauteur, lorsqu'on entre au palais, les tours dont saint Louis et Philippe le Bel ont agrandi la demeure royale. Si vous franchissez la porte basse qui la sépare de la rue, vous demeurerez sur-le-champ frappé de la foule des serviteurs qui se pressent dans les cours. On vous y montrera en particulier l'échanson, l'échansonne, le talmélier, la talmelière, le jardinier, le cuisinier, le souffleur de cuisine, le cressonneur, etc. Questionnez-les; ils vous diront, par exemple, qu'un dîner royal ne peut coûter, avec eau de senteur et épices, moins de quinze livres dix sols. Les écuyers vous diront, de leur côté, que le grand cheval du roi, le cheval sur lequel il s'est battu à Mons-en-Puelle, a été estimé trente-deux livres, tandis que tout le monde sait qu'on peut avoir un bon cheval au prix de seize à vingt livres, et un cheval de somme pour sept ou huit. C'est surtout sur ce grand cheval de guerre qu'il faut voir Philippe le Bel, dominant tous les chevaliers de la hauteur de son casque. Il fait beau le voir aussi dans les grandes salles du palais, superbe mais accessible, et rachetant son avarice publique par quelques générosités particulières.

Le caractère des Parisiens est en général prompt et mobile ; le bourgeois est industrieux, mais querelleur ; la bourgeoise est spirituelle, mais médisante : « Il n'est, dit-on, bon bec que de Paris. » L'écolier est tapageur et indocile. Chaque dimanche, après avoir pâli toute la semaine sur le *trivium* et le *quadrivium*, il s'en va au Pré-aux-Clercs s'ébaudir en chants, en bruit et en coups. Un de ses grands plaisirs est surtout de pêcher dans la petite Seine, étroit canal qui borde le pied des murs de l'abbaye de Saint-Germain-des-Prés et suit la direction que suivra plus tard la rue des Petits-Augustins. Mais l'abbé de Saint-Germain est seigneur-né du Pré-aux-Clercs ; à lui l'herbe qu'on fauche, le poisson qu'on pêche et l'eau qui coule. Plus d'une fois, la vigoureuse escouade de ses serviteurs est venue ou viendra troubler la joie des écoliers : grand sujet de rixes et de chicanes. Les écoliers se battent bien, et leurs maîtres ne sont guère moins forts dans les luttes de procédure et de priviléges.

Rentrés à leur quartier Latin, les écoliers y reprennent gravement leurs études. Tout bruit cesse alors; on dirait une ville morte, si de temps en temps des milliers de cris aigus ne venaient lui rendre la vie à la sortie des classes. Ces intermittences de bruit strident et de silence monacal font de la montagne Sainte-Geneviève une cité à part au sein de la grande cité.

Sur la rive droite de la Seine, en effet, et dans l'île, le mouvement et la vie sont continus. Le matin, à peine avez-vous l'œil ouvert que vous entendez la voix de l'*estuvéeur* :

> Seigneurs, voulez-vous vous baigner?
> Entrez donc sans délaïer.
> Les bains sont chauds, c'est sans mentir.

Le poissonnier de mer crie en même temps ses harengs, ses merlans et ses vives; le poissonnier d'eau douce, sa pêche des étangs de Bondy; le marchand d'oies crie ses oies; le marchand de paons crie ses paons : il y a cinq *paonniers* à Paris. On crie tout dans les rues de Paris : chair salée et chair fraîche, œufs à la douzaine, miel en pot, pois fricassés, purée chaude, cresson *orlenois*, échalottes d'Étampes, fèves à l'écuelle. Le fruitier promène ses poires d'Hartevel, de Caillot, de Saint-Rieul, d'Angoisse; ses pommes de Calville, son Brinduriau d'Auvergne, ses alises, ses cornilles, ses prunelles. Les plus âcres de ces fruits sont ceux qui trouvent le plus d'acheteurs. Puis arrive le vinetier, offrant son bon vin à trois sols la pinte, sa piquette à six deniers.

Mais comment saisir tous les cris, toutes les paroles

vibrantes qui se coupent, s'entre-croisent du matin au soir dans les rues de Paris? Ici, vous entendez : *Verjus, huile de noix, vinaigre à la moutarde!* plus loin : *Savon d'outre-mer, mèches de jonc pour vos lampes!* plus loin encore : *Chapiaux! chapiaux!* Au-dessus de toutes ces clameurs retentit sans fin ni cesse le cri du *mange-pain*. Le mange-pain est tantôt un infirme qui s'efforce de vous attendrir par le spectacle de ses plaies, tantôt un écolier dont le collége ne vit que d'aumônes, tantôt un moine quêteur. Infirme, écolier, moine n'ont qu'une voix :

> Du pain aux Sas, pain aux Barrés,
> Aux pauvres prisons enserrés,
> A ceux du Val des Escholiers;
> Du pain por Jhesu nostre sire?

Et du milieu de ces gens qui prient, de ces gens qui vendent, sort d'instant en instant le cri de *Noël! Noël!* C'est l'expression de la joie qui se fait jour à travers les mille clameurs de l'intérêt et du besoin.

Le soir venu, les cris cessent. Plus de vendeurs ambulants qui fatiguent les échos de la rue; plus de *fenestriers* qui vous poursuivent de leur marchandise à votre fenêtre. Seul l'*oublaïer* se promène encore avec sa corbeille recouverte d'un linge blanc dans laquelle sont entassées les pâtisseries du jour : *flans, oublies, seminaux, roinsoles, pâtés chauds, gâteaux à fève*. Au coup de huit heures sonne le couvre-feu; aussitôt toutes les lumières s'éteignent, et bien osé serait celui qui s'aventurerait dans les rues désertes. Il est cependant un homme qui en parcourt encore sans crainte le sombre dédale, un

70   HISTOIRE DE PARIS

homme noir dont la main agite une clochette et qui fait retentir de rue en rue ce dernier cri de toute voix humaine : « Bonnes gens, priez Dieu pour les trépassés. »

X

ESPRIT DE FONDATION AU XIVe SIÈCLE

Aux caractères qui distinguent le XIVe siècle dans l'histoire de Paris, nous devons ajouter l'essor rapide qu'y prit alors l'esprit de fondation et d'association chrétiennes. Les colléges surtout se multiplient : collége de Narbonne, collége du Plessis, collége de Tréguier, colléges d'Arras, de Bourgogne, d'Autun, de Lisieux, de Chanac, de Tours, d'Aubusson, de Mignon, de Maître-Clément, des Trois-Évêques, des Écossais, des Lombards, et vingt autres dont il ne reste plus qu'un vague souvenir. On se tromperait au reste si l'on attribuait au mot de collége, tel qu'il était compris dans ces vieux âges, le sens qu'il comporte aujourd'hui. Un collége n'était pas une maison d'enseignement, mais simplement une maison d'asile ouverte à quinze ou vingt pauvres écoliers, rarement à un plus grand nombre, et appartenant le plus souvent au pays du fondateur. L'écolier y trouvait un abri pour étudier au retour des leçons publiques de la montagne Sainte-Geneviève et quelques sols de rente par semaine pour vivre. Si les sols ne suffisaient pas, l'écolier mendiait. Il y en avait qui touchaient une petite rétribution en allant jeter de l'eau bénite sur les corps morts. Triste existence! et cependant, quelque calamiteuse qu'elle pût être, les écoliers se faisaient parfois fondateurs à leur tour, tant était puissant alors l'esprit d'association. C'est ainsi que nous voyons en 1348 les pauvres écoliers de Bretagne ériger à saint Yves, un saint de leur pays, une élégante chapelle au coin de la rue Saint-Jacques et de la rue des Noyers. Sur le portail, flanqué de deux tourelles octogones et orné d'un portique en ogive, se détachaient deux statues de la patrie, celle de Jean V, duc de Bretagne, et de Jeanne de France, son épouse.

L'esprit d'association fut le grand remède aux maux du moyen âge. A une époque où l'administration publique était le plus souvent impuissante, il créa une foule de centres d'administration, confréries, métiers, communes, dans lesquels reflua la vie sociale. Le monde se trouva ainsi divisé en une multitude de petits bataillons fortement organisés pour faire sans encombre, sous la sainte bannière du patron, la grande étape de la vie. Les arts, de leur côté, y gagnèrent des monuments, car chaque commune voulait avoir son hôtel de ville, et chaque confrérie sa chapelle, quelquefois même son hôpital. En 1327, les pèlerins de Saint-Jacques font construire, rue Saint-Denis, les bâtiments de Saint-Jacques-de-l'Hôpital pour recevoir au passage les pèlerins de Compostelle. La même année, les pèlerins de la Terre-Sainte fondent, sur les terrains occupés aujourd'hui par la cour Batave, l'église et l'hospice du Saint-Sépulcre. Le portail de cette église présentait sur la rue Saint-Denis un élégant portique ogival orné d'un bas-relief représentant la sépulture de Jésus-Christ.

Quelques années après ce sera le tour des confréries de *jugléeurs* ou de jongleurs, et Paris leur devra l'hôpital et la jolie église de Saint-Julien-des-Ménétriers. Cette église, qui était située rue Saint-Martin, n° 96, a disparu comme tant d'autres. Sur sa façade de style ogival se trouvaient trois statues parmi lesquelles on remarquait celle de saint Genest en costume de jongleur et jouant du violon.

XI

AVÈNEMENT DES VALOIS. — DOULEURS ET RUINES

Cette dernière fondation date du règne de Philippe de Valois. L'avénement des Valois au trône est l'avénement de nos désastres. La grande lutte qui s'est déjà produite entre Philippe-Auguste et Richard Cœur-de-Lion va recommencer pour des siècles. La chevalerie française, la première chevalerie du monde depuis les croisades, tombera vaincue dans trois batailles; la France sera envahie par l'étranger; elle sera ravagée en tous sens tantôt par l'Anglais, tantôt par des hordes d'aventuriers sans emploi, tantôt par des bandes de laboureurs et de pastoureaux qui, n'ayant plus rien à perdre, se mettront à piller à leur tour. Au milieu de ce chaos social, les champs demeureront en friche, les châteaux s'envoleront en fumée; et Paris, se livrant au hasard à toutes les turbulences de l'émeute, à toutes les colères des révolutions, finira par devenir comme une ruine où les loups affamés ne craindront même pas de venir chercher leur pâture.

Nous ne pouvons indiquer ici que quelques traits de ce funèbre tableau. En 1346, Édouard III paraît en vue de Paris et fait incendier Saint-Cloud, Nanterre, Boulogne, afin de donner aux Parisiens le spectacle de feux de joie anglais. Philippe de Valois fait aussitôt abattre tous les appentis de la ville, afin de « chevaucher plus aysément parmy Paris. » — « Ma bonne gent, disait-il aux habitants effrayés, ne vous doutez de rien... je m'en vais jusques à Saint-Denys, devers mes gens d'armes, car je veuil chevaucher contre les Anglois et les combattre. »

Philippe de Valois alla plus loin que Saint-Denis; il alla jusqu'à Crécy.

Deux années s'écoulent, et une affreuse peste vient mettre le comble aux douleurs de la France. Si nous en croyons Froissart, la tierce partie du monde mourut. A Paris, on enterrait par jour de cinq à huit cents personnes. Cette crise fut suivie d'une sorte de surexcitation de la pensée : les uns, ne voyant partout que mort et que ruine, s'abandonnaient à tout l'enthousiasme de la mortification ; ils parcouraient les villes pieds nus, et se flagellaient en chantant des cantiques :

> Or, avant, entre nous tous, frères,
> Battons nos charognes bien fort.....

Les autres, heureux de se sentir vivre au milieu du deuil général, se laissaient aller avec ivresse au courant de la vie. C'étaient chaque jour une joie plus vive et des fêtes nouvelles, et l'on s'occupait de modes et de plaisirs comme si nulle tristesse n'eût pesé sur la France. Avant Philippe de Valois, les rois et reines se vêtissaient de drap de Gonesse; mais, à présent, on veut du drap de Bruxelles ou de Malines. En même temps la forme des costumes se modifie : les dames portent des cottes armoriées et fendues aux hanches afin de laisser voir les pierreries et orfévreries de la ceinture. *Fenêtres d'enfer,* s'écriaient les prédicateurs, *par où se montre le démon de la prodigalité.* Ajoutons que la coiffure des femmes ne tarde pas à s'élever comme une tour d'où flottent mille banderoles. Le chevalier, de son côté, laisse croître sa barbe en pointe, et renonce aux amples vêtements d'autrefois pour s'empaqueter dans d'étroites gaînes que recouvre à peine un court mantel. « Et estoient si estroites, dit le moine de Saint-Denis, qu'il leur falloit aide au vestir et au dépouiller, et sembloit qu'on les escorchoit quand l'on les dépouilloit. » L'Église tonnait et le peuple riait : « C'est apparemment pour mieux courir, » disaient les manants, qui n'avaient pas oublié Crécy.

De 1351 à 1360, Paris est en proie aux luttes parlementaires et aux soulèvements de la rue. Le dauphin, Charles le Mauvais, Étienne Marcel se disputent le peuple, cette force mouvante et soudaine qui est trop souvent le prix de l'audace. Puis, en 1360, reviennent les Anglais. Édouard III traîne à sa suite non-seulement des milliers de chars et de machines de guerre, mais encore des faucons et des chiens pour la chasse, des batelets de cuir pour la pêche, comme s'il allait prendre possession définitive du royaume de France. Son approche est annoncée aux Parisiens par la vue lointaine de l'incendie et les clameurs qui s'élèvent de la campagne. Défense est faite de sonner les cloches, défense de chanter matines, dans la crainte que les moindres vibrations de l'air n'empêchent les gardes avancées de distinguer les pas de l'ennemi. Seul le son du couvre-feu se fait encore entendre à la tombée de la nuit pour rappeler aux habitants que toute lumière doit s'éteindre.

« De la Seine jusqu'à Étampes, écrivait le continuateur de Nangis, il n'y a plus un seul homme. Tout s'est réfugié aux trois faubourgs de Saint-Germain, de Saint-Marcel et de Notre-Dame-des-Champs. Montlhéry et Lonjumeau sont en feu. On distingue dans tous les environs la fumée des villages qui monte jusqu'au ciel. Le saint jour de Pâques j'ai vu, aux Carmes, officier les prêtres de deux paroisses. Le lendemain on a donné l'ordre de brûler les trois faubourgs, et permis à tout homme d'y prendre ce qu'il pourrait, bois, fer, tuiles et le reste. Il n'a pas manqué de gens pour le faire bien vite. Les uns pleuraient, les autres riaient. »

Édouard III n'entra pas à Paris. Impuissant à surmonter l'énergie de la défense, il prit la route de la Beauce et y signa, quelques jours après, ce traité de Brétigny qui, au prix de durs sacrifices, rendit la paix à la France.

Le principal résultat de ce traité fut le retour de Jean II, qui languissait, depuis la bataille de Poitiers, dans les prisons de l'Angleterre. Jean fut accueilli à Paris par les acclamations de la plus vive joie. La misère publique se cachait elle-même aux yeux du souverain pour lui faire oublier ses souffrances. Les rues étaient tapissées, les fontaines jetaient du vin; le roi s'avançait sous un dais de drap d'or, et un buffet d'argenterie du poids de mille marcs lui était offert par la ville.

Ces nobles témoignages de patriotique respect ne furent pas au reste particuliers à la capitale; de toutes les provinces on envoya au roi des présents et de l'argent. Les pays cédés à l'Anglais voulurent contribuer eux-mêmes pour leur quote-part à la rançon du prisonnier. « Vous ne régnez plus sur nos biens, lui écrivaient les habitants de la Rochelle; mais vous régnez toujours sur nos cœurs. »

XII

CHARLES V ET CHARLES VI. — SAGESSE ET FOLIE

Avec Charles V, le roi *sage et subtil*, pour parler comme Froissart, la France et Paris sortent de leur abattement. « Car tout coi en ses chambres et déduits, poursuit le chroniqueur, reconqueroit ledit roy ce que ses prédécesseurs avoient perdu sur le champ, la tête armée et l'épée au poing. »

Jusque vers le milieu du xive siècle, Paris était demeuré enserré dans l'enceinte de Philippe-Auguste. Il se terminait notamment vers l'est à la place Baudoyer, et l'on n'apercevait par delà que quelques hôtels isolés sur le bord de la Seine. L'un de ces hôtels portait le nom de Saint-Paul; Charles V l'achète, l'agrandit et en fait sa demeure de prédilection. Aussitôt tout un quartier sort de terre autour du nouveau palais. L'église Saint-Paul est reconstruite, le cloître des Célestins s'élève, et seigneurs et marchands, attirés par le voisinage royal, se pressent en quelques jours de la Grève à la Bastille.

Paris avait alors à la tête de son administration un homme d'action et d'intelligence. Cet homme était Hugues Aubriot. Charles V l'avait nommé prévôt, et, pour l'avoir plus près lui, il lui avait donné le logis du Porc-Épic, élégante construction flanquée de quatre tourelles, qui était contiguë à l'hôtel Saint-Paul. Le roi et le prévôt pouvaient ainsi se voir chaque jour, et concerter ensemble de vastes projets de sûreté et d'embellissement pour la ville.

Étienne Marcel avait tracé une nouvelle ligne de circonvallation, mais cette entreprise gigantesque demandait à être complétée par des ouvrages d'art. C'était l'effort d'un jour, il fallait l'assurer pour des siècles. Cette enceinte n'avait rien changé aux fortifications de Philippe-Auguste du côté d'Outre-Petit-Pont; les fossés seulement avaient été creusés de manière à recevoir en quelques endroits les eaux de la Seine; les murs en ruine avaient été relevés, et chaque porte avait été munie de fortes tours : mais, au nord, tout un ensemble de nouveaux quartiers avait été enclavé dans l'enceinte. Les fortifications de Philippe-Auguste commençaient entre le Louvre et Saint-Germain-l'Auxerrois; on les rejeta au delà du Louvre, et une porte qui subsistait encore sous Louis XIV donna entrée de ce côté dans la ville, près du pont actuel des Saints-Pères. Cette porte était flanquée d'une haute tour qui fut connue sous le nom de *Tour de Bois*. La muraille suivait de là la direction de la rue Saint-Nicaise et coupait à angles droits la rue Saint-Honoré, dans l'axe de laquelle se trouvait une porte avec pont-levis et tours. La ligne d'enceinte traversait ensuite de biais la rue Richelieu, le jardin actuel du Palais-Royal, la place des Victoires, et suivait la rue des Fossés-Montmartre, à l'extrémité de laquelle s'ouvrait la porte de ce nom. De cette porte à la bastille Saint-Denis, la direction du mur se trouve aujourd'hui marquée par les rues Neuve-Saint-Eustache et Bourbon-Villeneuve. De cette bastille à la porte Saint-Martin, le tracé nous est représenté par la rue Sainte-Appoline, plus loin et jusqu'à la bastille du Temple, par la rue Meslée; puis il s'infléchissait vers le sud, en laissant toujours en dehors les boulevards actuels. Au point d'intersection de la rue Saint-Antoine s'élevait la plus grande, la plus forte des bastilles; et le rempart allait enfin s'appuyer à la tour de Billy, qui occupait l'angle formé par le fossé de l'Arsenal et la Seine.

L'étendue de cette enceinte était d'environ cinq mille cent trente mètres au nord et trois mille soixante-dix-huit au midi; ce qui, avec la largeur de la Seine, dont le cours était défendu à l'est et à l'ouest par des chaînes, formait un total de plus de huit mille neuf cents mètres. Les fossés avaient en général cinq mètres trente centimètres de profondeur et douze mètres d'ouverture. Lorsque l'eau de la Seine ne pouvait y pénétrer, on les armait de pieux aigus, que l'on couvrait parfois de foin ou de gazon. Mais ce qui donnait surtout une haute importance à ces fortifications, c'étaient les tours carrées et les fortes bastilles qui en défendaient les approches. Ce fut par la construction de ces bastilles que se distingua principalement Hugues Aubriot. Il en fit élever en dedans et en dehors de Paris. En dedans, Paris lui dut la reconstruction du Petit-Châtelet, dont les murailles épaisses et nues se dressèrent bientôt comme un menaçant fantôme au bout de la rue Saint-Jacques, la grande rue des écoliers. En dehors, ou plutôt sur la ligne d'enceinte, il lui dut les bastilles Saint-Denis, du Temple, et la menaçante bastille Saint-Antoine, dont la première pierre fut posée le 22 avril 1369. Nulle construction de guerre ne fut jamais plus imposante : tours massives, solides remparts, proportions grandioses, hauteur et nudité de murs qui fatiguaient l'œil. Les autres bastilles disparurent successivement devant les agrandissements de la capitale; mais la bastille Saint-Antoine leur survécut, objet de crainte et de respect tout ensemble, forteresse et prison. Aujourd'hui la place qu'elle occupait est déserte, vivant souvenir des colères du peuple !

Le règne de Charles V offre à l'esprit un temps de repos entre les malheurs de Jean II et les malheurs de Charles VI, entre la France épuisée et la France vendue. Alors, comme aux temps de Philippe-Auguste, de saint Louis et de Louis le Jeune, on voit la prudence et l'intelligence de l'administration s'associer à toutes les brillantes qualités de la chevalerie. Mais, à l'avénement de Charles VI, la chevalerie redevient dominante avec ses ambitieuses rivalités et sa fière indiscipline. Triste règne, où le roi est d'abord un enfant, plus tard un fou ; où le pouvoir flotte au gré de passions sans frein ; où le crime et la honte sont partout, dans le palais que souille l'adultère, dans les rues que rougit l'assassinat, dans les champs que parcourent des bandes d'écorcheurs, « rôtissant au feu hommes et enfants, » pour en avoir rançon.

On savait ce que c'était que la misère et les durs impôts et l'anarchie ; mais ce qu'on ne savait pas encore, c'était tout ce qu'il y a de bassesse dans le cœur de l'homme lorsque l'ambition y germe. On savait ce que c'était que de perdre des batailles ; on ne savait pas ce que c'était que de perdre à la fois la patrie et l'honneur.

Voilà cependant ce que la France devait apprendre avec le pauvre insensé qui recueillit la glorieuse succession de Charles le Sage. Malheureux roi ! il y avait pourtant en lui de nobles instincts et de douces vertus ; son cœur était enclin aux émotions généreuses. Lorsque, s'éveillant de son lourd sommeil, il entendait parler des maux de la France, il pleurait. « Je n'ai confiance, disait-il parfois, qu'en mon prévôt des marchands et mes bourgeois de Paris ; » et s'il apercevait le prévôt Juvénal des Ursins, un sourire affectueux errait sur ses lèvres : « Juvénal, disait-il, ne perdons pas de temps, faisons de bonne besogne. » Il révoquait alors les dons qu'on lui avait surpris, il s'efforçait de mettre un peu d'ordre dans les finances ; il faisait ce qu'aucun de ses prédécesseurs n'avait osé faire, il accordait un confesseur aux condamnés à mort. Puis sa pensée s'égarait de nouveau en mille craintes pénibles.

Après tout, qu'y perdait-il ? S'il se reportait aux jours de sa jeunesse, à ces jours de son entrée à Paris, où, monté sur un cheval blanc, paré pour la première fois de l'armure de chevalier et de la couronne royale, il était salué de rue en rue par les acclamations populaires, ne revoyait-il pas en même temps les scènes de meurtres qui suivirent ces courtes jouissances, et le despotisme de ses oncles, et la fureur du peuple, et la sédition et l'échafaud !

Les événements qui s'accomplirent à Paris pendant la démence de Charles VI offrent une douloureuse et frappante analogie avec ceux qui signalèrent la fin du dernier siècle. Mêmes passions dans la rue, même soif de sang, même domination des hommes les plus vils et même terreur dans les masses. Aux deux époques on commence par des invasions de palais, par des massacres dans les prisons, et l'on finit par l'envahissement de l'étranger. A quatre cents ans d'intervalle, vous retrouvez jusque dans les arrière-plans du tableau, dans le dévergondage des mœurs, dans la bizarrerie affectée des costumes, cette absence de toute dignité qui, pour les peuples comme pour les individus, caractérise les jours d'enivrement et de dégoût.

Ainsi, tandis que les halles sont entourées de têtes plantées sur des piques, et que chaque soir la Seine reçoit des paquets vivants sur lesquels on ose écrire : « Laissez passer la justice du roi, » vous entendrez parler de tournois et de mascarades. Il faut à chaque faction triomphante des étourdissements et des plaisirs ; il lui faut un tourbillon de fêtes et de modes qui ne laisse aucun repos à l'esprit et confonde toutes les idées. Aujourd'hui les hommes s'habillent en femmes ; demain ils se déguiseront en satyres. Les femmes à leur tour portent fièrement des robes parsemées d'animaux héraldiques ; les chevaliers s'accoutrent de jaquettes sur lesquelles se déroulent des chansons avec notes musicales. Le roi lui-même a laissé aux magistrats l'antique cotte royale fourrée d'hermine pour prendre les chausses étriquées et le court mantel. C'est un mélange grotesque d'indécences et de folies. Les vêtements sont ici trop courts, là trop longs : les robes ont des queues, les coiffes ont des cornes. N'est-ce pas sous les traits d'une femme cornue que l'on peint le diable? s'écriait Clémengis : *Adde quod in effigie cornutæ feminæ diabolus plerumque pingitur*.

Mais vainement Clémengis tonnait sur la montagne Sainte-Geneviève ; vainement Gerson l'imitait à Saint-Jean-en-Grève ; vainement quelques amis fidèles criaient aux princes : « Il n'est plus temps de languir! » toutes ces voix se perdaient dans le bruit.

Parmi les corporations parisiennes il en était une surtout que sa richesse, son audace et la vigueur musculaire de chacun de ses membres rendait dominante sur le peuple. Cette corporation était celle des maîtres des étaux des deux grandes boucheries, étaux héréditaires dans les familles ; tellement que ceux qui les possédaient, riches d'un monopole imprudemment concédé, formaient une sorte d'aristocratie de bas étage que soutenait toute une population de tueurs et d'écorcheurs toujours armés de coutelas, et qu'effrayait peu la vue du sang. On conçoit ce que pouvait être une pareille corporation dans des jours d'anarchie. Elle devint d'autant plus facilement maîtresse de la capitale que, depuis le temps calamiteux du roi Jean, la haute bourgeoisie parisienne avait disparu. Aux fortunes faites par le commerce avaient succédé de petites fortunes besogneuses qui, loin d'exercer la moindre action sur la populace, étaient sans cesse exposées à ses coups. Les bouchers trônèrent donc sans obstacle, et la populace les suivait; elle se ruait avec eux sur les prisons encombrées d'Armagnacs; elle s'asseyait les mains toutes sanglantes aux tables des grands seigneurs ; puis lorsque, passant près du palais, elle entendait la nuit le son des instruments et les éclats de joie au milieu desquels le jeune dauphin dépensait insoucieusement son cœur et sa vie, elle murmurait, elle s'ameutait, elle menaçait de mort tout ce monde de courtisans et de courtisanes qui s'étudiait, ce semble, à tarir dans les veines royales le sang de saint Louis.

Et à ces douleurs des passions humaines, à cette suspension de toute vie normale dans la société, succédaient comme une triste conséquence les pestes et les famines. Il est des historiens qui portent à cinquante mille le nombre des morts à Paris et aux environs de Paris, dans le court espace de temps qui s'écoula de juin à octobre 1418. Cette vue perpétuelle de la mort jeta quelques-uns des grands coupables du jour dans une sorte de désespoir frénétique ; ils se croyaient poursuivis par les ombres de leurs victimes ; ils ne voulaient plus entendre parler ni de confession ni de communion, comme étant maudits de Dieu : plus de sept à huit cents moururent comme des damnés à l'hôpital. Mais ceux que n'atteignait pas le remords puisaient au contraire dans les malheurs publics une soif de sang plus forcenée : leur souffrance devenait de la rage.

Les Parisiens cependant n'osaient remuer, ou ils ne le pouvaient ; car plusieurs fois on eut soin de leur enlever leurs armes et leurs chaînes. A l'entour les campagnes étaient dévastées, tantôt par la guerre, tantôt par les brigands. Les études se mouraient, une sorte de découragement apathique s'était emparé des populations; et, debout sur les rives de la Manche, l'Anglais suivait avidement de l'œil le progrès de notre ruine.

Transportons-nous maintenant par la pensée aux derniers jours de l'année 1420. Les états du royaume sont assemblés à l'hôtel Saint-Paul. Le roi idiot Charles VI y paraît pour maudire son fils et appeler solennellement à son héritage Henri V d'Angleterre, et les états et les Parisiens ne craignent pas de s'associer à cet acte impie.

La misère était alors à son comble, le froid et la faim décimaient chaque jour les habitants ; et cependant la flatterie trouva encore le moyen de célébrer des fêtes. Des présents furent offerts au roi de France, mais surtout au roi d'Angleterre; car « de toutes parts, disent les chroniques, venoient les sujets de ce noble royaume de France devers le roy d'Angleterre pour luy honorer et exhausser. » On fit *toute joie* en Paris, suivant la naïve expression de Monstrelet ; et tandis que le peuple manquait de pain, « découroit vin abondamment en robinets, détroits et autres conduits faits ingénieusement, afin que chacun en prît pleinement à sa volonté. »

Dix-huit mois après, Henri V, le glorieux vainqueur d'Azincourt, mourait au château de Vincennes à peine âgé de trente-six ans, sans avoir pu recueillir l'héritage des lis, et Charles VI le suivait au bout de quelques jours dans la tombe. L'un s'éteignait au milieu du brillant entourage qui sert d'expression à la fortune et à la grandeur ; l'autre s'en allait oublié, n'ayant près de lui que son chancelier, son confesseur et *aulcuns de ses serviteurs en petit nombre*. Au convoi de Henri V, les colliers des chevaux qui traînaient le char funèbre étaient armoriés les uns d'Angleterre, les autres de France, et quelques-uns des trois couronnes du roi Arthur, *que nul en son temps ne put vaincre*. Puis, à la suite du char, venaient « plorants et se lamentant les princes de la lignée royale. » Au convoi de Charles VI, on remarquait, il est vrai, le pavillon au champ d'azur semé de fleurs de lis d'or et surmonté de la couronne royale ; mais derrière ce royal symbole pas un prince de la race de saint Louis. « Suyvoient les pages du roi, dit Monstrelet, et, un petit ensuivant, alloit le duc de Bedfort, Anglois, qui estoit régent de France. Laquelle chose estoit moult piteuse à voir, attendu la grand'puissance et prospérité en quoy ce noble roy avoit esté vu durant son règne. »

Cette dernière ligne du chroniqueur pourrait sembler une cruelle ironie, s'il ne fallait plutôt y voir le profond sentiment de respect qui s'attachait au trône de France. Le roi de France était l'aîné des rois de l'Europe ; aucune couronne royale n'égalait la sienne, aucun souverain n'eût osé lui disputer la préséance. Fils de saint Louis, roi très-chrétien, représentant-né de tous les intérêts et de toutes les gloires de la civilisation chrétienne, il était toujours grand, toujours puissant, même à l'époque de nos humiliations et de nos revers, par cela seul qu'il était roi de France.

Les monuments qu'a produits le règne de Charles VI ne pouvaient être nombreux; jamais, en effet, époque ne fut plus tristement marquée du sceau de l'épuisement et de la décadence. Alors on voit, comme au temps des invasions barbaresques, le silence et le désert envahir le sol. Parcourez nos landes séculaires, plus d'une fois il vous arrivera d'y heurter du pied quelque vieux sillon dont l'aspérité est demeurée ineffaçable. A quelle époque a donc été tracé dans ces solitudes aujourd'hui sans maîtres cet indestructible souvenir d'une richesse et d'une population qui ne sont plus? Demandez-le aux habitants de ces provinces où les traditions se sont plus religieusement conservées, et l'on vous répondra: «Avant les Anglais.» Puis, si vous apercevez à l'horizon une flèche svelte et aiguë s'élevant avec sa croix aérienne du milieu des bruyères, demandez qui l'a construite, et plus d'une fois on vous répondra: «Ce sont les Anglais.» Les Anglais nous ont laissé à la fois la dépopulation, la ruine, et la trace impérissable de leur activité et de leur génie.

A Paris, l'église Saint-Gervais fut reconstruite par les Français, et l'église Saint-Germain-l'Auxerrois par les Anglais, expressions brillantes toutes les deux des idées religieuses et artistiques qui alors étaient communes à toutes les nations chrétiennes du nord de l'Europe. Ce furent également les Anglais qui donnèrent, par de somptueux agrandissements, un aspect royal au palais des Tournelles. Ce palais embrassait dans son enceinte la place Royale actuelle, avec tout l'espace environnant jusqu'aux boulevards et à la rue Saint-Antoine. Bâti par un chancelier de France vers la fin du xiv⁰ siècle, il n'avait pas tardé à devenir propriété royale. Lorsque Charles VI était las, dans sa folie, de l'hôtel Saint-Paul, on lui faisait passer la rue Saint-Antoine et chercher aux Tournelles des objets moins familiers à sa tristesse. Le duc de Bedfort, régent du royaume pour les Anglais, y fixa ensuite sa demeure et y multiplia les cours, les galeries, les préaux, les chapelles. A partir de cette époque l'hôtel Saint-Paul fut abandonné, et nos rois, jusqu'à François II, s'établirent aux Tournelles.

Le règne de Charles VI donna enfin naissance, comme tous les règnes, à un certain nombre de colléges, d'hôpitaux et de confréries, naïves expressions de piété et de charité par lesquelles se manifestait, en dehors du gouvernement, la vie sociale. Plus même la décrépitude semblait menaçante, et plus on remarquait de ces élans de l'âme que révèlent au monde des œuvres et des austérités extraordinaires. Ainsi, en 1414, nous voyons l'évêque de Paris et le prévôt des marchands murer solennellement la porte de la cellule dans laquelle s'enfermait pour la vie une jeune fille de quatorze ans, Agnès Durochier, dont les parents appartenaient à la riche bourgeoisie de la capitale. La cellule d'Agnès était attenante à l'église Sainte-Opportune. Une autre recluse, du nom d'Alix Burgotte, était à la même époque l'objet d'une pieuse vénération aux Saints-Innocents. Les cellules des recluses étaient d'étroites cases qui ne communiquaient avec l'extérieur que par deux petites fenêtres grillées : l'une du côté de l'église, l'autre du côté du monde. Par la première la recluse assistait au service divin, par la seconde elle recevait chaque jour sa nourriture.

Cette ardeur de pénitence particulière à quelques âmes privilégiées ne laissait pas que d'agir, de temps en temps, quoiqu'à de moindres degrés, sur la foule. Nous nous rappelons ces confréries de flagellants parcourant les rues en se frappant de verges. De même, en 1429, l'impression que produisit à Paris un cordelier du nom de frère Richard, fut telle que les femmes jetèrent à l'envi dans de grands feux de joie leurs parures; et les hommes, leurs dés, leurs cartes, leurs billes de billard, et, ce qui était plus difficile mille fois pour eux tous, leurs talismans et mandragores. Mais à peine frère Richard eut-il quitté Paris, que chacun se prit à regretter ses affiquets et ses jeux, et que peu à peu les médailles au nom de Jésus disparurent.

Mais en dehors de ces accès de fièvre religieuse se perpétuait du moins, malgré les obstacles, le grand œuvre de la civilisation chrétienne. Les colléges de Fortet, de Seez, de la Marche, de Reims, de Coquerel étaient fondés; l'hospice du Roule s'ouvrait pour les monnayeurs pauvres et infirmes, l'hospice Saint-Éloi pour les orfévres. Comment ne pas citer en outre ces nombreuses confréries d'arbalétriers, d'archers, de comédiens qui se formèrent alors, sous l'invocation de Dieu, pour la garde de la patrie ou pour son édification et ses plaisirs. La confrérie de la Passion-Notre-Seigneur, à laquelle remonte plus ou moins directement le théâtre français, fut autorisée pour la première fois à représenter à Paris des jeux et mystères, par lettres patentes de

Charles VI, en date du 4 novembre 1402. Son premier théâtre fut la grande salle de l'hôpital de la Trinité, rue Saint-Denis, au coin de la rue Grenetat. Son premier drame fut le mystère de la Passion, drame sublime qui prit malheureusement, entre ses mains, la forme et les proportions de la vie vulgaire.

Au-dessus toutefois de la grossièreté de l'expression et de la mise en scène s'élevait une pensée qui dominait tout alors, action et acteurs. Cette pensée se rendait en deux mots : « Qui n'a son Dieu, il n'a rien. »

XIII

POPULATION DE PARIS. — IL REPREND VIE SOUS LOUIS XI. — IMPRIMERIE, POSTES, ETC.

La domination anglaise avait commencé sous Charles VI; elle se prolongea pendant une grande partie du règne de Charles VII, et Paris continua de dépérir. Vainement le duc de Bedfort y multipliait les fêtes. Il y eut une danse macabre dans le cimetière des Innocents; mais ni les émotions de cette parade de la mort, ni les mâts de cocagne, ni les jeux de pourcel, inventions britanniques, ne pouvaient rendre à la capitale de la France la vie qu'elle avait perdue en cessant d'être française. Le nombre des maisons abandonnées finit même par s'élever au chiffre effrayant de 24,000, et Bedfort se vit réduit à recourir à la menace pour empêcher l'émigration. Pendant sept ans encore toute parole française fut punie à Paris du sac ou de la corde; mais, en 1436, le sentiment national fit enfin explosion, et le connétable fut introduit dans la ville.

Charles VII ne vint d'ailleurs à Paris que longtemps après. Dix-huit ans s'étaient écoulés depuis l'instant où il en partit, emporté comme un enfant au bruit de l'émeute, et ce pénible souvenir n'avait pu s'effacer de son esprit. Paris lui rappelait tous les malheurs de sa famille; aussi ne l'aima-t-il jamais, et n'y fixa-t-il point sa résidence. « Sembloit, disaient les bourgeois en 1438, qu'il ne fust venu seulement que pour voir la ville. »

Triste spectacle pour qui eût soulevé le voile de joie et de fêtes derrière lequel, à l'approche de son souverain, la ville royale cherchait à cacher ses misères. Non-seulement les maisons tombaient en ruines, mais la faim et la peste y semaient les cadavres. « Quand la mort, dit un contemporain, se boutoit dans une maison, elle en emportoit la plus grande partie des gens et espécialement des plus forts et des plus jeunes. Attirés par l'odeur funèbre que répandait la ville, les loups y accouraient par bandes. On faisait contre eux le guet aux portes; mais ces animaux carnassiers entraient à la nage par la rivière. » « Tant comme le roy estoit à Paris, lisons-nous dans le journal de Charles VII, ils estoient si enragés de manger chair d'hommes, de femmes et d'enfants que, en la dernière semaine de septembre, estranglèrent et mangèrent quatorze personnes, que grandes que petites, entre Montmartre et la porte Saint-Antoine. »

Au dehors le mal n'était pas moindre. Aux brigandages des *Cottereaux* et des *Jacques* avaient succédé les brigandages des « *Escorcheurs*, lesquels chevauchoient et alloient de pays en pays quérant victuailles et aventures. » Olivier de la Marche prétend même que quelques grands seigneurs « estoient de ce pillage et de cette escorcherie. »

Et les mœurs s'appauvrissaient, et l'indécence croissait avec le ridicule. Isabeau de Bavière avait introduit les cornes dans la coiffure des femmes. On ne tarda pas à les flanquer d'oreilles si larges qu'il fallait à la fois se tourner et se baisser pour passer d'une chambre dans une autre. Ajoutons qu'aux robes ouvertes sur les hanches avaient succédé les robes à la grand'gore qui étaient ouvertes jusqu'à la ceinture. Lorsque Louis XI fit son entrée à Paris, on remarqua trois femmes qui jouaient, sans pudeur et sans voile, le rôle de Sirènes. « Et un peu au-dessous du Ponceau, poursuit le chroniqueur, à l'endroit de la Trinité, y avoit une passion par personnages. »

Quel temps que celui où le sacré touchait de si près à l'obscène! et comment s'étonner, après cela, de l'abrupte énergie des prédicateurs du xve siècle? « On compte en enfer, criait Olivier Maillard aux Parisiens du haut de la chaire de Saint-Jean-en-Grève, 40,000 prêtres, 40,000 marchands, 40,000 oppresseurs des pauvres qui n'ont pas, autant que vous, mérité d'y être. »

Du milieu de cet abaissement, un sentiment noble se fait jour du moins avec Charles VII; c'est le sentiment de la patrie. Avec Louis XI reviendra le sentiment de l'ordre. La société était dissoute; elle se reconstituera lentement.

Louis XI demeura presque aussi étranger à Paris que Charles VII. Tours devint avec lui la capitale de la France; avec Charles VIII, ce sera Amboise; avec Louis XII, Blois;

avec François Ier, ce seront Fontainebleau et Chambord. Paris sort néanmoins de ses ruines, grâce à une intelligente administration. Il est même question dans l'histoire d'une grande revue de la population parisienne passée, en 1466, par Louis XI, et à laquelle se trouvèrent, dit-on, 30,000 hommes sous les armes. Chacun devait avoir, pour le moins, « un bâton deffensable, sous peine de la mort. » Lorsque cette imposante multitude défila devant le roi : « Sire, dit M. de Crussol, entendez-vous pas bien qu'en ceste montre y en a plus de 10,000 qui ne sauroient faire dix-huit lieues à cheval sans repaistre. — Par le fer de mon corps, répondit le roi, je crois bien que leurs femmes chevauchent mieux qu'ils ne font. » Nous citons cette plaisanterie comme étant la première peut-être à laquelle ait donné lieu la garde nationale parisienne.

Les 30,000 bourgeois armés feraient supposer une population d'environ 250,000 âmes. N'en soyons pas surpris. Si Paris avait cessé en effet d'être la capitale de la monarchie, il était promptement redevenu la capitale de la science, et, sous ce point de vue, chaque année qui s'écoulait ajoutait à l'ascendant qu'il avait conquis sur l'Europe.

Un jour, c'était en 1470, quatre ouvriers allemands, Ulrich Gering, Michel Friburger, Berthold de Rembaldt et Martin Creutz arrivent à Paris, sur l'invitation de quelques docteurs de l'Université, et s'établissent à la Sorbonne, le palais de la science. Qu'apportent-ils avec eux? Quelques casiers, des lettres de fonte, des livres, une presse : c'était la royauté de l'avenir. Paris devait déjà à ses écoles la gloire d'être après Rome la première ville du monde. Elle devra à la presse le terrible privilége de représenter au milieu des nations l'Éole de la fable soulevant à son gré ou calmant les tempêtes :

> *Celsa sedet Æolus arce*
> *Sceptra tenens.....*

L'institution de la poste, qui date parmi nous de 1464, était venue à point pour hâter le développement de la puissance nouvelle. L'Université y ajouta l'établissement de messageries publiques. Ainsi les moyens de diffusion se multipliaient comme à l'envi autour du foyer d'études et d'agitation intellectuelle dont Paris était le centre.

Mais ce n'est pas tout : Paris avait quelques monuments grandioses ; il avait de tout temps été célèbre pour ses savants et ses docteurs. Toutefois il lui manquait encore cette puissante initiative dans les lettres dont la ville des papes avait donné l'exemple. La capitale future de Bossuet en était encore à Jehan Clerée ; le théâtre futur des triomphes de Corneille en était à Turlupin et à Gautier-Garguille ; mais voilà qu'Amyot et (pourquoi faut-il le dire !) Rabelais allaient naître, et avec eux Jean Cousin, Jean Goujon, Pierre Lescot, Germain Pilon, Philibert Delorme, Robert Pinaigrier, toutes ces gloires françaises qui firent du règne de François Ier le rival du règne de Léon X.

L'industrie prenait en même temps l'essor ; les foires de Caen et de Lyon devenaient avec Louis XI deux vastes centres de commerce ; le bassin de la Loire s'enrichissait par la production et le travail de la soie ; et Paris, malgré les longues souffrances de ses métiers durant la domination anglaise, commençait à obtenir dans les œuvres d'orfévrerie et de précision une supériorité incontestée. Louis XI se fournissait de cages de fer à Angers, de senteurs à Tours; mais c'était aux *orlogeurs* de Paris qu'il demandait des cadrans et *orloges*. Paris avait déjà depuis longtemps sa vieille foire de *Landit*, qui se tenait dans la plaine Saint-Denis et que le clergé parisien ouvrait en pompe. Elle eut en outre, avec Louis XI et Charles VIII, sa foire Saint-Germain sur les terrains de l'abbaye Saint-Germain-des-Prés, dans le voisinage de Saint-Sulpice.

Enfin les grandes contagions du moyen âge deviennent plus rares; mais tout à coup de nouvelles maladies les remplacent. Elles ne viennent pas au grand jour comme la peste tuant en quelques jours des 30 et 40,000 hommes, puis disparaissant sans laisser de germe. Aujourd'hui on dirait une sorte de gangrène qui s'attache au vice pour ne le quitter jamais. Elle ne tue pas d'un coup; mais elle mine sourdement les forces sociales, et promène à la suite de la corruption la vengeance de Dieu.

XIV

PREMIÈRE MOITIÉ DU XVIe SIÈCLE. — BEAUX-ARTS. — MONUMENTS

Le XVIe siècle offre dans l'histoire de Paris deux phases complétement diverses. Dans la première, c'est un musée; dans la seconde, c'est un camp. A la première appartiennent Saint-Merry, Saint-Étienne-du-Mont, Saint-Eustache, la tour Saint-Jacques-de-la-Boucherie; et dans un autre ordre d'idées, le vieux Louvre, les Tuileries, l'Hôtel-de-Ville ; à la seconde, toutes les luttes, tous les crimes qu'enfanta le soulèvement des passions ameutées par Luther. Si vous parcourez Paris avant 1560, ce qui vous frappe surtout, ce sont la splendeur des constructions et la richesse des costumes. Partout s'élèvent des palais, des hospices, des fontaines ; de vieilles rues sont pavées, de nouvelles rues sont ouvertes. Au nord, un faubourg tout entier se forme en dehors du rempart, et se place lui et son église sous la protection de Notre-Dame-de-Bonne-Nouvelle. Au midi, une large voie tracée par le cardinal de Tournon sert de débouché à la foire Saint-Germain dans la direction de l'hôtel du duc de Pinei-Luxembourg. Les colléges avaient toujours été la grande charité du moyen âge ; nous savons que chaque siècle, chaque règne en avait accru le nombre. Mais François 1er en conçoit un qui doit les surpasser tous, un collége qui ne soit pas seulement un abri ouvert aux écoliers contre le froid et contre la faim, mais un lieu d'enseignement public pour toutes les branches de la civilisation. Aussi chaque jour la foule se presse-t-elle avidement sur la montagne Sainte-Geneviève aux portes du *collége de France*. En même temps les hospices se multiplient : *hospice des Ménages, hospice des Enfants-Rouges*. Enfin les rues de Paris, si obscures naguère à la tombée du jour, sont éclairées désormais jusqu'au couvre-feu par les fanaux que chaque bourgeois est dans l'obligation d'entretenir devant sa porte.

Et le luxe, vous le retrouverez dans les maisons, où tous les rangs semblent confondus sous la splendide uniformité des velours, des soieries et des étoffes d'argent et d'or. On n'employait la soie, par le passé, qu'en larges tissus ; aujourd'hui on l'ouvre à la main pour les plus menus ouvrages ; on en fait des bas comme des mantels : même recherche pour les bâtiments. Dans une ville où les étrangers ne viennent plus seulement pour étudier mais pour admirer, et lorsque les chefs-d'œuvre sont partout, on conçoit aisément cette émulation du goût et de la fortune. « Il n'y a pas trente ans, dit un contemporain, que cette superbe façon de bâtir est venue en France. Les meubles étoient simples ; on ne savoit ce que c'étoit que tableaux et sculptures ; on ne voyoit point une immensité de vaisselle d'argent et d'or, point de chaînes, bagues, joyaux comme aujourd'hui. » Malheureusement « pour entretenir ces excessives dépenses (c'est ici l'ombre au tableau) il faut jouer, emprunter, se déborder en toutes sortes de voluptés, et enfin payer les créanciers par des cessions et faillites. »

Ne dirait-on pas ces paroles écrites d'hier ? Alors, également comme hier, le prix des immeubles avait plus que quadruplé en quatre-vingts ans. Alors on ne se contentait plus, à un repas ordinaire, « de trois services consistant en bouilli, rôti et fruits ; mais il falloit d'une viande avoir cinq ou six façons, des hachis, des pâtisseries, salmigondis, et autres excès ; et quoique les vivres fussent plus chers que jamais, rien n'arrêtoit, il falloit des ragoûts sophistiqués pour aiguiser l'appétit et irriter la nature. Chacun vouloit aller dîner chez le More, chez Samson, chez Innocent, chez Havart, ministres de voluptés et de profusion qui, dans un royaume bien policé, continue notre satirique, seroient bannis et chassés comme corrupteurs des mœurs. »

Nous avons dit que, sous Louis XI, la population armée de la capitale était de 30,000 hommes. Peu d'années après, les chroniqueurs la portent de 80 à 100,000. Le siècle suivant, en 1553, le prévôt des marchands estimait à 12,000 le nombre des maisons de Paris; il serait en ce moment de 32,000, si nous en croyons les statistiques. La comparaison de ces deux chiffres peut donc faire supposer à la capitale française une population de 250 à 300,000 âmes sous le règne d'Henri II.

A cette population sédentaire se joignait le flot d'étrangers que de tout temps attire à Paris et qu'y attirait alors plus que jamais le mouvement littéraire et artistique dont il était devenu l'âme. On y rencontrait des étrangers partout, sauf peut-être aux environs de ces grandioses monuments du moyen âge, que l'on commençait à ne plus comprendre depuis que le culte de l'art classique avait remplacé dans les imaginations les glorieuses traditions du génie de la France. Mais au Louvre, dont les lignes architectoniques rappelaient l'Italie; devant les cariatides de Goujon, qui semblaient ravies à la Grèce; autour du jubé de Lescot à Saint-Germain-l'Auxerrois, du groupe des Parques de Germain Pilon, du squelette de marbre que le même artiste avait sculpté pour le cimetière des Innocents; autour des galeries à terrasses et des pavillons à tourelles et à coupole des Tuileries; en face de la fontaine de la rue Saint-Denis, où semblaient revivre en marbre de Paros les Naïades du Céphise, on était sûr de coudoyer quelques lointains compatriotes d'Holbein ou de Raphaël. Et ces hommes qui admiraient, qui applaudissaient, c'était tantôt Hippolyte d'Este, tantôt Vignole, tantôt Cellini, tantôt le Tasse !

XV

LA SAINT-BARTHELEMY. — LA LIGUE

Tel fut Paris pendant toute la première moitié du xvie siècle. C'était véritablement la *ville commune* de tout ce qui vivait par l'intelligence et par l'étude, comme dit Montaigne ; c'était, après Rome, la patrie d'adoption des génies de toute l'Europe. Mais la grande révolte luthérienne vint tout à coup arrêter cet essor. Elle vint répandre le doute comme un souffle desséchant sur tout ce monde de civilisation et de poésie, où la foi avait semé l'héroïsme et fécondé le génie sous toutes ses formes. Il y eut alors dans la société un déchirement affreux. N'en soyons pas surpris. Une société qui a vécu de longs âges avec puissance et avec gloire ne tombe pas sans résistance ; et la résistance de sa part est d'autant plus vive, d'autant plus heureuse, qu'il y a plus de force en elle. Chaque phase de la vie d'un peuple a sa grande croisade contre certaines idées qui menacent de plus ou moins près sa constitution et ses mœurs. Aujourd'hui la croisade est ouverte contre le socialisme ; hier elle l'était contre le protestantisme ; et l'ardeur de la lutte à laquelle nous assistons depuis soixante ans, les passions, les crimes qui l'ont souillée suffisent pour nous expliquer les passions et les crimes du xvie siècle.

Nulle ville en France n'était plus sincèrement et plus énergiquement catholique que Paris; nulle, avec ses confréries de métiers qui donnaient au travail protection et noblesse, ne portait plus haut sa vieille civilisation et ses vieux souvenirs. Il est donc facile de s'imaginer ce que durent être les pensées de ses habitants lorsque commencèrent les prédications et les profanations des huguenots. Ce que nous éprouvons aujourd'hui au récit du 15 mai et des journées de juin 1848, on l'éprouva alors. Les lois étaient violées, on applique les lois; les révoltés courent aux armes, on leur répond par les armes. Puis l'assassinat est mis en honneur; le duc de Guise tombe frappé à mort devant Orléans par un poignard huguenot, et aussitôt germent dans mille têtes d'affreuses pensées d'assassinat.

Que faisait cependant, que voulait le grand parti catholique? Le parti catholique, c'était non pas seulement la majorité de la nation, c'était le peuple avec sa foi ardente; c'était la bourgeoisie avec ses franchises municipales qui étaient nées des libertés de l'Église; c'était la noblesse des provinces du nord qui, plus rapprochées du centre du gouvernement, avait moins gardé que celle du midi les traditions oligarchiques du monde féodal. Le parti catholique c'était la France, tandis que la huguenoterie ne représentait qu'une gentilhommerie courageuse, chevaleresque il est vrai, mais ambitieuse de pouvoir, rêvant l'établissement d'une république aristocratique à son profit, et cherchant dans la guerre une occupation naturelle pour des esprits *brouillons, frétillants et amateurs de la picorée :* c'était Coligny lui-même qui les dépeignait de la sorte.

Laissée libre, la lutte ne pouvait être douteuse; et ce que les catholiques voulaient, c'était précisément qu'elle fût libre; c'était qu'après chaque défaite des huguenots on ne prît pas plaisir à relever des vaincus pour éterniser des querelles.

Mais au-dessus des combattants s'élève une autorité vénérée naguère, impuissante aujourd'hui, car elle est sans conviction, sans principes, et la souillure de ses hontes a fini par affaiblir le respect des peuples : cette autorité est représentée par Catherine de Médicis. N'ayant pas su diriger, elle s'étudie à empêcher; elle réduit une immense question d'ordre social aux mesquines proportions d'une rivalité jalouse entre deux ambitions, l'ambition de MM. de Châtillon et l'ambition de MM. de Guise; et sa politique n'a d'autre but que de tenir constamment la balance entre elles dans un juste équilibre. Ainsi, après chaque victoire des catholiques, on est sûr que Catherine traitera avec les huguenots. Plus ils sont battus, plus elle les recherche, parce que leur faiblesse lui fait moins d'ombrage.

Malheureusement pour elle et pour la France, Catherine s'est trompée. Jamais les Guise, après Renty et après Dreux, n'eurent en effet l'arrogance altière que montre Coligny haletant encore de vingt défaites. On lui a donné place au conseil, et là il commande, il menace; Catherine est vaincue. La perfide Italienne recourt alors à l'arme dont s'est servi Poltrot; le coup manque, mais aussitôt se vérifie le terrible adage que le sang appelle le sang. On a commis un crime, et, pour cacher la source de ce crime, pour échapper aux conséquences menaçantes qu'il porte avec lui, on se résout à en commettre un plus grand encore. La chose est facile ; grâce au soin qu'on a pris d'entretenir la lutte, les haines se sont avivées, l'irritation touche à son dernier terme. On n'a qu'à lâcher le frein aux plus ardents, à ceux surtout qui, comme les Guise, ont à exercer des vengeances personnelles. Les autres, et c'est le grand nombre, on pourra toujours les tromper en leur parlant d'attentat et de conspiration ; on sonnera le tocsin avant jour ; on appellera les métiers aux armes pour sauver la religion qu'on profane et le roi qu'on attaque ; et l'on est sûr du succès. Voilà le plan qu'a conçu Catherine dans les heures d'angoisses qui ont suivi la blessure de Coligny. Par l'astuce, par le mensonge, d'un bout à l'autre de Paris elle souffle le crime, s'efforçant lâchement d'enfouir à jamais sa honte dans la honte de tous.

L'histoire, telle qu'on l'a faite, n'a souvent été qu'un complot ; tâchons de lui rendre à la fois la dignité et la vérité qui doivent s'attacher aux arrêts de la justice. Non, la Saint-Barthélemy ne fut pas le crime de la religion, mais bien celui d'une politique aux abois qui spécula sur des passions toujours faciles à exciter dans des temps de guerre civile. Nous reviendrons avec détails, dans une autre partie de ce livre, sur ce souvenir affreux : qu'il nous suffise en ce moment de lui avoir rendu son véritable caractère.

La vie de Paris, pendant toute la seconde moitié du

xviᵉ siècle, fut donc une fièvre continue. La gangrène était partout ; elle ne s'attaquait pas sans doute encore aux rentes et aux terres comme aujourd'hui, mais elle s'attaquait à la foi, aux traditions, aux mœurs, elle s'attaquait aux souvenirs du berceau et aux espérances de la tombe; et, chaque jour, éclatait quelque symptôme d'une crise nouvelle. Tantôt c'était une madone mutilée au coin d'une rue, tantôt une croix brisée, un temple profané, des hosties foulées aux pieds, des placards sacrilèges affichés nuitamment à toutes les portes ; c'étaient des réunions menaçantes et insultantes au Pré-aux-Clercs; et le peuple qu'on menaçait, qu'on insultait dans les plus pieux objets de son respect, non-seulement était le plus fort, mais sentait sa force. Voilà ce qu'il est nécessaire de se représenter pour comprendre le mouvement désordonné des passions qui signala cette époque, pour apprécier à leur valeur les entraînements qui s'y manifestèrent, soit dans la chaire, soit dans la rue.

J'ai déjà dit que ce fut surtout à partir de l'assassinat du duc de Guise par les protestants que les imaginations s'exaltèrent; les hontes de la cour d'Henri III et les incertitudes de sa politique accrurent encore l'enthousiasme religieux, en faisant germer dans tous les esprits des idées de pénitence et d'expiation. Enfin, l'assassinat des Guise à Blois et l'investissement de la capitale par les armées unies des politiques et des huguenots mirent le comble à cet enivrement de la pensée. « Je connois les Parisiens mieux que homme de mon royaume, disait Henri III, et m'assure que, leur roy Guisard mort, leur courage sera amorti. En tout cas ils n'ont qu'une boutade sur leur pavé, et, pour l'esgard de l'argent, ils sont trop malaisés au desgel. Tel qui fait parade de donner mille écus ne donnera que mille sols quand il se viendra au faire et au prendre. Bref, sur mon honneur, je réponds que devant que je les aie laissés en trempe deux ou trois mois, ils seront contraints de venir à moi et me crier miséricorde. »

Henri III se trompait ; il n'avait pas compris que c'est un mauvais moyen de se débarrasser d'un ennemi que d'en faire un martyr. L'exaltation des Parisiens prit en effet, avec la mort des Guise, un caractère de mysticisme plus prononcé. On priait, on se mortifiait ; jour et nuit, des processions de cinq et six mille pénitents, hommes, femmes, enfants, jeunes filles, quelques-uns en chemise et chargés de croix pesantes, tous pieds nus, sillonnaient ses rues et ses places et gravissaient le coteau des Thermes pour aller prier autour de la châsse de sainte Geneviève. « Je vous assure, écrivait un Parisien, qu'il ne se peut rien voir de plus beau en fait de dévotion, car jusques à minuit les rues en sont couvertes, et semble quasi que les jours ne soient pas assez longs. »

« Ajoutez, poursuit-il, qu'on voit à Paris une si grave réformation du luxe qu'il est impossible de le croire à ceux qui ne le voient, et semble plutôt que la bombance en soit maintenant du tout bannie que deschassée pour un temps, jusque-là même que quand une demoiselle porte non-seulement une fraise à la confusion, mais un simple rabat un peu trop long ou des manches trop découpées, ou quelque autre superfluité, les autres demoiselles se jettent sur elle et lui arrachent son collet ou lui déchirent sa robe [1]. »

Cette exaltation des esprits trouvait chaque jour un nouvel aliment dans les nouvelles qui arrivaient du camp royal. Repoussé des catholiques, Henri III avait fini par se jeter ouvertement dans les bras des huguenots ; son armée fraternisait avec l'armée du roi de Navarre, et leurs bataillons pressés étaient en pleine marche sur Paris.

Le danger était imminent ; Paris ne pouvait résister que quelques jours, et, du haut des collines de Saint-Cloud, Henri III, suivant de l'œil la vaste étendue de la capitale, triomphait et plaisantait : « C'est toy, Paris, qui es le chef du royaume, disait-il, si nous en croyons Davila ; mais un chef trop capricieux et trop gros ; tu as besoin d'une saignée pour te guérir et délivrer l'État de ta frénésie. » Et à Paris les têtes s'exaltaient, les idées de régicide fermentaient à grand bruit, idées terribles qui, jetées parmi le peuple, ne peuvent aboutir qu'à tromper le dévouement et à exciter le fanatisme. Et cependant quel siècle ne s'en est pas rendu plus ou moins complice ? Le monde antique les avait léguées à l'admiration de l'histoire, sous les noms d'Harmodius et d'Aristogiton, de Brutus et de Cassius : le monde moderne avait vu tour à tour, dans un espace de moins de trente ans, le protestantisme invoquer le meurtre contre le duc de Guise, le duc de Guise l'invoquer contre Coligny, Henri III l'invoquer contre le Balafré et contre son frère. A Henri III maintenant d'en subir les affreuses conséquences. Poi-

---

[1] *Réponse aux Mémoires d'un Politique;* janvier 1589.

gnard à deux tranchants, on n'y touche pas sans qu'il blesse.

Sur le penchant de la montagne Sainte-Geneviève, un peu au-dessus de la place Saint-Michel, s'élevait le couvent vénéré des enfants de Saint-Dominique. Une partie de l'église subsiste encore. Cette longue église, divisée en deux parties comme celle des Dominicains de Toulouse, était justement célèbre par le souvenir des saints qui y avaient prié et des princes dont on apercevait çà et là les statues couchées sur des tombes. Les chefs de toutes nos branches royales depuis saint Louis : Charles de Valois, Louis d'Evreux, Robert de Clermont y *dormaient leur sommeil*. Devant le maître-autel se trouvait un cénotaphe de cuivre que recouvrait la statue d'un moine en prière. Cette statue était celle d'Humbert de la Tour, dauphin de Viennois. Son fils s'étant noyé dans l'Isère, il avait renoncé aux grandeurs du trône pour les grandeurs du cloître, et un pieux respect demeurait attaché à sa mémoire. Partout dans l'église et dans le couvent qui en dépendait vous étiez frappé par des images de néant et par de palpitants souvenirs d'abnégation, de dévouement et de vertu. La vie des solitaires qui y habitaient était une vie de luttes perpétuelles. L'action s'y joignait à la méditation, et les pensées du solitaire s'y traduisaient en traits de feu dans la bouche du prédicateur. Là, plus qu'ailleurs, on le conçoit, les dangers de la religion et de la patrie devaient éveiller le zèle et pousser au sacrifice. Les jeunes imaginations surtout s'y laissaient dominer par des hallucinations funestes.

Une nuit, l'un des plus jeunes frères de la communauté, frère Jacques Clément, croit apercevoir un ange tenant un glaive nu ; ce fut du moins ce qu'il raconta : les ardents de la politique s'emparent aussitôt de son cerveau malade ; on lui parle de gloire, de martyre ; quelques-uns prétendent qu'on l'excite par des boissons, et Jacques Clément part pour Saint-Cloud, il tue Henri III, et tombe lui-même percé de coups.

Malheureux égarement d'un zèle aveugle ! Les égarements et les crimes de notre époque, ces crimes qui ont tout dépassé dans l'histoire, peuvent, au reste, nous aider à comprendre ceux du xvie siècle.

XVI

SIÈGE DE PARIS. — ENTRÉE DE HENRI IV. — SON GOUVERNEMENT

La mort de Henri III sauva Paris. Tant qu'il avait vécu en effet, quelles que fussent les souillures de sa vie et les tergiversations de sa politique, un assez bon nombre de catholiques avait suivi sa bannière ; mais, lui mort, iraient-ils se ranger sous les étendards d'un roi huguenot ? oublieraient-ils ce principe sacré de toute constitution politique, que le prince, devant en être le gardien, ne peut en être l'ennemi ? « Jurez-vous, disait l'archevêque de Reims à chaque nouveau roi de France avant de ceindre sa tête de la couronne, jurez-vous de protéger et maintenir envers et contre tous la sainte religion catholique, apostolique et romaine ? — Je le jure, » répondait le prince, et alors seulement il recevait l'onction royale et les serments du peuple.

Chaque peuple en effet a ses lois, ses mœurs, ses traditions, ses dogmes qui sont placés plus haut que le prince et ne peuvent jamais tomber sous son domaine. Aujourd'hui ce sera sa foi, demain ce sera sa charte; partout et toujours ce sera l'ensemble des institutions et des idées qui constituent sa nationalité et sa force. Le droit des peuples à cet héritage sacré est imprescriptible; il était écrit dans toutes les lois de l'Europe, il l'y a toujours été.

Par sa seule qualité de huguenot, Henri IV se trouvait donc en dehors du droit public de la France. Il ne tarda pas à s'en apercevoir. Les serviteurs les plus dévoués du feu roi, les ministres les plus compromis avec la Ligue l'accueillirent, à son arrivée à Saint-Cloud, par un morne silence. « Au lieu des acclamations, raconte d'Aubigné, et du *vive le roy* accoutumé en tels accidents, Henri IV voyoit en même chambre le corps mort de son prédécesseur, deux minimes aux pieds avec des cierges, faisant leur liturgie, Clermont d'Antragues tenant le menton, mais tout le reste, parmi les hurlements, enfonçant leurs chapeaux ou les jetant par terre, fermant le poing, complotant, se touchant la main, faisant des vœux et des promesses desquelles on oyoit pour conclusion : *Plutôt mourir de mille morts.* »

Cette attitude menaçante détermina le Béarnais à annoncer l'intention de se faire instruire dans les dogmes de la religion catholique et d'en maintenir franchement l'exercice : mais, en même temps, il avait grand soin d'écrire à ses amis du sénat de Berne que cette promesse n'était qu'un *stratagème* dont les *fidèles élus du Christ* ne devaient prendre *aucun ombrage* [1]. Les catholiques s'en doutaient bien.

Henri IV se vit réduit par les défections à s'éloigner de Paris; mais il y revint en 1590, après sa victoire d'Arques. Les faubourgs Saint-Victor, Saint-Marceau, Saint-Jacques, Saint-Germain furent alors courus et pillés. Châtillon s'attachait aux pas des Parisiens en criant : *Saint-Barthélemy! Saint-Barthélemy!* et excitant les siens à la vengeance. A la première nouvelle de ce désastre, le duc de Mayenne accourut à Paris, et Henri IV s'empressa d'en quitter les faubourgs le lendemain même du jour où il y était entré.

Mais ses cornettes blanches reparurent de nouveau après Ivry, et alors commença ce siége affreux dont la poésie a immortalisé les souvenirs funèbres. Paris n'avait ni artillerie ni munitions de guerre, ses murailles ébréchées par le temps pouvaient être franchies au pas de course; elle n'avait qu'une pièce de canon, elle était sans gouverneur, sans police, chacun voulait y être le maître, ainsi qu'il arrive, dit un contemporain, « à une aristocratie et gouvernement de plusieurs, là où il y a un peuple indomptable, confus, superbe, riche et rebelle, comme estoit cettuy-cy [2]. »

[1] Lettre du roi de Navarre aux illustrissimes seigneurs de la République de Berne, imprimée à Paris chez Guillaume Chaudière, en 1589. — Cette lettre fut lue solennellement dans l'église cathédrale de Troyes, le 20 septembre 1589, et contribua beaucoup à exalter la Ligue. (Voir *Archives curieuses de l'histoire de France*, tome XIII, p. 217.)

[2] Discours du siége de Paris, par Pierre Corneïo. — 1590.

Et cependant, tel fut l'élan des Parisiens, à la vue des troupes royales couronnant les hauteurs du faubourg Saint-Martin, le 8 mai 1590, qu'au premier choc les vainqueurs d'Arques et d'Ivry fléchirent et battirent en retraite. A partir de ce moment, Henri IV se borna à escarmoucher et à couper les vivres : c'était la plus rude guerre qu'il pût faire aux habitants de la capitale. Invincibles contre un assaut, le seraient-ils aussi bien contre la famine? Paris contenait 220,000 bouches, et l'on ne pouvait y attendre quelques muids de farine que de la contrebande des paysans et de la connivence des soldats royaux que tentait un gain énorme.

Dans ces difficiles circonstances, le zèle des prédicateurs se montra constamment au niveau du danger. Pierre Cristin « tenoit et manioit les cœurs comme un Démosthènes, » il n'était pas le seul. Rose, évêque de Senlis; Hamilton, curé de Saint-Cosme; Boucher, de Saint-Benoît; Pigenat, de Saint-Eustache, et les deux célèbres Italiens Bellarmin et Panigarole, tonnaient chaque jour du haut de la chaire; la Sorbonne leur venait en aide en repoussant doctrinalement toute pensée de soumission à un prince hérétique et surtout relaps, fût-il même absous, à cause du soupçon de perfidie et de feintise dont il restait à jamais entaché. Enfin le saint sacrement demeurait perpétuellement exposé sur les autels; le peuple passait les jours et les nuits en prière, et de fréquentes processions gravissaient la montagne Sainte Geneviève pour aller implorer la patronne de Paris.

Ces processions offraient sans doute un spectacle bizarre qui n'a pas échappé à l'auteur des *Singeries de la Ligue.* On y voyait en effet bon nombre de moines avec corselet de guerre et bourguignotte en tête. Quelques-uns portaient d'une main le crucifix, de l'autre la pertuisane ; tous avaient la robe retroussée et le capuchon rabattu sous le harnais : mais lorsqu'on vit ensuite ces mêmes moines monter joyeusement aux remparts et braver le feu de l'ennemi, on dut reconnaître, malgré toutes les moqueries des politiques, qu'un sentiment sérieux et élevé s'unissait chez ces hommes à tout l'entraînement d'une ardente passion.

Les troupes royales furent chassées, le 14 mai, de l'abbaye Saint-Antoine ; elles furent délogées, le 1er juin, du faubourg Saint-Marceau ; mais ces succès partiels ne donnaient pas de pain. Quand on n'eut plus de blé, on mangea de l'avoine ; quand on n'eut plus d'avoine, on mangea du son. « Les pauvres, lisons-nous dans le récit de Corneïo, mangeoient des chats, des rats, des feuilles de vigne et autres herbes. Par la ville, on ne voyoit autre chose que des chaudières de bouillie et herbes cuites sans sel et marmitées de chair de cheval, âne et mulet ; les peaux mêmes desdites bêtes se vendoient cuites, dont ils mangeoient avec grand appétit... J'ai vu manger des chiens morts et crus par les rues, j'ai vu manger des tripes qu'on avoit jetées dans le ruisseau, j'ai vu manger des rats et des souris que l'on avoit pareillement jetées, et surtout des os moulus de la tête des chiens. »

Ému de pitié, Henri IV laissa sortir une fois trois mille malheureux de la ville ; il laissait de temps en temps entrer quelques vivres ; il faisait parvenir de l'argent à une sainte veuve, Mme Accarie, qui s'était vouée au soulagement de toutes les infortunes. Et quelles n'étaient pas ces infortunes! Est-il besoin de rappeler ces deux cadavres d'enfants dévorés par leur mère pour la sauver d'une mort imminente, et qui ne firent que hâter sa mort par le dégoût et l'horreur! Chaque matin on trouvait des cadavres par centaines dans les rues. Treize mille personnes succombèrent depuis le 8 mai jusqu'au 30 août, et Paris ne se rendit pas.

La conversion elle-même du Béarnais en 1593 ne put désarmer Paris. La Ligue se disloquait d'un bout de la France à l'autre, et Paris tenait encore; on peut même dire qu'il ne céda jamais : on le vendit. Cette vente fut l'œuvre de Charles de Cossé-Brissac, maréchal de la Ligue, qui convint d'ouvrir à Henri IV la porte Neuve aux conditions suivantes : amnistie générale; interdiction de tout culte hérétique à Paris et à dix lieues à la ronde; confirmation des emplois donnés par la Ligue, et, pour lui Brissac, maintien du bâton de maréchal, des gouvernements de Corbeil et de Mantes, 200,000 écus argent et une pension de 20,000 livres par année.

La porte Neuve donnait entrée dans la ville, par la rive droite de la Seine, près le pont actuel des Saints-Pères. C'était par elle que Henri III était sorti le lendemain de la journée des Barricades. Brissac s'y posta avec Lhuillier, prévôt des marchands, dans la nuit du 21 au 22 mars 1594. La nuit était sombre et orageuse; la pluie et le tonnerre étouffaient tout autre bruit. Gérard nous représente Henri IV entrant à Paris, au grand jour, à cheval, la tête découverte, saluant un peuple ivre de joie qui se jette à ses pieds. Les arts sont du domaine de la poésie ; leurs merveilles ne peuvent faire illusion à l'histoire. Henri IV était à pied, armé à blanc, le morion en tête et précédé de ses soldats qui marchaient tous la hallebarde ou le pistolet au poing. A peine entrée dans la ville, l'armée royale se divise en escouades pour s'emparer des ponts et des portes ; une lutte de quelques minutes s'engage entre les Suisses du roi et les Allemands de la Ligue. Ceux-ci, ne comprenant rien à ce qu'ils voient, refusent de se laisser désarmer malgré leur infériorité numérique. On en tue une vingtaine, on en jette à peu près autant dans la Seine.

Le jour cependant commençait à poindre ; à sa naissante clarté on pouvait apercevoir de petites troupes de bourgeois, parés de l'écharpe blanche, que Brissac avait échelonnés sur le pont Saint-Michel et sur le Petit-Pont. Les rues d'ailleurs étaient désertes ; à peine quelques curieux ouvraient-ils à demi leur auvent au bruit du piétinement de la troupe. Lorsque le roi fut arrivé au pont, le prévôt des marchands Lhuillier lui offrit les clefs de la ville. « Il faut rendre à César ce qui appartient à César, » ajouta Brissac. « Il faut le lui rendre et non pas le lui vendre, » reprit fièrement Lhuillier. Le cri de *vive le roi!* fut alors poussé par le prévôt, et ce cri retentit bientôt de rue en rue.

Le règne de Henri IV est un de ceux qui ont laissé en France les plus durables souvenirs, et cependant il fut loin d'être heureux. La France était ruinée, l'administration était sans unité et sans force ; des habitudes de pillage résultant d'une longue anarchie s'étaient introduites dans tous les emplois, et le luxe des traitants semblait insulter à la misère publique. « Processions de pauvres se voyoient par les rues, dit l'Estoile, en telle abondance qu'on n'y pouvoit passer, lesquels crioient à la faim pendant que les maisons des riches regorgeoient de banquets et de superfluités... Cependant qu'on apportoit à tas, de tous côtés, dans l'Hôtel-Dieu, les pauvres membres de Jésus-Christ, si secs et si exténués qu'ils n'y estoient plus tost entrés qu'ils n'y rendissent l'esprit; on dansoit à Paris, on y mommoit, les festins et banquets s'y faisoient à quarante-cinq écus le plat, avec les collations magnifiques à trois services. Quant aux habillements, bagues et pierreries, la superfluité y estoit telle qu'elle s'estendoit jusqu'au bout de leurs souliers et patins. »

La plupart des célèbres traitants de l'époque, de ces ministres du luxe et de la bonne chère que Sully signale avec tant d'amertume dans ses *Mémoires*, étaient italiens. C'étaient entre autres Gondi, Cenami, et surtout Sébastien Zamet. Il est singulièrement remarquable que lorsque Marie de Médicis fit son entrée à Paris en 1601, ce fut d'abord chez Gondi, puis chez Zamet, qu'elle alla loger avant de prendre possession du Louvre. Henri IV allait fréquemment dîner chez eux. Peu habitué à l'étiquette des cours, qui d'ailleurs répugnait à la brusque gaieté de son caractère, il aimait à prolonger sur le trône la facilité de relations et les libres aventures de sa vie de gentilhomme. Il soupait chez Zamet, dînait chez Gondi, courait les foires en marchandant comme au temps où il avait petite bourse. Lui demandait-on vingt écus d'une bague, il en offrait six : « aussi les marchands gagnoient-ils peu à sa vue, » assure l'Estoile.

Henri IV avait deux défauts : il était joueur et il était libertin, deux défauts qui dévorent l'argent et qui grèvent le peuple. Mais la magnanimité de son caractère, la vivacité de son esprit, la prévenante bonté de son cœur compensaient jusqu'à un certain point les funestes effets de ses habitudes. Il voulait le bien, et il le voulait avec un entrain qui, grâce à Sully, devenait de la fermeté. C'était là le grand talent de Sully. Ce ministre avait d'ailleurs un caractère étroit, un esprit borné ; mais ses idées étaient justes. Son austérité affectait facilement les formes de la dureté et de la hauteur ; mais du moins en politique il savait vouloir, et en administration il connaissait merveilleusement trois choses : épargner, entasser et faire rendre gorge aux traitants. De la sorte, il parvint, aidé de la vive pénétration de son maître, à rétablir l'ordre, à faire renaître la confiance, et, des fragments disloqués de l'antique nationalité gauloise que se disputaient la féodalité de la guerre et la féodalité de l'argent, à reconstituer en dix ans une forte et homogène unité.

XVII

AGRANDISSEMENT ET EMBELLISSEMENT DE PARIS
PENDANT LA SECONDE MOITIÉ DU XVIe SIÈCLE ET LES PREMIÈRES ANNÉES DU XVIIe
— MOEURS, LUXE, DUELS, ETC.

Si le règne de Henri IV ne réalisa pas toutes les espérances de la France et de son roi, il ne faut donc en accuser que le coup de couteau de Ravaillac, qui vint arrêter subitement le développement de la prospérité naissante et faire tomber la succession du génie entre les mains de l'intrigue. Ce règne d'ailleurs, si agité d'abord, si court ensuite, fut loin d'être stérile, et nul spectacle ne saurait captiver plus que celui du mouvement des esprits et des travaux dans toutes les classes parisiennes, à partir du jour où fut proclamée la paix.

Pendant toute la durée des guerres de religion, la France avait été entièrement absorbée par la lutte; aussi les monuments étaient-ils devenus rares, et ceux mêmes qu'on avait entrepris demeuraient pour la plupart inachevés. Il faut toutefois distinguer deux époques dans la dernière moitié du XVIe siècle. La première, qui comprend le règne de Charles IX, se ressent encore de l'impulsion donnée aux arts par François Ier et par Henri II, impulsion dont Catherine de Médicis, en sa qualité d'Italienne, devait naturellement s'emparer. Alors en effet s'élève la galerie d'Apollon au vieux Louvre; alors apparaissent les Tuileries, ce précieux chef-d'œuvre de Philibert Delorme tant de fois agrandi et défiguré depuis trois siècles; et l'hôtel de Soissons, cette autre merveille de la Renaissance, dont il ne reste plus aujourd'hui qu'une haute colonne du sommet de laquelle Catherine étudiait, dit-on, avec Côme Ruggieri, les conjonctions des astres.

Le collége de Clermont, rue Saint-Jacques, et le collége des Grassins, rue des Amandiers, datent également du règne de Charles IX; les granges et fourneaux de l'artillerie, près de la Bastille, devinrent alors l'arsenal. La porte qui lui donnait entrée sur le quai des Célestins fut construite plus tard sous Henri III. Elle était ornée de colonnes de bronze en forme de canons, et on lisait sur sa frise l'inscription suivante :

Ætna hæc Henrico vulcania tela ministrat,
Tela giganteos debellatura furores.

Cette inscription était de Nicolas Bourdon. « Beaux vers, disait Santeuil; dussé-je être pendu, je voudrais en être l'auteur. »

En même temps, de 1540 à 1578, de nouvelles rues étaient tracées dans le faubourg Saint-Germain. En 1566, une ligne de fortifications entoure les Tuileries, qui se trouvaient hors de la porte Neuve. L'entrée de Paris, de ce côté, fut alors établie sur la place actuelle de la Concorde, où fut édifiée la porte de la Conférence.

Le règne de Henri III fut plus stérile. A peine donna-t-il naissance à quelques couvents, tels que ceux des Capucins et des Feuillants de la rue Saint-Honoré. Le couvent des Capucins comprenait l'espace occupé aujourd'hui par le ministère des finances, la rue Castiglione et celle du Mont-Thabor. Il n'eut d'abord qu'une chapelle; mais, sous le règne de Henri IV, la chapelle fit place à une vaste église. A côté des Capucins se trouvaient les Feuillants, religieux cisterciens de la réforme de Jean de la Barrière; ces religieux marchaient pieds nus et tête nue; ils dormaient vêtus sur des planches, et leur nourriture ne se composait que d'un pain grossier, d'herbes cuites ou crues et d'eau pure. Le bruit de leur sainteté les fit appeler à Paris par Henri III en 1567. Ils partirent de Notre-Dame de Feuillans au diocèse de Riez au nombre de soixante-deux, la croix en tête et pratiquant le long du chemin tous les exercices du cloître. Henri III vint à leur rencontre, et les logea près des Tuileries. Le couvent qu'il y fit construire pour eux fut considérablement agrandi par Henri IV et par Louis XIII. La façade de leur chapelle fut un des principaux ouvrages de la jeunesse de Mansard. Elle était de forme pyramidale, et composée de deux ordres de colonnes dans le goût des dessins de Palladio.

Cette façade s'élevait sur la rue Saint-Honoré, à peu près en face de la place Vendôme; les jardins et la clôture s'étendaient jusqu'aux Tuileries. Personne n'a oublié que c'était dans les bâtiments de ce monastère que l'Assemblée législative tenait ses séances au 10 août; c'est là que Louis XVI a été jugé et condamné, au bruit des vociférations des tribunes. Aujourd'hui de splendides hôtels ont pris la place du vieux couvent, et le bruit éternel de la rue de Rivoli a succédé à celui des tribunes. De tout le passé il ne reste plus qu'un nom, celui de *terrasse des Feuillants*, demeuré à la partie du jardin des Tuileries qui touchait aux murs du monastère.

Nous avons dit qu'à partir du milieu du XVI° siècle, un nouveau quartier se forma au faubourg Saint-Germain. Ce quartier ne communiqua d'abord avec le Louvre qu'au moyen d'un bac; mais, le 31 mai 1578, Henri III posa la première pierre d'un pont qui ne devait être achevé que sous Henri IV, et qui porte aujourd'hui encore, au bout de près de trois siècles, le nom de Pont-Neuf dont il fut gratifié à son origine. Ce monument remarquable fut construit sur les dessins d'Androuet du

Cerceau ; il a longtemps été considéré comme le plus beau pont de l'Europe.

Mais Henri IV ne se borna pas à mettre la dernière main aux œuvres de ses prédécesseurs. Avec lui Paris, si longtemps absorbé par les querelles religieuses, reprit l'activité féconde et artistique des premières années du XVIe siècle. « Si vous revenez à Paris d'ici à deux ans, écrivait Malherbe en 1508 à M. de Peiresc, vous ne le connoîtrez plus. Le pavillon du bout de la galerie est presque achevé (galerie d'Apollon) ; la galerie du pavillon au bâtiment des Tuileries est fort avancée (grande galerie du Louvre) ; les fenêtres de l'étage d'en bas sont faites ; l'eau du Pont-Neuf est aux Tuileries (pompe de la Samaritaine) ; mais le plus grand changement est en l'île du palais, où l'on fait un quai qui va du Pont-Neuf au Pont-aux-Meuniers (quai de l'Horloge), comme l'autre va du Pont-Neuf au bout du pont Saint-Michel (quai des Orfèvres). On fait dans cette même île une place que l'on appellera, à ce que l'on dit, la place Dauphine, qui sera très-belle et bien plus fréquentée que la Royale. Il y a, à cette heure, un grand ordre à Paris pour les boues, pour ce que les maisons sont taxées à deux fois plus qu'elles ne l'estoient (à un écu par an) ; mais j'ai peur que cette grande furie ne durera pas, et qu'insensiblement nous retournerons au premier désordre et qu'il y fera crotté comme devant. »

A l'issue des guerres de religion, Paris offrait le triste aspect de la solitude et des ruines. « Il y avoit peu de maisons entières, raconte un contemporain ; elles étoient la plupart inhabitées, le pavé des rues étoit à demi cou-

vert d'herbe ; quant au dehors, les maisons des faubourgs toutes rasées. Il n'y avoit quasi un village qui eût pierre sur pierre, et les campagnes toutes désertes et en friche. »

Mais il suffit de quelques années du règne de Henri IV pour donner à la capitale de la France un tout nouvel aspect. Paris n'avait eu jusque alors que des rues et des carrefours ; Henri y fit ouvrir à la fois deux places, la place Royale et la place Dauphine, et les entoura de constructions d'un style mâle et sévère. On chercherait vainement dans ces constructions, il est vrai, l'élégance de dessin et d'ornementation des monuments de la Renaissance. Les trente-cinq pavillons uniformes de la place Royale, avec leurs toits aigus et leur marqueterie de briques rouges et de pierres blanches, manquent d'élancement et de grandeur ; la galerie du rez-de-chaussée rappelle par son peu d'élévation les charniers des monastères ; mais enfin depuis trente ans l'art semblait mort ; aussi chacun salua-t-il son réveil avec d'autant plus d'admiration, qu'il était impossible d'ailleurs de méconnaître dans ses œuvres de vastes proportions d'ensemble.

Le Pont-Neuf, la place Royale et l'hôpital Saint-Louis sont les trois plus glorieux souvenirs de l'architecture de cette époque. Le Pont-Neuf est lourd ; mais les têtes de Sylvains, de Satyres et de Dryades qui supportent sa corniche sont d'un beau caractère. La place Royale est triste ; mais la régularité et la majesté de ses grandes lignes ne laissent pas que d'être imposantes. L'hôpital Saint-Louis est sévère, mais d'une sévérité qui tient autant pour le moins du palais que de l'hospice.

La construction du Pont-Neuf apporta de notables changements à la disposition des parties de la ville qu'il mettait en communication. Les îlots qui se trouvaient en aval de l'île de la Cité lui furent réunis, et ce fut sur leur emplacement que s'ouvrirent le terre-plein du Pont-Neuf et la place Dauphine. Nous avons déjà parlé du quai de l'Horloge et du quai des Orfévres, qui servirent d'issues au nouveau pont des deux côtés de la Cité. La place des Trois-Maries fut en même temps agrandie sur la rive droite de la Seine, et, sur la rive gauche, une nouvelle rue, large de dix mètres, fut tracée à travers les terrains des Augustins jusqu'aux murailles de la ville. Cette rue, ainsi que la place de la Cité, reçut le nom de Dauphine, comme expression de la joie populaire au moment de la naissance de Louis XIII.

Les rues de Paris n'avaient encore rien perdu de l'antique exiguïté de leurs proportions; ajoutons qu'un grand nombre n'étaient pas pavées, ce qui en rendait fréquemment l'odeur infecte et le parcours difficile. Les nobles ne s'y montraient qu'à cheval, leurs femmes en croupe, les magistrats sur des mules, et ce n'était que dans quelques larges voies telles que la rue Saint-Honoré, la rue Saint-Antoine, la rue Saint-Denis, la rue de Tournon, la rue Dauphine que l'on commençait à rencontrer des carrosses. Le carrosse du roi Charles IX est minutieusement décrit dans ses comptes de dépenses : c'était un *chariot* noir et étroit, doublé à l'intérieur de velours vert à clous dorés, et à l'extérieur de peau de *vache grasse*. Il était couvert d'une *voûte faite d'assemblage* et muni de deux coffres servant de siéges, d'une petite chaise pour le cocher, et d'une petite échelle *pour servir à monter dedans ledit chariot*. Ce chef-d'œuvre de sellerie et de menuiserie, que quelques-uns appelaient *chariot branlant*, parce qu'il avait des *souppants de cuir de Hongrie*, avait coûté 180 livres tournois, dont 80 pour menuiserie et 100 pour cuir et doublure (1).

Cinquante ans après, le maréchal de Bassompierre donnait le premier l'exemple d'un carrosse fermé de glaces. Cette nouvelle recherche du luxe ne fut toutefois longtemps qu'à l'usage de quelques princes ou grands seigneurs. Les carrosses eux-mêmes restaient dans le domaine privé; et ce n'est pas sans étonnement que nous trouvons parmi les ordonnances de Louis XIII, à la date du 4 août 1617, des lettres patentes portant autorisation d'établir en la ville de Paris un service de chaises à bras pour *faire porter, de rues à autres, ceux et celles qui désireront s'y faire porter*. Ce nouveau mode de locomotion fut du reste promptement abandonné pour les coches publics que le sieur Jacques Sauvage entretint, à partir de 1637, dans la rue Saint-Martin, à l'enseigne Saint-Fiacre.

Les coches publics furent un double bienfait: ils garantirent à la fois des immondices et des filous. Il faut bien le dire en effet, quels qu'eussent été depuis Philippe-Auguste, et surtout depuis l'organisation du guet des métiers par saint Louis, les progrès de la police, ils étaient loin encore de pouvoir donner une complète sé-

---

[1] Ce chariot avait quatre pieds et demi de long, deux pieds huit pouces de large, et quatre pieds et demi de haut.

curité à ceux qui fréquentaient les rues de Paris. L'habitude de porter sa bourse pendue à sa ceinture avait fait naître l'industrie des *coupeurs de bourse* qui, à l'aide de longs ciseaux, s'appropriaient l'héritage des antiques *vide-gousset*. Les *tireurs de laine* battaient aussi fréquemment le pavé, enlevant aux passants leurs manteaux et fourrures. Enfin, dès le règne de Henri IV, nous entendons parler des *Cours des Miracles*. « Témoin la place vulgairement appelée *Cour des Miracles*, derrière les Filles-Dieu, au bas du rempart, d'entre les portes Saint-Denis et Montmartre, lisons-nous dans un rapport de 1612, où l'on voyoit ordinairement, le soir, tout l'été, les manchots, boiteux et ulcérés en diverses parties de leur corps, danser, jouer et rire et se donner du bon temps : cette place ainsi nommée à cause que lesdits gueux ne se trouvoient boiteux et ulcérés que hors icelle. »

Cette industrie des maladies simulées et de la mendicité criarde était même devenue tellement importune dans les premières années du XVIIe siècle, qu'on prit le parti d'enfermer les pauvres en leur assurant de l'ouvrage et du pain. Ceux qui refusaient d'entrer dans l'asile commun devaient aussitôt quitter la ville.

Mais ce n'était pas assez de lutter contre l'oisiveté, l'État encourageait en même temps le travail sous toutes ses formes. La manufacture de tapis de la Savonnerie date du règne de Henri IV, et le même prince destina d'abord les bâtiments de la place Royale ainsi que la grande galerie du Louvre à loger des manufacturiers et des artistes.

Quant au mouvement religieux, il continuait de se manifester par de riches fondations. En 1601, les pénitents réformés du tiers-ordre de Saint-François s'établissent au village de Picpus; en 1603, les Récollets sont appelés au faubourg Saint-Martin par un pieux tapissier du nom de Jacques Cottard, et y construisent un couvent et une église. Peu de jours après, les frères de la Charité, qui occupaient précédemment un hôtel voisin du cours de la Seine, prennent possession d'un terrain et d'une chapelle attenants à la rue des Saints-Pères, et les Augustins les remplacent à leur tour dans le couvent occupé aujourd'hui par l'école des Beaux-Arts. Ce couvent, où ils furent établis par Marguerite de Valois, reçut d'elle le nom d'*Autel de Jacob*, et la chapelle celui de *Chapelle des Louanges*. Quatorze frères étaient chargés d'y chanter jour et nuit, en se relevant deux par deux, des « hymnes, cantiques et psaumes d'actions de grâces, selon les airs qui en seroient baillez par ladite dame royne. » La coupole des Petits-Augustins est le premier monument de ce genre qui se soit élevé dans la capitale.

Nous avons parlé du luxe qui se fit jour de nouveau sous le règne de Henri IV; ajoutons que ce luxe ne se bornait pas à des habits de 14,000 écus, à des mouchoirs brodés de 1,900, à des festins à 45 écus le plat; il s'étendait encore, et avec plus de raison, à des inventions qui marquaient un progrès continu dans les arts. Depuis Henri II, on portait des bas de soie et l'on mangeait avec des fourchettes; à partir de Henri IV, de larges *montres-horloges* apparurent suspendues par des chaînes au cou des courtisans. La cour et la ville rivalisaient d'éclat; il n'y avait que dix ans l'on se battait encore, et tout souvenir de guerre semblait avoir disparu sous la puissante efflorescence de la paix.

Mais sous cette enveloppe brillante se cachaient des mœurs que vingt ans de luttes acharnées avaient rendues de nouveau irritables et sanguinaires. Le duel, cet enfant de la barbarie et de la féodalité, disparu depuis saint Louis, remis en honneur comme exercice chevaleresque par François Ier, avait pris, dans le désordre des guerres civiles, un nouvel et terrible ascendant sur la société. Chaque jour on se battait derrière les murs des Chartreux, au moulin de Saint-Marceau ou au Pré-aux-Clercs. Les rues elles-mêmes et les places étaient souvent prises pour champ clos. En 1611, duel de Baronville et d'Arques sur le Pont-Neuf; d'Arques est tué. En 1613, duel du chevalier de Guise et du baron de Luz dans la rue Saint-Honoré. Le baron est frappé en pleine poitrine, et s'en va mourir dans l'allée d'un cordonnier entre les deux enseignes du *Temps-Perdu* et de la *Bannière-de-France*. En 1614, assassinat nocturne de Porcheres, rue de l'Arbre-Sec, par trois hommes dont les noms, dès le lendemain, couraient mystérieusement de bouche en bouche dans les salons du Louvre. Quelques jours après, duel de deux contre deux sur la place Royale, Rouillac contre Des Marais et Saint-Vincent contre Saint-Maur : Saint-Vincent est percé de part en part d'un coup d'épée ; Saint-Maur est atteint à la *souris du bras* et meurt en trois heures de la perte de sang qui en résulte.

Henri IV avait publié divers édits contre les duels. Celui de 1609 déclarait les duellistes criminels de lèse-majesté, et le roi s'engageait par serment à ne leur faire jamais grâce. Mais qu'arriva-t-il? au lieu de faire grâce, on ferma l'œil. Quelquefois même on autorisait le combat, après avoir pris connaissance des motifs. C'était une faculté que Henri IV s'était formellement réservée ; mais le plus souvent les combattants se passaient fièrement de l'autorisation royale. On se battait pour des querelles de jeu, de femmes, de préséance. C'était ce que l'on appelait des questions d'honneur. On se battait comme second pour le premier venu sans même connaître toujours le motif de la lutte. C'était affaire de vanité et de fanfaronnade, qui donnait une certaine position dans le monde au prix de la force de l'État, dont le sang le plus généreux coula ainsi à flots pendant près d'un siècle. On porte à plus de 2,000 le nombre des gentilshommes qui périrent en duel pendant les années de paix du règne de Henri IV. La guerre aurait-elle plus coûté ?

XVIII

ESSOR QUE PREND PARIS SOUS LOUIS XIII. — CHARITÉ. — BEAUX-ARTS SCIENCES, BELLES-LETTRES

L'histoire de Louis XIII peut se résumer dans celle de Richelieu. Les intrigues et les péripéties de cour qui précédèrent en effet l'avénement au pouvoir de l'évêque de Luçon ne pourront tout au plus nous fournir que quelques détails tristement anecdotiques, lorsque nous évoquerons les souvenirs qui s'attachent à chacun des monuments de la capitale. Le Louvre nous rappellera la mort de Concini, les Tuileries la faveur naissante de Luynes, le Luxembourg la vie agitée, les angoisses et l'exil de Marie de Médicis ; mais la grandeur, mais l'esprit de cette époque, où les trouver sinon en Richelieu ? Richelieu vint, après quatre cents ans, achever l'œuvre commencée par Suger. Suger avait mis la cognée au pied de l'arbre de la féodalité, Richelieu en arracha les derniers drageons. Tous les deux, esprits fermes et étendus, volontés puissantes et inflexibles ; mais avec des nuances de pensée et de caractère qui permettent toujours de retrouver le religieux chez l'abbé de Saint-Denis, et ne permettent pas aussi bien de retrouver le prêtre chez le cardinal.

Le premier s'étudia longtemps à raviver le feu des croisades ; le second guerroyait les protestants en France et s'alliait avec eux au dehors, sans se soucier ni de la vérité ni des principes. Pour l'un la raison d'État se trouvait surtout dans les intérêts religieux des peuples, pour l'autre dans leurs intérêts purement politiques. Enfin Suger ne fut jamais que juste, Richelieu fut souvent cruel. Tous les deux cependant, par des pensées et des moyens divers, contribuèrent à la grandeur et à l'unité de la France.

Les principaux événements du ministère de Richelieu s'accomplirent d'ailleurs loin de Paris, et n'y eurent d'autre retentissement que celui qu'ont nécessairement dans toutes les parties d'un État les actes d'intelligence et de force. La France se sentait gouvernée, et elle prenait confiance dans l'avenir. Aussi l'agriculture, le commerce, les arts s'y développaient-ils avec puissance. Il est peu d'époques dans l'histoire de Paris qui y aient laissé autant d'empreintes durables que celle de Louis XIII. On dirait que la vertu et le génie croissaient alors à l'envi l'un de l'autre. A côté du cardinal de Richelieu vous apercevez en effet le cardinal de Bérulle ; à côté de Marie de Médicis appelant au Luxembourg les arts de Florence, ou d'Anne d'Autriche faisant revivre au Val-de-Grâce les souvenirs de l'Escurial, se déroule à nos yeux toute cette suite de femmes angéliques qui firent de la première moitié du XVIIe siècle l'âge d'or parmi nous de la charité chrétienne. Comment les nommer toutes ? Mme de Miramion, Mlle Legras, Mlles Lhuillier, Mme Delpech, Mme Accarie, Mme de Chantal, ces deux dernières proclamées saintes par l'Église, toutes proclamées saintes par le peuple.

Et en face d'elles deux hommes uniques dans l'histoire de la foi, exprimant tous les deux le même caractère de simplicité, de dévouement et de bonté qui, au sortir des luttes violentes de la réforme, pouvait seul jeter un peu de baume sur de cuisantes plaies : saint François de Sales et saint Vincent de Paul !

Quel temps et quelle histoire ! c'est l'histoire de l'Académie naissante et de la congrégation naissante des sœurs de la Charité ; c'est l'histoire du *Cid* et de toutes les passions de notre adolescence littéraire ; l'histoire de plusieurs de nos hôpitaux les plus célèbres, tels que ceux de la *Pitié* et des *Enfants-Trouvés;* l'histoire de plusieurs de nos plus splendides palais, tels que le Luxembourg, la Sorbonne, le Palais-Royal. Jamais l'essor du génie de la France n'avait été marqué par un plus complet ensemble d'œuvres imposantes. On eût dit l'élan de la prospérité après celui des passions et de la discorde; c'était l'épopée de Louis XIV qui commençait au sortir de l'épopée des Guises.

L'étude des sciences naturelles si longtemps négligée prit alors le rang qui lui est resté depuis; et il est remarquable que ceux qui s'y livrèrent, les médecins surtout, occupèrent sous Louis XIII une place éminente à la hauteur de laquelle ils se sont tout au plus maintenus. Est-il besoin de citer Herouard, Bouvard et Labrosse, à qui Paris dut son Muséum d'histoire naturelle et son Jardin des plantes? Le nom de Guy Patin rappelle non-seulement la grande querelle de l'antimoine, mais encore et surtout une des plumes les plus mordantes et les plus satiriques de notre littérature. Celui de Théophraste Renaudot se lie à la fois à la création de monts-de-piété, à l'établissement de consultations gratuites pour les pauvres et à la publication des quelques feuilles volantes qu'il rédigea d'abord pour l'amusement de ses malades et auxquelles il donna le nom de *Gazette de France*. La fondation de la *Gazette de France* remonte au mois de mai 1631. C'est aujourd'hui le plus vieux journal du pays le plus fertile en journaux.

Un mouvement simultané se manifestait dans les arts. Les riches hôtels se multipliaient; les palais s'enrichissaient de peintures. C'était alors que François Porbus dessinait à l'hôtel de ville les portraits des prévôts des marchands; que Poussin jetait sur la toile, pour le chapitre de Notre-Dame, sa *Mort de la Vierge;* que Philippe de Champagne prodiguait les merveilles de son pinceau sur les murs et les voûtes du Luxembourg et du couvent des Carmélites du faubourg Saint-Jacques; que Rubens concevait et exécutait en trois ans sa galerie de Médicis; et que Simon Vouet inaugurait glorieusement l'école française dans les salons du Palais-Royal et du Louvre. Alors enfin Jacques de Brosses rivalisait avec les Romains dans la construction de l'aqueduc d'Arcueil, avec les Florentins dans le dessin du Luxembourg, et avec le Vénitien Palladio dans l'édification du portail de Saint-Gervais, l'une des œuvres les plus grandioses de l'art classique.

L'époque de Louis XIII s'était ouverte avec Jacques de Brosses; elle se ferma avec Mansard : l'un audacieux et fier, même en reproduisant des types connus; l'autre académique et froid, imposant néanmoins, par une grandeur étudiée qui répondait assez bien d'ailleurs au caractère fastueux qu'allait revêtir l'âge de Louis XIV. Il est au reste une partie de l'art dans laquelle Mansard se montra réellement créateur : ce fut celle de l'appropriation de l'architecture à toutes les commodités et à tous les agréments de la vie. Les artistes du moyen âge, si magnifiquement inspirés dans leurs dessins, n'entendaient rien à cette étude prosaïque de la vie commune. Le xviie siècle entra à cet égard dans une voie nouvelle, et, à mesure que la poésie de l'art s'éloignait, la science de l'art prenait sa place.

Une femme dont le nom est resté célèbre à plus d'un titre, Marie de Pisani, marquise de Rambouillet, donna, sous ce rapport, plus d'un exemple à Mansard. L'art lui dut, entre autres innovations heureuses, ces longues fenêtres qui, descendant jusqu'au plancher des appartements, leur prodiguèrent avec un peu moins de parcimonie la lumière si rare dans les rues étroites. Mansard, de son côté, éleva, presque sans frais, le dernier étage de ses bâtiments par ses toits brisés *à la mansarde*. Avec lui, en un mot, l'architecture civile devint l'expression monotone et économique des convenances de sa destination.

Parmi les hôtels qu'il construisit à Paris sous le règne de Louis XIII, l'histoire cite particulièrement l'hôtel de Jars et l'hôtel de la Vrillière occupé aujourd'hui par la Banque; parmi les églises, Notre-Dame-des-Anges du faubourg Saint-Antoine, élégant souvenir du Panthéon d'Agrippa, livrée depuis cinquante ans au culte calviniste.

Le nombre des églises ou chapelles construites à Paris durant le règne de Louis XIII dépasse le chiffre de soixante. Nous nous bornerons à citer Saint-Roch, dont le portail toutefois ne date que d'un siècle; Sainte-Marguerite, Saint-François-d'Assise, Saint-Ambroise, Sainte-Élisabeth, Notre-Dame-des-Victoires et l'Oratoire de la rue Saint-Honoré.

Les couvents des Visitandines, des Ursulines, des Feuillantines, des Madelonnettes, des Filles-Bleues, des Filles de Saint-Thomas et de Saint-Joseph, et ceux des chanoinesses du Saint-Sépulcre de Bellechasse, des Audriettes de l'Assomption, des Jacobins de la rue Saint-Honoré, des Minimes de la place Royale datent également, ainsi que le séminaire de Saint-Nicolas-du-Chardonnet, de cette féconde époque. Quel était le besoin de l'âme auquel ne répondît cet admirable ensemble d'associations chrétiennes? quelle était la voix du cœur qui n'y trouvât un poétique écho? Prière et dévouement, telle était la règle fondamentale de toutes ces pieuses confraternités. A celles-ci ensuite le soin des malades ; à celles-là l'instruction pénible et gratuite de la jeunesse; à toutes l'adoration et la prière perpétuelles pour tant de pauvres égarés qui n'adorent pas et qui ne prient pas. Le monde est plein aujourd'hui et toujours d'âmes dépaysées et souffrantes : qui leur rendra ces paisibles retraites?

Cette multitude d'institutions et de monuments indique en outre dans la société une vie puissante qui se révélait d'ailleurs par une exubérance toute nouvelle de population et par une nouvelle extension de l'enceinte de la ville. A partir de la porte Saint-Denis jusqu'à la porte Saint-Honoré l'ancienne muraille fut démolie et reculée vers le nord. Ainsi se trouva enclavé dans la ville le vaste espace que couvrent les rues de Cléry, du Mail, des Fossés-Montmartre, Saint-Augustin, des Victoires, Richelieu, Sainte-Anne, des Petits-Champs; riche et brillant quartier au milieu duquel s'élevèrent longtemps encore les moulins de la butte Saint-Roch. Le grand et le petit Pré-aux-Clercs se couvraient en même temps de maisons que desservaient les longues rues parallèles de Saint-Dominique, de Verneuil, de Bourbon, et le quai *Mal-Acquest*. Sur l'emplacement actuel du palais de l'Institut s'élevait toujours d'ailleurs la tour de Nesle, faisant face aux grosses tours de la partie orientale du Louvre, et sur l'emplacement de l'hôtel des Monnaies, l'hôtel de Nevers avec ses cheminées ouvragées et ses tourelles octogones.

Le terre-plein du Pont-Neuf était vacant ; Louis XIII y érigea la statue en bronze de son père, œuvre vulgaire de Dupré, mais placée sur un cheval de Jean de Bologne. La place Royale recevait, de son côté, la statue de Louis XIII, hommage splendide du cardinal de Richelieu à son maître : la statue était de Biard, le cheval de Daniel de Volterre. Enfin les pâturages de l'île Notre-Dame étaient abandonnés à l'entrepreneur Marie, qui l'entourait de quais, la coupait à angles droits par de larges rues, y construisait l'église Saint-Louis, dont le nom allait devenir celui de l'île entière, et la reliait aux rives de la Seine par les ponts Marie et de la Tournelle.

Le système des rues sinueuses et étroites, déjà attaqué par Henri IV, le fut plus encore par Louis XIII. Alors commencent réellement les tracés réguliers et symétriques, et plusieurs des quartiers bâtis à cette époque figurent encore parmi nos plus beaux quartiers. Représentez-vous maintenant, dans ces rues bruissantes du roulement des carrosses de Saint-Fiacre et des cris des porteurs de chaises, un luxe tout nouveau de fontaines rafraîchissant perpétuellement l'air et refoulant à la Seine les immondices du temps passé : fontaine Saint-Michel, fontaine Saint-Côme, fontaine Sainte-Geneviève, fontaine Censier, fontaine des Carmélites, fontaine de Navarre, fontaine de la Grève, etc. De longues années de paix avaient donné un rapide essor à la prospérité, et cette prospérité se révélait dans les monuments comme dans les habitudes.

« Qu'est-ce qu'un marchand à présent ? lisons-nous dans un écrit contemporain ; se voit-il rien de plus honorable? il n'est plus reconnu que par ses grands biens. Vêtu d'un habit de soie, manteau de pluche, communiquant sur la place de grandes affaires avec toute sorte d'étrangers, trafiquant, en parlant et devisant, d'un trafic secret, plein de gain, d'industrie et de hasard, inconnu à l'antiquité.

« A présent, un simple marchand donne 100,000 livres en mariage, tel bourgeois 50,000 écus, tel financier 200,000 ; ce qui est cause d'une suite admirable de dépenses extraordinaires en chevaux, carrosses, serviteurs. Et pour les assemblées, lorsque les mariages se font, ce n'est que pompe en vêtements, en chaînes, en diamants et toute sorte de dorures non empruntées ni louées. Et n'y a qu'une chose fâcheuse en cela, c'est que les hommes changent les mœurs. En cette grande vogue, ils méprisent la limestre et par suite leur parenté. Mais quoi! c'est la grandeur du temps; il faut que tout s'entresuive, le superbe des banquets à six services, à quatre et six pistoles par tête [1].

« Paris a acquis et est parvenu sous le règne de Louis XIII à ce haut degré de perfection pour être à présent puissant en tout, florissant en doctrine, en hardiesse, en commodités, en sagesse et en toutes autres vertus, et en laquelle l'étranger s'admire, quittant son pays pour y faire sa retraite, son trafic, ses études, son

---

[1] Un écrivain du xvie siècle, Belon, indique ainsi l'ordre des services : « Pour entrées nous avons mille petits déguisements de chair, comme potages, fricassées, hachis, salade; le second service est de rôti, de bouilli de diverses viandes, tant de boucherie que de gibier; pour issues de table, choses froides, comme fruitages et doulceurs, rissoles, petits choux, petits gâteaux baveux, rations de fromage, marrons, pommes de Capendù, salades de citron ou de grenades. »

exercice comme en un lieu de délices et le paradis du monde [1]. »

XIX

LOUIS XIV. — LA FRONDE. — CARACTÈRES DE L'ART SOUS LOUIS XIV. — SOMPTUEUX ÉDIFICES. — VASTES PERSPECTIVES. — ASPECT MONUMENTAL DE PARIS

Le vendredi 15 mai 1643, la population de Paris, précédée de ses prévôts et échevins, de ses compagnies d'archers vêtus de hoquetons et de ses sergents de ville portant encore la robe mi-partie comme au temps de Charles VI, encombrait les avenues de la croix du Roule. Vers trois heures le régiment des gardes-françaises, les mousquetaires, les cent-suisses parurent de leur côté, venant de Saint-Germain-en-Laye et escortant le carrosse royal tendu de deuil. Au lieu de la longue et maigre figure de Louis XIII on n'apercevait dans ce carrosse que les traits altérés d'une femme belle encore et la naïve tête d'un enfant. Cette femme était Anne d'Autriche ; cet enfant, depuis vingt-quatre heures, était Louis XIV. « Je me présente à Vos Majestés avec toute la ville de Paris, dit alors le duc de Montbazon, pour vous renouveler nos vœux et affections. L'expérience du passé vous a assez fait connaître que ladite ville n'a jamais bronché dans les commandements qu'elle a reçus du défunt roi, et elle continuera d'ainsi faire sous le nouveau règne. »

[1] *La chasse au vieil grognard de l'antiquité.* Archives curieuses, 2ᵉ série, tome II, p. 364-372.

COMBAT DU FAUBOURG ST ANTOINE.
(FRONDE).

Belles paroles que le peuple salua de ses acclamations, mais auxquelles la Fronde allait se charger de répondre.

Cependant le génie et la gloire s'unissaient, ce semble, pour fêter le nouveau règne ; Corneille écrivait, Condé triomphait, jamais la France n'avait paru plus brillante et plus jeune; mais cette surabondance de vie jetait en même temps dans la société une activité fébrile. On conspirait en riant, on associait follement le ressentiment de ses caprices aux passions du peuple ; on se battait, on se trahissait, on se vendait ; c'était un conflit mouvant de partis et de prétentions qui changeait au jour le jour suivant le jeu des mille intrigues d'ambition ou de coquetterie qui se disputaient la puissance. Beauté, caractère, talent, tous les plus heureux dons du ciel venaient se perdre dans ces intrigues : beauté de Mme de Longueville, caractère du grand Condé, talent du cardinal de Retz, de ce génie de l'émeute égaré sous la soutane.

La régence d'Anne d'Autriche n'en fut pas moins toutefois, malgré les dévergondages d'esprit et d'ambition qui la troublèrent, une époque de grandeur pour la France. Les parlementaires cherchaient vainement à le nier. « On vous parle, disait Omer Talon à Anne d'Autriche, du bonheur de votre régence, du nombre de vos victoires et de vos conquêtes; mais je vous supplie de vous ressouvenir que le peuple compte toujours entre les mauvaises plantes les myrtes et les lauriers. » Mais ces lauriers se nommaient Rocroi, Lens, Nordlingue ; mais les myrtes qui les accompagnaient servaient de sanction à la paix de Westphalie et à la paix des Pyrénées.

Richelieu avait posé les bases de l'équilibre de l'Europe. Mazarin assura la prépondérance de la France ; et il parvint à ce but, on peut le dire, en dépit de tout le monde, en dépit des grands qui le jalousaient, des parlementaires qui le méprisaient, du peuple qui le haïssait et le chansonnait. « Si tu t'avisais de prêcher ses louanges au milieu de la Grève, disait le libraire Saint-Ange à l'imprimeur Mascaret, on ne tarderait guère à te faire entrer l'eau de la Seine dans tes souliers par le collet de ta chemise. »

La Fronde représente dans notre histoire deux esprits bien différents : esprit d'intrigues légères et d'ambitions cupides auquel se mêle, par le contact des magistrats, une certaine séve de liberté inquiète et jalouse. Parmi les opposants les plus fiers on ne connaît guère d'autre influence que celle des femmes et de l'argent. C'est un perpétuel et élégant caquetage de galanterie et de politique qui aboutit en définitive à des luttes sanglantes; puis, quand la première pointe d'opposition est émoussée, Mazarin met à l'encan toutes ces consciences flétries et les achète une à une.

Tel est le spectacle que nous offre la Fronde lorsque nous regardons en haut. Le parlement était loin de demeurer étranger à toutes ces petitesses ; chaque faction y avait son parti; il y avait d'ailleurs, dans l'opposition de la magistrature, une préoccupation de ses intérêts de corps et un désir de se constituer en pouvoir pondérant qui ne lui laissaient guère que l'apparence de l'austérité. Cette apparence d'ailleurs, lorsqu'elle se manifestait sur la calme figure d'un Matthieu Molé, n'était assurément ni sans dignité ni sans noblesse. Quant au peuple, il est pendant la Fronde ce qu'il est toujours, fougueux et mobile; c'est une armée sans tactique et sans chef, prête à se donner au premier venu, pourvu que le premier venu flatte ses passions, en se montrant disposé à courir sus à Mazarin. Aussi le voit-on, tantôt aux ordres du prince de Condé, tantôt aux ordres du cardinal de Retz, bien que ni les intérêts du prince ni ceux du cardinal ne soient les siens. On se sert de lui comme d'un levier; mais le levier, une fois en mouvement, finira par briser la main qui s'en sert.

Si maintenant nous considérons la Fronde du point de vue de son influence sociale, si nous étudions le mouvement que cette grande agitation, cette grande liberté de tout dire et de tout faire imprima aux exprits, il nous sera impossible de ne pas y voir une des sources de l'activité puissante qui caractérisa le siècle de Louis XIV. Ce fut dans le monde élégant et décousu de la Fronde que Mme de Sévigné apprit si bien à laisser *trotter sa plume, la bride sur le cou;* ce fut en face de l'hôtel de Rambouillet que Molière écrivit les *Femmes savantes;* ce fut au milieu des mille intrigues de l'hôtel Mazarin et de l'hôtel de Longueville que La Rochefoucauld se prit à mépriser et à calomnier la société, La Fontaine à sourire bonnement de ses travers, et Bossuet à sonder ces profondeurs des desseins de Dieu dans lesquelles viennent se perdre toutes les intrigues et toutes les misères de la politique humaine.

La Ligue était chose trop sérieuse, et elle captivait trop fortement l'esprit et le cœur, pour pouvoir agir hors du cercle de ses préoccupations dominantes; mais la Fronde, espèce de tournoi chevaleresque, ou, si l'on veut, de satire armée, loin d'absorber les facultés, leur donna en tous sens une liberté et une activité nouvelle. La Ligue produisit des hommes de conscience et de cœur, la Fronde produisit des hommes de salons et des hommes de lettres.

Richelieu avait magnifiquement reconstruit la Sorbonne, et il s'était édifié pour son habitation personnelle un splendide palais; Mazarin tint à honneur, lui aussi, de consacrer à l'étude et de se consacrer à lui-même de royales demeures. Le palais Mazarin, dont une partie est occupée aujourd'hui par la bibliothèque Royale, dépassa même en luxe, en étendue et en richesse le Palais-Cardinal. Et, d'un autre côté, le collége des Quatre-Nations avec sa façade en segment de cercle, son dôme, ses pavillons massifs qui forment pendant au Louvre, rivalisa sans désavantage avec la Sorbonne.

Le collége des Quatre-Nations, occupé aujourd'hui par les différentes classes de l'Institut, remplaça l'antique *séjour de Nesle* et sa tour célèbre. Il fut fondé par Mazarin pour servir à l'éducation gratuite de soixante jeunes gens choisis de préférence dans les quatre provinces qui avaient été unies, sous son ministère, au territoire français : Pignerol, Alsace, Roussillon et Flandre.

Sur la même rive de la Seine, et à peu de distance du collége des Quatre-Nations, s'élevait déjà, depuis quelque temps, le couvent des pères Théatins et son église de Sainte-Anne-la-Royale, disparue aujourd'hui derrière les bâtisses du quai Voltaire. Les Théatins étaient venus de Rome à la voix de Mazarin en 1642 ; et le vocable de leur chapelle devint comme un pieux souvenir du généreux patronage qu'Anne d'Autriche se plaisait à exercer sur les maisons de charité et de prière.

Mais c'était surtout au Val-de-Grâce que l'heureuse mère de Louis XIV répandait avec profusion ses largesses. Devenue mère après vingt-deux ans de stérilité, elle voulut faire hommage à Dieu, dans une solitude où elle était allée souvent le prier et où les pieuses filles de Saint-Benoît l'avaient souvent prié pour elle, d'un monument qui fût l'expression grandiose de sa reconnaissance. Le Val-de-Grâce fut déclaré abbaye royale, ses armes furent les armes de France ; les cœurs de tous les princes et princesses du sang royal durent à l'avenir y être inhumés, et un nouveau monastère, une nouvelle et riche chapelle, un dôme d'une beauté de forme et d'une hardiesse de construction qui ne devaient pas être dépassées, s'élevèrent pour les religieuses Bénédictines à l'extrémité du faubourg Saint-Jacques.

La Sorbonne, le collége des Quatre-Nations et surtout le Val-de-Grâce signalent une nouvelle phase dans notre architecture. Depuis les premières années du XVIe siècle l'influence des maîtres italiens et l'étude de l'antique avaient considérablement appauvri les sources d'inspirations auxquelles allaient puiser les artistes. Il n'était plus permis au génie d'innover comme au moyen âge, de créer de nouvelles expressions pour des pensées nouvelles ; il ne lui était plus permis de faire parler, de faire prier la pierre comme l'avaient fait ces *maîtres-maçons* des XIIIe et XIVe siècles, qui savaient atteindre aux dernières limites de l'art par la seule puissance de la foi. A l'inspiration avait succédé l'imitation, à l'élévation de la pensée la perfection de la main-d'œuvre.

Cette transformation de l'art n'avait pu toutefois s'opérer d'un coup; la liberté ne se façonne pas, sans un long travail, à la servitude. Aussi le xvi⁰ siècle s'était-il distingué par un style de transition où l'antique indépendance du génie français se révélait encore sous les formes harmonieuses que le crayon et le ciseau empruntaient à la Grèce. Le vieux Louvre et l'hôtel de ville suffisent pour caractériser cette époque. Mais au xvii⁰ siècle la révolution fut complète, absolue; l'art ne fut plus seulement une imitation, il devint une copie. Le Parthénon, le Panthéon, Saint-Pierre de Rome et quelques fabriques de Palladio devinrent les types consacrés de tous les monuments à venir, les colonnes d'Hercule du génie. Saint-Pierre de Rome surtout dut se retrouver plus ou moins dans tous les plans d'église. On lui prit ses arceaux décorés de pilastres, son baldaquin aux colonnes torses, son dôme sublime rompant au-dessus de l'autel l'emprisonnement des voûtes et s'élevant vers le ciel comme un élan d'amour.

L'importation du dôme fut au reste la seule grande pensée religieuse de l'art au xvii⁰ siècle. Elle donna un peu de vie à de froids édifices que n'animait plus la séve croyante du moyen âge; et si, par l'ampleur de ses formes, le dôme rappelait un autre génie que le nôtre, s'il manquait de l'élancement de nos légers clochetons, de nos flèches aériennes, il nous apparaissait du moins comme un dernier souvenir de Dieu planant au-dessus de nos villes. Le dôme du Val-de-Grâce marqua magnifiquement sous ce rapport la jeunesse de Louis XIV; le dôme des Invalides marqua dignement encore ses derniers jours.

Lorsque l'on compare ces deux monuments aux constructions du même genre qui les avaient précédés, à la coupole des Petits-Augustins par exemple, à celle des Carmes et à celle de la Sorbonne, on demeure frappé du caractère de splendeur que l'âge de Louis XIV sut dès le premier moment imprimer à ses œuvres. Il ne fit assurément pas mieux au point de vue de l'esthétique que les âges antérieurs ; Paris ne s'enrichit avec Perrault, d'Orbay et Mansard, d'aucun monument qui pût être comparé à ses vieilles églises, et même peut-être à ses vieux palais, aux palais dessinés par Lescot, Bullant et Philibert Delorme ; mais si l'âge de Louis XIV ne fit pas mieux, il fit plus ; il donna en outre à tout ce qu'il fit une majesté et une grandeur qui ne furent plus comme autrefois le privilége particulier d'un petit nombre de constructions, mais devinrent le caractère même de la ville. C'est surtout du règne de Louis XIV que datent ces imposantes lignes de quais, ces places spacieuses, ces vastes esplanades qui permettent d'embrasser les divers aspects de la cité, et donnent tantôt à ses monuments, tantôt à son fleuve, l'espace et l'air indispensables aux grandes perspectives.

Les édifices construits par ordre du roi participaient de ce système de grandeur quelque peu théâtrale. C'était le Louvre avec sa splendide *Loggia* italienne, l'hôtel des Invalides avec son dôme doré et le majestueux développement de sa façale ; la Salpêtrière, vaste assemblage de bâtiments rayonnants autour d'une coupole octogone, pieuse réunion de toutes les misères humaines autour de l'autel de Dieu ; l'Observatoire, haute et sévère construction que l'on dirait taillée d'un bloc ; c'étaient les portes Saint-Bernard, Saint-Antoine, Saint-Martin, Saint-Denis, donnant entrée dans la capitale du monde par autant d'arcs de triomphe ; c'était la place du Carrousel, s'ouvrant pour les fêtes du grand roi, parmi les bosquets du jardin de Mademoiselle ; la place des Victoires, tracée en quelques jours par l'orgueil fastueux d'un courtisan ; la place *des Conquêtes,* prenant avec son enceinte de palais et sa statue gigantesque de Louis le Grand, la place de l'ancien hôtel Vendôme, dont le peuple devait lui faire perpétuer le nom.

Philippe-Auguste, Charles V, Louis XIII avaient successivement agrandi Paris ; Louis XIV recula de nouveau ses remparts et il les fit planter. Depuis cette époque Paris s'est agrandi encore, il a franchi hardiment ses limites du XVIIe siècle ; mais les boulevards de Louis XIV n'en sont pas moins restés avec leur double ligne de grands arbres se dessinant désormais entre deux rangs de somptueux hôtels.

Le long du Cours-la-Reine s'étendait un vaste espace occupé par des cultures et des maisonnettes ; Louis XIV en fait les Champs-Élysées. Le jardin de Renard, séparé des Tuileries par une rue, lui est rattaché par Le Nôtre, et devient avec ses terrasses, ses statues, ses massifs, un parc digne du palais.

Jamais Paris n'était devenu plus digne d'être le séjour

de la royauté que depuis que la royauté en était absente. Mais de Saint-Germain et de Versailles le génie de Louis XIV planait sur la capitale. Il y conviait les sciences et les arts par la création de nombreuses académies : académie des inscriptions, académie des sciences, académies de peinture, de sculpture, d'architecture, d'équitation, de danse, de musique, etc. Il y conviait l'industrie par l'établissement de manufactures modèles qui, telles que les Gobelins et la fabrique de glaces du faubourg Saint-Antoine, devenaient en quelques jours célèbres par toute l'Europe. Il y conviait les étrangers de tout pays par l'admiration qu'éveillaient tant de merveilles, et y appelait les habitants par la prospérité et la sécurité qu'était parvenue à leur assurer une administration intelligente.

Nous n'avons point oublié les pénibles impressions qu'éveillaient naguère encore non-seulement l'aspect, mais encore les noms des rues de Paris. Crimes et ordures, voilà trop souvent ce que ces noms rappelaient ; mais avec Louis XIV les rues sont nettoyées, les larges voies se multiplient ; les vagabonds sont chassés de la ville ou enfermés à la Salpêtrière, défense est faite aux laquais et à tous soldats sans emploi de porter l'épée, et un service général de lanternes *garnies de chandelles* fait cesser les terreurs qui suivaient le couvre-feu.

La plupart de ces progrès furent dus à l'établissement d'un lieutenant spécial de police et à l'activité de La Reynie, qui le premier en remplit les fonctions.

Les incendies si fréquents au moyen âge avaient cessé de l'être, grâce aux perfectionnements successifs apportés à l'art de bâtir ; mais leurs effets surtout devinrent moins terribles par l'usage des pompes, qui fut introduit à Paris dans les dernières années du règne de Louis XIV. Ces pompes, imitées de celles d'Allemagne et de Hollande, jouèrent pour la première fois en 1705, lors de l'incendie de l'église du Petit-Saint-Antoine. Louis XIV en fit construire vingt pour les vingt quartiers de Paris.

Avec de pareils éléments de prospérité, Paris ne pouvait que s'agrandir et se peupler dans des proportions toutes nouvelles. Un recensement fait par le prévôt des marchands en 1590 portait à 200,000 âmes la population de Paris ; cent ans après elle approchait de 500,000. Et cependant, il faut le dire, quels qu'aient été les progrès de la science administrative sous l'heureuse impulsion de Colbert, elle demeura impuissante contre la famine, ce fléau périodique de notre vieille société. Les barrières qui entravaient le commerce de province à province et les obstacles apportés à l'exportation des blés, obstacles dont l'effet fut de réduire la culture, peuvent en être considérés comme les principales causes. La guerre et les impôts firent le reste. C'est ainsi que de 1660 à 1665 et de 1692 à 1695 Paris souffrit affreusement de la faim ; il souffrit plus encore en 1709 et 1710, époque où la gelée causa une disette générale. A la cour on ne mangeait que du pain bis ; Mme de Maintenon ne voulait que du pain d'avoine ; le parlement s'abstint de siéger tout l'hiver, le commerce était interrompu ; *la comédie et tous les jeux furent fermés*, ajoutent gravement nos futiles historiens, et, pendant la seule année 1709, le nombre des décès augmenta de 12,000.

Ce fut dans cette triste année que Massillon prononça son admirable sermon sur l'aumône : « Et certes, dites-moi, tandis que les villes et les campagnes sont frappées de calamités, que des hommes créés à l'image de Dieu et rachetés de tout son sang broutent l'herbe comme des animaux, et, dans leur nécessité extrême, vont chercher à travers les champs une nourriture que la terre n'a pas faite pour l'homme, et qui devient pour eux une nourriture de mort, auriez-vous la force d'y être le seul heureux? » Ce cri de l'âme du moins était entendu; et à quelle époque eût-il pu l'être mieux qu'en cet âge de foi active, de hautes pensées et de grandes œuvres qu'on appelle le siècle de Louis XIV?

Le siècle de Louis XIV ne fut pas en effet seulement le siècle des victoires et des belles-lettres, ce fut en tout et surtout le siècle du génie et du dévouement. Suivez les traces qu'il a laissées dans la capitale, et vous l'y reconnaîtrez sans cesse à ces deux caractères. Voici d'abord, au parvis Notre-Dame, l'hospice des Enfants-Trouvés, admirable fondation de Vincent de Paul en faveur des pauvres êtres délaissés que l'on vendait auparavant vingt sous la pièce, rue Saint-Landri; près du Jardin des Plantes, voici l'hospice général de la Salpêtrière; dans la rue du Bac, le séminaire et l'église des Missions-Étrangères pour la conversion des infidèles; en face de Saint-Sulpice, le séminaire non moins célèbre formé par le pieux curé de cette paroisse, l'abbé Olier; sur la montagne Sainte-Geneviève, le séminaire des Eudistes; au quartier de la place Maubert, le *refuge* de Sainte-Pélagie; à peu de distance du Luxembourg, les filles du Saint-

Sacrement, vouées au culte perpétuel de l'Eucharistie et faisant chaque jour, la corde au cou, un cierge à la main, amende honorable à Dieu pour les outrages dont il est l'objet sur nos autels; on sait qu'Anne d'Autriche voulut s'associer à cette amende honorable, et qu'elle la fit solennellement dans le chœur de ces religieuses qui occupaient alors le cul-de-sac Férou.

L'Abbaye-aux-Bois, Saint-Pierre-de-Chaillot, Sainte-Valère, les séminaires anglais et irlandais, l'hospice des Cordeliers de la Terre-Sainte, la maison de Saint-François-de-Sales qui devint comme l'hôtel des invalides du sacerdoce, appartiennent également à cette féconde époque. Avec la population et la richesse croissaient ainsi les œuvres de charité et de prévoyance; la civilisation se développait simultanément au point de vue moral et au point de vue matériel, et l'on n'en était pas venu à ce progrès impie qui, réduisant les préoccupations de l'homme au bien-être d'un jour, dessèche lentement son cœur pour le livrer ensuite à toutes les impulsions d'une volonté sans conscience et sans frein.

XX

TABLEAU SATIRIQUE DE PARIS SOUS LOUIS XIV

Nous avons cherché plusieurs fois à nous représenter Paris à ses divers âges, et à surprendre un instant l'expression mobile de sa physionomie; mais sous le règne de Louis XIV cette physionomie devient plus mobile, plus vivante encore. L'activité féconde que répand d'un bout de la France à l'autre le génie du grand roi se révèle par des traits de caractère qui peignent un peuple. Boileau s'est spirituellement amusé des embarras de Paris ; un autre écrivain non moins spirituel et non moins satirique nous a laissé, sous le voile de l'anonyme, une *critique agréable de Paris* qu'il met à tort ou à raison dans la bouche d'un voyageur sicilien. Tout est passé en revue dans cette critique, depuis le Louvre resplendissant d'or et de grands seigneurs jusqu'au carrefour boueux où s'agitent les mendiants, depuis les dames de la cour jusqu'aux dames de la halle. Nous ne pouvons citer que quelques traits plus ou moins chargés de ce piquant tableau. « Les étrangers sont bien venus ici, écrit le voyageur de Sicile, pourvu qu'ils ne demandent rien. Ils n'y ont d'autre emploi que de se divertir et quelques-uns d'ôter la suie des cheminées, qui est le privilége des Savoyards, qu'on voit dans les rues plus noirs que les Ethiopiens et plus puants qu'une synagogue... Il faut ici louer tout... aussi me suis-je rendu docteur dans les compliments, et surtout à demander pardon ; ces sortes de cérémonies sont plus triviales en France que les soupirs même ne sont communs en Italie. Les amitiés, les promesses, les offres de service, sont ici de la nature des rossignols : *Vox, vox, prætereaque nihil*. On ne se fait ni compliment, ni civilité qu'on ne demande toujours pardon... Si quelqu'un pouvait se souvenir d'avoir été offensé, il ne serait pas bon Français.

« Pour ce qui est de Paris, je ne sais par où commencer pour vous faire la peinture d'une ville dont les habitants sont logés jusque sur les ponts de la rivière et sur les toits des maisons, et où les femmes, qui n'enfantent que des braves, commandent plus que les hommes. Cette grande ville est le siége du tumulte. »

Nous ferons grâce à nos lecteurs de tous les cris, de tous les bruits dont l'auteur nous fait ici l'énumération : claquements de fouets sur de maigres coursiers qui *mangent en marchant comme les chevaux de Sénèque*, retentissements *lugubres* des cloches, clameurs de marchands, psalmodies de mendiants et d'aveugles qui errent parmi les chevaux et les carrosses *comme s'ils avaient des yeux aux pieds*.

Les femmes, poursuit notre satirique, parcourent les rues de Paris avec une liberté qu'on ne retrouve au même point dans aucune autre ville d'Europe. On les y rencontre à toute heure, chaussées de mules malgré les immondices, et le visage couvert d'un masque de velours noir. Les plus nobles traînent après elles dans les églises et les jardins une longue queue d'or ou de soie, et sont accompagnées de petits chiens qu'elles caressent avec autant de tendresse que s'ils « étaient de la race du chien qui suivit Tobie. » Les Parisiennes sont rarement belles ; mais rien au monde n'est comparable à leur agrément et à leur vivacité, rien à leur éloquence et à leur finesse ; aussi gagnent-elles toujours et ne perdent-elles jamais rien ; elles commandent à leurs maris et n'obéissent à personne.

Viennent ensuite les boutiques ; les plus remarquables sont celles des boulangers, avec leurs devantures d'interminables pains qui feraient douter, disent les plaisants, de la réalité du miracle des cinq pains de l'Évangile, et celles des fripiers s'enrichissant jour par jour de toutes les inconstances de la mode. Cent mille hommes s'y vêtiraient en une heure.

Le langage des Parisiens et en général des Français est tellement précipité et rapide, qu'ils semblent se faire un plaisir de parler pour n'être pas entendus ; ils discourent rarement du passé, toujours de l'avenir. On reconnaît en outre le véritable Français, s'il faut en croire notre satirique, à la perpétuelle impatience de son esprit. L'horloge commence-t-elle à sonner, il demande quelle heure il est. Va-t-on l'interroger, il fait la réponse.

Les maisons des Parisiens sont, pour la plupart, grossières au dehors, mais remarquables au dedans par les tapisseries qui en recouvrent les murailles. Une vaste tenture en tapisserie, un lit, une table, quelques chaises, un miroir et le portrait du roi : voilà ce qui en forme l'ameublement le plus ordinaire. Le luxe de la bonne chère y a d'ailleurs élu domicile.

Quant aux vêtements, c'est une profusion d'or et d'argent, d'écarlate et de plumes, qui a fini par couvrir même les épaules des laquais.

Le roi seul est obéi en France ; mais il l'est d'une telle sorte, ses désirs sont tellement des ordres, qu'il n'est pas rare, suivant le critique sicilien, de rencontrer des Parisiennes toutes disposées à s'évanouir au parfum d'une fleur parce que Louis XIV n'aime pas les parfums. Une fois d'ailleurs que vous lui avez rendu ce qui lui est dû, libre à vous de vivre à la grecque, sans être même obligé de tirer votre chapeau devant qui que ce soit.

Ceux de la lie du peuple jouissent du même privilége; ils ne cèdent le pas à personne et ne souffrent aucune injure.

Les boutiques de Paris, si riches, si splendides, sont cependant moins remarquables encore par le luxe de leurs étalages que par le flux de gracieuses paroles et de civilités empressées qui vous y disputent votre bourse. Avez-vous assez peu d'oreille pour l'emporter sauve, les filous vous en débarrasseront dans la rue avec une telle adresse, que *s'il n'était honteux de se laisser voler, ce serait, à Paris, un plaisir de l'être.*

Parmi les amusements des Parisiens, l'auteur cite la musique, qui s'y fait entendre sans cesse jusque dans les jardins et sur les places. Depuis la grande dame jusqu'à la servante, depuis le noble cavalier jusqu'au dernier laquais, il n'est personne en cette ville qui ne *sacrifie à Orphée.* On chante d'ailleurs beaucoup moins chez soi qu'en public, beaucoup moins pour le plaisir de l'art que pour le plaisir de la louange.

Enfin, malgré le bruit des rues, malgré la puanteur de plusieurs d'entre elles, espèces de cloaques qui *pourraient porter le navire de Ptolémée,* malgré la légèreté de pensées et de paroles, la promptitude de l'oubli et l'activité oisive qui semblent les traits distinctifs de la capitale française, Paris est encore, et c'est la conclusion du voyageur, *la plus délicieuse et la plus sûre ville du monde,* bien qu'on soit porté à y souhaiter parfois *le repos, le secret et un ami véritable.*

XXI

LOUIS XV. — ACCROISSEMENT DE PARIS. — MONUMENTS. — PHILOSOPHISME — DÉCADENCE SOCIALE

Louis XIV avait transporté le siége du gouvernement hors de Paris ; le régent l'y rétablit momentanément, et le cercle de la capitale s'élargit encore. Près de la ligne des boulevards apparaissaient, clairs-semés encore sous Louis XIV, un petit nombre de villages qui peu à peu se trouvèrent liés à la ville par l'exubérance chaque jour croissante de la population. Tels furent, par exemple, le village et le château des Porcherons avec la ferme voisine de *Grange-Batelière* et les petites chapelles Sainte-Anne et Notre-Dame-de-Lorette. Une large voie fut ouverte, dès les premières années du règne de Louis XV, à travers ce vaste espace, sous le nom de Chaussée-d'Antin, nom qu'elle devait communiquer à tout le quartier. Le village du Roule était également érigé en faubourg vers 1722. Les traditions monumentales du xviie siècle se perpétuèrent en outre pendant le xviiie, et continuèrent de donner à l'ensemble de Paris le pompeux aspect qu'avait rêvé Louis le Grand. Ce sont toujours les mêmes grandes lignes, froides mais majestueuses, théâtrales mais imposantes : l'École militaire, avec son immense esplanade du Champ-de-Mars, figure sans trop de désavantage auprès des Invalides ; l'hôtel des Monnaies s'élève également, non sans quelque dignité, avec son soubassement d'arcades à refends, ses belles colonnes ioniques et son riche entablement orné de modillons et de consoles, en face des merveilles du Louvre.

Louis XIV avait planté les boulevards du nord; Louis XV planta ceux du midi. Au premier de ces princes remonte l'ouverture de la place Vendôme; au second, celle de la place Louis XV; enfin, si les colonnades de Gabriel sur cette dernière place sont loin de rappeler par leur maigreur la colonnade de Perrault, Perrault lui-même et Mansard ne se trouvèrent-ils pas égalés, dépassés peut-être par Servandoni à Saint-Sulpice, et par Soufflot à Sainte-Geneviève?

Et cependant, il faut le dire, la décadence avait marché depuis le commencement du xviiie siècle. Robert de Cotte et surtout Gilles-Marie Oppenord, les deux artistes préférés du régent, s'étaient lancés dans la voie tortueuse de l'afféterie et du caprice, qui succède presque infailliblement, dans l'histoire de l'art, à la voie si droite et si large de la dignité et de la grandeur. A leur exemple, chacun se prit de passion pour les formes brisées, pour les décors superflus et bizarres. Quelle que fût toutefois l'influence de cette école dont Bouchardon, Pigale et Slodtz se firent les interprètes dans la sculpture, et quelques traces qu'elle ait laissées dans diverses églises et dans beaucoup de palais, elle ne parvint néanmoins à exercer qu'une action assez indirecte sur les principaux monuments de l'époque. Mme de Pompadour la soutint quelque temps de sa faveur; mais Servandoni et Soufflot lui portèrent les derniers coups.

Le style Louis XV représente dans les arts la débauche

de l'esprit, à peu près comme l'Encyclopédie représentait au même moment dans le domaine de la science le dévergondage de la pensée. De part et d'autre c'est le même mépris des traditions, la même recherche d'idées nouvelles, le même gaspillage du génie. Dieu avait été tout aussi prodigue de ses dons pour le XVIIIe que pour le XVIIe siècle; il ne lui avait accordé ni moins de pénétration, ni moins de force, ni moins d'éloquence; et cependant les œuvres du XVIIIe siècle sont loin de produire l'impression de grandeur que produisent celles du siècle précédent. C'est que, si le génie était le même, le caractère était autre; c'est qu'à la puissance que l'homme tient de sa pensée, il joint quelquefois une autre puissance non moins respectée, qu'il ne tient que de sa conscience; c'est que le XVIIe siècle était un siècle sérieux, et que le XVIIIe ne l'était pas.

Voilà pourquoi, indépendamment de toute sympathie personnelle, Bossuet rappellera toujours quelque chose de plus que Voltaire, Mme de Sévigné que Mme du Deffand, Pascal que d'Alembert, Fénelon que Diderot : voilà pourquoi on sent, on s'émeut, on s'élève avec les grands écrivains du XVIIe siècle; tandis qu'avec ceux du XVIIIe on n'éprouve que le froid du rire ou le froid du doute, ces tristes dépérissements de la sensibilité qui suivent toujours le dépérissement de la foi et des mœurs.

Ce que nous disons ici des écrivains, nous pourrions tout aussi justement le dire des artistes. Qui ne reconnaîtrait en effet, en parcourant nos villes, Paris surtout, les monuments des siècles de vive foi et les monuments des siècles d'affaiblissement moral? Les uns parlants, vivants, comme tout ce qui naît de l'inspiration, les autres bizarres ou froids, comme tout ce qui naît du caprice ou de l'étude. Lorsque j'entre à Notre-Dame ou à Saint-Germain, je prie et j'admire tout ensemble ; lorsque j'entre à Sainte-Geneviève j'admire avant de songer à prier : heureux encore d'y retrouver cette beauté de formes et cette pureté de goût qui, sans pouvoir suppléer le sentiment chrétien, impriment du moins aux monuments une incontestable noblesse.

Mais plus aussi la pensée s'éloigne du ciel, plus les travaux qui n'ont que la terre pour objet acquièrent de perfection et de développement : on ne peindra plus de madones comme celles de Raphaël, on ne construira plus de cathédrales comme celle de Robert de Luzarches ; mais on dessinera des ponts, on construira des halles, on creusera des canaux, on tracera des chemins de fer sans égaux et sans modèles. Ce n'est plus la pensée de l'avenir qui échauffe le génie, c'est celle de l'intérêt ; ce n'est plus l'art, c'est le calcul.

Dans cet ordre d'idées, le règne de Louis XV ne fut pas sans éclat, et le pont à courbes surbaissées de l'avenue de Neuilly, la rotonde de la halle au blé avec sa vaste coupole, le marché d'Aguesseau, les fontaines de Saint-Germain-des-Prés, des Blancs-Manteaux, du Diable, du marché Saint-Jean, de la rue Grenelle ; l'École de droit, l'École gratuite de dessin, l'Académie de chirurgie furent des progrès marqués de la science ou de l'administration.

Faibles progrès qu'accompagnait un autre progrès plus marqué, plus continu vers la dissolution de tous les liens sociaux. A voir le xviii° siècle, on dirait une société prise de vertige ; débarrassée du frein religieux qui seul donne un sens à la vie, elle se jette au hasard vers tout ce qui lui semble nouveau, inconnu, appelant les idées, appelant le bien-être, demandant à tous les rêves de l'esprit ce sens qu'elle n'a plus. C'est l'époque de la banque du Mississipi et des frénésies de la rue Quincampoix ; c'est l'époque du diacre Pâris et des convulsionnaires, de l'Encyclopédie et de *la Pucelle* : illusions, fanatisme, mensonge et impudence, tout est là. La société en était venue au dernier terme de la dépravation de l'esprit et du cœur.

Et cette décadence se révélait au dehors par le ridicule. Les hommes portaient des pantins, les femmes se couvraient le visage de mouches ; les uns et les autres se tenaient exhaussés sur d'énormes talons comme sur un piédestal. Est-il besoin de rappeler ensuite les robes à panier, c'est-à-dire la honte appelant la difformité à son aide ? Est-il besoin de rappeler ces coiffures poudrées et hérissées qui entouraient le visage des femmes de leur blafarde auréole ? Chez les hommes au contraire les larges perruques à la Louis XIV se rétrécissaient en nattes, en queues, en marteaux ; elles étaient surmontées d'un petit chapeau en forme de claque. Deux bureaux de parasols avaient été établis aux extrémités du Pont-Neuf afin de préserver le teint de ceux qui traversaient le pont. C'était le temps des roués, des raffinés, des philosophes et des petits-maîtres. Le nombre des coiffeurs pour dames (industrie toute nouvelle) s'élevait à 1200 ; celui des prostituées à 33,000.

XXII

DÉVELOPPEMENT RAPIDE DE PARIS SOUS LE RÈGNE DE LOUIS XVI. — PUISSANTE ET GÉNÉREUSE INITIATIVE DU ROI

Telle était la société sur laquelle fut appelé à régner Louis XVI. Que pouvaient sa bienveillance et ses vertus sur une telle profondeur de vices? Louis XVI cherchait le bien, il le cherchait partout, et cette ardente inquiétude du cœur qui se révélait chaque jour par des institutions populaires, par des monuments utiles, aurait dû, ce semble, répondre admirablement aux vagues aspirations qui travaillaient le monde. Jamais en effet règne de seize ans ne laissa, après lui, plus de glorieuses traces. Paris, pendant ces seize ans, se développa et s'embellit dans des proportions merveilleuses. Déjà, depuis longtemps, les boulevards de Louis XIV étaient dépassés; un nouveau mur d'enceinte fut élevé par les fermiers généraux, avec autorisation de Louis XVI, afin de faciliter la perception des taxes. Ce mur, qui subsiste encore, n'a pas moins de 28,287 mètres d'étendue; il fut entouré de boulevards plantés formant chemin de ronde, flanqué de guérites, de pavillons d'angle et percé d'une soixantaine de portes avec bureaux d'octroi.

La plupart de ces bureaux (quarante-trois) furent construits simultanément sur les plans de l'architecte Ledoux, avec une variété de formes qui fait honneur à l'imagination de l'artiste. Quelques-uns d'entre eux, celui de la barrière Saint-Martin surtout, formé d'un plan carré surmonté d'un étage circulaire à arcades, et ceux de la barrière d'Italie et de la barrière du Trône sont de véritables monuments. Les autres, conçus dans un ordre de pensées parfois heureux, parfois bizarre, affectent tous du moins un certain caractère pittoresque qui n'est pas sans grâce; et si l'œil ne rencontrait çà et là tantôt des colonnes accouplées par des meneaux, tantôt d'autres colonnes aux assises de pierre alternativement carrées et cylindriques, il ne pourrait qu'être frappé de l'importance que ces édifices donnent à chacune des entrées de la capitale.

En même temps les fossés des anciens boulevards étaient comblés, et deux lignes de splendides maisons les bordaient en quelques jours de la rue Royale à la Bastille. Le quartier d'Antin était encore presque inhabité; on n'y remarquait que quelques rues, la rue de la Chaussée, la rue Chantereine, qui se perdaient parmi les cultures; ces rues se peuplèrent sous Louis XVI, et un grand nombre d'autres furent tracées dans leur voisinage. Qu'il nous suffise de citer la rue de Provence, la rue Neuve-des-Mathurins, la rue Caumartin, la rue Joubert. Au sud, la rue de Tournon était prolongée jusqu'à la rue de Seine: les places de l'Odéon, des Italiens, du Palais-Royal datent du même règne. N'oublions pas enfin que le plan des trois plus belles rues de Paris, les rues de Rivoli, Castiglione et de la Paix, fut conçu et arrêté sous Louis XVI.

Et ce n'étaient pas seulement des rues qui s'ouvraient, c'étaient des monuments qui s'élevaient à tous les coins de la ville: les uns créés pour le plaisir, tels que l'Odéon, le théâtre des Italiens, le théâtre de la Porte-Saint-Martin, le théâtre Français ; les autres produits par ce besoin de piété et d'intelligentes améliorations qui était dans le cœur du roi : tels étaient entre autres Saint-Louis-d'Antin, avec son couvent transformé aujourd'hui en collége; l'hôpital du Midi [1], l'École de médecine avec sa brillante colonnade, l'un des chefs-d'œuvre de Gondouin, et les deux pompes établies par les frères Perier à Chaillot et au Gros-Caillou. L'effet de ces pompes fut de répandre journellement 20,000 muids d'eau dans la ville. Ajoutez encore de nombreux marchés, le marché des Innocents surtout; ajoutez des halles pour les cuirs, pour les toiles; ajoutez des institutions de bienfaisance, sans modèles jusque-là, une maison d'enseignement pour les sourds-muets, une autre pour les aveugles ; des écoles nouvelles pour les applications multiples du calcul, l'école des ponts-et-chaussées par exemple, et l'école des mines ; un conservatoire de musique pour les jeunes artistes; une école de natation pour le peuple. Jamais essor ne fut plus rapide, jamais grandes et généreuses pensées ne trouvèrent plus d'interprètes.

Avant Louis XVI, les prisonniers gisaient dans d'affreux cachots dont les noms seuls: la *Fosse*, le *Puits*, la *Grièche*, les *Oubliettes*, *Fin-D'aise* révèlent toute l'horreur. Louis XVI fit vider ces antres et transporter les criminels à l'hôtel de la Force; la torture était encore en usage, Louis XVI la supprima. Tout ce qui pouvait vivifier ou

[1] De cette époque datent pareillement l'hôpital Necker, l'hôpital Beaujon, l'hôpital Cochin, l'hôpital La Rochefoucauld au Petit-Montrouge, et le Conservatoire de jeunes filles fondé par le curé de Saint-Sulpice Languet, conservatoire qui est devenu depuis l'hôpital des enfants malades.

embellir Paris le préoccupait également : c'est de lui que date l'établissement du Mont-de-Piété, et ce fut par ses ordres que disparurent enfin les maisons qui bordaient la plupart des ponts de la capitale et coupaient disgracieusement la riche perspective du fleuve.

Nous n'avons pas encore nommé les galeries du Palais-Royal parmi les grandes œuvres du règne de Louis XVI; c'est qu'en effet, si le roi s'associa plus ou moins directement à toutes les autres, il demeura étranger à celle-ci. Il y eut même pour lui quelque amertume à voir un de ses parents, un fils de saint Louis, dépecer comme un spéculateur à l'arpent son apanage de prince pour en faire le palais du lucre et de la débauche.

Jusqu'en 1781, le jardin du Palais-Royal formait, avec ses larges allées d'antiques marronniers qui se prolongeaient jusqu'à la rue Richelieu et à la rue Neuve-des-Petits-Champs, une oasis de paix et de verdure au milieu du plus bruyant et du plus populeux quartier de Paris : aussi était-il le rendez-vous de tous ceux que fatiguaient l'oisiveté ou les affaires. Mais, le 1er août 1781, la cognée fut mise au pied des grands arbres, et toute une ceinture de rues et de galeries forma en quelques années du paisible jardin de Richelieu le champ de foire de la capitale.

Les Boulevards et le Palais-Royal devinrent dès lors le centre de la vie parisienne. Affaires, curiosités, plaisirs, modes, tout se réunit pour y faire tourbillonner la population dans un mouvement perpétuel. Naguère encore, sous le règne de Louis XV, grands et petits se contentaient d'aller aux *Porcherons*, chez Rampponneau, au *Tambour-Royal*, cabaret enfumé qu'avaient mis en renom les lazzis de son maître et que décoraient modestement les figures crayonnées de *Camargo*, de *Belle-Humeur*, de *Prêt-à-Boire* entourant Bacchus sur son tonneau : *Bacchus n'est pas mort*, portait l'inscription, *puisqu'il vide encore.* Mais aujourd'hui, avec le Palais-Royal et les Boulevards, les cabarets se sont transformés en salons des *Mille et une Nuits*, et des spectacles de tout genre, feux d'artifice, musique, mannequins de cire, baladins se disputent pendant plus d'une lieue l'attention publique.

C'est donc sur cette longue ligne des Boulevards et sous les riches galeries du Palais-Royal, qu'il nous faut suivre une fois encore ce monde d'autrefois dont allait sonner la dernière heure. Aux nuances près, nous y retrouverons la même richesse, la même élégance et la même bizarrerie que sous Louis XV. Les hommes ont quitté l'épée pour la canne ; les femmes portent également la canne comme au xie siècle. Elles sont coiffées en limaçon ; les hommes ont de petits tricornes blancs à la *Boston,* ou à la *Colin-Maillard.* « Une rage de frisure, écrivait Mercier, a gagné tous les états : garçons de boutique, clercs de procureurs et de notaires, domestiques, cuisiniers, marmitons, tous versent à grands flots la poudre sur leur tête ; tous y ajustent des bonnets pointus, des boucles étagées. L'odeur des essences et des poudres ambrées vous saisit chez le marchand du coin comme chez le petit-maître. »

Considérez maintenant cet homme qui se tient planté contre un arbre et dévisage tous les passants : c'est un disciple de Lavater ; c'est un *physionomiste*. Les physionomistes ont donné naissance aux *lorgneurs*, qui leur survivront ; on les rencontre déjà en grand nombre aux spectacles et aux promenades, insultant à toute dignité et à toute pudeur par leur curiosité impertinente. La légèreté insouciante et grivoise du temps de Louis XV fit place, avec Louis XVI, ou plutôt avec le règne des philosophes, à une fatuité étudiée et dédaigneuse. Beaucoup moins de gestes, beaucoup moins de paroles, mais un silence facilement contempteur, un imperceptible sourire ; on ne se contemple plus dans un miroir, mais on a les yeux incessamment fixés sur soi-même ; on vise à la simplicité, c'est-à-dire qu'on est affecté au lieu d'être simple.

Cette prétention, cette *humour*, pour parler comme les Anglais, tenait à la fois et de l'anglomanie qui commençait à se faire jour, et de l'influence croissante du philosophisme. On avait importé d'Angleterre les courses de chevaux, le théâtre de Shakespeare, et l'on rêvait l'importation de la charte britannique. D'un autre côté, l'étude de la philosophie voltairienne avait jeté dans les esprits un dédain du passé et un sentiment de la supériorité des idées modernes qui devaient nécessairement se traduire et par de la morgue et par des révolutions.

Ainsi se mourait la vieille société française. Elle si vive d'ordinaire, si spontanée dans ses allures, elle se faisait hautaine et guindée au bord de la tombe. Née dans les camps, empreinte de toute la franchise des guerriers, elle s'en allait aujourd'hui discutant et raillant, des salons aux académies, épuisant tour à tour sa vie dans les plaisirs et dans les sophismes. Puis, quand elle eut tout profané, tout nié, quand elle n'eut laissé debout qu'une seule chose, la force du nombre, ou plutôt la force de l'audace, alors la révolution se leva et la brisa d'un coup sur les ruines qu'elle avait faites.

XXIII

RÉVOLUTION. — TRACES QU'ELLE A LAISSÉES A PARIS. — RUINES — CENTRALISATION

La Révolution n'a pas laissé de monuments à Paris, mais elle y a laissé des souvenirs; et quels souvenirs! Au Palais-Royal, ce sont les premières excitations de toutes les émeutes : c'est Camille Desmoulins, avec son éloquence des rues; Théroigne de Méricourt, avec sa bande de prostituées qui hurlent des chants de mort en attendant qu'elles tricotent autour de la guillotine. A l'Hôtel-de-Ville, ce sont les têtes sanglantes de Foulon et de Berthier, promenées au bout de longues piques; à la Bastille, c'est le premier triomphe de la démagogie, toujours invincible lorsqu'on a peur d'elle. Aux Tuileries, c'est le 10 août; sur la place de la Concorde, c'est le 21 janvier, c'est cette voix, qui retentit encore : *Fils de saint Louis, montez au ciel!*

Parcourez au reste Paris tout entier : il n'est pas une de ses rues qui ne porte la marque de cette hideuse époque. Aux Carmes, on vous montrera les taches encore visibles du sang des martyrs; à la Conciergerie, le cachot de la reine; à Notre-Dame, les places vides des statues de nos rois; puis, dans chaque prison, à la Force, à l'Abbaye, aux Madelonnettes, à Saint-Lazare, les geôles que traversèrent, avant de monter à l'échafaud, et Malesherbes, et Bailly, et Brissac, et André Chénier, et tant d'autres généreux représentants de toutes les gloires de la France.

Et ce n'étaient pas seulement les hommes qui disparaissaient, c'étaient les traditions, les institutions, les monuments, toute cette œuvre des siècles qui nous avait faits ce que nous étions de par le monde. Plus d'une fois encore il vous arrivera, en parcourant les rues de Paris, de rencontrer un atelier de menuisier ou de tanneur dans une haute nef, un café dans la rotonde d'un sanctuaire, un passage dans le collatéral d'une église ou le cloître d'un couvent; il vous arrivera d'apercevoir encore çà et là, après cinquante ans d'activité, de spéculations et de paix, des ruines empreintes d'une incontestable grandeur : voilà les monuments que la Révolution a semés sur le sol de la capitale ; ne lui en demandez pas d'autres.

Quant aux mœurs, il n'y en avait plus. La philosophie avait prétendu séparer la religion de la morale, et l'on était témoin, pour la première fois peut-être, de ce qu'était la pudeur d'un peuple qui ne connaissait plus Dieu. Est-il besoin de rappeler ces nudités imitées de la Grèce? La mode naguère n'était que ridicule ; elle devenait cynique. Est-il besoin de rappeler cette apothéose de la raison sous les traits d'une courtisane? Voilà à quoi se réduisent, en effet, les libertés et la religion de toute société abrutie par le philosophisme !

La Révolution avait commencé par détruire les libertés que la France tenait de ses mœurs, de ses institutions locales, de son organisation hiérarchique et traditionnelle; elle les avait détruites à jamais, et en échange, elle avait écrit le mot de *liberté* partout. Elle avait aboli ces milliers de couvents qui étaient autant de maisons de secours et d'écoles gratuites pour le pauvre; et en échange, elle avait écrit le mot de *fraternité* partout. Elle avait livré le pouvoir à une poignée de tyrans qui s'entre-tuaient les uns les autres, après s'être enivrés du sang du peuple; et elle écrivait le mot d'*égalité* partout.

Mais ce n'était pas tout de tuer et de détruire; il fallait édifier, il fallait créer, il fallait montrer à l'Europe un monument plus complet que celui qu'on venait de raser dans un jour d'orgie. On se mit donc à l'œuvre : et que fit-on? fortifia-t-on les liens sociaux, ceux surtout de la religion, de la famille, de la propriété? On les attaqua tous, au contraire, par l'athéisme, par la spoliation, par le divorce. Mais en même temps on conçoit la pensée d'une vaste et puissante machine administrative qui, matérialisant la société au profit du pouvoir central, soumet d'un bout de la France à l'autre les libertés, les volontés, les intérêts de tous, à l'énergique action de ses engrenages.

Jusque alors le despotisme avait trouvé un frein dans les mœurs; avec la centralisation il n'en trouva plus. L'État fut tout, en attendant que, par une conséquence naturelle, on voulût qu'il possédât tout. Il suffit désormais de s'emparer de l'État pour être maître de la France.

Telle fut l'œuvre de la Révolution, son œuvre unique; elle réduisit la société à l'état de machine, et elle en livra le moteur au premier venu.

On conçoit facilement d'ailleurs qu'avec cette énergique action qu'elle s'attribua, elle ait pu accomplir un petit nombre de réformes vainement tentées par de moins absolus despotismes. Tel fut, par exemple, l'établissement du calcul décimal et de l'uniformité des poids et mesures. Louis XI l'avait rêvé; la Convention l'accomplit.

La Convention avait détruit des milliers d'écoles fondées et entretenues par la charité des siècles. Quelques écoles primaires furent coûteusement établies pour les remplacer, et Paris, où il n'était pas un enfant, au XVIe siècle, qui n'apprît à lire, vit ses jeunes générations abandonnées sur le pavé à l'oisiveté et à l'ignorance.

Deux écoles supérieures, l'École normale et l'École polytechnique furent instituées vers la même époque, pour donner à toute la France des humanistes et des mathématiciens. Une chose remarquable, c'est que ces écoles trouvèrent immédiatement dans les débris de l'ancien régime un personnel de professeurs non moins distingués que si elles les eussent formés elles-mêmes. Est-il besoin de rappeler Prony, Lagrange, Laplace, Berthollet, Monge, Haüy, Daubenton, Thouin, Buache, Mentelle, Sicard, Garat, Laharpe, etc. La Révolution centralisa l'enseignement, comme elle avait centralisé l'administration : voilà tout.

Cette tendance à l'unité se retrouve dans tous les actes de l'époque; c'est ainsi que l'on consacre la grande galerie du Louvre à recevoir les tableaux épars jusque-là dans les palais; c'est ainsi qu'on réunit dans les vastes salles de l'antique prieuré de Saint-Martin le dépôt de machines de l'Académie des sciences, celui qui avait été légué par Vaucanson, et les instruments aratoires de tout pays dont la collection se trouvait auparavant rue de l'Université. De cet ensemble de richesses naquit le Conservatoire des Arts et Métiers. C'est ainsi enfin que du Trésor des Chartes et des dépouilles des monastères on parvint à former les Archives nationales.

Le musée des Petits-Augustins eut également pour origine la spoliation des églises et des couvents; ce qu'on ne détruisait pas, on le rangeait et on l'étiquetait, c'est à cela que se réduit à Paris l'œuvre monumentale de la Révolution.

XXIV

NAPOLÉON. — CRÉATIONS DE TOUT GENRE

Mais, à partir de la chute du Directoire, la société se réforme, les plaies se cicatrisent, les institutions naissent et se multiplient; les sentiments refoulés depuis dix ans se font jour sous toutes les formes; jamais spectacle plus grand ne fut donné au monde : on eût dit la résurrection d'un grand peuple.

Malheureusement la centralisation était un levier trop puissant pour que Bonaparte fût tenté d'y renoncer au milieu d'une confusion et de difficultés sans égales. Il s'en empara donc, il le perfectionna; non content de replacer la société sur sa base, il riva ses fers.

Quoi qu'il en soit, Paris reprit sous son règne l'essor

qu'il avait pris sous Louis XVI. Sa population avait atteint en 1789 le chiffre de 650,000 âmes ; elle atteignit en 1814 le chiffre de 800,000. Depuis le xii° siècle on l'appelait la reine du monde ; mais jamais, à aucune époque, l'antique cité ne ressentit aussi complétement l'enivrement de la puissance et de la gloire. Les temples se rouvraient ; le génie, las des saturnales du doute, s'élevait vers le ciel avec la prière. Quel temps que celui où Châteaubriand écrivait, où Bonald méditait, où de Maistre jetait de ces éclairs de pensée qui d'un trait illuminent l'histoire ! Et près d'eux, autour d'eux, Delille chantait encore ; Ducis voyait reverdir chaque soir, sur le front de Talma, ses lauriers de quinze ans ; Mme de Staël était applaudie et persécutée, ce qui était un applaudissement de plus ; Cuvier faisait oublier Daubenton ; Millevoye ressuscitait Tibulle.

Sous le règne de Louis XVI, les arts, délaissant l'école maniérée de Louis XV, étaient glorieusement entrés avec Vien et David dans une voie de simplicité et de vérité, à laquelle on ne pouvait reprocher que de s'attacher d'un amour trop exclusif à la beauté académique. La révolution ne leur inspira que quelques tristes œuvres oubliées aujourd'hui ; mais avec la renaissance sociale apparaissent coup sur coup et le *Marcus Sextus* de Guérin, et les immortelles batailles de Gros, et le *Pie VII* de David, et l'*Atala* de Girodet. La muse de Grétry et de Dalayrac reprenait en même temps possession de la scène avec Berton, Lesueur, Méhul, Nicolo, Paësiello et Cherubini.

La France n'avait plus de lois ; toute une législation lui était donnée, avec une organisation judiciaire contre laquelle devait être impuissante l'épreuve du temps. Son crédit était perdu; il renaissait en quelques jours par de sages institutions et par la confiance.

Et c'était au bruit de conquêtes sans exemple depuis Charlemagne, au bruit de Zurich, de Marengo, d'Austerlitz, que toutes ces merveilles s'accomplissaient. Paris était devenu un théâtre de fêtes perpétuelles; tantôt il s'agissait de célébrer le retour des guerriers qui avaient promené la victoire sur tous les champs de l'Europe; tantôt de souhaiter la bienvenue au pape ou à la fille des Césars venant l'un après l'autre consacrer le trône du nouvel empereur; tantôt de saluer la naissance de l'enfant auquel, dans l'éblouissement de la fortune, on ne croyait pouvoir donner de moindre titre que celui de *roi de Rome*.

Une pareille époque a nécessairement dû laisser de profondes traces sur le sol de la capitale. Nous ne pouvons que les indiquer brièvement. Par la suppression des institutions religieuses, la révolution avait jeté l'anarchie dans la pratique de la charité comme dans celle du gouvernement. Les hôpitaux, livrés aux premiers venus, n'avaient plus ni direction ni discipline, les secours au dehors n'existaient plus. Bonaparte, ne pouvant refaire le passé d'un coup, préférant d'ailleurs par goût l'omnipotence d'une action suprême, constitua du moins une administration générale des hospices, avec pharmacie et boulangerie centrales, établissement de filatures pour les indigents, bureau de nourrices, services de secours à domicile. Aidée des dévouements que la religion inspire, cette nouvelle organisation devait contribuer, on le conçoit, malgré la complication coûteuse de ses rouages, à alléger les souffrances des classes pauvres.

Les hôpitaux furent en outre agrandis ; leur nombre fut augmenté. C'est de cette époque que datent l'hospice des incurables du faubourg Saint-Martin, celui des enfants malades de la rue de Sèvres, l'institution de Sainte-Perrine à Chaillot et les agrandissements de Bicêtre.

Avant Napoléon, les boucheries étaient situées dans l'intérieur de la capitale ; un décret de 1810 les rejeta à divers points de la circonférence, de manière que leur approvisionnement s'effectuât toujours par les boulevards d'enceinte, sans occasionner jamais comme autrefois ni encombrement ni danger dans les rues. Cinq abattoirs remarquables par leur étendue et par l'intelligente appropriation de toutes leurs parties furent alors édifiés, trois sur la rive droite et deux sur la rive gauche.

L'emplacement de l'antique foire Saint-Germain était inoccupé ; l'administration municipale y fit construire par Blondel un marché modèle avec fontaine monumentale ; un bâtiment spécial y fut destiné aux étaux de la boucherie.

L'abbaye Saint-Victor avait perdu les grands arbres à l'ombre desquels versifiait Santeuil ; elle n'entendait plus les voix et les prières des pieux successeurs de Guillaume de Champeaux : Napoléon y établit la halle aux vins. Plus de 240,000 pièces de vin ou d'eau-de-vie y sont rangées à l'aise dans de nombreux celliers. Sur l'autre rive de la Seine s'élevaient au même moment, dans l'ancien jardin de l'Arsenal, de vastes greniers publics : 45,000 sacs de farine y sont tenus en réserve pour l'alimentation de Paris pendant un mois.

Trois ponts, dont deux avec arceaux en fer, les ponts des Arts et d'Austerlitz, et le troisième en voûtes pleines, le pont d'Iéna, venaient ajouter à la facilité des communications et marquer les progrès de la science. Des quais sans nombre, tels que ceux de Billy, de la Conférence, des Invalides, du Marché-aux-Fleurs, de la Cité, de l'Archevêché, le quai Saint-Michel, le quai Morland, le nouveau quai de la Tournelle, remplaçaient partout les misérables cahutes qui baignaient leurs pieds dans les eaux de la Seine. Quelques autres quais plus anciens, le quai du Louvre entre autres et le quai d'Orsay, étaient reconstruits.

Les sinuosités de la Seine exigeaient une navigation de près de trois jours pour monter de Saint-Denis à Paris. A l'aide des canaux Saint-Denis et Saint-Martin, le trajet put désormais se faire en dix heures. Pour alimenter ces canaux, la petite rivière d'Ourcq fut amenée de 24 lieues dans le bassin de la Villette, et le surplus de ses eaux s'écoula dans Paris par un nombre considérable de fontaines.

Chaque place, chaque carrefour eut dès lors ou sa borne jaillissante, ou son château d'eau. Les plus remarquables de ces monuments sont : le Palmier de la place du Châtelet, l'Hygie du Gros-Caillou, les Lions de l'Institut, le Cygne de la rue Vaugirard, le Satyre pressant une outre de la rue Censier, le Tantale de la pointe Saint-Eustache, et par-dessus tout la gerbe du boulevard Saint-Martin retombant en nappe de deux étages de vasques parmi les jets croisés sortant des gueules de huit lions.

L'architecture du temps de l'Empire se distingue en général par une certaine perfection technique, mais en même temps par une imitation de plus en plus servile des types anciens. Qu'il s'agisse d'un monument civil ou d'un monument religieux, de la Bourse ou de la Madeleine, c'est toujours le même style, noble et froid, harmonieux et académique. L'idée de la maison de Dieu n'inspirera rien de plus à l'artiste que celle d'un bureau de change. L'un et l'autre formeront un temple entouré de colonnes. du galbe le plus pur, comme le sanctuaire de Minerve à Athènes. Par la même raison le palais Législatif aura pour façade un portique qui rappellera plus ou moins le Panthéon d'Agrippa.

Si l'on s'écarte des anciens, ce sera uniquement par les dimensions. On tiendra à honneur de faire sinon mieux qu'eux, du moins plus grand qu'eux : ainsi l'arc de triomphe de l'Étoile sera un géant à côté de l'arc de triomphe de Constantin ; la colonne Vendôme fera oublier par ses proportions la colonne Trajane.

La plupart de ces monuments ne furent au reste qu'ébauchés sous l'Empire, et il était réservé aux trente années de paix qui suivirent 1814 d'accomplir les vastes projets de l'Empereur.

Enfin, la suppression des couvents avait laissé d'immenses espaces disponibles dans l'intérieur de Paris; on en profita pour ouvrir un grand nombre de rues ou de places nouvelles. C'est ainsi par exemple qu'à travers les enclos des Feuillants et des Capucins furent tracées les rues de Rivoli, de Castiglione et de la Paix, déjà projetées par Louis XVI, et qui donnèrent aux Tuileries et à la place Vendôme les issues qui leur manquaient. Une rue plus monumentale encore fut conçue du Louvre à la Bastille. La vénérable église Saint-Germain-l'Auxerrois aurait fait place aux arcades et aux boutiques de cette nouvelle voie triomphale ; heureusement l'esprit plus judicieusement artistique de notre époque a fait justice de ces merveilles au cordeau, auxquelles on prétendrait sacrifier les plus glorieux monuments des siècles.

Avant la révolution de 89, les églises n'étaient pas seulement des lieux de prière, elles étaient encore des champs de repos, et leurs nefs, leurs chapelles surtout, étaient presque toutes ornées de monuments funéraires qui ajoutaient à la fois et à la splendeur du temple et à cette impression de religieuse tristesse que la méditation inspire. Les morts qui ne pouvaient trouver place dans les églises étaient enterrés sous les charniers de quelques étroits cimetières ; celui des Saints-Innocents ne dépassait pas les limites du marché actuel. Les cadavres y étaient entassés, et répandaient alentour des exhalaisons fétides. Un pareil état de choses éveilla la sollicitude du parlement, qui, par arrêt de 1765, interdit les cimetières situés dans l'intérieur de Paris. Les charniers et l'église des Saints-Innocents furent même démolis en 1786, et les ossements qu'on en retira furent déposés dans une partie des carrières souterraines du quartier du Luxembourg, qui prirent dès lors la pieuse dénomination de Catacombes.

Aujourd'hui, et depuis Napoléon, quatre cimetières

ont été successivement établis autour de Paris [1]. Le plus important, celui de l'Est, contenant près de 40 hectares, occupe l'ancien coteau de Mont-Louis, sur lequel s'élevait encore, il y a trente ans, la vieille maison du Père La Chaise. Peu de sites offrent une vue plus riche et plus variée. A gauche se détache du milieu des bois le donjon de Vincennes ; à droite et en face Paris se développe tout entier avec ses tours, ses flèches, ses coupoles, dominant la ville comme autant de pensées du ciel qui planent au-dessus des pensées de la terre. Puis, à vos pieds, s'étend un riant jardin parsemé de cyprès, de fleurs, de statues dans l'attitude de la vie, de bas-reliefs rappelant des scènes vivantes. Nulle part vous n'y trouverez de ces figures couchées et *dormant leur sommeil* sous la garde des anges, comme on en voyait jadis sur les tombeaux ; nulle part de statues d'apôtres, de moines en prière. L'unique préoccupation de nos jours est de prolonger l'aspect de la vie jusque par delà la mort ; on représentera, par exemple, un orateur parlant là où il n'y a qu'un peu de cendre, une tête souriante là où il n'y a qu'un squelette. Si l'idée de la mort se présente parfois, ce n'est que sous la forme d'un flambeau éteint, d'une lyre à la corde brisée, d'un génie en pleurs ; mais l'avenir, mais Dieu, mais cette béatitude du ciel dont nos vieux tailleurs d'images avaient si admirablement deviné l'expression, n'en cherchez point ici la trace : c'est tout au plus si vous retrouverez encore çà et là, sur quelques croix de

---

[1] Ce sont les cimetières Montmartre, du Père La Chaise, du Mont-Parnasse et de Vaugirard.

bois, l'antique inscription de la piété et de l'égalité chrétienne : *Priez pour lui.*

Après avoir pourvu à la dernière demeure des habitants de sa capitale, Napoléon pourvut à la sienne. Les tombeaux de nos rois, dispersés par la révolution, reprirent vides le chemin de Saint-Denis, et au milieu d'eux, à la place d'honneur, fut préparé le sépulcre de celui qu'on appelait le *nouveau Charlemagne.* Mais cet homme qui s'était élevé par ses seules forces devait se perdre par l'épuisement de ses forces ; il comptait sur l'avenir, et l'avenir n'était pas à lui.

XXV

RESTAURATION. — PROGRÈS RAPIDES DE LA CAPITALE

Le gouvernement qui succéda à l'Empire a laissé, par lui-même, peu de traces dans la capitale. Grevé du lourd fardeau d'une liquidation européenne et de la charge non moins pesante des dettes révolutionnaires, il se contenta, par la sévère justice de son administration, de propager dans toutes les classes l'oubli du passé et la confiance dans l'avenir. Tel fut au reste le résultat de ses efforts à cet égard, que, malgré la détresse de sa position en 1815, le commerce et l'industrie, au dire même de ses plus violents détracteurs, prirent dès lors un développement considérable et « atteignirent au degré de prospérité le plus élevé que nous présente l'histoire [1]. »

[1] *Histoire de Paris,* par Dulaure ; édition de Batissier, p. 613.

Il suffit de parcourir Paris pour en trouver à chaque pas la preuve. La Restauration, économe des deniers publics, bornait son action à un petit nombre d'œuvres d'intérêt général ; elle achevait les Abattoirs, la Bourse, la halle au vin, le canal Saint-Denis ; elle jetait quelques ponts sur la Seine, et entre autres le pont des Invalides, qui inaugura parmi nous l'ère des ponts suspendus ; elle améliora et agrandit quelques prisons ; elle jeta les fondements de quelques églises, de Notre-Dame-de-Lorette spécialement et de Saint-Vincent-de-Paul ; elle perfectionna le service des égouts et de la voirie ; mais en même temps la prospérité dont elle était l'âme faisait ouvrir des rues, percer des passages et fonder de nouveaux quartiers dans tous les espaces inhabités de l'enceinte. Aux Champs-Élysées, on reconstruisait pièces par pièces un gracieux rendez-vous de chasse de François Ier près de Moret, et l'on bâtissait alentour la *Ville de François Ier* ; à Tivoli, on édifiait la *Nouvelle Athènes*. Les habitations revêtaient en outre généralement une forme plus monumentale, qui rappelle surtout le style de la Renaissance. Les rues étaient bordées de trottoirs ; elles étaient parfois unies entre elles par des galeries couvertes où le marbre, les glaces et l'or présentaient plutôt l'idée de promenoirs de palais que de voies publiques. Paris ne comptait que deux passages en 1814, les passages du Caire et Delorme ; il en comptait une dizaine en 1830, et, parmi eux, les passages Colbert et Choiseul.

La charité privée créait de son côté de nouveaux hospices ; l'hospice d'Enghien, l'hospice Leprince, l'infirmerie Marie-Thérèse, l'asile de la Providence, la maison de travail et de refuge de Lourcine.

Enfin les arts, les sciences et les lettres suivaient l'impulsion commune. Quels jours que ceux qui virent Châteaubriand, Lamennais, Lamartine, Victor Hugo, dans toute leur gloire! Et ces jours étaient aussi ceux de *l'Ecole des Vieillards* de Casimir Delavigne, de l'*Henri III* de Dumas, du *Mariage de Raison* de Scribe, de *la Muette* d'Auber et de *la Dame Blanche* de Boïeldieu!

Guizot traçait à un auditoire enthousiaste l'histoire de la civilisation; Villemain, celle de la littérature; Cousin s'égarait brillamment parmi les ténèbres de la philosophie; Frayssinous faisait resplendir dans la chaire les sublimes clartés de Dieu.

C'était le temps des leçons de Thénard, de Darcet, d'Arago, de Gay-Lussac, des luttes de Cuvier et de Geoffroy Saint-Hilaire; c'était le temps des succès si populaires d'Horace Vernet et de Charlet. Avec la lithographie le dessin devenait une puissance comme la presse; et, loin de se sentir vaincue, la gravure réalisait au même moment, sous le burin d'Henriquel Dupont, de Calamatta et de Forster, de nouveaux progrès.

Tels sont les noms et la gloire que rappelle le souvenir de la Restauration. Plusieurs des plus belles pages de l'éloquence parlementaire lui appartiennent, et notre dernière conquête lui appartient.

Une opposition envieuse mit un terme à ces grandeurs de la confiance et de la paix, pour nous rejeter dans la carrière des révolutions qui devait la dévorer à son tour.

« Faisons de la charte une *tour d'Ugolin*, » avait dit un

de ses écrivains les plus habiles; « ils y mourront de faim. » La royauté voulut forcer la porte; elle fut vaincue.

XXVI

GOUVERNEMENT DE JUILLET. — VASTES TRAVAUX D'EMBELLISSEMENT A PARIS

Né de la Révolution, le gouvernement de Louis-Philippe avait trop de clairvoyance pour ne pas se placer immédiatement en dehors d'elle : il le tenta du moins avec habileté, persévérance, énergie; mais la fatalité de son origine brisait ses forces. A ceux en effet qui lui avaient donné la couronne, il fallait donner toujours. Et le matérialisme envahissait la société. Les uns jouissaient avec enivrement, les autres enviaient avec amertume. C'est ce qui explique le caractère particulier que prit alors la littérature.

Les années qui suivirent 1830 ne produisirent ni dans les lettres, ni dans les arts, aucun génie nouveau; car les plus belles œuvres de Thierry lui-même, de Mignet, de Thiers, d'Horace Vernet, de Scheffer, d'Ingres, datent de la Restauration; mais elles produisirent cette littérature sans pudeur et sans frein qui, s'associant à la passion de jouissances du moment, circula par les journaux dans les veines sociales comme un poison et comme un excitant de toutes les heures. Elles produisirent le roman-feuilleton; elles firent plus, elles le payèrent au poids de l'or.

A la tribune du moins et dans la chaire, le génie et la dignité de la France se retrouvaient encore. Lacordaire et Ravignan ouvraient de nouvelles voies à l'éloquence sacrée. Berryer, Guizot, Thiers, Lamartine et Montalembert répandaient sur la discussion des affaires publiques une grandeur et un éclat qui de longtemps ne seront dépassés. La position, toutefois, était plus forte que les hommes mêmes qui l'avaient faite. Elle les dominait, elle les entraînait malgré toute leur bonne volonté et tout leur talent. C'est qu'en effet, avec des traditions révolutionnaires, on ne fait jamais que de la révolution.

On comprend d'ailleurs que, s'attachant surtout aux intérêts matériels, cherchant en eux son principal point d'appui, le gouvernement de Louis-Philippe dut contribuer pour une large part aux embellissements de la capitale. Tous les monuments commencés aux époques antérieures, la Madeleine entre autres, le palais du quai d'Orsay et le palais des Beaux-Arts, furent achevés avec dépense et avec luxe. La plupart des autres monuments, et parmi eux le Luxembourg, le Palais de Justice, l'Observatoire, l'Hôtel-Dieu, le Jardin des Plantes, la Chambre des Députés et surtout l'Hôtel-de-Ville, furent agrandis ou restaurés. Un travail général de nivellement fut entrepris sur les quais; les trottoirs dont la Restauration avait donné le modèle, et l'éclairage au gaz qu'elle avait introduit dans quelques rues, devinrent communs à la plupart des voies publiques. En même temps, chaque borne devint une fontaine, chaque maison neuve fut ornée de glaces et de sculptures comme un palais; l'essor de la confiance et de l'industrie était sans limites. C'est par là surtout que cette période d'années se distinguera dans l'histoire. Jamais plus d'activité, jamais plus d'imagination ne furent mises en œuvres pour embellir matériellement la vie; mais comme l'enthousiasme manquait à ce mouvement, comme nulle foi ne lui prêtait ses ailes, il ne s'est point élevé jusqu'au génie: les œuvres de tout genre atteignent alors à une remarquable perfection technique; mais au point de vue de la pensée, ce ne sont pour la plupart que des combinaisons plus ou moins ingénieuses, des calculs plus ou moins habiles, des copies plus ou moins fidèles, mais où rien ne dénote ce feu sacré de l'inspiration qui caractérise les grandes œuvres. Chaque âge célèbre a sa pensée, qui se révèle par un style particulier; tout le monde connaît le style du moyen âge, le style de la Renaissance, le style de Louis XIV. Notre âge seul n'en a pas; il reproduit pêle-mêle tous les styles, sans attacher à aucun un cachet qui lui soit propre. Il fait du xiiie, du xve, du xvie, voire même du xviiie siècle ; étrange confusion, vivant symbole du pêle-mêle d'idées et de croyances qui est la grande maladie de notre temps. Nous calculons, nous mesurons, c'est là notre trait distinctif; on dirait que l'art se réduit pour nous à un calque ou à la solution d'un problème de géométrie.

Les merveilles de ce temps, ce sont les fortifications, les chemins de fer, les égouts, les ponts, tout ce qui touche, en un mot, à la partie mathématique et matérielle de l'art. Hors de là, nous imitons, nous reproduisons avec luxe, avec dépense, mais nous ne créons pas. La ceinture de forts et de bastions qui depuis 1840 entoure

Paris restera certainement comme le plus gigantesque et le plus mâle chef-d'œuvre de l'architecture militaire. Les chemins de fer avec leurs gares monumentales deviennent en même temps l'indice d'une ère toute nouvelle d'activité et de commerce; on dirait le génie de la paix et le génie de la guerre se prêtant un mutuel appui.

Les rives de la Seine, qui, jusqu'au xviiie siècle, n'étaient reliées entre elles que par quatre lignes de ponts, l'étaient par neuf en 1830. Trois nouveaux ponts, le pont Louis-Philippe, le pont de Bercy et le pont du Carrousel vinrent encore multiplier entre elles les communications. De larges rues, telles que la rue Rambuteau, la rue François-Miron, le prolongement de la rue Soufflot, et les rues d'Arcole et de Constantine, faisaient pénétrer l'air dans des quartiers populeux. Quelques autres, telles que la rue Tronchet et celles qui l'avoisinent, ouvraient à la spéculation les chantiers et les jardins du quartier de la Madeleine.

Enfin plusieurs places étaient richement ou pittoresquement décorées : la place Saint-Sulpice était transformée en un *square* anglais avec ses plantations, ses bancs de pierre et l'éternel murmure de sa riche fontaine ; la place de la Bastille voyait s'élever au faîte de la colonne de Juillet le génie de la Révolution planant sur le monde armé d'une torche qui ne devait pas s'éteindre ; la place Louvois, dépouillée du monument expiatoire consacré à la mémoire du duc de Berri, s'embellissait d'une fontaine dont l'eau, débordant de deux vasques autour des statues des principaux fleuves de la France, ne devait jamais effacer ni le sang du crime ni la tache de l'ingratitude. L'archevêché détruit dans un accès de délire populaire faisait place à un jardin public et à une fontaine gracieuse qui portait du moins le nom et la statue de la Vierge. Une autre fontaine ornée de la statue de Molière était érigée dans la rue Richelieu, en face de la maison où mourut l'auteur du *Misanthrope*. Enfin la place de la Concorde, cette place qui porta successivement le nom de Louis XV, le nom de Louis XVI, et à laquelle la Révolution a donné celui de la *Concorde,* sans prendre garde qu'il rappellerait à jamais les dernières paroles de pardon et d'oubli du roi martyr, cette place, vaste désert jeté entre les plus riches perspectives de la capitale, se peuplait de candélabres, de balustres, de statues, de jets d'eau que dominait l'obélisque de Louqsor. Élégant débris du passé, glorieux souvenir de la mystérieuse Égypte, ne dirait-on pas que cet obélisque est là, sur la terre du régicide et au centre de toutes les merveilles du jour, comme le muet témoin de la grandeur des vieux siècles et le vivant symbole des mystères d'expiation que porte en lui le sang du juste?

Ici se termine notre course à travers les siècles. Nous avons pris Lutèce cachée derrière les roseaux de l'île de la Seine, et nous la laissons couvrant de ses monuments et de ses richesses plus de 34,000,000 mètres carrés de vallons et de coteaux. Nous l'avons prise vaincue par les armes romaines, et nous la laissons dominant le monde par la puissance de génie et d'expansion dont elle est le centre. « Dieu en chasse loin nos divisions, dirai-je enfin comme Montaigne. Entière et unie, je la treuve deffendue de toute autre violence... et ne crains pour elle qu'elle-mesme [1]. »

[1] Au moment où nous publions cette seconde édition, d'immenses travaux sont entrepris sur tous les points de la capitale, et tendent à en modifier considérablement l'aspect. Le Louvre s'achève, la solitude du Carrousel se peuple de monuments, et la vieille tour de Saint-Jacques-de-la-Boucherie, perdue naguère au milieu d'un marché de fripiers, apparaîtra bientôt noblement, avec ses statues d'apôtres, au point de jonction de deux immenses voies, dont l'une, reliant la Cité et les hauteurs du quartier Saint-Martin, aboutira à la gare de Strasbourg, tandis que l'autre, prolongeant la rue de Rivoli, met déjà en communication directe les Tuileries et l'Hôtel-de-Ville.

HISTOIRE CRITIQUE ET ANECDOTIQUE

DES

MONUMENTS DE PARIS

ÉGLISES

SAINTE-GENEVIÈVE

Jusqu'au viᵉ siècle, les églises de Paris ne furent toutes que des oratoires plus ou moins publics sur lesquels les traditions demeurent incertaines ; mais avec la conversion de Clovis commence l'ère des grandes basiliques. La première fut celle que le chef franc et sa pieuse épouse Clotilde firent édifier au sommet du mont Lucotitius, en l'honneur des apôtres. « Elle était de construction royale, dit un poëte du ixᵉ siècle, décorée de mosaïques en dedans et en dehors et ornée de peintures. » Cette splendide basilique servit de tombeau à sainte Geneviève, dont le nom ne tarda pas à lui être donné par la vénération des peuples. Elle fut également choisie pour être la sépulture de Clovis et de sa famille. Clovis y fut placé dans un sépulcre formé d'une pierre grossière, *vulgari lapide structum*. Clotilde y prit place à son tour, mais après avoir survécu de longs jours à son mari, jours qu'elle passa pour la plupart dans l'obscurité et la retraite près du tombeau de saint Martin. Les corps de saint Prudence et de saint Céran, tous les deux évêques de Paris, et celui de sainte Alde, compagne de sainte Geneviève, formèrent en outre dès les premiers temps, dans la crypte du mont Lucotitius, un glorieux cortége de reliques à la châsse de la bienheureuse vierge de Nanterre.

La fondation de l'église des Apôtres date de 508 ou de 510. Plusieurs conciles s'assemblèrent bientôt sous ses voûtes. Nous rappellerons particulièrement celui où Prétextat, évêque de Rouen, fut cité à comparaître.

Prétextat avait tenu Mérovée, le fils de Chilpérik, sur les fonts du baptême, et depuis lors il avait conservé pour lui l'indulgente bonté d'un père. Mérovée s'étant donc présenté un jour à son église avec Brunehaut, la jeune veuve de Sigebert, Prétextat avait consenti à bénir leur mariage. Plus tard, lorsque la colère de Chilpérik s'appesantit sur son fils, les vœux les plus tendres de l'évêque furent pour Mérovée, et il ne les dissimula pas. Chilpérik s'irrita de rencontrer chez un étranger des sentiments qu'il ne ressentait plus lui-même, et Prétextat fut traduit devant un concile pour s'entendre condamner comme conspirateur et comme traître.

Le concile s'assembla, nous venons de le dire, dans l'église dédiée depuis à sainte Geneviève. Il fut présidé par Bertram, évêque de Bordeaux, orgueilleux Franc, qui tenait par les liens du sang à Chilpérik et lui ressemblait d'ailleurs autant par ses mœurs débauchées que par ses prétentions poétiques. Les évêques francs suivaient en général ses impulsions et penchaient pour le roi. Les évêques gallo-romains, au contraire (et ils étaient les plus nombreux), eussent volontiers résisté à la tyrannie royale, si les menaces du roi et les cris de ses guerriers à la porte de la basilique n'eussent effrayé leur tremblant courage. Chilpérik reprochait à Prétextat d'avoir marié Mérovée à la veuve de son oncle, et d'avoir conspiré avec lui sa ruine et sa mort. Le fait du mariage était constant ; celui du complot ne reposait que sur des allégations vagues que repoussa facilement l'évêque. Mais Chilpérik et Frédégonde étaient acharnés à sa perte, et les évêques incertains, se défiant les uns des autres, n'osaient ni déclarer au roi ni même se confier les uns aux autres leurs pensées secrètes. Aëtius, archidiacre de Paris, vient alors les trouver : « Prêtres du Seigneur, dit-il, ne laissez pas périr votre frère. » Les évêques se regardent interdits, et ne répondent à l'apostrophe d'Aëtius qu'en mettant leur doigt sur leur bouche. Mais alors se lève Georgius Florentius Gregorius, évêque de Tours, homme d'une admirable éloquence, d'une inaltérable douceur et d'une rare fermeté. « Très-saints prêtres de Dieu, s'écrie-t-il, souvenez-vous des paroles du prophète : « Si la sentinelle voyant venir l'épée ne sonne point la « trompette, et que l'épée vienne et ôte la vie au peuple, « je redemanderai leur sang à la sentinelle ; » ne gardez donc pas le silence, mais parlez haut et mettez devant les yeux du roi ses péchés, de peur qu'il ne lui arrive quelque mal et que vous ne soyez coupables de sa perte. »

Les évêques restent muets ; ils étaient frappés de stupeur. Deux d'entre eux se hâtent même d'aller dénoncer

Grégoire de Tours. Chilpérik mande aussitôt le courageux évêque; Grégoire se présente, le front calme, et trouve le roi devant une cabane de ramée sous laquelle il avait fait préparer des vivres pour les membres du concile. Dès que Chilpérik l'aperçoit, il l'interpelle vivement : « O évêque! lui dit-il, tu dois dispenser la justice à tous, et voilà que je ne puis obtenir la justice de toi! Veux-tu donc que s'accomplisse en toi le proverbe : « Le corbeau n'arrache pas l'œil du corbeau? » L'évêque de Tours répond avec dignité : « Si quelqu'un de nous, ô roi, s'écarte des sentiers de la justice, il peut être corrigé par toi; mais si tu y manques, qui te reprendra si ce n'est celui qui a déclaré être lui-même la justice? » Chilpérik irrité le menace alors de demander justice contre lui au peuple de Tours : « Si tu excites le peuple contre moi par tes faussetés, reprend Grégoire sans se troubler jamais, elles retomberont sur toi avec tes insultes. Souviens-toi que si tu n'observes pas les lois et les canons, tu es menacé par le jugement de Dieu. » Chilpérik parut s'adoucir, il offrit au saint la nourriture de l'hospitalité. « Notre nourriture doit être de faire la volonté de Dieu, reprit alors Grégoire, et non de nous plaire dans les délices. »

Le lendemain avant le jour, à peine Grégoire avait-il chanté l'office de la nuit que des émissaires de Frédégonde viennent frapper rudement à sa porte. « La reine, lui disent-ils, a la promesse de tous les évêques; » puis ils lui offrent deux cents livres d'argent [1] pour prix de

---

[1] 13,954 fr. valeur réelle; 149,300 fr. valeur relative au prix actuel de l'argent. (*Évaluation de M. Guéraud.*)

son silence. « Quand vous me donneriez mille livres d'or et d'argent, répondit simplement Grégoire, je ne puis faire autre chose que ce que Dieu ordonne. »

Cependant Prétextat avait été circonvenu par les évêques francs, à la tête desquels étaient Bertram, évêque de Bordeaux, et Raguemode, évêque de Paris. On lui conseilla de ne pas pousser à bout par une défense intempestive la colère de Frédégonde. « Humilie-toi, lui disait-on, dis avoir fait les choses dont on t'accuse ; Chilpérik est bon et facile ; il te pardonnera. » Et Prétextat s'humilia ; il se présenta à la basilique des Apôtres, se jeta aux genoux de Chilpérik et confessa tout ce qu'on voulut.

Chilpérik triomphait ; il demanda que la robe de l'évêque fût déchirée, et qu'on récitât sur lui le psaume des malédictions : « Que ses jours soient en petit nombre... Qu'il n'y ait pour lui ni aide ni pitié... et que son nom périsse... » Mais en face du roi se lève une fois encore Grégoire de Tours, et la demande du roi est rejetée.

Des soldats envahirent alors le sanctuaire ; ils saisirent Prétextat, et le conduisirent à la prison de Glaucin, que remplace aujourd'hui le quai aux Fleurs. La nuit venue, Prétextat chercha à s'évader ; mais il fut surpris, et, deux jours après, on le conduisit en exil dans une île voisine des côtes normandes.

Grégoire de Tours, qui soutint si noblement dans cette circonstance la lutte sacrée du droit contre la force, habitait ordinairement, lorsqu'il venait à Paris, près de Saint-Julien-le-Pauvre. Saint-Julien possédait en effet, dès l'origine, un hospice pour les voyageurs. C'est même par ce trait qu'il est désigné dans la pièce des *Moutiers de Paris* :

> Saint Julien
> Qui héberge les chrétiens.....

L'église actuelle de Saint-Julien-le-Pauvre, attenante aux bâtiments de l'Hôtel-Dieu sur la rive gauche de la Seine, paraît dater du xiie siècle. Elle remplaça alors celle où avait prié le bienheureux évêque de Tours.

Revenons cependant à la basilique des Apôtres. Incendiée par les Normands en 856, elle demeura, pendant plus de trois siècles, dans un état plus ou moins complet d'abandon. Un sombre désespoir avait fini par s'emparer des peuples. On regardait tristement les murs noircis, les sanctuaires dévastés, les ruines pantelantes; mais nul ne se sentait la force d'y porter la main, dans la crainte de se livrer à un labeur inutile. « Les murailles de notre église menacent chaque jour de s'affaisser sous le poids de la corruption et de la vieillesse, écrivait douloureusement un religieux de Sainte-Geneviève ; ils semblent demander en soupirant qu'on leur donne quelque soutien et un toit pour les couvrir. »

Cette église sans toit n'en continuait cependant pas moins d'être desservie par une nombreuse congrégation de chanoines, et, comme Notre-Dame, comme Saint-Germain-l'Auxerrois et Saint-Germain-des-Prés, elle avait ses écoles qui n'étaient pas les moins florissantes de la ville. Ces écoles étaient placées sous l'inspection du chancelier du chapitre, et c'était lui qui, debout au pied de l'autel de Notre-Dame-de-Miséricorde, dans l'intérieur du cloître, avait coutume de décerner le bonnet de maître ès arts.

Dulaure raconte avec complaisance une scène de violence et de scandale qui se passa à Sainte-Geneviève lors d'une visite du pape Eugène III, entre les familiers du pape et ceux de l'abbaye. Il s'agissait de la possession du tapis sur lequel le pontife avait prié. On se querella, on se battit, l'autorité du roi fut méconnue, et l'église fut soumise en quelque sorte à un siége en règle. Cet événement donna lieu à une réforme du chapitre.

Dans une société où la licence était partout, comment s'étonner de la retrouver parfois dans le lieu saint? Mais ce qu'on y trouvait aussi et ce qu'on ne trouvait que là, c'était avec la prière un peu de liberté, un peu d'étude, un peu de sentiment de cette beauté des arts dont le souvenir était presque perdu. Historiens, poëtes, sculpteurs sortent tous à cette époque des monastères, ou vont y finir leurs jours comme dans les seuls asiles ouverts à l'intelligence. Voyez Eginhard, ce *ministre de la civilisation* sous le gouvernement de Charlemagne, pour parler comme M. Guizot : devenu vieux, il se retire au couvent de Selingstadt pour écrire la vie du grand empereur. Angilbert, l'Homère du IXe siècle, commence par les armes et finit par le cloître; Thegan, qui raconta les faits et gestes de Louis le Débonnaire, était évêque; Ermold le Noir, qui essaya de les chanter sur la lyre héroïque, fut, dit-on, abbé d'Aniane. N'était-ce pas dans des monastères et par des plumes ignorées du monde qu'avaient été écrites les annales de Saint-Bertin, les annales de Metz, et cette chronique même de Saint-Gall qui semble parfois être un pamphlet contre les évêques et contre les moines? Enfin, que les Normands viennent assiéger Paris, le premier obstacle qu'ils rencontreront sera un évêque, et le seul poëte qui se sentira assez de verve pour chanter leur défaite sera Abbon, un pauvre moine *simple et sans culture* comme Ermold le Noir, ignorant comme lui *les secrets des Muses*, mais qui est fier des gloires de sa patrie et qui a lu Virgile, *Maronis proscindebam eclogas.*

Depuis le ixe siècle, la basilique des Apôtres n'était plus connue que par le vocable de Sainte-Geneviève. Nous avons décrit sa ruine; elle ne fut réparée que vers l'an 1190, par l'abbé Étienne. Le triple portique de sa façade et la plupart des autres parties de son architecture indiquaient même nettement le style du xiiie siècle. La tour du clocher, qui existe encore, rappelle à la fois deux âges, les premiers temps des Capétiens et le règne de Charles VIII.

C'était vers cette église, assez peu remarquable comme monument de l'art, que se dirigeaient la plupart des pèlerinages. C'était au pied de la châsse de sainte Geneviève que le peuple de Paris venait prier de préférence dans les jours de malheurs publics. Cette châsse fut d'abord d'argent; elle était, dit-on, l'œuvre de saint Éloi : plus tard, vers 1240, elle fut remplacée par une châsse de vermeil parsemé de pierres précieuses, due au talent d'un orfèvre du nom de Bonard. Quatre Vierges plus grandes que nature, reposant sur des colonnes de marbre antique, lui servaient de supports, et un bouquet de diamants brillait à son faîte comme une couronne.

Lorsqu'on devait descendre cette châsse pour l'exposer à la vénération des fidèles, dès la veille, Vêpres, Complies, Matines et Laudes étaient chantées pontificalement dans la basilique. A onze heures une petite cloche commençait à sonner, et elle ne cessait de se faire entendre qu'à minuit ; c'était le dernier signal. Les religieux, pieds nus, entraient alors au chœur ; ils récitaient les sept psaumes pénitentiaux, et l'abbé prononçait l'absolution comme le jour des Cendres. Aussitôt après, toutes les cloches étaient mises en branle, le chœur chantait un répons en l'honneur de la sainte, et la châsse, portée par quatre religieux, était déposée dans la chapelle Sainte-Clotilde. La messe était ensuite chantée solennellement ; tous les religieux y communiaient, puis ils allaient tour à tour psalmodier près des reliques, et restaient ainsi à jeun et les pieds nus, tant qu'elles demeuraient exposées.

Nous parlerons ailleurs des processions solennelles dans lesquelles elle était portée au milieu d'un immense concours de clergé et de peuple [1].

Vers le milieu du dernier siècle, l'église Sainte-Geneviève menaçant ruine, un nouveau monument fut construit à l'ouest de l'ancien, sur les dessins de Soufflot. Soufflot venait d'achever ses études à Rome, et son imagination toute jeune encore, toute pleine des merveilles de l'art antique, rêva un temple où s'unît le portique du Panthéon à la coupole de Saint-Pierre. Il chercha même, par les dimensions et la disposition de ses ordres, à donner à ces types célèbres plus d'élégance et de légèreté. S'il ne réussit pas complétement, s'il n'évita pas surtout le

[1] Voir *Notre-Dame*.

reproche d'un peu de maigreur soit dans les entre-colonnements du portique, soit dans le dessin des colonnes du dôme, il n'en demeure pas moins incontestable que peu de monuments classiques offrent un plus remarquable ensemble de grâce et de majesté. La coupole de Sainte-Geneviève n'a pas sans doute l'ampleur des coupoles de l'Orient; mais peut-être aussi rappelle-t-elle mieux, par cela même, cet élan de la prière dont la coupole doit être l'expression. Ce qu'il y a de certain, c'est que rien n'égale, dans les différentes vues de nos récents édifices, l'aspect de ce dôme élancé reposant sur une élégante colonnade, et dominant toute la ville comme pour porter plus haut et plus loin la gloire et le souvenir de la bienheureuse patronne de Paris.

Les reliques de sainte Geneviève devaient être placées sous ce dôme, au centre de la croix, et au-dessus d'elles aurait été suspendue comme une couronne la glorieuse épopée de l'histoire de France, telle que l'a représentée le génie de Gros, se développant majestueusement autour de la vierge de Nanterre. Mais, non contente de s'emparer du temple, la Révolution s'est emparée des reliques[1].

L'église commencée en 1757 n'était pas encore terminée en 1789. Dès lors cependant on avait pu apprécier dans son ensemble l'œuvre de Soufflot; et l'admiration

[1] Les reliques qui ont été solennellement transférées à Sainte-Geneviève, le 3 janvier dernier, proviennent du trésor de Sainte-Geneviève-des-Bois, ancien prieuré de Génovéfains au diocèse de Sens. La châsse de vermeil dans laquelle elles se trouvent, et qui rappelle par sa forme celle que la Révolution a détruite, n'a pas été placée toutefois au centre de l'église, comme il paraît qu'on en avait eu jadis la pensée; on l'a déposée dans la chapelle dédiée à sainte Geneviève, à l'extrémité droite du transsept. Quatre vierges dorées la supportent comme autrefois.

des Parisiens, lorsqu'ils pénétrèrent sous ces voûtes évidées et parmi ces rangs de colonnes entre lesquelles se jouait si facilement la lumière, revêtit toutes les formes de l'enthousiasme. On eût dit que Rome et Athènes étaient dépassées. Jamais au reste les lois de la pesanteur ne semblèrent plus merveilleusement vaincues ; telle était même la légèreté des piliers du dôme qu'à peine distinguait-on leurs massifs dans la longue perspective des nefs. Malheureusement des fractures nombreuses ne tardèrent pas à se manifester dans ces piliers ; on fut obligé de les reconstruire en leur donnant plus d'empattement et de volume ; or, pendant le cours de ces travaux, la Révolution était venue. Au lieu des reliques de sainte Geneviève, on vit accourir les reliques de Mirabeau, les reliques de Rousseau, les reliques de Voltaire, les reliques de Marat ! l'église catholique était transformée en panthéon païen, et pour quels dieux ! Au même moment, cela se conçoit, la châsse d'or de sainte Geneviève était pillée, et les ossements de la vierge qui sauva Paris étaient traînés par la boue des rues, puis brûlés sur un bûcher par la main du bourreau. A la lueur rougeâtre qui s'éleva alors de la place des supplices on eût pu lire sur le front découronné du temple dédié hier encore à l'illustre patronne de la capitale, cette inscription toute neuve :

AUX GRANDS HOMMES LA PATRIE RECONNAISSANTE !

A l'heure qu'il est, cette inscription se lit encore au-dessous d'un bas-relief consacré à la déification de toutes les vaines pensées des hommes ; mais désormais inscription et bas-relief ne peuvent plus être là pour longtemps.

Dès 1806, Napoléon avait résolu de rendre à sa destination primitive la basilique profanée. Louis XVIII y rétablit solennellement le culte en 1822; Louis-Philippe et la secte philosophique l'en chassèrent à leur tour en 1830; et voilà qu'après deux révolutions, un décret de Louis-Napoléon Bonaparte lui en rouvre les portes, aux applaudissements de la France entière.

« O impiété! as-tu senti ce nouveau coup? En voyant
« ainsi tous tes desseins renversés l'un après l'autre et
« toutes tes espérances s'évanouir, t'aperçois-tu enfin
« que c'est contre Dieu que tu luttes, et qu'il se rit encore
« aujourd'hui, comme il le fait depuis six mille ans, de
« tes impuissants efforts? *Qui habitat in cœlis irridebit*
« *eos.* »

Ainsi parlait l'éloquent père Mac-Carthy à Sainte-Geneviève en 1822; ainsi parlerons-nous avec plus de droits encore en 1853. L'impiété a en effet relevé la tête, et chacun a pu juger ses œuvres en dernier ressort, quelle que soit la forme qu'elle ait prise, celle de la ruse ou celle de l'audace. Demandez-lui donc maintenant ce que sont devenus les utopies et les systèmes dont elle s'était fait des dieux. Quelques années à peine se sont écoulées, et l'on n'entend déjà plus autour d'eux, comme jadis autour des idoles, que le cri fatal : Les dieux s'en vont !

SAINT-GERMAIN-DES-PRÉS

Saint-Germain-des-Prés est aujourd'hui la plus ancienne église de Paris. Quelque ancien toutefois que soit ce monument, il n'a fait que remplacer, au xie siècle, le primitif et vénérable édifice construit par Childebert à l'extrémité du jardin des Thermes. Childebert revenait de guerroyer en Espagne, et ses troupes étaient chargées d'un immense butin, dans lequel figuraient les dépouilles sacrées des églises. On citait entre autres merveilles une croix d'or enrichie de pierres précieuses qui faisait partie du trésor de l'église de Tolède; et de plus, soixante calices, quinze patènes, vingt cassettes destinées à renfermer les Évangiles : le tout d'or pur. Quelques historiens assurent en outre qu'il avait obtenu de l'évêque de Saragosse l'étole de saint Vincent. Childebert distribua ces richesses entre diverses églises. La croix de Tolède et l'étole de saint Vincent furent toutefois réservées par lui, afin de servir de trésor à une basilique qu'il se proposa aussitôt de consacrer sous leur double vocable.

Le siége épiscopal de Paris était alors occupé par saint Germain, homme d'une rare fermeté comme évêque et d'une austérité de vie qui rappelait les saints du désert. « Combien de fois, disait Fortunat dans son poétique langage, n'a-t-il pas senti les rigueurs des froides nuits, lorsque, se levant de son petit lit, il chantait au Seigneur, dans le temple de son cœur, sans se lasser jamais, cinquante psaumes et davantage ! C'était comme un pieux larcin ; il sortait doucement, et souvent sans chaussures de peur d'être entendu ; puis il allait à l'oratoire, ne voulant rencontrer personne que Jésus. Sa prière achevée, il retournait dans son lit, et il était le premier à se relever, quand l'heure était venue, pour réveiller les autres. »

Saint Germain s'associa de tout son pouvoir aux généreuses pensées de Childebert. Tandis que le chef franc prodiguait à l'abbaye nouvelle les terres, les moulins, les serfs inquilins et affranchis, l'évêque en confiait la garde à saint Droctovée et à des religieux de l'ordre de Saint-Basile, se démettant en leur faveur de tous droits de juridiction épiscopale sur le vaste territoire du monastère.

La dédicace de l'église Saint-Vincent et Sainte-Croix fut célébrée le 23 décembre 558, jour même de la mort de Childebert. Jamais plus riche basilique n'avait frappé les regards des habitants de Paris. Elle avait été disposée en forme de croix, forme peu usitée encore, mais qu'avait déterminée dans cette circonstance le vocable même de la basilique. Elle était divisée en plusieurs nefs par des arceaux qui reposaient sur des colonnes de marbre. Le plafond et les murailles étaient ornés de peintures rehaussées d'or ; le toit, formé de lames de bronze doré, produisait aux rayons du soleil des éclats de lumières qui éblouissaient les yeux. « Ce n'était pas sans raison, dit un légendaire, qu'on la nommait le *palais doré de Germain*. »

Saint Germain érigea en outre, suivant la coutume des grandes abbayes, plusieurs chapelles sur le territoire du monastère. L'une d'elles fut dédiée à saint Symphorien, une autre porta le nom de Saint-Martin-des-Orges ; une troisième, dédiée à saint Pierre, a dans la suite été remplacée par la riche église Saint-Sulpice.

De toutes ces constructions du VIe siècle il ne reste plus aujourd'hui que la partie inférieure de la grosse tour, qui forme la façade occidentale de Saint-Germain-des-Prés, et dans laquelle a été pratiquée, au XIIIe siècle, l'entrée principale de l'église. Sous le porche de cette entrée existaient, avant 89, huit statues représentant des rois et des reines, vêtues du costume mérovingien et la tête ceinte de la couronne. Deux de ces statues portaient inscrits sur des rouleaux les noms encore reconnaissables de Clodomir et de Clotaire. Les autres ont exercé, à plusieurs reprises, la patiente érudition des savants. Il paraîtrait toutefois vraisemblable qu'elles étaient autant d'images de la famille de Clovis. L'une d'entre elles seule, portant un costume d'évêque, était nécessairement étrangère à la dynastie mérovingienne. La critique y a vu avec une haute intelligence l'apôtre de toute cette dynastie de chefs barbares, saint Remi. Toutes ces statues étaient roides ; elles avaient la figure plate et accusaient dans chacune de leurs parties l'absence complète de l'art. Celle de Clovis était la plus ornée ; celle de la reine Ultrogothe se faisait remarquer par deux longues tresses de cheveux qui lui tombaient jusqu'aux genoux. Childebert avait le sceptre en main et portait un livre sous le bras.

La basilique de Saint-Vincent servit de tombeau à la plupart des rois de la première race. Childebert et Ultrogothe, Chilpérik et Frédégonde, Clotaire II et Bertrade,

Childérik II et Bilihilde, Clovis et Mérovée, enfants de Chilpérik, y furent successivement enterrés. C'était là qu'on déposait non-seulement les princes qui l'avaient demandé par acte testamentaire, mais encore tous ceux à qui une mort violente n'avait pas permis de disposer de leur sépulture. L'assassin et sa victime s'y succédèrent plus d'une fois sous les mêmes voûtes et dormirent dans le même cercueil. On distinguait sur le tombeau de Childebert une figure de roi tenant à la main le modèle de l'église.

Mais à côté, au-dessus de ces sépultures royales, formées de longues pierres de liais à peine ornées de quelques linéaments par lesquels on avait cherché à reproduire les insignes de la puissance, s'élevait une châsse splendide que la piété des siècles s'était plu à embellir de tout le luxe des arts et de la richesse. Cette châsse était celle de saint Germain, de ce grand évêque qui résistait à Sigebert, qui frappait d'anathème les passions impudiques de Charibert, et fut comblé, pendant son épiscopat, de tous les dons de Dieu. Les restes mortels du saint avaient d'abord été déposés dans la chapelle Saint-Symphorien, en attendant le monument que Chilpérik se proposait de construire sur l'autre rive de la Seine, dans le seul but de les recevoir. Mais les moines de Saint-Vincent se refusèrent à rendre le dépôt précieux qui leur avait été confié, et, comme pour le tenir plus immédiatement sous leur garde, ils le transportèrent solennellement, en 754, de la chapelle Saint-Symphorien à la grande basilique qui prit dès lors le nom de Saint-Germain-des-Prés[1].

[1] La châsse de saint Germain avait la forme d'une église : elle était en-

A l'époque des invasions des Normands, Saint-Germain, situé hors Paris, dans les prés de la Seine, se trouva exposé sans défense aux coups des barbares. Une première fois, en 856, les moines se rachetèrent eux et leur église au prix d'une forte rançon ; mais à peine quatre ans s'étaient-ils écoulés que les Normands débarquent de nouveau sous ses murs et investissent le monastère au moment où les moines chantaient matines. Alors commence une scène indicible de violence et de terreur. Les moines fuient et se cachent ; les Normands se précipitent à l'autel, pillent les vases sacrés, puis, l'épée rouge de sang, parcourent l'édifice, le dépouillent des objets précieux dont l'avait orné la piété des fidèles, et finissent par y mettre le feu.

Vingt-quatre ans se passent, et le monastère commençait à sortir de ses ruines, lorsqu'il est de nouveau mis à sac en 885.

Alors, comme pour Sainte-Geneviève, le découragement s'empara des religieux, et pendant plus de cent ans ils vécurent parmi les ruines.

C'est un triste labeur que celui d'évoquer le souvenir de ces temps anarchiques. A chaque description de monuments on est contraint d'ajouter, comme pour les hommes, *fuerunt* (ils ne sont plus)! la pierre elle-même n'a pas de vie sous ce ciel de plomb qui couvre les premières années du moyen âge. Elle tombe, elle s'écroule

---

argent, et avait été exécutée en 1408 et 1409 par Jean de Clichy, Gauthier du Four et Guillaume Bocy ; les mêmes artistes avaient fait le devant d'autel également d'argent. On remarquait sur ces deux ouvrages un grand nombre de figures en bas-relief ou en ronde-bosse, telles que les douze Apôtres, la Trinité, saint Germain, saint Vincent, saint Étienne, le Christ en croix, etc.

presque aussi vite que les générations qui se sont épuisées en efforts pour l'élever vers les cieux. Mais à mesure que la barbarie recule, le génie reprend des forces. Avec le roi Robert apparaît de nouveau Saint-Germain-des-Prés; avec Suger, Saint-Denis; avec Louis le Jeune, Notre-Dame.

Le séjour du pape Alexandre III à Paris, en 1163, y fut marqué à la fois par deux imposantes solennités : l'inauguration de Saint-Germain-des-Prés, dont la reconstruction avait été commencée par l'abbé Morard dès l'année 990, et la pose des fondements de Notre-Dame, qui ne devait être terminée que vers le milieu du xive siècle. Lorsqu'on pénètre sous la vieille tour qui sert de portique à Saint-Germain-des-Prés, la pensée remonte jusqu'à ces jours de saint Germain et de Childebert dont Fortunat a chanté les poétiques merveilles. Cette tour est en effet, dans sa partie inférieure, nous l'avons dit, un débris sacré de la première basilique contre lequel sont venus échouer les siècles et les Normands. L'ouverture qui fut pratiquée dans sa base, lors de la reconstruction de l'église, donne entrée dans un espace étroit et sombre des deux côtés duquel se tenaient rangées autrefois les statues mérovingiennes dont nous avons parlé : visages plats, traits à peine définis, attitude roide et immobile. Au sortir de cet obscur vestibule qui rappelle à la fois la barbarie de l'art et la nuit des temps, se développent tout à coup devant vous de vastes nefs empreintes d'une incomparable grandeur. Ici, tout est nouveau : étendue de l'édifice, hardiesse des voûtes, dispositions symboliques du sanctuaire, caractère inspiré de l'architecture.

C'est le génie du catholicisme qui s'éveille, et qui trouve dans la foi un trésor de poésie pour l'expression de chacune de ses pensées. Jusqu'à ce jour l'artiste s'était péniblement cherché des modèles dans les types païens; il avait dessiné des arcades romaines, des basiliques romaines; mais aujourd'hui les traditions antiques n'apparaissent plus que comme un vague souvenir. Au lieu du simple pilier d'autrefois, vous voyez se succéder de sévères massifs flanqués de légères colonnes; au lieu de l'éternelle feuille d'acanthe du chapiteau corinthien, vous apercevez mille fantaisies capricieuses : des sphinx, des oiseaux, des fleurs, etc. La même variété se fait remarquer dans la composition générale du monument : dans la nef de fortes piles; autour du sanctuaire de minces colonnes. Plus on approche du sanctuaire, plus l'architecture semble prendre un caractère inspiré; les colonnettes s'élèvent plus sveltes et plus nombreuses vers le ciel. Les hautes fenêtres se touchent, et la lumière descend à flots de cet orient où s'est levé le Soleil de justice.

Remarquez ensuite ces collatéraux qui, au lieu de s'arrêter à la ligne du sanctuaire comme dans les basiliques anciennes, entourent l'autel d'une double couronne de fidèles agenouillés et de chapelles mystérieuses. Ne dirait-on pas l'Église militante et l'Église triomphante unissant leurs espérances et leurs joies autour du Saint des saints?

Deux époques différentes peuvent d'ailleurs être signalées dans les lignes architectoniques de Saint-Germain-des-Prés. La nef avec ses pleins cintres, ses piliers massifs et ses arcades surbaissées dont la retombée s'appuie sur des colonnes engagées, rappelle le xie siècle. C'est évidemment la partie de l'édifice que construisirent le roi Robert et l'abbé Morard. Le chœur, au contraire, avec ses naissantes ogives, nous rappelle les jours de Louis le Jeune et d'Alexandre III. Ce fut en effet alors que l'ogive commença à marquer une tendance vers le ciel qui devint bientôt commune à toutes les lignes de l'architecture.

L'église Saint-Germain-des-Prés est à peu près tout ce qui reste aujourd'hui de l'antique et puissante abbaye dont l'enclos, ceint de fossés et de tours, dominait le Pré-aux-Clercs comme une forteresse. Le palais abbatial, construit au xvie siècle par le cardinal de Bourbon, existe toutefois encore en face de la rue Furstemberg; mais le cloître, le réfectoire, la bibliothèque, tous ces lieux consacrés à jamais par le souvenir des Pères Montfaucon, Mabillon, d'Achery, Durand, Martène, ont disparu à jamais. Le réfectoire, vaste salle de 35 mètres de long sur 11 de large et 18 de haut, l'un des chefs-d'œuvre de Pierre de Montreuil, a sauté pendant la Révolution par l'explosion fortuite de 15 milliers de salpêtre qu'on y avait entassés. La chapelle de la Vierge, située au nord de l'église et dessinée par le même Montreuil, a fait place à quelques-unes des maisons de la rue de l'Abbaye. Le grand cloître, le chapitre, la sacristie ont été transformés en voies publiques. Autant vaudrait raconter l'envahissement de Rome par les Goths et les Vandales; on eût dit que chacune des merveilles des arts inspirées par l'Église troublait le brutal regard de la Révolution.

Saint-Germain-des-Prés possédait, comme tous les monastères, une bibliothèque splendide ; elle était même, après celle du roi, la plus splendide de Paris. Celle de Sainte-Geneviève, qui existe encore, se composait en 1739 de 30,000 volumes, de 2,000 manuscrits, et possédait en outre un cabinet d'antiquités formé en partie de celui de Peiresc. La bibliothèque de Saint-Germain-des-Prés atteignait le chiffre de 100,000 volumes et de 15,000 manuscrits. Un cabinet d'antiquités et d'histoire naturelle y était également joint. Ces diverses collections, comme au reste celles de tous les couvents, étaient ouvertes au public. Les manuscrits et les livres de Saint-Germain, tous ceux du moins qui ont pu être sauvés de l'explosion du réfectoire, dont une des extrémités touchait à la bibliothèque, font aujourd'hui partie du catalogue de la rue Richelieu.

Quant à l'église, au lieu des nombreux monuments qui l'ornaient autrefois, on n'y voit plus aujourd'hui que trois ou quatre tables de marbre noir indiquant les lieux de sépulture des pères Mabillon et Montfaucon, de René Descartes et de Boileau-Despréaux. Avant la révolution, les cendres de Descartes reposaient à Sainte-Geneviève, et celles de Boileau à l'étage inférieur de la Sainte-Chapelle.

Il existe d'anciennes vues de l'abbaye Saint-Germain-des-Prés qui nous la représentent entourée de fossés et de tours. Vers l'emplacement actuel de la rue Saint-Benoît s'élève une porte désignée par le nom de *Porte Papale*, et qui ne s'ouvrait en effet que pour les papes. C'était vers la rue Sainte-Marguerite que se trouvait l'entrée habituelle du monastère; près d'elle se faisait remarquer le bâtiment de la prison avec sa petite tourelle qui existe encore. Cette prison, destinée jadis aux justiciables de l'abbaye, est devenue depuis longtemps une prison militaire. Personne n'ignore de quelle abominable boucherie elle fut le théâtre pendant la Révolution. Là périrent Montmorin, Reding, Rulhières, Maillé, Rohan-Chabot, Saint-Marc et ce jeune Maussabré que les assassins firent tomber, à coups de pistolet et à l'aide d'un brasier, de la cheminée où il avait trouvé un refuge; là, Cazotte fut sauvé malgré lui par sa fille; là, Mlle de Sombreuil racheta, au prix d'un verre de sang, la vie de son père. Là, deux prêtres octogénaires, les abbés de Rastignac et Lenfant, priaient d'un front calme, entourés de 200 victimes à genoux, en attendant la mort. L'histoire de Saint-Germain-des-Prés commence avec un saint; elle finit avec des martyrs.

NOTRE-DAME

Dans le courant de l'année 1712, un certain nombre de pierres cubiques qui évidemment avaient servi d'autels fut découvert dans des fouilles pratiquées sous le chœur actuel de Notre-Dame. Ces pierres étaient ornées d'inscriptions et de figures taillées en relief. L'une de ces figures représentait Jupiter tenant une pique; une autre,

Vulcain coiffé du bonnet de forgeron; une troisième, Esus, le dieu gaulois, frappant un arbre du tranchant de sa hache; une quatrième, Castor, la main appuyée sur la crinière d'un cheval; une cinquième, Cernunnos, vieillard à la tête chevelue et barbue, portant de longues cornes rameuses et entourées chacune d'un anneau. Singulier amalgame des traditions de Rome et des traditions de la Gaule, des dieux des vainqueurs et des dieux des vaincus.

L'inscription d'un de ces monuments faisait connaître qu'il avait été publiquement dédié à Jupiter, sous le règne de Tibère César, par les nautonniers parisiens : *Nautœ Parisiaci publice posuerunt.*

Ainsi, à Paris comme dans la plupart de nos villes, la cathédrale chrétienne a remplacé l'autel païen, la croix du Christ s'est élevée triomphante sur les débris des idoles. L'antiquité de Notre-Dame ne saurait remonter toutefois aux premiers temps de la prédication chrétienne; l'existence de ces pierres votives suffit seule pour le prouver. Les premières églises furent d'ailleurs généralement bâties hors des villes, loin des temples des faux dieux et des passions qui les protégeaient; et l'érection de l'église sur les ruines du temple ne fut partout que le dernier acte, que le *Te Deum* de la conquête.

Il est remarquable néanmoins que Grégoire de Tours parle, dès le vi[e] siècle, d'une église principale, *ecclesia senior,* que le contexte de sa phrase semble placer dans la Cité. Ce qui est certain, c'est qu'à la fin du viie siècle il existait, au lieu même où avait été précédemment élevé l'autel de Jupiter, une basilique dédiée à saint Étienne, et près d'elle une autre basilique dédiée à Marie, *basilica domnæ Mariæ*. La réunion de ces deux sanctuaires qui eut lieu, au plus tard, dans le IXe siècle, forma dès lors ce qu'on appela la très-sainte église de la cité des Parisiens : *Sacrosancta ecclesia civitatis Parisiorum*.

Parmi les souvenirs qui se rattachent à ces premiers temps nous ne pouvons omettre le concile de Paris de 829, auquel assistèrent vingt-cinq évêques, et qui se tint très-certainement dans l'église Saint-Étienne, alors cathédrale. Quelques années après, en 861, nous trouvons l'église-mère des Parisiens désignée par les vocables de *Saint-Étienne et Sainte-Marie-mère-de-Dieu*, dans un diplôme de Charles le Chauve. Près de cette église s'élevaient le baptistère de Saint-Jean où l'on disait qu'avait prié sainte Geneviève, et l'oratoire ainsi que le couvent de Saint-Christophe, où l'Hôtel-Dieu devait prendre naissance.

A l'époque des invasions des Normands, la basilique de la Cité s'enrichit de plusieurs corps saints, de celui de saint Marcel entre autres, que les fidèles s'empressèrent de mettre à l'abri derrière les fortifications de l'île. Nous avons dit que plus tard peu de ces reliques furent rendues. C'est ainsi que la châsse vénérée de saint Marcel resta à Notre-Dame ; on la portait ordinairement avec celle de sainte Geneviève dans les calamités publiques. Le clergé ne manquait jamais en outre de s'arrêter, lors des processions, devant la cinquième maison de la rue de la Calandre, à droite en entrant par la rue de la Juiverie, maison que la tradition indiquait comme occupant l'emplacement de la hutte où saint Marcel avait reçu le jour.

Ce respect pour toutes les grandes et pieuses mémoires,

ce culte du souvenir fut une des nobles coutumes du moyen âge. Au milieu des souffrances incessantes de l'anarchie, de la guerre, de la peste, de la famine, c'était une consolation de tous les jours. Le peuple priait ses patrons, ses protecteurs habituels, et rarement leur assistance lui faisait défaut. Transportons-nous au XIe siècle. Une maladie terrible, se révélant par un feu interne que rien ne peut éteindre, s'est déclarée à Paris, à la suite de longues famines. Les malheureux atteints de cette cruelle souffrance, de ce *mal des ardents*, ainsi qu'on l'appelle, se traînent péniblement à la cathédrale, et là, par des cris déchirants, implorent une dernière fois la miséricorde céleste; l'église est pleine de ces infortunés. Une pensée commune fait monter leurs prières vers sainte Geneviève, dont l'intercession sauva jadis Paris dans des jours de crise. Bientôt la châsse de sainte Geneviève est apportée en triomphe à Notre-Dame, et ceux qui la touchent avec une ferme confiance sont guéris.

On voyait encore, au commencement du dernier siècle, dans la rue Neuve-Notre-Dame, une petite église surmontée d'une haute flèche qui portait le nom de Sainte-Geneviève-des-Ardents. L'époque de son origine était incertaine; eût-on pu prier néanmoins dans son enceinte sans se reporter par la pensée à ces jours de deuil et de salut dont la mémoire était consacrée par son vocable !

Mais l'église n'était pas seulement un lieu de prière ; c'était encore un lieu d'asile pour tous ceux qui, dans ces temps anarchiques, risquaient d'être les victimes de la violence plus souvent que de la justice ; c'était un lieu d'étude ouvert gratuitement à toutes les émulations, à toutes les intelligences. « L'histoire de l'Église est l'histoire du peuple [1], » suivant un mot de M. Guizot que nous avons déjà cité. Rappelons-nous de plus que la défense des immunités ecclésiastiques n'était que la défense des libertés populaires dont elles ont, par toute l'Europe, été la source, que la défense de la civilisation dont elles protégeaient la lueur vacillante contre le souffle déchaîné de toutes les passions.

Nous avons déjà parlé du rôle important de l'école de Notre-Dame dans l'histoire de Paris. Cette école se tenait dans le cloître qui était attenant à la cathédrale, et dont la porte située à gauche du parvis n'a été détruite que dans le dernier siècle. C'était là qu'enseignait Guillaume de Champeaux ; c'était là qu'Abélard se préparait à ces luttes de la parole pour lesquelles seules il avait abandonné les luttes de l'épée, *trophæis bellorum conflictus prætuli disputationum*. Ce fut enfin là que Louis le Jeune passa les années de son adolescence, vivant dans l'église *comme au sein d'une mère*.

La cathédrale parisienne conservait encore à cette époque son caractère primitif ; on y reconnaissait toujours les deux basiliques de Saint-Étienne et de Sainte-Marie, bizarrement accolées l'une à l'autre. Mais un grand évêque, Maurice de Sully, conçoit tout à coup la pensée d'un monument digne de la capitale de la France ; le pape Alexandre en pose la première pierre en 1163 ; le grand autel en est bénit à la Pentecôte de l'année 1182 ; l'aile méridionale avec son portail s'élève sous la direction du maître maçon Jean de Chelles vers 1257. OEuvre de

[1] Notice sur Frodoart.

patience et de foi, cette gigantesque construction usa sept ou huit générations d'hommes ; et dans le cours du xiv⁰ siècle on y travaillait encore.

Pour comprendre l'impression que dut produire cette puissante efflorescence du génie chrétien, il faut se transporter à Rome, cette féconde patrie de la poésie et des arts; il faut la voir, au xiii⁰ siècle, impuissante à relever ses ruines et laissant croître les ronces sur ces vestiges de sa grandeur passée, car elle n'avait plus même assez d'inspiration au cœur pour les comprendre. Si quelques papes et quelques moines rêvent encore pour elle d'avenir et de gloire, s'ils veulent des marbres, des tableaux, des artistes, c'est à Constantinople qu'ils vont les chercher, c'est dans la capitale décrépite de l'empire d'Orient qu'ils s'efforcent de rallumer le flambeau de l'Italie éteint. La séve du génie ne demande cependant qu'à se faire jour. Encore quelques années, et Pétrarque chantera, et Dante broiera dans l'exil ses noires couleurs ; mais il faudra attendre pendant plus de deux siècles le grand Alberti; pendant près de trois ans, Raphaël et Michel-Ange. Et c'est au milieu de ce silence de la pensée que le Nord s'éveille. C'est lorsque Vitruve dort tout entier dans sa tombe et que le monde épuisé semble retourner à l'enfance, qu'on voit tout à coup sortir de l'âme inspirée de quelques maçons sublimes une esthétique grandiose sans précédents et sans modèles. Les monuments antiques n'exprimaient qu'une seule pensée, celle de la beauté et de l'harmonie; les monuments nouveaux parlent toutes les voix de l'âme ; imposants par leur grandeur, gracieux par la variété de leurs détails, d'une majesté qui inspire le respect, d'une légèreté et d'une hauteur qui semblent fuir la terre, graves et recueillis surtout, en même temps qu'ils répondent admirablement par le symbolisme et la richesse de leur ornementation à toutes les saintes joies de la prière : on dirait l'immense concert de l'Église militante s'élevant avec ses mille voix, s'élevant toujours, puis, lorsque la force lui manque, jetant vers les cieux cette parole inachevée de l'ogive qui est comme le dernier cri de ses aspirations et de son impuissance.

Notre-Dame de Paris avait été précédée par Saint-Germain-des-Prés, Saint-Denis et Sainte-Geneviève ; mais aucune de ces basiliques ne pouvait lui être comparée ni pour l'audace ni pour la richesse. Qu'on se figure un bâtiment large de 40 mètres, long de 130, avec des voûtes distantes du sol de 34 mètres et deux tours hautes de 68. Jamais depuis les grandes constructions des Romains on n'avait entrepris œuvre si imposante. Mais ce qui ne frappait pas moins dans cette masse gigantesque, c'était l'art avec lequel on était parvenu à dissimuler la nudité du mur, ici par des contreforts surmontés d'élégants pinacles, là par des galeries ouvragées, des statues, des roses étincelantes et des myriades de sculptures ne laissant pas une place vide dans le dessin des voussures et des portes.

Au portail du milieu Jésus-Christ garde, pour ainsi dire, l'entrée du temple, entouré des Évangélistes qui ont publié sa loi, des Prophètes et des Sibylles qui l'ont prédite, *teste David cum sibylla*. Aux autres portes de la façade vous apercevez les Vertus et les Vices sous la forme tantôt poétique, tantôt grotesque, d'animaux divers ;

puis cette terrible scène du jugement dernier où se fait la séparation du bouc et de la brebis :

Inter oves locum præsta,
Et ab hædis me sequestra....

Dans l'épaisseur des pilastres s'élevaient jadis deux grandes statues de femmes, l'une représentant la Foi, l'autre la Religion. Parmi les décors de la porte gauche on remarque un zodiaque qui n'a que onze signes, le douzième est formé par la statue de la Vierge adossée au pilier central; les ferrures composées d'enroulements en fonte de fer, dessinant des animaux et des arabesques, parurent si merveilleuses qu'on attribua ce chef-d'œuvre du serrurier Biscornet à la coopération du diable.

Comment citer maintenant tous les épisodes de ce merveilleux poëme qui, embrassant à la fois la crèche de Bethléhem et l'église de Paris, fait successivement passer sous nos yeux saint Jean-Baptiste, la Vierge, les Mages, sainte Geneviève, saint Germain, saint Marcel foulant aux pieds le dragon de la Bièvre ; puis, au-dessus de l'ogive des voussures, vingt-sept statues colossales des rois de France depuis Childebert jusqu'à Philippe-Auguste?

Qu'imaginer de plus imposant que cette longue suite de rois debout entre les colonnettes de la galerie et que dominait du haut de la galerie supérieure la statue de Marie, de la protectrice de la France? Malheureusement la Révolution a passé par là ; elle a brisé, elle a détruit l'image de la reine des cieux, comme celles des rois de la terre [1]. Mais la grande rose du moins brille encore de

[1] Voici le réquisitoire à la suite duquel ces statues ont été détruites : « Le

mille feux au soleil couchant, elle est toujours surmontée de ces gracieux promenoirs qui unissent les deux tours de leurs dentelles de festons reposant sur de sveltes colonnes; mais les deux grosses tours, si remarquables par leur parfaite symétrie, dominent toujours la ville de leur masse imposante d'où s'échappent par volées, aux jours solennels, les sons lugubres du bourdon, de cette pesante cloche, Emmanuelle-Louise-Thérèse, qui fut la filleule de Louis XIV.

Lorsque vous franchissez le seuil de Notre-Dame, le premier sentiment qui vous pénètre est celui de l'immensité. L'immensité est partout, devant vous, au-dessus de vous; nulle part de ligne droite qui arrête la pensée et le regard. Si vous vous placez dans la grande nef, votre vue et votre imagination se perdent dans la religieuse obscurité du sanctuaire; puis, au delà du sanctuaire, vous apercevez de lointaines arcades, au delà de ces arcades des chapelles: c'est une succession sans terme d'enceintes mystérieuses d'où la prière monte vers les cieux.

Dans les nefs latérales l'effet est plus saisissant encore. On ne sait où se terminent ces longues et étroites galeries qui entourent l'autel comme d'une couronne. La seule chose que vous distinguiez au loin, c'est un jeu de colonnes et de lumière derrière lequel se perdent encore les enfoncements des chapelles; mais le mur, mais la fin

procureur de la commune a dit qu'on lui a dénoncé ce matin qu'il existait une *longue file de rois de pierre* sur le portail du temple de Notre-Dame.... Il a requis du conseil général de prendre les mesures les plus promptes pour que ces signes, qui nous rappellent *la honte de nos aïeux,* disparaissent de notre cité. » Aujourd'hui on s'occupe de replacer la *longue file de rois* dans les arcatures.

qui vous frappe dès l'entrée dans les monuments de style antique, elle n'apparaît ici nulle part.

Ces impressions, communes à la plupart des monuments de l'art ogival, sont plus sensibles encore à Notre-Dame, grâce à l'étendue de ses proportions et à la majestueuse pureté de ses formes. L'art ne s'y épuise pas encore en de vains détails qui plus tard détourneront et captiveront la pensée. Il est riche, mais sobre; il est élégant, mais surtout puissant et fort.

Nous ne pouvons avoir la prétention maintenant de décrire chacune des parties de ce somptueux édifice : ses vastes galeries, ses sculptures, ses chapelles. Disons seulement que l'ogive y conserve l'élancement des premiers âges, que les colonnes et les colonnettes y sont d'une correction de dessin toujours harmonieuse, et que les chapelles, au nombre de quarante-cinq, couronnent dignement par leur variété ce majestueux ensemble.

Le sanctuaire de Notre-Dame est extérieurement entouré de sculptures représentant la suite des histoires évangéliques, œuvre de foi plus que d'art peut-être, mais où l'inspiration du cœur faisait oublier souvent l'imperfection de la main. On lisait au bas de ces sculptures le nom et la figure agenouillée de l'artiste, de Jehan Ravy, maître maçon de Notre-Dame en 1351. A l'intérieur, le sanctuaire offrait la représentation des souvenirs de la Genèse. Ces dernières sculptures dataient des premières années du XIIIe siècle. Elles avaient été exécutées aux frais d'un chanoine du nom de Fayel; mais lorsque Louis XIV voulut accomplir le vœu de son père, et consacrer par un monument son éternelle reconnaissance à la Vierge, cette pieuse ornementation disparut derrière des pilastres de marbre, l'ogive moderne fut remplacée autour de l'autel par le plein cintre antique, et, au lieu des incorrectes mais pieuses figures de la statuaire du moyen âge, nous eûmes la beauté moderne de la Vierge de Coustou.

« Les architectes tiennent, dit Sauvel, que Notre-Dame de Paris ne voit rien au-dessus d'elle que Saint-Pierre de Rome... Et néanmoins sont d'accord entre eux que le portail de Notre-Dame n'a point son pareil, et qu'enfin, de ces deux tours si hautes, si grosses, si majestueuses, part une certaine fierté qui porte au respect et donne en même temps de la terreur. »

Admiration exclusive peut-être, mais qui nous révèle du moins toute la profondeur des impressions qu'éveillaient encore, en plein XVIIe siècle, et malgré le triomphe des théories classiques, nos merveilles du moyen âge. La préférence donnée au portail de Notre-Dame sur celui de Saint-Pierre de Rome n'est d'ailleurs que le cri naturel du sentiment et du goût. Que serait, sans la colonnade du Bernin, la façade de Saint-Pierre de Rome?

Mais ce n'était pas seulement sous le rapport des arts que la cathédrale de Paris ne reconnaissait de supérieure que la basilique romaine. Pour le chant, pour la richesse des décors, pour la splendeur des cérémonies saintes, il n'y avait, disait-on, que Paris après Rome. L'église entière disparaissait, aux grands jours, sous des tentures d'or et de soie qui, partant de la base des colonnes, s'élevaient jusqu'aux voûtes. La flamme des cierges, ayant pris à ces tentures le jour de l'Assomption de l'année

1218, en brûla pour une valeur de plus de 45,000 livres. Le vitrail donné par Suger était d'une magnificence que ne connaissait pas l'Italie; la liturgie particulière à cette église s'était formée de tout ce qu'il y avait de céleste poésie dans les prières romaines et de majestueuse grandeur dans les souvenirs chrétiens de la France.

Rappellerons-nous maintenant les droits presque royaux de l'évêque, droits qui s'étendaient, à divers titres, sur la moitié de Paris ? Quelque puissante toutefois que fût cette juridiction civile de l'évêque, il est remarquable qu'elle n'atteignait pas le chapitre de Notre-Dame. Ce chapitre illustre, d'où sortirent six papes et trente-neuf cardinaux, avait une officialité et une justice séculière indépendantes de l'évêque; il citait à sa barre du même droit que l'évêque citait à la sienne, et les diverses églises canonicales de Paris se divisaient en filles de Notre-Dame et filles de l'évêque : Saint-Merry, le Saint-Sépulcre, Saint-Benoît et Saint-Étienne-des-Grés étaient les quatre filles de Notre-Dame; Saint-Marcel, Saint-Honoré, Sainte-Opportune et Saint-Germain-l'Auxerrois étaient les quatre filles de l'évêque. Lorsque l'évêque faisait son entrée dans la ville, il était porté par quatre feudataires au nombre desquels était le roi, par procuration, pour ses fiefs de Corbeil, Montlhéry et la Ferté-Alais. Le prévôt de l'évêque prêtait serment au roi, et le prévôt du roi prêtait serment à l'évêque. Cette fière rivalité de juridiction et d'influence entrava sans doute parfois la marche de l'administration; mais nous ne pouvons oublier qu'elle fut pour les princes l'aiguillon de la civilisation, et pour les peuples une défense permanente contre la tyrannie. Elle éveillait en outre parmi les forces vives de la nation une émulation généreuse vers le bien et vers le beau. Les lois civiles se modelaient sur les lois ecclésiastiques, les priviléges des bourgeois sur les priviléges des clercs. L'administration et les arts s'en ressentaient également. Au moment où Philippe-Auguste donnait l'ordre de paver les rues de la Cité, Maurice de Sully faisait construire la rue Neuve-Notre-Dame; au moment où s'élevait le Louvre, apparaissait grandiose Notre-Dame-de-Paris.

Ainsi se révélait sous mille formes diverses la tradition vivante du grand fait social que Gibbon a caractérisé en deux mots : « Ce sont les évêques qui ont fait la France. »

Ici se présente naturellement à notre souvenir un fait antérieur seulement de quelques années à l'époque qui nous occupe. Suivant une ancienne coutume mérovingienne, en quelque lieu que le seigneur roi dût coucher, les meubles nécessaires à lui et à sa cour étaient enlevés d'autorité aux habitants et devenaient aussitôt propriété royale : c'était ce qu'on appelait le *droit de prise*. Ce droit abusif avait maintes fois éveillé les plaintes du clergé et du peuple; mais, il faut le dire, toujours en vain. Un soir donc que Louis le Jeune se trouvait attardé, il soupa et coucha au village de Créteil aux dépens des habitants. Or, Créteil faisait partie des domaines du chapitre de Notre-Dame. Les chanoines s'émurent, et le lendemain, lorsque le roi se présenta à l'église pour assister à l'office suivant son habitude, il trouva les portes fermées. « Quoique tu sois roi, lui fut-il dit de la part

du chapitre, tu n'en es pas moins cet homme qui, contre
les libertés et les coutumes sacrées de la sainte Église, as
eu l'audace de souper à Créteil, non à tes dépens, mais
à ceux des habitants de ce village. Voilà pourquoi l'Église
a suspendu ses offices et t'a fermé sa porte... » Louis
s'excusa humblement et promit réparation. Alors seulement l'accès de la basilique lui fut permis.

Quelques jours après, les habitants de Créteil reçurent
en effet le prix de la sieste royale. « Si l'on songe, a dit
Michelet, que les terres de l'Église étaient alors les seuls
asiles de l'ordre et de la paix, on comprendra combien
leur défenseur faisait chose charitable et humaine [1]. »

Mais ce n'était pas seulement pour la défense de ses
droits et de ses libertés que l'Église savait se montrer
forte ; c'était encore pour la défense de tous les droits
méconnus, de toutes les faiblesses opprimées. Qui ne se
rappelle l'histoire d'Ingeburge, de cette jeune fille du
Nord que Philippe-Auguste chassa de son palais après
vingt-quatre heures de mariage, et qui, condamnée et
emprisonnée sans avoir été entendue, dans un pays dont
elle ne sait pas la langue, n'avait pu jeter qu'imparfaitement à ses bourreaux les bégaiements de son infortune :
« France ! avait-elle dit, mal, mal, Rome ! Rome ! » Eh
bien ! Rome a entendu et compris ces bégaiements. Il y
a assez longtemps que Rome est la protectrice de tous
ceux qui souffrent pour qu'aucun gémissement ne lui
échappe ; et quand tout le monde tremble et se tait, elle
prend en main, haut et ferme, la cause sacrée du droit
et de la justice.

[1] *Histoire de France*, tome II, p. 270.

Philippe-Auguste, qui avait déjà remplacé Ingeburge sur le trône, frémit de rage dans son lit adultère; et ne pouvant s'attaquer au pape, il s'attaque aux évêques; à tous ces hommes du droit et du devoir qui se sont habitués à faire croire au peuple qu'il y a quelque chose au-dessus du caprice des rois. Abordant un jour l'évêque de Paris : « Vous autres prélats, lui dit-il, vous ne vous souciez de rien, pourvu que vous mangiez vos gras bénéfices; mais je vous rognerai l'écuelle. » Et l'évêque est chassé, et son palais est mis à sac.

Ainsi voilà deux principes en présence : la force et la justice. La force fut vaincue.

Une nuit, « le son lugubre des cloches retentit en glas entrecoupés comme à l'approche de la mort : les évêques et les prêtres se rendent en silence, et à la lueur des flambeaux, à la cathédrale. Les chanoines entonnent, pour la dernière fois, le chant de la pitié et de la miséricorde : « Seigneur Dieu, ayez pitié de nous. » Puis un voile descend sur l'image du crucifié; les reliques des saints sont cachées dans des cryptes souterraines; le feu consume lentement les restes du pain consacré pour le sacrifice; et le légat, s'avançant devant le peuple, vêtu d'une étole violette comme aux jours de la Passion du Sauveur, prononce l'interdit au nom de Jésus-Christ sur tous les domaines du roi de France, tant que le roi ne renoncera pas à son commerce adultère [1]. »

Cette terrible sentence, prononcée par le légat dans la cathédrale de Dijon, le fut ensuite dans toutes les cathédrales du royaume. Au moment où la condamnation

---

[1] Hurter, *Histoire d'Innocent III*.

tombait de la bouche du prêtre, les lumières s'éteignaient simultanément, et des pierres étaient lancées du haut de la chaire, comme pour rappeler à la foule tremblante qu'elle était repoussée de la présence de Dieu. L'interdit! c'était en effet la privation des saintes joies de l'âme. Plus de chants dans les temples! plus de prières autour des cercueils! plus de culte, plus de vie chrétienne! peine terrible sans doute, qui atteignait tout un peuple pour les fautes de son roi; mais peine dont la pensée tenait à une haute estime pour le caractère de l'homme. Cette pensée était qu'il n'y avait pas de cœur où l'enivrement des passions pût étouffer le cri de la douleur publique. « Le cœur d'un chrétien, disait-on, bat toujours dans la poitrine d'un prince, et ce cœur bat pour le peuple, comme des pères pour leurs enfants [1]. »

Sous le règne de saint Louis, Notre-Dame fut de nouveau le théâtre d'une de ces scènes de pénitence qui nous sont devenues complétement étrangères. Raymond VII, comte de Toulouse, avait encouru les censures de l'Église pour l'aide qu'il avait prêtée aux Albigeois, dont le manichéisme attaquait à la fois et la société religieuse et la société civile. Après de longues guerres, après de pénibles incertitudes, Raymond finit par conclure un traité avec Blanche de Castille et demanda à être réintégré parmi les fidèles. La cérémonie de son absolution fut fixée au Jeudi saint, 12 avril 1229; elle se fit au milieu d'un concours immense de peuple. Le comte, accompagné du légat, d'un grand nombre d'évêques, du roi, des princes et de tous les officiers de la

[1] Hurter, *Histoire d'Innocent III*.

cour, fut conduit à Notre-Dame. Là, aux portes de l'église, un clerc lut le traité qui fut juré solennellement par Raymond. On l'introduisit ensuite dans l'église jusqu'au maître-autel ; il était en habits de pénitent, c'est-à-dire en chemise, en hauts-de-chausses et pieds nus. Tel avait été son père dans l'église Saint-Gilles, vingt ans auparavant. Le légat le reçut au pied du grand autel, et lui donna l'absolution.

Des pénitences de cette nature tenaient aux mœurs du temps ; aujourd'hui nous en avons d'autres. Princes et peuples ont trouvé la verge trop dure, et Dieu leur a envoyé la verge des révolutions.

Une solennité d'un genre bien différent réunissait en 1302 une foule agitée et compacte dans la cathédrale de Paris. Philippe le Bel y avait convoqué les trois états du royaume, clergé, noblesse et communes ; et, pour la première fois depuis les temps carlovingiens, la France allait émettre sa voix dans la discussion des affaires publiques. La pensée de Philippe n'était d'ailleurs ni de concéder ni de reconnaître des libertés. Ce qu'il voulait uniquement, c'était un point d'appui contre Rome dont les foudres l'effrayaient, et contre les bourses de ses sujets qu'il ne se sentait pas assez fort pour pressurer indéfiniment sans leur aveu. Pierre de Bosco, parlant en leur nom, ne laissa à cet égard aucune incertitude. « La souveraine liberté du roi, dit-il, est et fut toujours de n'être soumis à personne, *nulli subesse*, et de commander à tout le royaume sans crainte de reproche humain, *sine reprehensionis humanæ timore.* »

La session des états généraux qui se réunit à Notre-

Dame, le 10 avril 1302, ne dura au reste qu'un jour. Les états se conformèrent docilement aux ordres du roi.

Deux ans après, en 1304, Philippe le Bel gagnait sur les Flamands la célèbre victoire de Mons-en-Puelle, et entrait à cheval à Notre-Dame pour en rendre grâces à Dieu. En mémoire de ce fait, la statue équestre de ce prince fut placée par son ordre près de la chapelle de la Vierge.

A l'entrée de l'église fut érigée, le siècle suivant, une autre statue non moins remarquable ; c'était une figure colossale de saint Christophe, due à la libéralité d'Antoine des Essarts, frère de Pierre des Essarts, le célèbre prévôt de Paris. Pierre, engagé dans les violentes querelles d'Armagnac et de Bourgogne, avait été décapité aux Halles, après y avoir fait décapiter lui-même Jean de Montagu, son prédécesseur. « Prévôt de Paris, lui disait un jour le duc de Bourgogne, Jehan de Montagu a mis vingt-deux ans à soi faire couper la tête ; mais vraiment, vous n'y en mettrez pas trois. » La prédiction ou plutôt la menace s'était accomplie. Antoine des Essarts craignait pour lui le même sort ; y ayant échappé, il éleva la statue dont nous parlons en actions de grâces de sa délivrance. « On peut juger de l'excès de sa frayeur, dit Villaret, par l'énormité de l'*ex-voto*. » Cet étrange monument fut démoli en 1784 [1].

---

[1] On remarquait en outre à Notre-Dame la tombe en cuivre de l'évêque Eudes de Sully, et les statues du pape Benoît XI, des rois Philippe-Auguste et Louis VIII, du cardinal du Bec et des évêques Simon de Bucy, Guillaume de Melun, Aymeric de Margnac, Denys du Moulin, tous bienfaiteurs de l'église. Aujourd'hui on y voit le tombeau du cardinal de Belloy, et, dans peu de jours, on y verra celui de Mgr Affre.

Laissons maintenant passer un demi-siècle; nous nous trouvons sous le règne de Louis XI, et une ligue puissante où sont entrés tous les débris de la féodalité vient de se former contre l'omnipotence royale. Cette ligue est encore secrète, et déjà cependant elle compte plus de 500 princes, chevaliers, écuyers, auxquels il faut joindre bon nombre de dames et damoiselles. Une dernière conférence a lieu à Paris entre les conjurés, vers la fin de décembre 1464. L'église Notre-Dame est choisie pour lieu de réunion; ils s'y glissent avec la foule qu'attirent les pieuses solennités de ces derniers jours; leur signe de ralliement est une aiguillette rouge brodée à la ceinture, et là ils jurent, en face de Dieu qu'ils outragent, de prendre les armes contre un roi qui méprise la noblesse, ne s'entoure que de gens du commun, paie des traîtres dans toutes les familles, aggrave les impôts et prohibe la chasse. Le serment est tenu, et la bataille de Montlhéry donne momentanément raison à la noblesse. Louis XI cependant accourt à Paris; il s'y défend pendant deux mois, et finit par signer le traité de Conflans, qui met un terme à la guerre.

Au XVIe siècle, Notre-Dame ressent le contre-coup des agitations de la réforme, en devenant plus que jamais le centre du mouvement catholique. A chaque sacrilége nouveau, à chaque attaque nouvelle, sa grande nef voit accourir des processions de vingt, de cinquante, de cent mille personnes, « et quand un bout d'icelles processions était à Notre-Dame, dit un chroniqueur, l'autre bout touchait déjà en l'église Saint-Denis. »

Les voûtes de Notre-Dame se couvrent en même temps de drapeaux enlevés aux huguenots à Dreux, à Saint-Denis, à Jarnac, à Montcontour, partout où ils ont osé tenir tête à l'armée catholique. Ces drapeaux y flottaient encore le 18 août 1572, jour du mariage du roi de Navarre avec Marguerite de Valois. Coligny s'écriait alors qu'il fallait les ôter comme étant « marques de troubles; » il s'informait, en se promenant dans la nef et *se gaussant*, des cinquante mille écus promis pendant la guerre à ceux qui apporteraient sa tête.

Ce mariage semi-huguenot, semi-catholique, avait en effet ravivé toutes les passions; on se menaçait du geste et du regard jusque dans l'église.

Quant aux cérémonies, Marguerite de Valois s'est plu elle-même à les détailler. « Nos nopces se firent, dit-elle, avec autant de triomphe et de magnificence que de nulle autre de ma qualité... Moi habillée à la royale, avec la couronne et couet d'hermine mouchetée qui se met au devant du corps, toute brillante de pierreries, et le grand manteau bleu à quatre aunes de queue portée par trois princesses: les eschaffauds estoient dressés à la coutume des nopces des filles de France depuis l'évesché jusques à Nostre-Dame et parés de drap d'or: le peuple s'étouffoit en bas à regarder passer les nopces et toute la cour; nous vînmes ainsi à la porte de l'église où M. le cardinal de Bourbon, qui faisoit l'office, nous ayant reçus pour dire les paroles accoutumées en tel cas, nous passâmes, toujours sur le même eschaffaud, jusques à la tribune qui sépare la nef d'avec le chœur. Là, il se trouva deux degrés, l'un pour descendre audict chœur et l'autre pour sortir de la nef hors de l'église. » Marguerite prit le premier, et le roi de Navarre, qui, en sa qualité de huguenot, se souciait peu d'entendre la messe, prit le second.

Les huguenots rassemblés sur le parvis se mirent alors à rire, à plaisanter, à jeter des yeux de mépris sur les figures des saints, tandis que la multitude catholique frémissait d'indignation. On entendit même quelques voix sourdes, si nous en croyons un écrivain huguenot, qui répétaient entre les dents : « Mort aux contempteurs de la messe ! »

Dix ans après, nous rencontrons le cardinal de Lorraine dans la chaire de Notre-Dame où il est entouré d'une « incrédible affluence, » suivant l'expression de Pasquier, « admonestant sur toutes choses le peuple, qu'il falloit plutost mourir et se laisser épuiser jusques à la dernière goutte de sang que de permettre, contre l'honneur de Dieu et de son Église, qu'autre religion eust cours en la France que celle que nos ancêtres avoient si estroitement et religieusement observée... Bref on ne corne autre chose que feux et saccagements, ajoute le grave parlementaire ; si Dieu ne nous regarde, nous sommes taillés de voir bientôt jouer des couteaux. »

A ces ardentes prédications, à cette voix qu'exaltent le danger et la lutte succédèrent bientôt les voix si diverses et si puissantes de saint François de Sales, de saint Vincent de Paul, de Fléchier et de Bossuet. Il n'est pas en effet une d'elles qui n'ait retenti dans la chaire de Notre-Dame, pas une qui n'y ait fait admirer la sublime union du génie de l'éloquence et du génie de la foi. Remontez par la pensée au 15 juin 1690 ; la nef de la grande église est tendue de noir, un cercueil en occupe le centre, et autour de ce cercueil se presse toute la famille de Louis le Grand. La dépouille qui repose sous ce cénotaphe se nommait hier encore Marie-Anne-Christine de Bavière, dauphine de France ; un prêtre est dans la chaire, et, en parlant de ce néant, les seules idées qui se présentent à lui comme au roi-prophète sont celles de la fumée qui s'évanouit dans les airs, de l'ombre qui s'étend, se rétrécit, se dissipe, *sombre, vide et disparaissante figure;* celle de l'herbe qui sèche dans la prairie, qui perd à midi sa fraîcheur du matin, et qui languit et meurt sous les mêmes rayons de soleil qui l'ont vue naître. Puis, redressant tout à coup sa tête, il l'élève vers Dieu ; il voit *une vanité qui passe et une vérité qui demeure,* un Dieu qui brise et qui élève, et, devant lui, non plus une princesse, mais une jeune femme dont les actions n'ont jamais eu d'autre éclat que celui de la vertu, et dont la gloire est d'autant plus grande qu'elle l'a toujours renfermée au dedans d'elle-même, *omnis gloria filiæ regis ab intus.* Ce prêtre, c'est Esprit Fléchier !

Remontez quelques années encore, et toujours en face d'un tombeau, vous apercevrez un évêque à la tête blanchie et au regard sublime. « Venez, peuples, venez
« maintenant, s'écrie-t-il ; mais venez surtout, princes
« et seigneurs, et vous qui jugez la terre, et vous qui
« ouvrez aux hommes les portes du ciel ; venez voir le
« peu qui nous reste d'une si auguste naissance, de tant
« de grandeur, de tant de gloire. Jetez les yeux de toutes
« parts ; voilà tout ce qu'a pu faire la magnificence et la
« piété pour honorer un héros : des titres, des inscrip-
« tions, vaines marques de ce qui n'est plus ; des figures

« qui semblent pleurer autour d'un tombeau, et de fra-
« giles images d'une douleur que le temps emporte avec
« tout le reste ; des colonnes qui semblent vouloir porter
« jusqu'aux cieux le magnifique témoignage de notre
« néant, et rien enfin ne manque dans tous ces honneurs
« que celui à qui on les rend. » Celui qui manque, c'est
le grand Condé ! celui qui parle, c'est Bossuet !

Il est une partie de l'histoire de la cathédrale de Paris
sur laquelle nous ne pouvons donner que des indications
rapides ; car, prise dans toute son étendue, elle embras-
serait à elle seule notre histoire entière : nous voulons
parler des cérémonies publiques et nationales qui s'accomplirent à toutes les époques à Notre-Dame, comme
au centre religieux de la monarchie. C'était à Notre-
Dame que nos armées allaient faire bénir leurs drapeaux
avant le combat, et c'était à Notre-Dame qu'elles appor-
taient les drapeaux ennemis après la victoire [1]. C'était
là qu'étaient chantés les *Te Deum* à chaque nouveau
triomphe, à chaque joie nouvelle de la patrie ; Notre-
Dame était enfin le point de départ ou le but de toutes
les processions par lesquelles les pouvoirs publics s'effor-
çaient d'appeler les bénédictions de Dieu sur la France.
La peste sévissait-elle sur la capitale ? le royaume souf-
frait-il de la famine ? les intempéries des saisons mena-
çaient-elles les récoltes ? la vie du roi était-elle en péril ?
la fortune semblait-elle abandonner nos armes ? aussitôt
le prévôt des marchands convoquait le bureau de ville ;
puis, après avoir consulté le parlement, les magistrats
municipaux se rendaient à Notre-Dame, et demandaient

[1] Aujourd'hui on les porte aux Invalides.

au chapitre d'envoyer prier l'abbé de Sainte-Geneviève de descendre de sa montagne avec la châsse de la bienheureuse patronne de Paris. « Ils ne peuvent aucunement être refusés, lisons-nous dans une vieille relation, vu que c'est leur refuge et comfort en leur nécessité. »

La châsse était alors portée par la confrérie des bourgeois ; c'était un honneur dont ils étaient en possession, en vertu d'un bref pontifical, à l'exclusion de tous autres. Cette confrérie, placée sous l'invocation de sainte Geneviève, était presque uniquement composée de conseillers de ville, d'échevins, de juges-consuls, etc. Elle avait toujours trente membres en exercice, savoir : dix-sept porteurs et treize *attendants* toujours prêts à remplacer les porteurs en cas d'absence ou de maladie. Un article du règlement stipulait que chacun d'eux serait tenu « de se mettre en bon estat, vrai confès et repentant, et recevoir son Créateur, et avoir la tête nue et les pieds nus, et linge blanc honneste comme il appartient, avec un chapeau de fleurs sur la tête. » Un autre article interdisait aux confrères de porter barbe au menton.

La châsse de sainte Geneviève descendait donc à Notre-Dame au milieu des hommages les plus empressés et les plus touchants. Nous trouvons dans l'histoire de Paris l'indication de plus de cent quatorze de ces processions jusqu'en 1725.

Trois autres processions solennelles avaient lieu annuellement à Notre-Dame ; l'une d'elles, celle de l'Assomption, appelée le vœu de Louis XIII, se rattachait en outre, pour les Parisiens, à l'acte le plus important de leur vie municipale. C'était en effet le 16 août, c'est-à-dire le lendemain de cette procession, que se faisait l'élection du prévôt et de ses échevins. La cérémonie religieuse n'était ainsi qu'une pieuse préparation à la cérémonie politique.

Les deux dernières processions avaient lieu : l'une le vendredi de Pâques, en mémoire de l'expulsion des Anglais de Paris ; et l'autre le 22 mars de chaque année, en mémoire de l'entrée de Henri IV.

La communauté de ville devait en outre à Notre-Dame une bougie roulée aussi longue que l'enceinte de Paris, laquelle devait *ardre* perpétuellement devant l'autel de la Présentation. Cette offrande était le résultat d'un vœu fait à la Vierge, en 1357, année d'extrême froidure et de cruelles souffrances politiques. A l'époque des guerres de religion, *la chandelle Notre-Dame* cessa d'être entretenue ; mais en 1605 François Miron, prévôt des marchands, la remplaça par une lampe d'argent, en forme de navire, du poids de vingt marcs, dont il fit hommage à la Vierge, avec engagement au nom de la ville de la tenir allumée jour et nuit devant son autel.

Parmi les faits qui se rapportent à l'histoire de Notre-Dame, on nous permettra maintenant de rappeler le désir exprimé par Louis XIV de n'avoir à subir aucune harangue lorsqu'il s'y présentait. Qu'est-ce en effet qu'un homme en présence de Dieu ? Un jour cependant qu'il venait assister à un *Te Deum*, l'archevêque Harlay de Chanvalon lui dit avec cet esprit qui était son plus grand mérite : « Sire, vous me fermez la bouche, pendant que vous l'ouvrez à la joie publique. »

A côté de ce trait d'esprit nous citerons un trait de bon sens : il est de Santeul. Santeul contemplait un jour avec admiration les vieux piliers de Notre-Dame et cette généalogie de la foi qui y apparaît en tous lieux sculptée sur la pierre ; saisissant tout à coup le bras de son frère : « Mon frère, dit-il, cela est bien vieux pour être faux. »

Santeul faisait retentir alors les échos de Notre-Dame du chant de ses hymnes ; avec elles entra dans la métropole parisienne une musique nouvelle qui fut loin de se distinguer toujours par l'harmonie. On ne peut oublier toutefois que quelques-uns des beaux airs de Baptiste datent de cette époque. « Pour la musique, écrivait Mme de Sévigné, c'est une chose qu'on ne peut expliquer. Baptiste y avoit fait un dernier effort... Ce beau *Miserere* y étoit encore augmenté ; il y eut un *Libera* où tous les yeux étoient pleins de larmes. Je ne crois pas qu'il y ait une autre musique dans le ciel [1]. »

Au commencement du xviiie siècle, de grands travaux dont nous avons déjà parlé furent exécutés dans le chœur de Notre-Dame par ordre de Louis XIV en accomplissement d'un vœu de Louis XIII. Le jubé, gracieux monument du moyen âge, fut supprimé ; les ogives du xiiie siècle, nous l'avons dit, disparurent sous des arceaux de marbre dessinés par Robert de Cotte ; et un groupe représentant Notre-Dame de Pitié fut placé au-dessus de l'autel. Ce groupe est un des beaux ouvrages de Coustou aîné. La statue de Louis XIII offrant son royaume à Marie, fut sculptée par Coustou jeune, et celle de Louis XIV

---

[1] Tout le monde connaît la fin de Baptiste Lulli. S'étant violemment frappé le pied avec sa canne en battant la mesure d'un *Te Deum* composé pour le rétablissement de la santé de Louis XIV, l'échauffement du sang détermina la gangrène, qui le conduisit au tombeau.

accomplissant le vœu de son père, par Coysevox. Quelque somptueuse toutefois que soit cette décoration, elle manque complétement d'inspiration et de goût. Peut-être eût-elle été à sa place à Saint-Sulpice ; mais ce qui frappe tous les yeux, c'est qu'elle forme un contre-sens à Notre-Dame[1].

Faut-il s'étonner au reste de cette impuissance de l'art chrétien ? Jamais plus qu'à l'époque à laquelle nous touchons l'Église n'avait semblé pâlir : « Bossuet ne rend « plus d'oracles ; Fénelon dort dans sa mémoire harmo- « nieuse ; Pascal a brisé au tombeau sa plume géomé- « trique ; Bourdaloue ne parle plus en présence des rois ; « Massillon a jeté aux vents du siècle les derniers sons « de l'éloquence chrétienne : Espagne, Italie, France, « par tout le monde catholique, j'écoute : aucune voix « puissante ne répond aux gémissements du Christ ou- « tragé. Ses ennemis grandissent chaque jour ; les trônes « se mêlent à leur conjuration : Catherine II, du milieu

---

[1] On se propose de faire disparaître cette fastueuse mais incohérente ornementation. Avant elle, c'est-à-dire avant 1699, le sanctuaire de Notre-Dame, en parfaite harmonie avec le style de l'église, était en outre remarquable par ses œuvres d'art : « Rien, dit Émeric David, ne saurait aujourd'hui en donner une idée. » Au-dessus des stalles, une suite de grandes figures en ronde-bosse représentaient les scènes de l'Évangile et des Actes des Apôtres ; plus bas, vous remarquiez *le vieil Testament engravé dans la pierre* ; puis, des deux côtés de l'autel, les statues de Philippe-Auguste et de Louis VIII ; au-dessus de la porte, un crucifix grand comme nature ; au fond du chœur, des sarcophages en cuivre ou en marbre, et autour de l'autel, sur des piliers de cuivre doré, quatre anges du même métal. Enfin l'autel était orné de châsses, de bustes de saints ; derrière lui, au-dessus de la statue et de la tombe de Philippe de France, fils de Louis le Gros et archidiacre de Paris, s'élevait, à cinq mètres de haut, la châsse d'argent et d'or sculpté qui contenait les reliques de saint Marcel ; au-dessus encore vous aperceviez, dans l'arcade centrale de l'abside, une statue colossale de la Vierge.

« des steppes de la Crimée, au sortir d'une conquête sur
« la mer et sur la solitude, écrit des billets tendres à ces
« heureux génies du moment; Frédéric II leur donne
« une poignée de main entre deux victoires; Joseph II
« vient les visiter, et dépose la majesté du Saint Empire
« Romain au seuil de leurs académies. Qu'en dites-vous?
« que dites-vous du silence de Dieu?... Déjà le siècle a
« marqué le jour de sa chute. Attendez... une heure,
« deux heures, trois heures... demain matin, ils enter-
« reront le Christ. Ah! ils lui feront de belles funérailles;
« ils ont préparé une procession magnifique; les cathé-
« drales en seront; elles se mettront en route et s'en iront
« deux à deux comme les fleuves qui vont à l'Océan
« pour disparaître avec un dernier bruit.... Un jour,
« enfin, le jour de Dieu se leva... le vieux peuple franc
« secoua cette société tombée dans l'apostasie de la
« vertu, et la jeta par terre d'un coup... l'échafaud
« succéda au trône, moissonnant avec indifférence tout
« ce qu'on lui apportait : rois, reines, vieillards, en-
« fants, jeunes filles, prêtres, philosophes, innocents et
« coupables, tous enveloppés dans la solidarité de leur
« siècle et dans son triomphe sur Jésus-Christ. Une der-
« nière scène acheva les représailles de Dieu. La *raison*
« *pure* voulut célébrer ses noces... et les portes de cette
« métropole s'ouvrirent par ses ordres tout-puissants.
« Une foule innombrable inonda le parvis menant au
« maître-autel la divinité qu'on lui avait préparée... en
« dirai-je le nom? L'antiquité avait eu des images qui
« exposaient la dépravation au culte des peuples; ici
« c'était la réalité, le marbre vivant... Je me tais, je

« laisse ce grand peuple adorer la divinité dernière du
« monde et célébrer les noces de la raison pure [1]. »

Voilà six ans à peine que ces magnifiques paroles retentissaient sous les voûtes de Notre-Dame. Elles sortaient de la bouche d'un moine dont la seule présence au milieu d'un auditoire pressé, amoncelé, de tous les rangs, de toutes les opinions, de toutes les intelligences, était, dans ce temple souillé de l'apothéose du vice, le plus saisissant témoignage des triomphes de Dieu.

Et ce n'était pas le seul depuis cinquante ans!

.... Quel temps fut jamais si fertile en miracles!

A peine la *déesse de la Raison* avait-elle quitté le parvis de Notre-Dame, que la grande église se rouvrait pour recevoir le vicaire du Christ. Il y venait, appelé par le fils même de la Révolution, renouveler une de ces cérémonies profondément sociales et religieuses qui consacraient jadis le pouvoir. On eût dit les jours de Pépin le Bref et du pape Étienne. Quelques années après, le sanctuaire de Notre-Dame donnait place à un concile où revivait la sainte énergie des conciles de la primitive

---

[1] A côté de ces magnifiques paroles du Père Lacordaire, comment ne pas rappeler la vision prophétique qu'eut le Père Beauregard, dans cette même chaire de Notre-Dame, treize ans avant la Révolution : « Oui, vos temples, « Seigneur, s'écria-t-il tout à coup, seront dépouillés et détruits, vos fêtes « abolies, votre nom blasphémé, votre culte proscrit.... Mais qu'entends-je, « grand Dieu! que vois-je!... Aux saints cantiques qui faisaient retentir les « voûtes sacrées succèdent des chants lubriques et profanes! et toi, divinité « infâme du paganisme, impudique Vénus, tu viens ici même prendre auda-« cieusement la place du Dieu vivant, t'asseoir sur le trône du Saint des « saints, et recevoir l'encens coupable de tes nouveaux adorateurs! » Les philosophes dénoncèrent alors le Père Beauregard comme un *ligueur* et un *fanatique*.

Église. A l'époque du Jubilé de 1825, Paris et sa vénérable métropole revoyaient les splendides processions du moyen âge. Puis les jours mauvais succédaient aux jours heureux ; la Révolution reprenait sa tâche d'outrages et de ruines. L'archevêché était démoli ; la croix qui couronnait le faîte de Notre-Dame était abattue. Je l'ai vue, cette croix, ébranlée avec fureur comme le vieux chêne sous la cognée du bûcheron. A chaque secousse une multitude frénétique battait les mains, acclamait avec transport. Puis, quand elle s'inclina lentement et avec dignité comme le mât du navire ballotté par l'orage, j'entendis des cris de joie, des rires convulsifs : le peuple roi était las d'une royauté qui fût plus haute que la sienne.

Mais quelques années s'écoulent, et voilà que la croix se relève, voilà que la vieille basilique de Maurice de Sully est réparée, rajeunie avec toute la croyante poésie des âges de vive foi. Un jour même nous l'avons vue, lorsque la cité était en deuil, lorsque le sang, les débris, les haines étaient partout, nous avons vu Notre-Dame s'ouvrir tout à coup pour recevoir à la fois vainqueurs et vaincus, Français et étrangers, prêtres, soldats et peuple, portant dans un immense triomphe le corps d'un archevêque mort pour son troupeau. Qui est comme Dieu ? s'écriait l'archange Michel : *Quis ut Deus?*

SAINT-GERMAIN-L'AUXERROIS

« Voilà longtemps, dit un jour Frédégonde à Chilpérik, que la bonté divine supporte nos crimes ; elle nous a frappés, et nous ne nous sommes pas amendés. Déjà nous avons perdu des fils, et voilà que les larmes des pauvres, les gémissements des veuves, les soupirs des orphelins vont causer la mort de ceux qui nous restent. Nous thésaurisons, et nous ne savons plus pour qui ; voilà que nos trésors demeurent dénués de possesseurs, pleins de malédictions et de rapines. Viens donc, si tu y consens, et brûlons ces injustes registres ; qu'il nous suffise pour notre fisc de ce qui suffisait à ton père, le roi Clotaire. » Chilpérik jeta les registres au feu et entendit pour la première fois les bénédictions des peuples.

Ce fut sans doute dans un de ces heureux moments que le Néron, l'Hérode des Gaules, pour parler comme Grégoire de Tours, frappé d'admiration pour les sublimes vertus de Germain, évêque de Paris, résolut d'édifier une église qui lui servit de tombeau. Cette église, connue au ixe siècle sous le nom de Saint-Germain-le-Rond, ne reçut pas toutefois les glorieuses reliques qui lui étaient destinées, par suite de l'opposition sans doute des moines de Saint-Vincent, chez lesquels le bienheureux évêque avait été enseveli. Dès l'époque de sa fondation, il s'y forma d'ailleurs une école qui ne tarda pas à devenir célèbre, et fut en quelque sorte la mère de la grande université de Paris. Les noms de *quai de l'École* et de *place de l'École* sont aujourd'hui encore un vivant témoignage de cette initiative de science et de charité que prirent, dès le vi^e siècle, les prêtres de Saint-Germain.

Saint-Germain fut le premier édifice qu'envahirent les Normands lorsqu'ils vinrent camper sous les murs de Paris.

Germani teretis contemnunt littora sancti.

Avant cette époque, le corps de saint Landri était l'objet d'un pieux pèlerinage dans cette église ; l'approche des Normands le fit transporter, comme tous les corps saints, derrière les fortifications de la Cité ; mais bientôt après nous le retrouvons à Saint-Germain, où deux fois, au xiie et au xve siècle, il fut l'objet de solennelles élévations.

Cependant les Normands s'étaient établis dans Saint-Germain-le-Rond comme dans une tour ; ils l'avaient entouré de fossés qui ont donné leur nom à la rue des Fossés-Saint-Germain ; puis, lorsqu'ils furent obligés de battre en retraite, ils détruisirent l'église.

Saint-Germain ne fut rebâti qu'au xie siècle par le roi Robert, et ce fut alors qu'il prit le vocable du grand évêque d'Auxerre, pour se distinguer sans doute du monastère de Saint-Vincent, qui venait de prendre celui de Saint-Germain de Paris. La vie de saint Germain d'Auxerre, de l'évêque inspiré qui avait lu sur le front de Geneviève enfant les saintes grandeurs que lui réservait l'avenir, avait été d'ailleurs trop intimement liée à celle de la glorieuse patronne de la capitale, pour ne pas avoir droit, près de son tombeau, à un pieux souvenir.

Cependant le monument construit par le roi Robert disparut à son tour comme celui construit par Chilpérik; mais de ses ruines sortit, partie par partie, une autre église non moins riche et non moins vaste. Le clocher actuel, privé de la flèche qui le surmontait, semble appartenir au XIIe siècle; le chœur, au XIVe; le transsept, la nef et les chapelles, au XVe; c'est également du XVe et du règne de Charles VII que date le narthex ou portique qui s'élève devant la principale entrée [1].

L'extérieur de Saint-Germain-l'Auxerrois frappe par je ne sais quoi d'incomplet. Cette tour sans pyramide, cette façade sans pinacles et sans clochetons offrent un aspect d'humilité qui contraste avec le titre de *royale* porté de tout temps par cette église et avec le voisinage du Louvre. Cette impression d'ailleurs n'est que passagère; les brillantes peintures dont le portique a été récemment orné, le relief qu'elles donnent aux antiques statues de rois, de reines, d'évêques qui demeuraient inaperçues dans l'ombre du portail, annoncent désormais tout au moins par leur richesse l'œuvre des rois et la paroisse des rois.

A l'intérieur, architecture, décors, étendue, tout est grand, tout est splendide, et si la main du XVIIIe siècle n'eût passé par là, dissimulant l'ogive, supprimant les meneaux des croisées et des roses, etc., l'impression produite par ce monument eût été plus puissante encore.

[1] Le portail et les statues furent l'œuvre de Jean Gansel. Il commença le tout en 1435, et le termina en 1439. Parmi ces statues se trouvent celles de Childebert et d'Ultrogôthe, auxquels on attribuait alors l'édification de l'église.

Disons au reste que l'immense travail de restauration dont Saint-Germain a été naguère l'objet a fait disparaître la plupart des traces de ce funeste passage.

En sa qualité de paroisse du Louvre, l'histoire de Saint-Germain se trouve liée à celle de plusieurs de nos rois. Plusieurs d'entre eux ont suivi ses processions, ont prié dans ses murs.

Nous ne rappellerons à cet égard que quelques souvenirs. En 1534, une expiation publique est ordonnée à la suite des sacriléges commis par les huguenots; les châsses de sainte Geneviève et de saint Marcel sont transportées pour la première fois au delà des ponts et font stations dans l'église de Saint-Germain-l'Auxerrois. Parmi la foule qui les suit chacun reconnaît François Ier. En 1594, le 3 avril, jour de Pâques fleuries, Henri IV, à peine rentré depuis une semaine dans sa capitale, se présente bonnement à Saint-Germain, dont le curé, Jean Ceuilly, tonnait, la veille encore, contre lui, du haut de la chaire, et y suit la procession, *un grand rameau à la main*. En 1661, le feu prend au Louvre; la voix publique demande que le Saint-Sacrement soit apporté, suivant un pieux usage de nos pères; puis, lorsque le feu a cessé, Louis XIV reconduit à pied l'hostie sainte jusqu'à l'église. Encore une date, ce sera la dernière. Le 6 avril 1790, la famille royale de France se pressait sous les voûtes de Saint-Germain-l'Auxerrois pour assister à la première communion des enfants de la paroisse. Vous eussiez vu là pieusement agenouillés Louis XVI, Marie-Antoinette, Mme Élisabeth, les prédestinés du martyre, et confondue avec son voile blanc parmi les voiles blancs des jeunes filles, marchant à son rang à l'autel, celle qui bientôt allait être l'*Orpheline du Temple*.

Il y a vingt-cinq ans encore, la Semaine sainte ne s'écoulait jamais sans que le roi et sa famille vinssent s'agenouiller devant la table sainte, à Saint-Germain-l'Auxerrois ; aussi les marques de la munificence royale étaient-elles plus nombreuses à Saint-Germain qu'en aucune autre église. Les voûtes en avaient été peintes ; les boiseries en étaient d'une richesse dont le banc-d'œuvre peut aujourd'hui encore donner une idée ; les tableaux, l'or, le bronze, les marbres précieux y étincelaient partout à l'œil ; enfin le sanctuaire fut séparé de la nef, jusqu'en 1745, par un jubé de la Renaissance dessiné par Lescot et sculpté par Goujon ; six colonnes de porphyre entouraient le maître-autel, dont l'enceinte était fermée par un balustre de marbre blanc.

Cette splendeur qui lui venait de la royauté n'empêcha pas Saint-Germain-l'Auxerrois d'être une des églises où retentirent le plus bruyamment les prédications de la Ligue. Le cardinal de Lorraine surtout s'y fit fréquemment entendre dans cette même chaire du haut de laquelle Olivier Maillard adressait, sous Louis XI, à tous les vices du temps, ses violentes apostrophes. « Je vous ferai jeter à la rivière, lui avait fait dire Louis XI, qui s'était cru plus d'une fois désigné par Maillard. — Dites au roi, avait répondu le prédicateur, que je serai plus vite en paradis par eau qu'il n'y arrivera avec ses chevaux de poste. » Tout le monde sait que la poste fut une des créations de Louis XI.

Parmi les personnages qui avaient leur sépulture dans

cette église, nous nous contenterons de citer Malherbe, les chanceliers de Bellièvre et d'Aligre, Guy Patin, Coysevox, Coypel, et le garde des sceaux Poncher. Le mausolée de ce dernier le représente couché près de sa femme sur une tombe de marbre noir. Les deux figures sont d'albâtre ; à leurs pieds est un lion, et sur le soubassement se font remarquer cinq statuettes représentant la Vierge, des Vertus et des saints. Peu d'ouvrages d'art portent plus visiblement le caractère des belles œuvres de la Renaissance.

La plupart de nos monuments religieux n'ont souffert qu'une fois de la Révolution ; il était réservé à Saint-Germain-l'Auxerrois d'en être deux fois victime. Il l'avait été en 1793, il le fut de nouveau en 1831 [1]. Quelques années avant cette dernière époque, le 25 mars 1820, à une époque de deuil mais d'espérance, un orateur célèbre, le R. P. Mac-Carthy, rappelait, du haut de la chaire de cette église, la prophétie de Siméon : *Il a été placé pour la ruine et pour la résurrection d'un grand nombre en Israël.* « Voyez ces hommes, s'écriait-il, qui ne peuvent
« supporter le repos ni permettre au monde de vivre en
« paix ; voyez-les poussés par un esprit de vertige à
« ourdir de nouvelles trames, mettant une fois encore
« leur esprit dans les assassinats et les bouleversements,
« et creusant ainsi, de plus en plus, le gouffre où la
« divine justice se prépare à les engloutir. Voilà la ruine
« des auteurs de révolutions ; *positus est hic in ruinam*
« *et in resurrectionem.* »

[1] On se rappelle que ce fut à l'occasion d'un service anniversaire pour l'infortuné duc de Berri.

La révolution est revenue depuis lors; elle a saccagé Saint-Germain-l'Auxerrois; elle a inscrit sur sa façade : MAIRIE DU IV ᵉ ARRONDISSEMENT : c'était, disait-elle, une sauvegarde; les philosophes du temps comptaient plus, en effet, sur le respect dû à une mairie que sur le respect dû à Dieu.

Et maintenant où sont-ils? que deviennent leurs œuvres? Dieu cependant est rentré à Saint-Germain; la foule s'y presse plus nombreuse au pied de ses autels; on a vu la vieille église, condamnée par la Révolution, condamnée par la voierie qui rêve toujours de symétrie et de ligne droite, se rouvrir tout à coup plus riche et plus splendide par les soins mêmes du gouvernement qui avait assisté à sa ruine. Ne semble-t-il pas que la voix du Père Mac-Carthy y retentit encore : « Il a été placé pour la ruine et pour la résurrection ; *positus est hic in ruinam et in resurrectionem.* »

SAINT-GERVAIS

Dès le VI ᵉ siècle, Fortunat nommait *Saint-Gervais et Saint-Protais* parmi les églises où le grand saint Germain de Paris avait coutume de prier. Une fois même, raconte-t-il, saint Germain en ouvrit de sa seule parole les serrures et les verrous. Le titre de basilique, qui est donné à Saint-Gervais dans un testament du VIII ᵉ siècle, *basilica domini Gervasii*, prouve en outre son importance. L'époque de sa fondation est d'ailleurs complétement inconnue. Quant au bâtiment actuel, il porte à la fois les caractères du xiiie, du xve, du xvie et du xviie siècle. Commencé en 1212, il fut dédié en 1420, considérablement agrandi en 1581, et ne fut réellement terminé qu'en 1616, par l'édification du portail. Deux styles fort différents s'y font remarquer : le portail construit par Jacques de Brosses appartient à l'art grec, dont il sera toujours une des plus majestueuses inspirations; tandis que la nef, le transsept, le chœur, les chapelles appartiennent à cet art ogival, qui exprime si poétiquement la tendance incessante de l'âme du chrétien vers le ciel. Les voûtes de Saint-Gervais figurent même parmi les plus hardies qu'aient tentées les audacieux maçons du moyen âge; toutefois aux clefs pendantes qui terminent quelques-unes de leurs nervures, il est aisé de reconnaître une déviation de l'art qui annonce de près sa décadence. Ces clefs pendantes prises isolément, celle de la chapelle de la Vierge surtout, sont d'ailleurs d'inimitables monuments de légèreté et de délicatesse. La science du *trait* et la finesse du ciseau y ont épuisé toutes leurs ressources.

Parmi les richesses de cette église on citait autrefois de célèbres vitraux de Cousin et de Pinaigrier. Ceux de Cousin représentaient la Samaritaine, le Paralytique, le martyre de saint Laurent et la vie de sainte Clotilde; ceux de Pinaigrier, le mont Saint-Michel gravi par de nombreux pèlerins. Aujourd'hui malheureusement il ne reste plus que des fragments mutilés de ces belles peintures[1]. Les tableaux de Le Sueur et de Philippe de Champagne qui ornaient l'église ont également disparu.

C'était à Saint-Gervais que reposaient, sous un riche cénotaphe, les restes de Michel le Tellier, de cet homme *incomparable* dont Bossuet a dit qu'il était *la sagesse même;* le chancelier Boucherat, le chancelier Voisin, le savant du Cange, le célèbre peintre Philippe de Champagne et le burlesque Scarron y avaient également leurs sépultures. Ajoutons enfin que ce fut à Saint-Gervais que Marie de Rabutin-Chantal reçut, en 1644, la bénédiction nuptiale de son oncle de Neuchèze, évêque de Senlis, et avec elle, ce nom de Sévigné qu'elle devait rendre à jamais célèbre.

Jusqu'à ces dernières années, le portail de Saint-Gervais s'ouvrait sur un étroit carrefour ombragé d'un orme sous lequel se donnaient jadis les assignations. Ainsi certaines rentes étaient payables sous l'orme Saint-Gervais; certaines conventions devaient être passées sous l'orme Saint-Gervais. L'orme Saint-Gervais avait enfin l'insigne honneur de figurer sur les armoiries de la paroisse, entre les effigies des deux saints martyrs de Milan. Cet arbre vénérable a été déraciné au commencement de notre siècle; puis, il y a quelques années, le carrefour s'est élargi, et le portail pyramidal de de Brosses, qu'on ne pouvait que soupçonner au milieu du dédale de rues qui l'enserraient de toutes parts, est soudainement apparu dans toute l'imposante majesté de ses formes, à l'extrémité d'une large voie et en face même des somptueuses

---

[1] Les vitraux qu'on voit aujourd'hui encore dans la chapelle de la Vierge sont de Pinaigrier.

constructions de l'hôtel de ville. Grandeur de proportions, harmonie de style, tout concourt à faire de ce point de vue une des belles perspectives de la capitale.

SAINT-MERRY
— SAINT-NICOLAS-DES-CHAMPS

Sous le règne de Childebert III et sous la mairie de Pépin, deux pauvres moines arrivaient d'Autun à Paris et s'y logeaient dans une cellule, près d'une chapelle dédiée à saint Pierre. Trois ans après, le 29 août de l'année 700, l'un de ces moines, nommé Médéric ou Merry, mourait saintement dans sa cellule; et son compagnon, Frodulfe ou Frou, déposait précieusement ses reliques dans la chapelle voisine. Les miracles qui s'opérèrent près de ces reliques y attirèrent promptement la foule; une translation solennelle du corps du bienheureux eut lieu vers la fin du IXe siècle, et, la chapelle devenant insuffisante, une église fut construite sous l'invocation de Saint-Pierre et de Saint-Merry.

Lorsque ce nouveau monument fut démoli à son tour pour faire place au monument actuel, on découvrit un tombeau de pierre contenant le corps d'un guerrier chaussé de bottines de cuir doré; on y lisait l'inscription suivante :

Hic jacet vir bonæ memoriæ Odo Falconarius,
fundator hujus ecclesiæ.

Ci gît, de bonne mémoire, Odon le Fauconnier,
fondateur de cette église.

Cet Odon n'était-il pas peut-être l'intrépide guerrier qui défendit Paris contre les Normands, sous les ordres du comte Eudes? On peut du moins le supposer, et par le silence des chroniques sur tout autre guerrier de ce nom, et par l'importance du monument qu'il fit construire.

L'église édifiée par Odon fut agrandie au XIIe siècle, puis jetée à terre au XVIe. Nous étions alors en pleine Renaissance; c'était l'époque de François Ier, du Louvre, de Fontainebleau, de Chambord. L'Italie devenait de jour en jour davantage l'oracle du goût, et les vieux monuments de notre gloire artistique commençaient à n'être plus considérés que comme de barbares caprices. Telle était cependant la puissance de vie qui restait encore à l'esthétique ogivale comme expression des pensées religieuses, que tandis que les ordres grecs envahissaient les palais, l'entrée des temples leur demeurait interdite : Saint-Jacques-de-la-Boucherie, Saint-Étienne-du-Mont, Saint-Merry en sont des preuves frappantes.

Saint-Merry a tout le luxe, toute la richesse des derniers temps de l'art ogival. La disposition de son plan est également fidèle à la tradition : nef étroite, bordée de collatéraux, ambulatoires autour du sanctuaire, splendides vitraux au nombre desquels figurait la *Suzanne* de Parroy et l'histoire entière de Joseph par Pinaigrier[1]; il eût été assurément difficile de reconnaître à ces détails un monument classique.

Dans le dernier siècle Saint-Merry a été, malheureusement, comme Saint-Germain-l'Auxerrois et comme Notre-Dame, surchargée d'ornements dont la richesse est

---

[1] Ces vitraux, l'un des plus beaux ouvrages de Pinaigrier, existent encore.

le seul mérite. On y a prodigué le stuc, le marbre, les colonnes, les bas-reliefs ; la sculpture des frères Slodtz a tout envahi. Du milieu de ces splendeurs, la châsse de saint Merry attirait surtout les regards ; elle était d'argent, enrichie de pierres précieuses et soutenue par deux anges. Au XVIIe siècle, l'église Saint-Merry fut, pendant quelque temps, le centre du prosélytisme janséniste. Son curé, du Hamel, l'un des coryphées du parti, prétendit y renouveler les exercices de la pénitence publique, laquelle seule, au dire de la secte, pouvait rendre efficace la puissance des clefs. Les pénitents étaient divisés en diverses catégories : pécheurs secrets, pécheurs sans scandale, pécheurs avec scandale, etc. Ils assistaient tous à la messe, pieds nus, et se tenaient distancés, suivant l'ordre de leur pénitence, soit dans l'église, soit même hors de l'église. Défense leur était faite de jeter les yeux sur le saint Sacrement. On leur imposait quelquefois en outre des disciplines publiques, quelquefois des heures de larmes. Ces heures étaient employées en gémissements et efforts pour pleurer. Quant aux *disciplineuses*, elles se réunissaient ordinairement à quatre heures du matin dans une chapelle et s'y fustigeaient avec ferveur. Encore un siècle, et les *convulsionnaires* de Saint-Médard feront oublier les flagellants de Saint-Merry.

Peu de personnages célèbres avaient été enterrés à Saint-Merry ; nous nous contenterons de citer le président de Gannay et le poëte Chapelain. Deux événements politiques qui n'ont pas été sans retentissement se lient à l'histoire de cette église. Le 25 janvier 1358 (c'était pendant l'emprisonnement du roi Jean et la tyrannie d'Étienne Marcel), un bourgeois du nom de Perrin Macé arrête, dans la rue Neuve-Saint-Merry, Jean Baillet, trésorier des finances, et lui réclame le prix de deux chevaux qu'il a vendus au dauphin. Baillet refuse ; une dispute s'élève, Macé tue le trésorier et se jette dans l'église Saint-Merry, qui jouissait du droit d'asile. Mais le dauphin l'en fait arracher par Robert de Clermont, maréchal de France, qui le conduit de vive force au Châtelet où il est pendu. Cette violation du droit sacré d'asile mettait les torts du côté du dauphin, non-seulement aux yeux du clergé, mais encore aux yeux du peuple. L'évêque fit détacher le corps de Macé de la potence, et ordonna qu'il fût enseveli avec toute la solennité de l'Église. Marcel assista à l'enterrement qui se fit, au milieu de flots de peuple, à Saint-Merry, tandis qu'au même moment le dauphin suivait, sur un autre point de Paris, le convoi de Baillet. Ainsi les haines s'avivaient chaque jour, et le moment approchait où Robert de Clermont allait être massacré sous les yeux mêmes du dauphin, dans une des salles du palais.

Le second événement auquel nous avons fait allusion appartient à nos jours. Nous voulons parler de ce combat du cloître Saint-Merry qui tint en suspens, pendant une demi-journée, en juin 1832, les destinées du gouvernement de Louis-Philippe.

Lorsqu'en sortant de Saint-Merry on monte la longue rue qui du pont Notre-Dame conduit à la porte Saint-Martin, on tarde peu à apercevoir sur la droite les hautes fenêtres et la façade nue de la vieille église Saint-Nicolas-des-Champs. Saint-Nicolas ne fut d'abord qu'une chapelle dépendante du célèbre prieuré de Saint-Martin. Aujourd'hui Saint-Martin n'existe plus. Les bâtiments de son monastère forment le Conservatoire des Arts et Métiers ; son réfectoire, l'une des plus belles œuvres de Pierre de Montreuil, est désert comme une ruine ; et Saint-Nicolas demeure seul pour entendre les prières et répondre aux besoins spirituels de ce populeux quartier.

L'église actuelle remonte en partie au xvie siècle, et en partie au xve. La hauteur et la forme différentes des arcades indiquent dès l'entrée ces deux âges de construction. L'ogive toutefois y domine encore; mais, à la porte méridionale, la Renaissance triomphe avec ses pilastres, ses entablements, ses frontons, et la délicatesse de ses sculptures.

Guillaume Budé, l'ami d'Erasme, Pierre Gassendi, Henri et Adrien de Valois, et la célèbre Madeleine de Scudéri étaient jadis ensevelis dans cette église. On y voyait en outre divers monuments funèbres dans les chapelles de Brief, de Montmort et d'Ormesson.

A l'époque de Louis XIV, la cure de Saint-Nicolas-des-Champs fut quelque temps occupée par Claude Joli, depuis lors évêque de Saint-Pol-de-Léon et en dernier lieu d'Agen. Boileau, après avoir tracé dans sa ive satire le portrait d'un importun sermonneur qui toujours bruit à vos oreilles, ajoute malignement :

> Et loin de nous toucher,
> Souvent, comme Joli, perd son temps à prêcher.

Ce trait de critique du législateur du Parnasse n'ôte rien aux qualités pratiques et solides des prônes de Claude

Joli. Ce qui peut nous faire penser que le pieux pasteur *ne perdit pas son temps*, c'est que, de nos jours encore, ces prônes sont réimprimés.

Autrefois les enfants de chœur de Notre-Dame avaient coutume de fêter la Saint-Nicolas en se rendant processionnellement à l'église patronale de ce saint. S'il faut en croire la chronique, ils se permirent quelquefois par le chemin des rires et facéties. Aussi la procession fut-elle supprimée et se borna-t-on par la suite à un salut solennel.

SAINT-EUSTACHE
— SAINT-ÉTIENNE-DU-MONT

Saint-Eustache et Saint-Etienne-du-Mont appartiennent, sous deux formes très-diverses, aux idées de transaction que détermina la Renaissance. A Saint-Eustache l'artiste s'est efforcé de combiner, d'amalgamer les deux esthétiques en lutte de manière à donner plus de hardiesse à l'une, plus de délicatesse à l'autre; il a pris à l'art ogival ses hautes voûtes, ses clefs pendantes, ses forêts de piliers, et à l'art grec son plein cintre et ses ordres classiques. A Saint-Étienne, il n'y a pas amalgame; mais il y a ce passage du temps qui efface peu à peu les vieilles traditions pour leur en substituer de nouvelles. L'ogive s'y montre encore, mais timidement, puis finit par s'élargir en plein cintre; les colonnes montent encore jusqu'à des hauteurs inusitées pour l'art grec, mais en même temps le portique se ressent des études classiques et des riches ornements de l'architecture romaine.

Sur le lieu qu'occupe aujourd'hui Saint-Eustache s'élevait au XIIe siècle une petite chapelle dédiée à sainte Agnès et construite, disait-on, par un maltôtier du nom d'Alais, qui avait cherché à expier ainsi l'établissement d'un impôt d'un denier dont il était l'auteur sur chaque panier de poisson arrivant aux halles. Le Pont-Alais, disait-on encore, large pierre jetée sur l'embouchure d'un égout au bas de la rue Montmartre et de la rue Traînée, devait son nom à ce même maltôtier, dont la dépouille, suivant sa volonté dernière, avait été jetée dans ce cloaque où se perdaient les eaux et les immondices du marché.

Quoi qu'il en soit de cette tradition, l'existence de la chapelle Sainte-Agnès n'en est pas moins certaine. Elle fut agrandie au XIIIe siècle, et placée alors, sans qu'on en sache la raison, sous le vocable de Saint-Eustache. Le bâtiment actuel fut commencé en 1532; la consécration en eut lieu en 1637, et plusieurs années après on y travaillait encore. Le portail de Saint-Eustache ne formait pas alors disparate comme aujourd'hui avec le style de l'église : « Il est environné, raconte un de nos anciens historiens, d'un circuit formé de balustres, et c'est un des plus beaux de Paris pour sa largeur et l'excellence de ses ouvrages, taillés fort mignonnement et délicatement sur la pierre. » Sous le règne de Louis XIV, on en jugea autrement, la démolition du frontispice fut résolue;

mais, l'argent faisant défaut, ce ne fut qu'au xviii° siècle que s'éleva le portique à la fois mesquin et théâtral auquel notre âge devait mettre la dernière main.

La véritable façade de Saint-Eustache est et sera toujours celle de la rue des Prouvaires. Là du moins les grandes lignes de la nef se reproduisent à l'extérieur; là sont encore vivantes et la poésie et l'inspiration chrétiennes.

Saint-Eustache, comme Notre-Dame et comme Saint-Germain-l'Auxerrois, est divisée en cinq nefs. Notre-Dame seule la dépasse en grandeur, et sans le défaut d'harmonie qui caractérise son architecture, peu d'autres églises, à Paris, pourraient lui être comparées.

Colbert, un des bienfaiteurs de Saint-Eustache, y avait été enterré sous un mausolée froidement allégorique de Coysevox. Les maréchaux de Strozzi et de Tourville, le général Chevert, le médecin Cureau de la Chambre, et quelques hommes de lettres, tels que Voiture, Benserade, Genest, Furetière, y avaient également des monuments ou des inscriptions commémoratives. Ce fut enfin à Saint-Eustache, nous ne pouvons l'oublier, que Fléchier prononça, le 10 janvier 1676, l'oraison funèbre de Turenne, l'une des plus belles œuvres de l'éloquence française.

« Tout le peuple le pleura amèrement, et après avoir
« pleuré durant plusieurs jours ils s'écrièrent : Comment
« est mort cet homme puissant qui sauvait le peuple
« d'Israël!... »

Trois ans à peine avant le coup fatal qui avait donné lieu à ce discours, par une sombre nuit d'hiver de l'année 1673, deux prêtres de Saint-Eustache conduisaient silencieusement, au cimetière de la rue Montmartre, une bière que suivaient un grand nombre de personnes portant des torches. On n'entendait d'autre bruit dans ce morne convoi que les cris d'une femme répétant dans sa douleur : « Il a mérité des autels ! » Cette femme était la Béjart, et l'époux qu'elle pleurait était Molière [1]. »

Il y a peu d'années, les voûtes de Saint-Eustache faillirent être calcinées par un incendie. Le feu avait pris dans le buffet d'orgue par la maladresse d'un ouvrier, et les flammes remplissaient l'église ; grâce à de prompts secours elle fut sauvée.

L'impression qu'on éprouve à Saint-Eustache est surtout celle de l'élévation et de la grandeur ; celle qu'on ressent à Saint-Étienne-du-Mont, de la grâce et de l'harmonie. Ces piliers si élancés, ces sculptures si délicates, ces galeries si finement ouvragées, ces clefs pendantes retombant de quatre mètres en forme de corbeilles, ces escaliers serpentant en guirlandes autour des colonnes, ce jubé enfin jeté à l'entrée du sanctuaire comme un portique de fleurs, font et feront toujours de cette église l'une des perles de l'art. Quant à l'inspiration qui a guidé le crayon de l'artiste, c'est encore la pensée chrétienne, mais dominée par l'art au lieu de le dominer comme elle le faisait naguère. Il est facile de voir que le souffle de la Renaissance a passé par là.

[1] Deux ans après la mort de Molière, l'hiver étant très-rigoureux, la même Béjart, ou Mlle Molière, comme on disait alors, eut l'étrange idée de faire brûler cent voies de bois sur la pierre tombale de son mari, pour chauffer les pauvres du voisinage.

Jusque dans les moindres détails vous retrouverez à Saint-Étienne le même charme d'exécution. Les vitraux avaient été peints par Pinaigrier, la chaire avait été sculptée par l'Estocard; cette chaire, qui a survécu à la Révolution, est encore la plus remarquable de Paris. Une énergique statue de Samson la supporte; de gracieuses statuettes assises, représentant des Vertus, en séparent les panneaux qui sont eux-mêmes chargés de bas-reliefs, et un ange s'élance de l'abat-voix en tenant deux trompettes. Il nous faudrait citer en outre des statues et des bas-reliefs de Germain Pilon, des sculptures de Biard, des tapisseries représentant la vie de saint Étienne, d'après des cartons de La Hire, etc.; enfin le portail, dont Marguerite de Valois posa la première pierre en 1610, conserve, quoique avec une ordonnance classique, le caractère de grâce pittoresque et originale qui est le type distinctif de l'église entière.

Saint-Étienne-du-Mont, dédiée primitivement à la Vierge, puis à saint Jean, puis à saint Étienne, n'était autrefois qu'une annexe de Sainte-Geneviève, avec laquelle elle avait une communication intérieure. Sainte-Geneviève était l'abbaye et Saint-Étienne la paroisse. L'édifice actuel fut commencé dans les premières années du règne de François Ier; il ne fut terminé que sous Louis XIII. On y voyait autrefois les inscriptions funèbres de Le Sueur, de Racine, de Pascal et de plusieurs membres de la congrégation de Port-Royal, tels que Le Maître de Sacy et son frère.

Le quartier sur lequel s'étendait sa juridiction, fut un de ceux où le jansénisme parvint à se faire le plus de prosélytes, et où, par suite, les refus de sacrements suscitèrent le plus d'agitation dans le dernier siècle. Le curé de Saint-Etienne, Bouettin, fut décrété d'abus par le parlement, pour n'avoir pas administré des hérétiques. Etrange époque que celle où des magistrats conçurent sérieusement la pensée de disposer des grâces spirituelles par arrêt de la cour !

Depuis la destruction de l'ancienne église de Sainte-Geneviève, l'humble châsse de la glorieuse patronne de Paris a été transportée à Saint-Etienne-du-Mont, où elle est l'objet d'un constant pèlerinage et d'un pieux respect. C'était même là, naguère encore, avant la purification du Panthéon, que la neuvaine de sainte Geneviève était célébrée chaque année, comme aux vieux âges, par le concours empressé de la population des divers quartiers de Paris. La place de Saint-Etienne-du-Mont se couvrait alors d'étalages de cierges, de chapelets et de fleurs; la châsse de sainte Geneviève étincelait de feux. Il n'est pas de jour au reste où ce tombeau vénéré ne soit entouré de lumières par la piété des fidèles. En contemplant ces lueurs vacillantes, comment ne pas songer que chacune d'elles est le symbole d'une espérance, d'un vœu, d'une action de grâces qui monte vers le ciel !

SAINT-LOUIS. — L'ORATOIRE — SAINT-ROCH

Saint-Louis de la rue Saint-Antoine, ancienne chapelle des jésuites [1], a peu de droits, comme monument, d'attirer l'attention. C'est une de ces fabriques italiennes avec colonnes engagées, frontons, enroulements, vastes arceaux, comme le XVIIe siècle les sema, avec une désespérante uniformité, sur le sol de la France. Mais comment passer près de ce frontispice académique sans se rappeler que ce fut là que l'éloquence de la chaire naquit parmi nous avec Lingendes pour s'y développer ensuite dans tout son éclat avec Bourdaloue? Comment oublier que là ont prié Jouvency, Bouhours, Rapin, Commire, Vanière, Porée, tous ces hommes de piété, d'urbanité, de savoir et de douce poésie, auxquels pourrait être également appliquée la devise de l'un d'eux : *Candorque canorque;* et ces deux frères de Neuville qui, pendant la plus grande partie du dernier siècle, continuèrent de soutenir la haute et pieuse renommée de la chaire française?

Un sentiment analogue nous domine tristement chaque fois que nous passons, rue Saint-Honoré, devant le temple protestant de l'Oratoire. Ce temple abandonné aujourd'hui aux disciples de Calvin fut édifié, il y a deux cent trente ans, par le saint cardinal de Bérulle. Vincent de

---

[1] Depuis la destruction de l'église Saint-Paul, c'est-à-dire depuis la Révolution, Saint-Louis est devenu église paroissiale, sous le vocable de *Saint-Paul-Saint-Louis.*

Paul y pria, Thomassin y médita, Mascaron et Massillon y prêchèrent [1], le cardinal de Bérulle enfin y mourut en offrant le sacrifice de la messe.

On voyait autrefois dans cette église le tombeau du cardinal par Anguier. Pierre de Bérulle était représenté à genoux, les yeux fixés sur un livre que tenait un ange, heureuse allusion à cette dernière messe commencée sur la terre et achevée dans le ciel.

Depuis lors malheureusement la Révolution a imprimé ses souillures à l'Oratoire. Ce fut en effet là que les premiers évêques intrus, Expilly du Finistère et Marolles de l'Aisne, reçurent la consécration épiscopale des mains de Talleyrand, évêque d'Autun, assisté de Gobel, évêque de Lydda, et de Miroudot, évêque de Babylone. L'Oratoire est aujourd'hui, nous l'avons dit, un temple de Calvin.

Saint-Louis et l'Oratoire datent l'un et l'autre de la première moitié du XVIIe siècle; Saint-Roch inaugura la seconde moitié. La première pierre en fut effectivement posée par Louis XIV, en 1653, dans un vaste clos dépendant de l'hôtel de Gaillon et sur les ruines de deux anciennes chapelles. La disposition du terrain ne permit pas d'orienter cette église; elle est une des premières qui ne l'aient pas été à Paris.

L'architecture de Saint-Roch se compose à l'intérieur

---

[1] C'est au sortir d'un de ces premiers sermons de Massillon, que le modeste Bourdaloue disait : *Hunc oportet crescere, me autem minui.* Comment ne pas joindre à ces noms celui du Père de Condren, second général de l'Oratoire, homme admirable, docte, candide et simple comme l'enfant Jésus qu'il avait pris pour modèle, et dont on put dire dans son oraison funèbre, avec une vérité qui fit tressaillir l'auditoire : « Puisqu'il ne refuse plus les honneurs, il est aisé de voir qu'il ne lui reste plus de vie. »

d'un ordre de pilastres doriques couronné d'un entablement denticulaire ; les archivoltes des arcades sont en outre chargées de trophées et de figures. Même à ne considérer ces ornements qu'au point de vue classique, si l'on est frappé de leur richesse, on ne l'est guère moins de l'absence de goût qui s'y révèle.

Par une bizarrerie particulière à Saint-Roch, le maître-autel est suivi de trois chapelles absidiales, dont les jours dégradés à dessein produisent un effet d'optique curieux sans être grandiose. La première de ces chapelles est dédiée, suivant l'usage, à la Vierge ; la seconde porte le titre de chapelle de la Communion ; la troisième, espèce de demi-rotonde ajoutée après coup à l'église, celui de chapelle du Calvaire ; on y remarque un groupe de Christ au tombeau, par Desenne.

Saint-Roch avait été commencé par Lemercier ; il ne fut achevé que vers le milieu du xviiie siècle par Robert de Cotte. Son portail pyramidal, avec sa double ordonnance de colonnes engagées doriques et corinthiennes, fut l'œuvre de ce dernier ; on y reconnaît l'école de Mansard.

Boileau, dans une de ses satires, cite avec d'autant plus de faveur les sermons prêchés à Saint-Roch par le Père Desmares, que celui-ci était l'ami dévoué de ses amis de Port-Royal :

Desmares, dans Saint-Roch, n'aurait pas mieux prêché.

Les prônes de Badoire, l'un des plus pieux curés de Saint-Roch, ont obtenu à juste titre un peu plus de célébrité.

La noble fermeté de l'un de ses successeurs, l'abbé Marduel, n'a pas moins de droits à de durables hommages. Sommé par Bailly de prêter le serment civique, M. Marduel refusa énergiquement, malgré les cris, malgré les menaces. « Il est donc vrai, lui disait Bailly, que les décrets sur la constitution civile sont contraires à la religion catholique? — Oui, répondit M. Marduel. — Eh bien, en ce cas, reprit, dit-on, le philosophe, s'il dépendait de moi, demain la religion catholique n'existerait plus en France. » Nous aimons à croire que Bailly, si la Révolution lui en eût laissé le temps, n'eût pas cherché obstinément à tenir parole ; mais d'autres essayèrent pour lui.

Un jour, c'était en 1793, Monvel, un comédien, s'élance hardiment dans la chaire de Saint-Roch : « O Dieu, s'écrie-t-il, si tu existes, tu entends que j'insulte à tes foudres; venge-toi, je t'en porte le défi... tu gardes le silence, tu n'oses frapper, j'en conclus que tu n'es point. » Et quelques jours après, tous ces philosophes du néant portaient triomphalement une prostituée à Notre-Dame; ils l'encensaient, ils chantaient des hymnes en son honneur, ils s'agenouillaient devant elle, et ils ne s'apercevaient pas, dans leur décrépitude, que la foudre n'est pas, même dans ce monde, la plus terrible des vengeances de Dieu !

Revenons à de meilleurs souvenirs. De nos jours, nous avons entendu Mgr Cœur, évêque de Troyes, débuter à Saint-Roch, dans la capitale, et y obtenir un de ces succès d'éloquence et de logique qui sont devenus habituels à son talent.

Parmi les morts illustres dont les noms se lisaient et dont quelques-uns se lisent encore à Saint-Roch, nous nous contenterons de citer ceux du maréchal d'Asfeld, de Pierre Corneille, de Maupertuis, de Mme Deshoulières, du peintre Mignard, du duc de Créqui, du comte d'Harcourt et du célèbre jardinier Le Nôtre.

Un socle surmonté d'un buste et orné de bas-reliefs y a été récemment consacré par les sourds-muets à la mémoire de leur bienfaiteur, l'abbé de l'Épée : touchant hommage de reconnaissance. Enfin le tombeau du cardinal Dubois par Coustou, autrefois à Saint-Honoré, a été transporté à Saint-Roch depuis la Révolution; Dubois est à genoux devant un livre ouvert au psaume *Miserere*. L'épitaphe, rédigée par Couture, se borne à l'énumération de ses titres qu'elle fait suivre de ces simples mots : « Passant, demande à Dieu pour lui des biens plus stables et plus solides. » *Viator, stabiliora solidioraque bona mortuo apprecare.*

ÉGLISE DES INVALIDES

L'hôtel royal des Invalides fut assurément l'une des plus grandes pensées de Louis XIV. Toute grande qu'elle fut néanmoins, peut-être serait-il possible d'en contester jusqu'à un certain point l'utilité. Comment ne pas songer en effet que ces 2 à 3,000 vieux soldats, réunis de tous les points du territoire dans une caserne de Paris, préfèreraient sans doute une modique pension au sein de leur pays et de leur famille; les affections morales y gagneraient, et le gouvernement y gagnerait aussi. Mais, d'un autre côté, il faut en convenir, les gouvernements ont besoin, vis-à-vis des peuples, non-seulement de grandes pensées, mais encore d'éloquentes pensées. Il leur faut faire le bien, et il faut de plus que ce bien parle aux yeux de tous. A ce titre, rien de plus digne et de plus vraiment grand que cet immense palais consacré aux débris mutilés de nos victoires. Cette majestueuse esplanade, cette ligne de fossés bordée de canons enlevés dans les combats et qui ne tonnent plus que pour annoncer les fêtes de la patrie, cette façade de 200 mètres, ces grandes statues de Louis XIV et de Napoléon, cette vaste cour entourée d'une double rangée d'arcades, cette église toute de marbre et d'or dont la voûte disparaît sous les plis flottants des drapeaux pris à l'ennemi, ce dôme doré enfin qui domine la ville entière, tout cet ensemble de richesse et de gloire exalte l'imagination et nourrit l'enthousiasme.

L'église des Invalides est formée de deux parties complétement distinctes : la nef et ses collatéraux, qui sont de l'architecture de Libéral Bruant; et le dôme, qui fut construit par Mansard et d'Orbay. Au point de jonction de ces deux parties s'élève le maître-autel, couronné d'un baldaquin de bronze doré que soutiennent six colonnes torses. Du côté de la nef, l'ordonnance de l'église se compose, suivant l'invariable usage du xviie siècle, d'arceaux décorés de pilastres. Au-dessus de ces arceaux règne une longue suite de tribunes. Cette nef a son entrée au nord ; celle du dôme est au sud : elle s'annonce sur le boulevard par deux ordres de colonnes doriques et ioniques superposées, au-dessus desquelles s'élève un fronton aux armes de France. A droite et à gauche de ce portique sont les statues en marbre de Charlemagne et de saint Louis.

Le dôme des Invalides jouit depuis deux siècles d'une réputation méritée. Il n'est pas de provincial ni d'étranger, approchant de Paris, qui ne cherche à distinguer dans l'espace, au reflet du jour sur les lames dorées, cette coupole si grande par elle-même, et si grande surtout par les gloires qu'elle abrite. Élévation, dignité, force, tels sont les caractères dominants de son architecture. Moins élégante que la coupole de Sainte-Geneviève, elle a peut-être plus de majesté.

Plusieurs guerriers célèbres reposent dans l'église des Invalides. De ce nombre sont le comte de Guibert, le duc de Coigny, les maréchaux Jourdan, Molitor, Mortier, Bugeaud, de Lobau, et le général Damrémont tué à l'assaut de Constantine. Le cœur d'une femme y est aussi pieusement conservé : ce cœur est celui de la comtesse de Villelume (Mlle de Sombreuil). Fille du dernier gouverneur des Invalides avant 89, unie dans la suite au gouverneur des Invalides d'Avignon, les vieux débris de nos batailles ont tenu à conserver au milieu d'eux ce pieux souvenir de celle qui, après avoir été une fille héroïque, était devenue pour eux une mère [1].

[1] Lors de l'évacuation de l'hôtel des Invalides d'Avignon, les vieux soldats ont apporté avec eux à Paris le cœur de Mme de Villelume.

Sous le dôme on ne voyait naguère que les tombeaux de Vauban et de Turenne. Dans peu de jours on y verra, au centre d'une crypte imposante, la tombe de Napoléon; elle sera accompagnée de statues de victoires et de bas-reliefs héroïques; près d'elle chacun pourra contempler l'épée d'Austerlitz, le manteau du sacre, etc., etc. Et au-dessus de cette tombe l'œil continuera d'apercevoir les vieilles peintures de Lafosse, ces peintures qui survivent à tout et qui disent tout. Elles nous montrent la gloire des cieux s'ouvrant devant saint Louis, et Jésus-Christ entouré des anges et des saints.

SAINT-SULPICE

De toutes les églises conçues dans le style académique de Rome et de la Grèce, Saint-Sulpice est incontestablement celle qui se distingue à Paris par le plus imposant et le plus religieux caractère. Commencée par le pieux Olier, terminée par Languet de Gergy, deux prêtres qui préférèrent aux évêchés et aux grandeurs l'humble cure d'une paroisse alors déserte ou mal habitée, il était impossible qu'elle ne se ressentît de l'esprit profondément chrétien qui inspira toutes leurs œuvres.

Lorsque l'abbé Olier prit possession, en 1642, de la cure de Saint-Sulpice, l'église était vieille, délabrée, et la population éparse du quartier passait pour être la plus corrompue de Paris. « Vous nommer le faubourg Saint-Germain, écrivait-il, c'est vous dire tous les monstres des vices à dévorer à la fois. » Mais Olier, l'ami de saint Vincent de Paul, ne venait pas seul ; il amenait avec lui de jeunes clercs qu'il formait depuis quelque temps à l'esprit de Dieu, et la cure de Saint-Sulpice devint le centre de cette congrégation naissante, où l'apostolat se joignit à la méditation et à l'étude. En quelques années la paroisse fut transformée. Ainsi, à une époque où les grands s'entretuaient dans de perpétuelles luttes d'honneur, on vit un jour, c'était le jour de la Pentecôte 1651, de nombreux gentilshommes signer au pied de l'autel du séminaire, et remettre à l'abbé Olier une solennelle protestation de n'accepter désormais et de ne provoquer aucun duel. Cet engagement fut religieusement tenu [1].

Or, ce n'étaient pas seulement quelques hommes du monde qui revenaient à Dieu ; c'était surtout le clergé, surtout le peuple. Dès le matin on entendait par les rues la clochette des disciples du pieux Olier appelant, suivant l'heure, les enfants, les vieillards, les maîtres, les valets au catéchisme. Et ceux qui s'en allaient sonnant ainsi, c'étaient tantôt M. de Bretonvilliers, tantôt M. Tronson, tantôt M. d'Entrechaux, tantôt M. de Lantages. Lorsque l'abbé de Mérinville, qui fut depuis évêque de Chartres, parcourait ainsi les rues la clochette à la main, une

---

[1] Afin de parvenir à ce but, M. Olier avait commencé par former dans son église, sous le titre de *Compagnie de la Passion*, une association d'hommes du monde qui s'engageaient à renoncer publiquement aux maximes mondaines, sans s'écarter pour cela des habitudes de la vie commune. A leur tête étaient le maréchal Fabert, le marquis de Fénelon, le vicomte de Montbas, maréchal de camp, le duc de Liancourt, le baron de Renty, etc.

duchesse de ses parentes, raconte son biographe, fermait ses fenêtres de dépit pour ne le voir ni l'entendre.

Et à côté de ces hommes d'ardente charité, à côté de MM. Picoté, d'Urfé, de Bassancourt, de Poussé, de la Barmoudière, comment ne pas nommer le coutelier Clément et le mercier Beaunais, qui prêchaient et convertissaient dans les charniers de Saint-Sulpice ! comment ne pas rappeler cette pauvre femme inconnue de qui M. de Flamenville apprit le *Pater de la jardinière !* et Marie Rousseau, une simple marchande, qui était tellement éclairée des lumières célestes que les plus saints, les plus doctes, ne se croyaient sûrs de la volonté de Dieu qu'après avoir connu la sienne. « Il faut que tout le bien qui s'opère aujourd'hui, écrivait M. Olier, passe en quelque sorte par ses mains, surtout les grandes entreprises. »

Et cependant Marie Rousseau n'était pas la seule dévouée aux grandes et saintes œuvres sur la paroisse Saint-Sulpice. Mme de l'Esturgeon fondait la maison des orphelins ; Mme de Pollalion, les sœurs de l'*Union chrétienne ;* Mme et Mlle Leschassier se disputaient les malheureux ; la duchesse d'Aiguillon et la princesse de Condé avaient des prières et des trésors pour toutes les infortunes.

« Une nuit, j'allais dans l'église de Saint-Sulpice, raconte un des prêtres de la paroisse, et j'étais devant le Saint-Sacrement, lorsque j'entendis ouvrir la porte de l'église... Un peu après, quelqu'un vint se mettre à genoux derrière moi fort doucement. Lorsque j'eus achevé mes prières, je me levai et trouvai que c'était Mme d'Aiguillon toute seule. Je lui témoignai mon étonnement de la voir là, à une heure après minuit, et lui en demandai la raison. Elle me dit qu'après avoir été toute la journée dans les affaires, revenant du Palais-Royal (où était alors la cour), elle avait voulu faire son oraison, n'ayant su trouver du temps jusqu'à cette heure, et que, pour être plus recueillie que chez elle, elle avait prié le sonneur de lui ouvrir l'église. J'honorai sa piété et m'en allai pendant qu'elle continua. »

Il arrivait en même temps que, chaque année, l'insuffisance de l'église se faisait plus vivement sentir sous l'ardente pression de la foule. En 1646, Olier fit jeter les fondements d'une église nouvelle. Anne d'Autriche en posa la première pierre le mardi 20 février, en présence d'un des plus saints prélats de France, Alain de Solminihac, évêque de Cahors, qui bénit les travaux. L'œuvre fut ensuite poussée avec tant de vigueur qu'en 1678 le sanctuaire, le transsept et les bas-côtés étaient achevés.

Cette majestueuse construction succédait à une église assez peu remarquable des XIIIe et XVIe siècles, qui elle-même avait succédé à une petite chapelle de Saint-Pierre dépendante de l'abbaye Saint-Germain-des-Prés. C'est en mémoire de cette chapelle que, parmi ses patrons, la paroisse compte toujours saint Pierre [1].

A partir de 1678, l'œuvre demeura interrompue faute d'argent, et elle ne fut reprise que par l'abbé Languet vers 1715. L'abbé Languet n'avait que cent écus pour achever son église. Il les emploie à se procurer quelques pierres qu'il étale autour du monument afin d'appeler la

---

[1] L'église Saint-Sulpice est dédiée à la sainte Vierge, saint Pierre et saint Sulpice.

générosité publique. Cet appel est entendu ; les dons arrivent ; une loterie autorisée par le régent fournit d'importantes ressources ; puis Languet, recherché partout pour la facilité de son esprit, demandait partout, pressait, importunait pour son église et pour ses pauvres ; ces deux pensées étaient chez lui inséparables. Ainsi, en même temps qu'il construisait le splendide portail de Saint-Sulpice, il fondait la maison hospitalière de *l'Enfant-Jésus*, qui en 1741 fournissait des moyens d'existence à plus de quatorze cents femmes. Et tandis qu'il obtenait du roi, pour son église, les grandes coquilles offertes jadis à François Ier par la république de Venise ; tandis qu'il se faisait accorder par le duc d'Orléans les marbres des Pyrénées qui revêtent la base des piliers de Saint-Sulpice ; tandis qu'il s'attribuait, dit-on, pour en faire une statue de la Vierge, le couvert d'argent qui lui servait, partout où il était invité, ses aumônes montaient parfois jusqu'à un million par an. Lui-même avait vendu ses biens, ses meubles, et il ne couchait que dans un lit d'emprunt que Mme de Cavoie, à qui il appartenait, se gardait bien de lui donner, car il avait successivement vendu tous ceux dont elle l'avait laissé maître.

Admirables souvenirs qui s'unissent, qui s'identifient pour nous avec l'impression que produit le portail de Saint-Sulpice ; c'est ainsi que se font les grandes choses.

Nous ne prétendons pas assurément que Saint-Sulpice ait cette expression de foi et de piété que possèdent nos vieilles églises ogivales. C'est de l'architecture classique, païenne si l'on veut, mais traitée du moins avec un esprit chrétien. Ce n'est ni le Parthénon comme la Madeleine, ni le Panthéon comme le frontispice de Sainte-Geneviève ; Saint-Sulpice ne s'annonce pas davantage par une de ces froides devantures sans relief, sans ombres, à la manière de Mansard ou de Palladio. Son double portique est une pensée grande et neuve ; il rappelle ces bénédictions qui tombent, en Italie et dans nos pèlerinages de province, du haut d'une *loggia* extérieure, sur la ville et sur le peuple. Il indique en outre ces deux étages de l'église chrétienne qui étaient inconnus aux monuments antiques : l'étage de la prière d'où partent les voix du temps, et cet étage de l'harmonie où l'orgue semble redire les éternels concerts des anges.

Les proportions de ces deux portiques superposés sont d'ailleurs remarquables par le parfait agencement de toutes leurs parties. Ici point de colonnes grêles comme à Saint-Eustache, point de fronton écrasant comme à Sainte-Geneviève. Les tours seules manquent d'ampleur, celle du midi surtout ; la tour du nord, reprise en 1777 par Chalgrin, se fait remarquer du moins par une plus riche et plus imposante ordonnance.

Ce n'est au reste que de nos jours qu'on a pu apprécier le portail de Saint-Sulpice. Resserré autrefois dans une rue étroite qui le séparait du séminaire de M. Olier, il demeurait complétement inaperçu. Telle était même l'exiguïté des lieux, que l'artiste s'était vu obligé de rejeter le perron à l'intérieur du portique, disposition bizarre que nous nous étonnons de voir conserver aujourd'hui.

Cet artiste était un Italien du nom de Servandoni, qui était surtout célèbre comme peintre décorateur. On ne peut se dissimuler que l'aspect majestueux de son œuvre tient quelque peu aux habitudes théâtrales de son talent.

A l'intérieur, Saint-Sulpice est vaste, imposant, sévère; et, si l'on fait abstraction de quelques détails du dernier siècle d'un goût plus ou moins hasardé, tels que la chaire, tels surtout que le tombeau de l'abbé Languet dans la chapelle Saint-Jean, son ordonnance générale est d'une noblesse pleine de grandeur. On y retrouve la disposition traditionnelle des églises du moyen âge, le transsept, les nefs ambulatoires autour du chœur, la chapelle absidiale dédiée à la Vierge. Cette chapelle est particulièrement remarquable à Saint-Sulpice par la profusion de peintures et de dorures qui y règne, et par le jour céleste qui y éclaire la statue de la Vierge [1] : cette statue était autrefois d'argent.

Le grand autel de Saint-Sulpice, vaste bloc de marbre blanc, orné de bronzes dorés, est placé à l'entrée du sanctuaire, dont la rampe monumentale dessine un demi-cercle sur le transsept; les cérémonies saintes s'y développent avec une incomparable majesté. Jamais nous n'oublierons l'impression que nous avons plus d'une fois ressentie en assistant à ces cérémonies de Saint-Sulpice. Cette impression tenait sans doute au souvenir des hommes qui ont parlé ou prié en ces lieux, Olier, Languet, Brydaine, Frayssinous; à celui de l'éloquent père Mac-Carthy et de l'ardent abbé Combalot que nous y avons si souvent entendus; mais elle tenait aussi à la dignité des offices et à ce choral des enfants de M. Olier, auquel répondaient naguère encore les religieux accords de Séjan, du haut de la tribune de l'orgue.

[1] Cet effet très-simple d'optique a été souvent répété depuis.

A l'époque de la Révolution, Saint-Sulpice eut ses grandes journées; le souvenir doit en être sacré pour l'histoire. Ce fut d'abord le 9 janvier 1791. M. de Pancemont, curé de Saint-Sulpice, appelé à prêter serment, monte en chaire et, au milieu des interruptions les plus violentes, ne fait entendre que ces simples paroles : *Ma conscience me le défend*. Aussitôt des sicaires se précipitent sur lui, le saisissent aux cheveux, le frappent à la tête. La garde nationale arriva néanmoins à temps pour empêcher un plus grand crime. Huit jours s'écoulent, et, le dimanche 16, nouvelle sommation, nouveaux refus. Sur quarante-trois prêtres qui formaient le clergé de la paroisse, quarante-trois refusèrent.

Quelques années après, Saint-Sulpice devenait le *temple de la Victoire*, et à ce titre il était choisi par la ville de Paris comme salle de banquet, lors de la fête qui fut donnée à Bonaparte au retour de ses premières campagnes.

Mais à peine l'ordre moral commence-t-il à renaître que l'abbé de Pancemont rentre à Saint-Sulpice avec son fidèle troupeau. L'abbé Émery, le digne successeur des Olier et des Leschassier, y ramène de son côté les élèves du sanctuaire; l'abbé Frayssinous y assemble autour de la chaire toutes les intelligences que le vent de la Révolution n'a pas encore complétement flétries. C'est de Saint-Sulpice en un mot que part le mouvement religieux qui s'efforce de renouveler la France. Pourrions-nous oublier enfin, que ce fut dans le sanctuaire édifié par le pieux Olier, que Pie VII sacra évêques, le 2 février 1805, au milieu d'un immense concours de clergé et de peuple, MM. de Pradt et Paillou, récemment nommés aux siéges de Poitiers et de la Rochelle ?

L'esprit de M. Olier semble planer toujours sur cette paroisse. Dans plus d'une église de Paris, dans celles même qu'assiége la foule, vous retrouverez encore parfois le monde avec ses aises, ses recherches, ses distractions, son luxe. A Saint-Sulpice, vous ne trouverez que Dieu [1].

LA MADELEINE

Les églises de Paris offrent quatre époques de style parfaitement distinctes. La première de ces époques, qui va de Saint-Germain-des-Prés à Saint-Merry, est par excellence l'époque religieuse. Ce n'est pas encore la science qui bâtit, c'est la foi.

---

[1] Une transformation analogue à celle qui eut lieu au xviie siècle à Saint-Sulpice s'est opérée de nos jours à Notre-Dame-des-Victoires. Cette petite église, qu'il faudra bientôt agrandir comme autrefois l'église de M. Olier, date de l'époque de Louis XIII et rappelle les victoires que ce prince remporta sur les hérétiques. Desservie d'abord par des religieux Augustins, connus sous le nom de *Petits-Pères*, elle ne fut érigée en paroisse qu'à l'époque de la constitution civile du clergé, et, au mois de mai 1793, un prêtre, *marié et père de famille* (*Moniteur* du 15), *le citoyen Aubert*, en fut nommé curé. Voués d'ailleurs au culte des plaisirs et de l'argent, les habitants du quartier demeuraient étrangers à toute religion. Il y a seize ans encore, « l'église était déserte, même aux jours des grandes solennités ; il n'y avait plus de sacrements même à l'heure de la mort. » Ce tableau, tracé par le pieux abbé Desgenettes, curé actuel de cette paroisse, ne rappelle-t-il pas exactement celui que M. Olier traçait de Saint-Sulpice ? L'abbé Desgenettes conçoit alors la pensée de recourir d'une manière toute particulière à la protection du saint Cœur de Marie. Le

La seconde est visiblement frappée des caractères de la transition et de la décadence ; mais cette décadence se ressent encore de la force et de la grandeur des traditions dont elle s'éloigne, et l'on ne se sent pas sans respect pour elle à Saint-Eustache et à Saint-Étienne-du-Mont.

Mais bientôt l'art perd toute originalité pour se faire copiste. A l'art français succède l'art romain : les grands arceaux, les voûtes à caissons, les piliers ornés de pilastres, les façades pyramidales de deux ou trois ordres. Ce qui frappe dans ce style, c'est d'abord la monotonie et la froideur, mais aussi, il faut le dire, une certaine gravité ; c'est une grandeur simple, calme, imposante, sans apprêt et sans inspiration : la foi ne domine plus l'art, mais elle l'accompagne encore. Ainsi la forme traditionnelle de la croix est fidèlement conservée ; les chapelles y gardent leurs dispositions anciennes; quelquefois même, à Saint-Roch, par exemple, et à Saint-Sulpice, elles continuent d'entourer le sanctuaire comme une couronne. Les principaux monuments de cette époque sont, avec ceux que je viens de nommer, Saint-Louis de la rue Saint-Antoine, les Invalides, Saint-Nicolas-du-Chardonnet, Saint-Louis en l'île, le Val-de-Grâce, la chapelle des Carmes et celle de la Sorbonne. C'est à cette phase de l'art parmi nous qu'appartient surtout la coupole.

Mais l'art n'était pas au bout de ses transformations ;

11 décembre 1837, une confrérie pour la conversion des pécheurs est instituée dans son église sous l'invocation de Notre-Dame-des-Victoires, et aussitôt un immense changement commence à s'opérer. L'année 1835 n'avait donné que 720 communions pascales ; il y en eut 9,950 en 1839, et cette progression est toujours allé croissant. L'Archiconfrérie s'est en outre étendue sur tout le monde catholique, et partout les conversions se multiplient au cri de *Notre-Dame-des-Victoires*.

du style romain nous passâmes au style grec ; les piliers firent place aux colonnes, les frontispices pyramidaux aux portiques. Nous imitions des églises italiennes, nous nous prîmes à imiter des temples antiques. Le premier monument de ce genre qui se soit élevé à Paris est Sainte-Geneviève ; puis vinrent successivement Saint-Philippe-du-Roule, le chef-d'œuvre de Chalgrin, et les églises récentes, Notre-Dame-de-Bonne-Nouvelle, Notre-Dame-de-Lorette et Saint-Vincent-de-Paul. Ce qui domine ici, c'est l'harmonie sensuelle des lignes et des décors, c'est l'éclat des marbres, c'est le luxe captivant la pensée par ses richesses et par ses aises.

Et cependant, dans cette défaillance de l'art chrétien, vous trouverez encore quelques signes qui vous rappelleront les traditions chrétiennes. La forme de la croix malheureusement ne se rencontre plus que par hasard dans les édifices sacrés; mais vous y retrouverez du moins l'abside des premiers âges, vous y retrouverez les chapelles latérales, les trois nefs des basiliques et le clocher chrétien surmonté de la croix qui fait planer la voix de Dieu sur toute la ville. Assis sur l'un des gradins du Mont-des-Martyrs, dominant Paris du haut des soixante marches de son perron, le porche ionique de Saint-Vincent-de-Paul jette encore vers les cieux ses deux tours comme nos églises du moyen âge; un dernier pas était donc à faire pour rendre l'art complétement païen, et ce pas on l'a fait à la Madeleine.

Sur l'emplacement qu'occupe aujourd'hui ce Parthénon parisien existait, dès le XIIIe siècle, une chapelle destinée aux habitants de la Ville-l'Évêque. L'évêque de

Paris possédait en effet en ce lieu un *séjour*, des granges, un port, des dîmes ; et une bourgade n'avait pas tardé à se former, comme toujours, sous la sauvegarde de l'Église. Charles VIII rebâtit cette chapelle et y établit en 1491 la confrérie de Sainte-Marie-Madeleine, à laquelle il s'affilia ainsi que la reine.

Deux fois, dans la suite, la chapelle devenant trop exiguë pour le nombre croissant des habitants, elle dut être reprise à neuf. La dernière fois (c'était sous Louis XV), le quartier de la Ville-l'Évêque venait de recevoir de splendides embellissements par l'ouverture des boulevards, de la rue Royale et de la place que nous nommons aujourd'hui *place de la Concorde*. On résolut de faire entrer la Madeleine dans ce vaste système de grandes perspectives. Elle dut donc s'élever en face de la rue Royale et de la Seine, et dans des proportions en rapport avec l'étendue de l'espace qui s'ouvrait devant elle. La première pierre du nouvel édifice fut posée le 13 avril 1764. Les plans en avaient été tracés par Constant d'Ivry ; modifiés dans la suite par Couture, ils le furent plus encore par Vignon sous l'Empire.

Napoléon avait résolu de faire de la Madeleine le *temple de la Gloire*. Le décret qui consacra cette pensée porte la date de Posen, 2 décembre 1806. « Il sera établi,
« sur l'emplacement de la Madeleine, y lisons-nous, un
« monument dédié à la grande armée, portant sur le
« frontispice :

L'EMPEREUR NAPOLÉON AUX SOLDATS DE LA GRANDE ARMÉE.

« Dans l'intérieur du monument seront inscrits, sur

« des tables de marbre, les noms de tous les hommes
« qui ont assisté aux batailles d'Ulm, d'Austerlitz et
« d'Iéna ; et, sur des tables d'or massif, les noms de tous
« ceux qui sont morts sur les champs de bataille.....
 « Autour de la salle seront sculptés des bas-reliefs où
« seront représentés les colonels de chacun des régiments
« avec leurs noms... groupés autour de leurs généraux
« de division et de brigade. Les statues des maréchaux
« seront placées dans l'intérieur de la salle... »

Enfin les armures, les drapeaux, les timbales enlevés à l'ennemi devaient compléter l'ornementation du monument ; et, chaque année, aux anniversaires d'Austerlitz et d'Iéna, on devait y donner un concert héroïque après de solennels discours sur les *vertus nécessaires au soldat* et sur la gloire de ceux qui périrent au champ d'honneur.

Ainsi pensait, ainsi commandait Napoléon en 1806 ; mais, sept ans plus tard, après 1812 et 1813, il commença à juger plus mûrement de la gloire : « Que ferons-
« nous du temple de la Gloire ? dit-il un jour au ministre
« de l'intérieur : nos grandes idées sur tout cela sont
« bien changées. Il n'y a plus aujourd'hui, dans l'état
« où sont les choses, d'autre croyance possible que le
« culte catholique ; c'est aux prêtres qu'il faut donner
« nos temples à garder ; ils s'entendent mieux que nous
« à faire des cérémonies et à conserver un culte. Que le
« temple de la Gloire soit donc désormais une église ;
« c'est le moyen d'achever et de conserver ce monument.
« Il faudra bien aussi par suite dire la messe au Pan-
« théon. »

L'édifice de la Madeleine était alors élevé d'une vingtaine de pieds au-dessus du sol, et nous n'oublierons jamais l'aspect de ces colonnes sans chapiteaux, qui rappelèrent pendant plus de dix ans, sur la ligne des boulevards, le souvenir imposant et triste de quelque ruine de la Grèce. La Restauration finit cependant par continuer l'édifice, et le gouvernement de juillet l'acheva.

Il fallait connaître cette histoire pour s'expliquer cette église sans clocher, sans coupole, sans fenêtres, sans traditions et sans mystère. Ce vaste parallélogramme avec sa ceinture de statues et de colonnes, ses deux porches, ses deux frontons, tout cet ensemble de froide et harmonieuse régularité qui charme sans doute, mais qui n'élève pas, qui arrête la pensée au lieu de lui donner des ailes, sera, quand on le voudra, une Bourse, un Odéon, un Vauxhall; ce sera un temple de Minerve ou de Neptune, mais ce ne sera jamais une église.

Et cette impression qui vous saisit dès l'abord devient plus vive encore en entrant. Après avoir passé la magnifique porte de bronze sur laquelle Triquetti a symbolisé les commandements de Dieu, dans un style qui rappelle les grands maîtres de Florence; après avoir jeté un coup d'œil sur les gracieux bénitiers de Moine, on serait tenté de se demander ce que c'est que cet immense vaisseau tout étincelant de marbre et d'or, où la lumière ne pénètre que d'en haut, comme au Panthéon d'Agrippa, où on n'aperçoit ni collatéraux, ni transsept, ni profondes chapelles, et où le sanctuaire lui-même, par sa disposition et par son exhaussement, semble vouloir imiter la scène d'un théâtre. C'est qu'en effet ce monument n'est qu'une église théâtrale : tout y est pour les sens, rien pour le cœur.

Les statues, les bas-reliefs, les peintures y ont d'ailleurs été semés à profusion. Vous y remarquerez surtout *le Ravissement de Madeleine* par Marochetti, vaste groupe qui, avec ses statues d'anges soutenant la sainte, couronne avec éclat le maître-autel. Derrière ce groupe se déroule dans l'abside la grande épopée du christianisme peinte par Zeigler; l'art est ce qui manque le moins dans ces œuvres. Vous trouverez également de l'art dans les *Apôtres* de Roman et de Foyatier, dans les *Vertus* de Guersant et de Bra, dans les tableaux de Schnetz, de Cogniet, de Bouchot, dans les statues d'Etex, de Seurre, de Raggi, etc.; vous en trouverez beaucoup, et il en fallait, dans *le Mariage de la Vierge* de Pradier, le célèbre sculpteur de *Psyché* et de *Sapho*.

Telle est la Madeleine; rien n'y manque qu'un peu de recueillement, un peu de piété; rien n'y manque que le sentiment de la prière. Elle devait marquer d'ailleurs le dernier terme des déviations de l'art chrétien. Ce n'était pas au moment où la pensée religieuse se raviva avec les épreuves, grandit avec les obstacles, que l'art pouvait se faire païen impunément; la réaction a été prompte et elle sera complète. Notre-Dame-de-Lorette, Saint-Vincent-de-Paul, la Madeleine ne datent pas encore de quinze ans, et dans quelques jours va s'ouvrir la pieuse église Sainte-Clotilde.

Ne quittez pas les environs de la Madeleine sans chercher l'ancien cimetière de la paroisse; vous le reconnaîtrez à ses grandes lignes d'ifs et de cyprès qui s'étendent de la rue d'Anjou à la rue de l'Arcade ; tout respire en ce lieu la calme tristesse de la mort. Une chapelle funéraire en occupe le centre ; elle s'élève sur une terrasse entourée d'arceaux qui rappellent nos vieux charniers, et de cippes de forme antique. La chapelle reproduit également les formes de la Grèce ; un porche dorique, un fronton, une coupole du haut de laquelle le jour descend dans l'édifice comme au fond d'une tombe : tel est l'ensemble que présente ce petit monument. A l'intérieur vous remarquerez un autel en marbre blanc incrusté de bronze doré, divers bas-reliefs représentant, entre autres sujets, la Trinité et l'Eucharistie, et deux groupes en marbre dans lesquels il n'est pas un œil, pas un cœur qui ne reconnaisse Louis XVI et Marie-Antoinette : Marie-Antoinette prie sous la garde d'un ange ; Louis XVI est enlevé au ciel. Près de là vous pourrez lire le testament du martyr ; et dans une crypte souterraine vous vous agenouillerez au pied de l'autel qui occupe la place même de la fosse où furent jetés les restes mutilés des royales victimes.

Louis XVIII avait décidé que la Madeleine servirait de monument expiatoire au crime du 21 janvier ; mais l'orpheline du Temple a voulu ensevelir son deuil au fond de ce cimetière. Craignait-elle donc de nous rappeler, dans l'abnégation de sa douleur, que ce deuil était le deuil de la France ?

HISTOIRE CRITIQUE ET ANECDOTIQUE

DES

MONUMENTS DE PARIS

PALAIS

LES THERMES

Sur la pente du coteau de Sainte-Geneviève, s'élèvent d'antiques débris dont le caractère imposant ne manque jamais de frapper ceux qui les aperçoivent de la rue de la Harpe. Ces débris, connus sous le nom de *Thermes de Julien*, remontent, selon toute apparence, à Constance-Chlore. La disposition des matériaux et l'ornementation de l'architecture semblent du moins indiquer clairement les premières années du IVe siècle. N'était-il pas naturel en effet qu'au moment où Dioclétien couvrait le Quirinal de ses Thermes gigantesques, Constance-Chlore, son collègue, cherchât à rivaliser avec lui de splendeur et de magnificence dans les solitudes transalpines?

Les Thermes de Lutèce rappelèrent donc les Thermes de Rome. Ce fut le même luxe, la même grandeur, la même hardiesse ; Julien de Hauteville nous les représente encore, vers la fin du xii⁰ siècle, dominant et embrassant la montagne de leurs constructions majestueuses « dont les cimes, s'écrie-t-il, touchent aux cieux et les fondements à l'empire des morts. »

Une place publique, située aux environs du carrefour Saint-Michel, de vastes jardins s'étendant jusqu'à Saint-Germain-des-Prés et jusqu'à la Seine, et un camp dont quelques fouilles récentes indiquent l'emplacement dans la partie orientale du jardin du Luxembourg, servaient de complément à cette somptueuse habitation.

Quant aux Thermes proprement dits, ils comprenaient à la fois, dans les mœurs romaines, un palais, des salles publiques pour les bains, une bibliothèque et quelquefois une palestre; c'est ce qui explique l'étendue des substructions que l'on rencontre au fond des caves d'un grand nombre de maisons du quartier de la Sorbonne. La salle grandiose qui seule est demeurée intacte paraît avoir été destinée aux bains froids : c'était le *frigidarium*. Elle recevait les eaux de l'aqueduc d'Arcueil par quatre tuyaux en terre cuite, dont les orifices sont encore visibles au fond de trois niches pratiquées dans la paroi méridionale de l'édifice.

Près de cette salle était le *baptisterium*, vaste piscine de dix mètres de longueur où les baigneurs pouvaient se plonger et nager. La cour actuelle formait le *tepidarium* ou bain tiède, et dans son prolongement se trouvait le fourneau ou *hypocauste*, accompagné de petits escaliers de service qui existent encore.

Le *frigidarium* est toutefois la seule partie de ce monument qui puisse donner une idée complète de son architecture. Seul il a conservé sa large voûte, qui s'élève à quinze mètres au-dessus du pavé et dont les retombées sont soutenues par des proues de navires. Il est remarquable que cette voûte a résisté et à l'action dissolvante de quinze siècles et au poids d'un jardin qui, il y a trente ans encore, la recouvrait de ses cultures et de ses grands arbres.

La maçonnerie du palais des Thermes se compose d'un appareil carré mêlé de chaînes de briques superposées symétriquement et recouvert de stuc. Les faces des murs du *frigidarium* sont décorées de trois grandes arcades; celle du milieu est la plus haute, et sur le mur méridional elle se transforme en niche semi-circulaire. Au-dessous de la salle s'étendent divers étages de souterrains qui formaient de vastes dépendances et dans lesquels on voit un bel aqueduc. Le *tepidarium* était orné de niches alternativement rondes et carrées. Telles sont les seules données qui nous restent sur ce monument, dont la majesté et l'importance contrastent si vivement avec le tableau des cahutes de boue et de paille que nous tracent les anciens historiens de Lutèce, et le modeste titre d'*oppidulum* qu'ils lui donnent.

Il est vraisemblable que la partie habitée par les gouverneurs romains était celle qui s'élevait sur le sommet de la colline, *in vertice montis*. Julien y passa l'hiver de 359 à 360. Il nous semble l'y voir contemplant du haut des Thermes l'humble bourgade qui sera un jour une grande ville; aucun de ses traits ne lui échappe.

« J'étais en quartier d'hiver dans ma chère Lutèce, τὴν φίλην Λυτεκίαν, écrivait-il aux habitants d'Antioche; elle est entièrement entourée par les eaux de la rivière, et située dans une île peu étendue où l'on aborde des deux côtés par des ponts de bois. Il est rare que la rivière se ressente beaucoup des pluies de l'hiver ou de la sécheresse de l'été; ses eaux pures sont agréables à la vue et excellentes à boire... L'hiver n'y est pas rude, ce que les habitants attribuent à l'Océan, dont ils ne sont qu'à 900 stades... Quoi qu'il en soit, ils ont de bonnes vignes et des figuiers même depuis qu'on prend soin de les revêtir de paille et de garantir les arbres des injures de l'air. »

« Cette année-là toutefois un hiver extraordinaire couvrit la rivière d'énormes glaçons qui, semblables à des carreaux de marbre blanc de Phrygie, flottaient au gré du courant, et, se heurtant sans cesse, menaçaient de s'accrocher et de former un pont. Je ne voulais point qu'on échauffât la chambre où je couchais, quoiqu'en ce pays-là on échauffe par le moyen de fourneaux la plupart des appartements, et que tout fût disposé dans le mien pour me procurer cette commodité. Cependant chaque jour le froid augmentait, il devenait insupportable : je me contentais de quelques charbons allumés, craignant qu'une trop grande chaleur n'attirât l'humidité des murailles. Mais ce feu, tout médiocre qu'il fut, exhala une vapeur qui alourdit ma tête et m'endormit ; je faillis être étouffé [1]. »

Ainsi, quelques charbons de plus sous les voûtes des Thermes, et Julien n'eût jamais été Julien l'Apostat.

Le temps que Julien passa dans les Gaules fut le véri-

[1] *Misopogon*, p. 10 et suiv.

table temps de sa gloire. A peine âgé de vingt-cinq ans, n'ayant jamais étudié que Platon et Diogène, il commande tout à coup aux armées, et il ne lui faut que quatre ans pour rejeter par delà le Rhin les Francs, les Bructères et ces Suèves que César nous représente plus forts même que les dieux, *quibus ne dii quidem immortales pares esse possint.* Revenu aux Thermes, il trace d'une main ferme l'organisation administrative du pays; les anciennes distinctions de colonies, de municipes, de villes alliées, amies, tributaires, disparaissent pour faire place à des droits communs et uniformes, et l'antique *oppidum* cesse d'être une simple forteresse pour devenir le centre des institutions de la cité.

Les Gaules étaient devenues pour Julien une seconde patrie; et lorsqu'il les eut quittées pour aller chercher au loin les soucis et les crimes, le souvenir des jours qu'il y passa revint souvent comme une joie lointaine attrister sa vie. — Là du moins, se disait-il à lui-même, il n'était entouré que d'hommes simples et libres, inhabiles aux flatteries et incapables de tromper. Les peuples qu'il gouvernait avaient l'âme naturellement forte et guerrière; ils ne cherchaient l'amour que dans le mariage et ne se laissaient jamais amollir par la volupté. Comme lui, le seul plaisir qu'ils trouvassent au théâtre était celui de le quitter. Les danseurs leur semblaient des fous, et à la molle douceur des chants de l'Ionie ils opposaient énergiquement leur musique sauvage, dont les paroles aussi rudes que les airs ressemblaient aux cris d'oiseaux sinistres.

Les habitudes sévères de Julien plaisaient d'ailleurs à

ces peuples. Sa table était tellement frugale qu'elle semblait tenir du régime; ses nuits passées sur la dure étaient partagées entre le travail et un sommeil léger et interrompu. « Il se portait aux affaires avec la légèreté d'un oiseau, ajoute le païen Libanius. Dans le même jour il donnait plusieurs audiences; il écrivait aux villes, aux magistrats, aux généraux des armées, à ses amis présents, à ses amis absents, écoutait la lecture des lettres qu'on lui adressait, examinait les requêtes et dictait avec une telle rapidité, que les abréviateurs ne pouvaient le suivre. Il travaillait à tout, il se multipliait; vous eussiez dit un nouveau Protée [1]. »

Assurément il eût été difficile de deviner dans ce jeune prince si généreux et si actif ce futur *fils du soleil* qui devait interdire un jour l'étude des belles-lettres aux chrétiens, comme s'ils eussent été indignes de la lumière, et laisser briser par les tortures le corps du vénérable évêque Marc, qui lui avait sauvé la vie.

Aux Thermes, Julien ne se révèle encore que par les grandes qualités de son âme, et les Gaulois l'entourent avec respect. « Leurs biens, leurs personnes, tout était à moi, écrivait-il longtemps après; combien de fois m'ont-ils forcé d'accepter l'argent qu'ils venaient m'offrir! Toujours prêts à m'obéir, le bruit des éloges qu'ils me prodiguaient volait par delà l'Europe. J'étais, disaient-ils, un prince magnanime, habile, juste, grand dans la guerre, grand dans la paix, accessible et plein de bienveillance. »

Mais ces acclamations finirent par troubler le sommeil

[1] Libanius, *Orat. parental.*

de Constance. Menacé par Sapor à l'est, inquiet des triomphes de Julien à l'ouest, il prit occasion de la guerre persique pour donner l'ordre à Julien d'envoyer en Orient les Celtes, les Hérules, les Pétulants et les Bataves, ses meilleures légions. Cet ordre causa une vive irritation dans les Gaules, et, lorsque les légions se mirent en marche, elles se virent entourées de populations en larmes qui s'attachaient à leurs pas avec désespoir. Quelques-unes d'elles, venant du nord, prirent le chemin de Paris. Julien alla à leur rencontre dans les faubourgs, *in suburbanis;* il les accueillit avec sa cordialité ordinaire, et les pria instamment de poursuivre leur route avec un gai visage. Les soldats l'écoutent, l'œil morne et en silence. Arrivés au camp, ils prolongent la veille dans une fête nocturne qui doit signaler tristement leurs adieux à la patrie. Mais bientôt les têtes s'échauffent, l'irritation se fait jour par des clameurs confuses, on court au palais et on s'empare de toutes ses issues.

Julien dormait, bercé, raconte-t-il, par un songe prophétique ; il lui semblait voir le génie de l'empire qui lui disait : « Julien, il y a longtemps que je me tiens caché à ta porte ; plusieurs fois tu m'as repoussé ; mais si tu me repousses encore, je ne demeurerai plus avec toi. »

Cependant le bruit de la sédition va grandissant dans les vastes salles des Thermes ; c'est comme un immense cri qui proclame Julien *auguste*. Julien feint la résistance ; toute la nuit il demeure enfermé ; et, lorsqu'au matin les soldats l'élèvent sur un bouclier en renouvelant leurs cris, il supplie, il menace. On lui demande une couronne pour la placer sur sa tête : « Je n'en ai jamais possédé, » répond-il. On veut prendre le collier d'Hélène son épouse : « La tête d'un empereur, s'écrie-t-il, ne peut porter un ornement de femme, ce serait de mauvais augure. » On tresse en rond une courroie de cheval ; Julien la repousse comme indigne ; mais alors un centurion lui pose sur le front son collier militaire, et d'unanimes acclamations saluent le nouvel empereur.

Julien avait mieux que de l'ambition, il avait la science du succès.

Après lui, les empereurs Valentinien et Valens firent successivement divers séjours aux Thermes. Clovis y établit à son tour le siége de l'empire des Francs. Childebert y fixa également sa résidence ; et les jardins de Julien, devenus les *jardins de la reine Ulthrogothe,* éveillèrent en plein vi[e] siècle la verve défaillante des poëtes. Le printemps, disait Fortunat, y est perpétuel ; l'air y est embaumé des parfums d'une multitude de ces *roses de Paris* qui ont déjà un nom comme les roses de Jéricho dans l'Écriture, *parisidiacas rosas.* Le pampre tressé en berceaux y oppose aux chaleurs de l'été un épais ombrage sous lequel se joue une brise légère, *aura levis ;* des fruits délicieux y flattent à la fois l'odorat et le goût :

Nare suavis odor, dulcis in ore sapor ;

vous diriez un paysage de Tusculum ou de Tibur. On respire en ce lieu je ne sais quelle volupté au souffle de laquelle le chef franc se complaît avec amour.

Hæc magno inseruit rex Childebertus amore.

Et c'était cependant au milieu de ces calmes impressions d'une belle nature qu'allait s'accomplir un des plus grands crimes de l'histoire! Qui ne se rappelle le meurtre des enfants de Clodomir, de ces orphelins pieusement gardés par leur aïeule, que deux oncles frénétiques sacrifièrent sans pitié à leur brutale ambition? Childebert et Clotaire avaient demandé ces enfants à Clotilde pour les placer, disaient-ils, sur le trône de leur père. Clotilde avait tressailli de joie : « Allez, s'était-elle écriée; je croirai n'avoir pas perdu mon fils, si je vous vois succéder à son royaume. » Mais à peine les enfants ont-ils franchi le seuil respecté de son palais qu'on lui donne à choisir pour eux entre une épée nue et des ciseaux, entre la mort et le cloître. Clotilde égarée ne se connaît plus : « Plutôt la mort, dit-elle, s'ils ne doivent pas occuper le trône! »

Ces paroles parviennent aux Thermes; et aussitôt Clotaire saisit l'aîné de ses neveux, le jette à terre et le massacre. Aux cris de l'enfant son frère embrasse les genoux de Childebert. « Mon très-bon père, lui dit-il, secours-moi afin que je ne meure pas comme mon frère; » et Childebert, le visage inondé de larmes, suppliait Clotaire de lui laisser la vie, lui promettant ce qu'il voudrait pour son rachat; mais Clotaire ne lui répond que par des injures : « Repousse-le, criait-il, ou je te jure que tu mourras à sa place. N'est-ce pas toi qui m'as appelé? te voilà bien prompt à reprendre ta foi! » Et Childebert repoussa l'enfant, et il le jeta à Clotaire, et Clotaire le tua comme il avait tué l'aîné.

Les deux bourreaux tuèrent ensuite les gouverneurs et les serviteurs de leurs neveux; puis, montant à cheval, ils s'en allèrent dans les faubourgs, tandis que Clotilde, plaçant les petits corps sur un brancard, les conduisait à l'église des Apôtres, au milieu de beaucoup de chants funèbres et avec une immense douleur.

Laissons passer maintenant quelques années, et nous retrouverons au palais des Thermes, avec une nouvelle génération d'hommes, une nouvelle génération de crimes. Une lutte fratricide vient de s'élever entre Chilpérik et Sigebert ; celui-ci appelle les Germains à son aide et marche sur Paris ; il y est bientôt suivi par Brunehaut, sa jeune et gracieuse épouse. La population parisienne l'accueille avec transport. Un homme toutefois manquait au triomphe : cet homme était l'évêque Germain. Au lieu d'aller flatter et encenser l'idole du jour, il lui écrivait avec une fermeté et une dignité dont les traditions s'étaient perdues partout ailleurs que dans le sanctuaire : « C'est avec tristesse que je vous envoie ces lignes, lui disait-il ; je sais comment rois et nations se précipitent à force d'offenser Dieu... ; celui-là remporte une victoire sans honneur qui a vaincu son frère... »

Et, quelques jours après, le même homme entrait au palais des Thermes au moment où Sigebert allait quitter Paris pour poursuivre de nouveau Chilpérik. « Si tu vas dans l'intention de ne pas tuer ton frère, lui dit-il, tu reviendras vivant et vainqueur : mais si tu as d'autres pensées, tu mourras ; car Dieu a dit par la bouche de Salomon : « Tu tomberas dans la fosse que tu auras creusée pour ton frère. » Sigebert demeure sourd aux paroles du saint ; il assemble son armée, il part ; mais à quelques lieues de Paris il est frappé dans le flanc par deux hommes que Frédégonde avait armés de *scramasaxs :* c'étaient des couteaux empoisonnés.

Chilpérik accourt aussitôt à Paris accompagné de la fille franque dont l'infernal génie vient d'assurer son triomphe. Brunehaut, la veuve de Sigebert, y était encore, comptant les heures au palais des Thermes dans une cruelle angoisse. N'espérant pas se sauver, elle cherche du moins à sauver son fils. Avec l'aide d'un ami dévoué, elle le descend la nuit dans une corbeille, d'une des fenêtres du palais, et, tandis que l'enfant prend furtivement la route de Metz, Brunehaut attend tristement avec ses filles et ses trésors l'arrivée de ses implacables ennemis.

Chilpérik, ravi des trésors, se contenta d'exiler Brunehaut et d'emprisonner ses filles ; mais si le roi de Neustrie n'avait eu d'yeux que pour l'or et l'argent, Mérovée son fils n'en avait eu que pour la jeune veuve de Sigebert, dont la douleur et l'orgueil blessé n'avaient fait qu'accroître la beauté et l'esprit de ressources. De ce jour il s'attacha à elle, et alors commença la longue suite de ces tragédies domestiques où l'on vit tout ce que les passions, dans deux cœurs de femmes, peuvent enfanter de génie et de scélératesse.

A partir de cette époque, le silence se fait dans les vastes salles des Thermes. Les chefs francs avaient fini par leur préférer les grandes fermes de Braine et de Clichy, et le palais romain démantelé par l'âge et par les Normands n'était plus, au XIIe siècle, qu'un impénétrable repaire constamment ouvert aux crimes et à la luxure.

Multiplici lutebra scelerum tessura laborem....

Aux XIII⁰ et XIV⁰ siècles, nous voyons les Thermes devenir successivement la propriété de Jehan de Courtenay, de Simon de Poissy, de Raoul de Meulan, d'un archevêque de Reims, d'un évêque de Bayeux jusque vers 1340, époque où Pierre de Chaslus l'acquit définitivement au nom de l'ordre de Cluny.

Cent cinquante ans après, l'élégant hôtel de Cluny s'élevait sur une partie des ruines romaines, et l'épaisse couche de terre d'un jardin recouvrait, nous l'avons dit, les solides voûtes du *frigidarium*.

A l'époque de la révolution, les Thermes, devenus propriété nationale, furent adjugés à vil prix, et l'immense salle que nous connaissons servit de magasin à un tonnelier. Depuis lors l'antique palais de Julien a été acquis par la ville de Paris; on l'a recouvert d'un toit, on l'a débarrassé des masures qui le dérobaient aux regards, puis la ville l'a cédé à l'État, qui en a fait un musée.

Le musée des Thermes est spécialement consacré aux antiquités gallo-romaines, dont il est lui-même le plus glorieux débris; tandis que l'hôtel de Cluny, bâti sur ses décombres et l'un des gracieux monuments de la Renaissance, se trouve non moins heureusement transformé en musée du moyen âge. Parmi les antiquités conservées aux Thermes, je me contenterai de citer l'autel dédié à Jupiter par les *nautes* de la Seine, et un petit nombre de bas-reliefs et de tombeaux. Quant au musée de Cluny, il serait impossible même d'indiquer toutes les richesses artistiques et archéologiques qu'il renferme en fragments d'architecture et de sculpture, en ivoires surtout, albâtres, bois sculptés, vieux imprimés, vieux manuscrits, vieilles miniatures, riches vitraux, émaux incrustés, orfévrerie, bijouterie, broderies, armurerie, serrurerie, etc. On y remarque le lit de François Ier et les Heures de Henri III, le cabinet de deuil orné d'émaux de Catherine de Médicis, et l'oratoire en ivoire sculpté de Philippe le Hardi, duc de Bourgogne; la célèbre légende de Saint-Lié en vitraux du XVIe siècle, et l'échiquier en cristal de roche donné à saint Louis par le Vieux de la Montagne.

Mais parmi toutes les curiosités de l'hôtel de Cluny, l'hôtel lui-même figure au premier rang. Cet hôtel fut construit vers la fin du XVe siècle par deux abbés de Cluny, Jean de Bourbon et Jacques d'Amboise. Ce dernier consacra, si nous en croyons un vieux chroniqueur, 50,000 angelots à son édification de fond en cime; aussi les armes d'Amboise et les statues de la famille y étaient-elles prodiguées.

La façade principale de l'hôtel se compose d'un vaste corps de logis flanqué de deux ailes; l'une de ces ailes est ouverte au rez-de-chaussée par une suite d'arcades ogivales du plus gracieux dessin. A la naissance des toitures se détache une galerie à jour derrière laquelle pyramident de hautes lucarnes richement sculptées. Une tourelle à pans coupés partage l'édifice; elle est ornée de coquilles et de bourdons de pèlerins, en souvenir du célèbre pèlerinage de Saint-Jacques, que ne pouvait oublier *Jacques* d'Amboise.

A l'intérieur, ce qui frappe surtout, c'est l'exquise élégance de la chapelle; par une disposition singulière les nervures élancées des voûtes s'y réunissent en faisceaux sur un pilier central. L'autel est placé dans un hémicycle formant saillie sur le mur extérieur; enfin des niches sculptées en relief, des vitraux, des peintures et une cage d'escalier en broderie de pierre achèvent l'ornementation de ce gracieux monument.

L'appartement contigu à la chapelle porte le nom de *chambre de la reine Blanche*, en mémoire du séjour qu'y fit Marie d'Angleterre, veuve de Louis XII, pendant les premiers mois de son deuil, qu'elle portait en blanc suivant l'usage des reines de France. Parmi les personnages célèbres dont le nom se rattache à l'histoire de l'hôtel de Cluny, nous citerons encore Jacques V, roi d'Écosse, qui y épousa l'une des filles de François Ier, et plusieurs membres de la famille de Guise, le cardinal de Lorraine entre autres.

Pendant la Révolution, l'hôtel de Cluny devint successivement un lieu de réunion pour la section du quartier, un amphithéâtre de dissection et un atelier d'imprimerie. La chapelle servit tour à tour de salle de séances et d'amphithéâtre. Depuis lors, grâce à un archéologue distingué, **M. du Sommerard**, l'hôtel de Cluny a été remis en honneur. Ce fut M. du Sommerard qui eut l'heureuse pensée d'en faire un musée d'antiquités nationales; et le gouvernement en se rendant propriétaire, à sa mort, et de l'hôtel et des collections, en restaurant l'un, en enrichissant les autres, n'a fait que compléter son œuvre.

LE PALAIS-DE-JUSTICE
ET LA SAINTE-CHAPELLE

Dès les premiers temps de l'histoire de Paris, il est question d'une *tour*, ou forteresse, située dans l'île de la Seine, et qui ne pouvait, suivant toute apparence, occuper d'autre emplacement que celui où s'élève aujourd'hui le palais de justice. C'était évidemment dans cette tour, dans ce château romain qu'habitait sainte Clotilde lorsque ses deux fils, Childebert et Clotaire, lui envoyèrent demander les enfants de leur frère Clodomir, qu'elle gardait pieusement auprès d'elle. Grégoire de Tours fait remarquer en effet que Clotilde demeurait dans la ville même, *in urbe ipsa :* ce qui ne peut s'entendre que de l'intérieur de l'île, qui comprenait alors toute la cité.

Après cette pieuse princesse, nous ne voyons qu'un seul roi franc, Charibert, qui ait fixé sa résidence au centre de Lutèce. Charibert avait peu des goûts de ses compatriotes; il n'était ni chasseur, ni guerrier; et l'on eût dit, à voir la gravité pesante de sa démarche, quelque digne magistrat d'une cité gallo-romaine. On ne peut donc s'étonner de la préférence qu'il donna à la ville sur les champs et les forêts. Charibert s'occupait de jurisprudence; il se plaisait à juger les causes difficiles, à jeter la lumière sur les questions les plus embrouillées; et, tout Germain qu'il fut, son élocution latine se distinguait par une telle pureté, que les Romains devenus flatteurs s'avouaient vaincus : *Nos Romanos vincis in eloquio*[1].

Sous cette enveloppe exotique se cachait toutefois encore la brutale audace des Francs. Charibert s'appropria, puis épousa les deux filles d'un ouvrier en laine de la *truste* royale; l'une de ces jeunes filles portait le voile de religieuses. La voix de saint Germain se fit alors entendre sous les voûtes de la tour de la Cité. Elle excommunia Charibert, et celui-ci, persistant dans son impénitence, ne tarda pas à être frappé de malemort, ainsi que l'avait déjà été l'objet de ses folles passions.

Depuis ce moment, les échos de la tour demeurent muets jusqu'aux jours de la féodalité, dont elle devient le centre, d'abord pour le comté de Paris seulement, puis pour la France entière. Ce fut en effet là que s'établirent les comtes de Paris et les ducs de France; ce fut là que la glorieuse race de Robert le Fort fit son apprentissage du trône, en sauvant Paris de l'anarchie et des Normands.

Il serait difficile de faire connaître d'ailleurs ce qu'était alors l'ancienne tour romaine de la Cité. On peut croire du moins qu'à l'époque où Hugues Capet y mourut, en 996, elle formait une demeure assez peu digne de la majesté royale. Une des premières pensées de Robert, son fils, fut en effet d'élever un palais magnifique, *palatium insigne;* et les annalistes qui nous parlent de ce palais ne se donnent même pas la peine d'indiquer par un mot l'antique construction dont il dut prendre la place.

[1] Fortunat, *Carmin.*, l. IV.

Le nouvel édifice fut somptueusement inauguré par un festin royal, un jour de Pâques; il comprenait dans son enceinte une chapelle dédiée à saint Nicolas.

Robert est resté connu dans l'histoire sous le nom de Robert le Pieux; il avait en effet une douce et fervente piété. L'incrédule et railleur Dulaure se plaît à rappeler qu'il chantait au lutrin; c'était une religieuse habitude qu'il avait empruntée à Charlemagne. L'historien de Paris aurait pu ajouter que cet humble roi, qui se levait la nuit pour aller chanter matines avec les clercs, était en même temps le plus généreux et le plus intelligent des princes : il aurait pu dire qu'il était *sage, lettré, philosophe, musicien, poëte*[1]; qu'il pratiqua et fit progresser tous les arts; et qu'enfin, durant son règne, *la paix et la concorde abondèrent en France et dans l'Église*[2]. Tel est l'hommage que lui rendent tous les historiens.

Ce fut sous ce bon roi Robert que se passa cette terrible époque de l'an 1000, à laquelle la croyance générale avait attaché la fin du monde : « et il sembla, dit M. Michelet, que la colère céleste fût désarmée par cet homme simple en qui s'était incarnée la paix de Dieu. »

Les successeurs de Robert, jusqu'au XIV° siècle, firent tous leur demeure, à son exemple, du palais royal de la Cité. Ce fut là que Louis le Gros mourant demanda à être étendu sur un lit de cendres; Suger, son ministre, versait de chaudes larmes à ses côtés : « Pourquoi pleurer, lui dit le roi, lorsqu'un Dieu de miséricorde m'appelle à lui? »

---

[1] Voir *Annales de Saint-Bertin*.
[2] Raoul Glaber, l. III, c. IV.

Suger, enfant du peuple, avait grandi au sein de l'Église, qui « s'empressait alors, suivant la remarque de M. Guizot, d'accueillir et de rechercher, jusque dans les rangs les plus obscurs, tous les hommes capables de la servir et de l'honorer. Partout présente et active, en rapport avec toutes les conditions sociales, fréquentant les pauvres comme les riches, vivant avec les petits comme avec les grands, elle allait au-devant de l'enfance même, étudiait ses dispositions, s'en emparait, et lui ouvrait une brillante carrière, la seule où les facultés intellectuelles fussent invitées à se développer, où tout fût accessible au mérite, où régnait enfin le principe de l'égalité et du concours[1]. »

Le jeune Suger fut donc élevé à Saint-Denis ; l'enfant du pauvre devint le compagnon d'étude du prince qui devait être un jour Louis le Gros. Une touchante amitié se forma dès lors entre ces deux jeunes hommes, amitié qui les suivit dans les grandeurs et se perpétua par delà la tombe.

Ainsi, après avoir été le ministre du père, Suger fut encore le ministre du fils ; il occupait en outre la haute position d'abbé de Saint-Denis, et, à ce titre, il était à la fois vassal et suzerain de son maître, vassal du roi, et suzerain du comte de Vexin : or le comté de Vexin avait été récemment uni à la couronne. C'était même comme avoué de l'abbaye que le roi avait adopté l'oriflamme de Saint-Denis pour être la bannière de la France.

Si nous en croyons saint Bernard, tant d'élévation et de puissance éblouit un instant Suger. Le moine devint

---

[1] *Notice sur Suger.*

fastueux et magnifique; mais le repentir suivit de près l'enivrement. Suger continua cependant d'être magnifique, mais il le fut pour Dieu. Il construisit la basilique de Saint-Denis, il l'enrichit de vases d'or et d'argent, de fioles d'onyx, de sardoine et d'émeraude, d'étoffes de pourpre et de soie, d'œuvres d'art en verre et en marbre. Et lui, retiré dans une petite cellule large de dix pieds, longue de quinze, lisait, priait, travaillait, *n'étant jamais moins seul*, dit son biographe, *que lorsqu'il était seul*.

Lorsque Suger était à Paris, il habitait une maison qu'on appela longtemps le *collège Saint-Denis*, et qui était située près de l'église Saint-Merry. C'était Suger lui-même qui l'avait achetée, au prix de mille sols, pour être une dépendance du monastère.

Mais c'est surtout dans l'antique palais de nos rois que semble revivre son souvenir, dans ce palais où, pour parler le langage des contemporains, il était l'écho des clameurs de l'orphelin et des plaintes de la veuve, le patron de l'opprimé pourvu que la cause fût juste, toujours désintéressé, toujours accessible, humble dans la prospérité et calme au milieu des orages du monde. « Nul, suivant le moine Guillaume, ne se retirait d'auprès de lui le cœur triste et les mains vides. »

A voir cette robe de moine flottant sur ce corps petit et grêle, on eût dit qu'à peine un souffle de vie l'animait; et cependant nulle fatigue n'abattait l'énergie de son courage : ni les longues chevauchées, ni les veilles de nuit, ni le poids de l'administration et des affaires. Organe éclairé de tous les intérêts et de tous les droits, il n'était personne qui osât ajouter un mot, après avoir entendu, suivant l'expression de Job qu'on se plaisait à lui appliquer, « les flots de son éloquence tomber goutte à goutte[1]. »

Suger était à la fois la force du peuple et l'appui de la royauté. « S'il y a un sceptre pour le roi, disaient les poëtes, il y a aussi un sceptre pour Suger :

Post regem quasi rex sceptra secunda tenes. »

Le moine Guillaume, qui a écrit la vie de Suger, nous le représente tantôt entouré de voyageurs de toutes nations qu'il retient à sa table, tantôt assis sur un humble marchepied au milieu des seigneurs et du roi, qui tous l'écoutent avec respect et restent comme suspendus à ses lèvres. Lorsque ces conférences étaient terminées et que Suger voulait reconduire le roi, celui-ci s'y opposait, et ne permettait même pas qu'il se levât de son siége. « Telle fut enfin la renommée que Suger acquit en Europe, qu'on venait d'Italie et d'Angleterre, nous dit M. Guizot, pour contempler les salutaires effets de son gouvernement. Du IXe au XIIe siècle, Suger est le premier exemple d'un ministre admiré comme habile et sage au delà des monts et des mers. »

A la sévère physionomie de Suger succède bientôt le regard altier du vainqueur de Bouvines. Philippe-Auguste construisit le Louvre ; mais sa demeure habituelle n'en fut pas moins le palais de la Cité. A la porte du palais veillent dès lors, nuit et jour, des hommes armés de massues, que le public désigne par le nom de

[1] Job, ch. XX, v. 22.

ribauds. Les ribauds ont un chef qui prend le titre de *roi,* et dont la juridiction s'étend sur tous les crimes commis dans l'enceinte de la demeure du souverain. Un jour viendra néanmoins où le roi des ribauds n'aura plus qu'un simple droit d'inspection et de surveillance.

L'aspect des appartements du palais est généralement triste et nu : point de riche mobilier, point de somptueux décors. Sur les dalles de pierre est étendue une épaisse couche de paille que remplace, aux beaux jours, une jonchée de fleurs. Ce genre agreste de tapis demeurera en usage jusqu'au xvie siècle. Chaque fois que la paille est renouvelée, celle qu'a foulée le pied du roi s'en va aux hôpitaux et aux écoles. « Pour le salut de notre âme et de celles de nos pères, lisons-nous dans une ordonnance de Philippe-Auguste, et dans des vues de piété, nous accordons pour l'usage des pauvres demeurant à la maison de Dieu de Paris, située devant l'église de Notre-Dame, toute la paille de notre chambre et de notre maison de Paris, toutes les fois que nous quitterons cette ville pour aller coucher ailleurs. »

A l'extérieur, le palais de la Cité n'offrait, comme la plupart des constructions du temps, qu'un vaste assemblage de parties disparates, image vivante, ce semble, de la société qui bruissait à ses pieds. Le spectacle en effet de ce monde du xiiie siècle ne présente souvent que les contrastes les plus étranges. Une certaine liberté cynique s'y joignait à une séve puissamment religieuse : c'était le temps du roman de la Rose et des croisades. Les serments alors étaient de mode ; on jurait par sa part de paradis, par l'âme de son père, par la foi de son corps, par les membres du Christ; « jurements sacriléges et horribles, écrivait Innocent III, qu'on profère néanmoins avec légèreté et comme pour donner de l'aplomb au discours. » Les hommes disent : *Par la mort-Dieu!* les femmes disent : ***Diva!*** (déesse.) On épuise en formules de serment la mythologie et l'Évangile. Il était toutefois un asile où ne pénétraient point ces imprécations vulgaires : c'était la cour. Philippe-Auguste avait une telle horreur pour les jurements, que si quelque chevalier ou autre, dit Rigord, venait par hasard à en proférer, il était aussitôt jeté à la rivière.

Vous ne voyez en outre, autour de Philippe, aucun de ces ménétriers et jongleurs qui affluaient alors dans les châteaux, épuisant leur verve en *dits et risées* parsemés de flatteuses louanges. « Maintes fois, disent les chroniques, lesdits jongleurs recevaient de la main des seigneurs et dames des habits et vêtements dont le prix eût fait vivre vingt à trente malheureux. » De semblables libéralités indignaient Philippe-Auguste. « C'est faire un sacrifice au diable, » s'écriait-il ; et tous ses vieux habits allaient aux pauvres.

Laissons maintenant passer quelques jours, et à la place de Philippe-Auguste nous rencontrerons saint Louis. « Je le vy aulcunes fois en esté, raconte Joinville, que pour délivrer sa gent il venoit au jardin de Paris, une cotte de camelot vestu, un surcot de tiretaine sans manches, un manteau de cendal noir (taffetas) autour son col, moult bien peigné et sans coiffe, et un chapel de paon blanc sur sa teste, et faisoit estendre tapis pour nous seoir entour ly, et tout le peuple qui avoit affaire par devant ly estoit autour ly, et lors il les faisoit délivrer en la manière que je vous ay dy devant du bois de Vinciennes. »

Ce jardin de Paris où saint Louis rendait la justice était le jardin du palais de la Cité, lequel s'étendait sur tout l'emplacement qu'occupent aujourd'hui la cour de Lamoignon et la cour neuve, et était baigné de trois côtés par la Seine. Un bras du fleuve, qui suivait la direction de la rue de Harlay, le séparait de deux petites îles sur lesquelles ont été construits depuis la place Dauphine et le terre-plein du Pont-Neuf. Ce jardin, tel que les chroniques nous le représentent sous Charles V, était entouré de haies couvertes de treilles enlacées en losanges, et formant çà et là des pavillons et tourelles qui répondaient par leur agreste symétrie aux tourelles du palais. Au centre de ces bosquets ombragés étaient des vignes, des potagers, des pâturages où l'on récoltait bourgeoisement le foin de l'écurie, le vin du cellier, et les légumes de la table royale.

Le palais, construit au xie siècle par le roi Robert, fut agrandi dans de vastes proportions par saint Louis. Du règne de ce prince datent la salle qui porte encore son nom, la grand'chambre où siége la Cour de cassation, l'étage inférieur et les murs de la vaste salle des Pas-Perdus, et enfin la Sainte-Chapelle.

Lorsque nous parcourons aujourd'hui ces vénérables restes des vieux âges, il ne nous est pas toujours facile d'y reconnaître la marque du temps. Les antiques lambris de la salle des Pas-Perdus ont fait place à une voûte en pierre; la nudité de la grand'chambre a disparu sous le luxe d'ornements qui lui firent donner, dès le règne de Louis XII, le nom de *chambre dorée*. Mais enfin c'est le même lieu, ce sont les mêmes pierres, impassibles témoins du passage des siècles. L'écho qui répète aujourd'hui les sentences de la justice a redit jadis les arrêts vénérés qui émanaient de la bouche de saint Louis.

Jusqu'à saint Louis, le palais n'avait été que la demeure du roi ; avec lui, il devint en outre le centre de l'administration et de la justice, car c'est à partir de son règne que le gouvernement cesse d'être purement militaire, pour embrasser dans un vaste ensemble les divers intérêts de la communauté sociale. Avec lui, des grandes routes sont ouvertes, des canaux sont creusés, le commerce est encouragé, la corruption est réprimée, l'audace des hauts barons fléchit sous le poids du sceptre, les duels judiciaires sont prohibés dans les domaines royaux, un vaste système de police civile est organisé au milieu et en dépit de l'anarchie féodale ; et l'Europe entière demeure pénétrée d'un si grand respect pour le *saint* de la France, que les princes et les peuples invoquent à l'envi dans leurs luttes intestines la justice de saint Louis.

Il me semble le voir couvert de ce mantel armorié aux armes de France, que Joinville lui reprochait malignement à cause des huit livres parisis qu'avait coûté la broderie. Chaque matin, à son retour du moutier, où il est allé prier avec les frères de Saint-François ou de Saint-Dominique, il donne audience publique dans ces grandes salles toutes pleines encore de son souvenir et de son nom. Voici les ambassadeurs du roi et des barons d'Angleterre qui viennent lui remettre le jugement de leurs querelles ; voici des prêtres et évêques qui viennent s'édifier de ses mœurs et vertus; « car les prêtres désiroient ensuivre sa vie, et l'on croyoit mesmement qu'il fût saint dès qu'il vivoit. »

Mais ce qui est surtout remarquable dans cette cour de roi, c'est l'affluence des *povres et souffreteux;* c'est ce cortége d'heureuses misères qui sont toujours sûres de trouver là espérance et consolation. Peut-être, il est vrai, entendez-vous quelque chevalier, l'écu au bras et le heaume en tête, maugréer à demi-voix contre le *béguin* et le *papelard*. Celui-ci ne peut lui pardonner la croix rouge de pèlerin d'outre-mer qu'il lui a envoyée pour son cadeau de la nuit de Noël; celui-là se plaint qu'on ose contredire à ses droits de prise et de potence. Il y a même parmi le peuple quelques mauvaises passions qui éclatent parfois malgré l'amour et le respect dont est entouré le saint roi. Écoutez cette femme du peuple : « Fi! fi! dit-elle, devriez-vous être roi de France? Il eût mieux valu que tout autre occupât le trône; vous n'êtes que le roi des moines et des clercs. » La foule s'émeut, elle se rue sur cette femme; mais une parole de Louis calme la tempête. « Certes, elle dit vray, s'écrie-t-il, je suis indigne d'être roy; mais puisque Dieu l'a voulu, j'en rempliray la charge. »

Il est remarquable que c'est du sein du mysticisme que sortirent les plus grands esprits pratiques des xiie et xiiie siècles : saint François, saint Dominique, saint Louis! On dirait que ces hommes célestes connaissaient par intuition la juste étendue des forces de l'homme, pour lui demander tout ce qu'il peut, rien au delà. Faut-il nous en étonner? lorsque nous voulons apprécier l'importance d'une ville, nous gravissons quelque hauteur écartée au lieu d'aller nous perdre dans le dédale de ses rues et carrefours. Ainsi du monde : regardez-le de loin, si vous voulez le connaître ; plus près vous seriez aveuglé par lui.

Ajoutons que le mysticisme, en même temps qu'il éclaire la vue, jette sur les objets je ne sais quel charme poétique. La poésie, comme la foi, est fille du cœur. Elle s'élève avec chacun de ses élans en soupirs ou en cantiques. Lisez Joinville, parcourez la Sainte-Chapelle, et vous vous sentirez élevé au-dessus de la terre. Partout où la foi étend ses puissants rameaux, soyez sûr que la poésie sèmera ses fleurs; vous la trouverez sur le seuil du palais de saint Louis comme autour du tombeau de saint François d'Assise.

« Saint Louis est l'homme modèle du moyen âge, a dit Châteaubriand ; c'est un législateur, un héros et un saint. » Le législateur a dicté les *établissements*, le héros a vaincu à Taillebourg, le saint a laissé au monde comme un écho de son âme dans la Sainte-Chapelle.

On sait dans quel but fut construit ce gracieux monument de la piété royale. L'empire d'Orient croulait, et les plus précieuses reliques du trésor de Constantin devenaient un objet de trafic entre des mains appauvries et impuissantes. Saint Louis n'hésita pas à les sauver au poids de l'or. Une ambassade part pour Constantinople dans le courant de l'année 1239, et bientôt après elle en rapporte la couronne d'épines, la lance et l'éponge du Calvaire. Depuis Villeneuve-l'Archevêque jusqu'à Paris, la couronne d'épines, enfermée dans trois cassettes de bois, d'argent et d'or, fut portée par le roi et son frère. Le roi marchait nu-pieds, sans sceptre, sans couronne, et simplement vêtu d'une tunique. Le peuple et le clergé de Paris l'attendaient à Saint-Antoine-des-Champs : le peuple poussait des cris de joie ; le clergé chantait des cantiques et portait les reliques les plus vénérées de chaque église. Un échafaud avait été dressé près de Saint-Antoine, et la sainte couronne y fut exposée aux regards et aux respects d'une foule immense ; puis la procession se remit en marche, une procession de princes, de chevaliers, de moines, de clercs, de peuple, tous nu-pieds, tous s'unissant par leur émotion à l'émotion du roi.

Les pieuses reliques furent déposées à la chapelle Saint-Nicolas du palais, petite chapelle bâtie, nous nous le rappelons, par le roi Robert, reconstruite par Louis le Gros, et qui avait succédé jadis à l'antique oratoire dédié à saint Barthélemy par les rois de la première race. Mais cette chapelle exiguë et sans art répondait peu à la grandeur du dépôt qui lui avait été confié. Saint Louis appelle donc Pierre de Montreuil, un maître maçon chez lequel semble innée cette inspiration du cœur qui donne une voix à la pierre [1]. Montreuil prend aussitôt l'équerre et le crayon, ce crayon qui vient de dessiner les splendides

[1] Deux artistes du nom de Montreuil, Pierre et Eudes, ont atteint à la plus haute renommée sous saint Louis. Nous indiquons les principaux ouvrages du premier. Quant au second, il accompagna comme ingénieur saint Louis à la croisade, et construisit à son retour les églises des Quinze-Vingts, des Chartreux, des Cordeliers, de Sainte-Croix-de-la-Bretonnerie, de l'Hôtel-Dieu et des Blancs-Manteaux. Aucune d'elles n'existe aujourd'hui. On voyait la tombe et la statue d'Eudes de Montreuil dans l'église des Cordeliers ; la tombe de Pierre se trouvait à l'entrée du chœur de la chapelle de la Vierge qu'il avait construite dans l'enclos de Saint-Germain-des-Prés. Cette chapelle a été détruite pendant la Révolution.

réfectoires de Saint-Martin-des-Champs et de Saint-Germain-des-Prés, qu'on prendrait pour des nefs de cathédrales, tant il y a de majesté dans leur plan et d'élégante hardiesse dans leur architecture, et en six années, de 1242 à 1248, l'oratoire Saint-Nicolas fait place à cette merveilleuse Sainte-Chapelle, l'un des plus gracieux fleurons de la couronne poétique de la France.

Une particularité qui frappe d'abord à la Sainte-Chapelle, ce sont ses deux étages d'églises, particularité toutefois qui lui était commune avec la chapelle de l'archevêché, construite par Maurice de Sully, sous le règne de Philippe-Auguste. L'église inférieure fut destinée à servir de paroisse aux domestiques et marchands du palais. On y entre par une porte latérale ornée jadis de la statue de la Vierge. La voûte en est supportée par un rang de sveltes colonnes qui suivent le mur et rappellent par leur légèreté les colonnes de Saint-Martin-des-Champs. Cette église fut dédiée à Marie.

La chapelle supérieure, qui était proprement la chapelle royale, fut placée de son côté, sous le vocable de la sainte Couronne et de la sainte Croix. Là en effet étaient déposées sur l'autel, dans une châsse éclatante d'or et de pierreries, les insignes reliques de la Passion. « Et le benoit roy aourna d'or et d'argent et de pierres précieuses les lieux et les châsses où les saintes reliques reposent ; et croit-on que les aournements desdites reliques valent bien cent mille livres de tournois et plus [1]. »

Nulle part plus qu'à la Sainte-Chapelle l'art du moyen âge ne s'est montré prodigue d'imagination et de poésie.

[1] *Vie de saint Loys*, par le confesseur de la reine Marguerite.

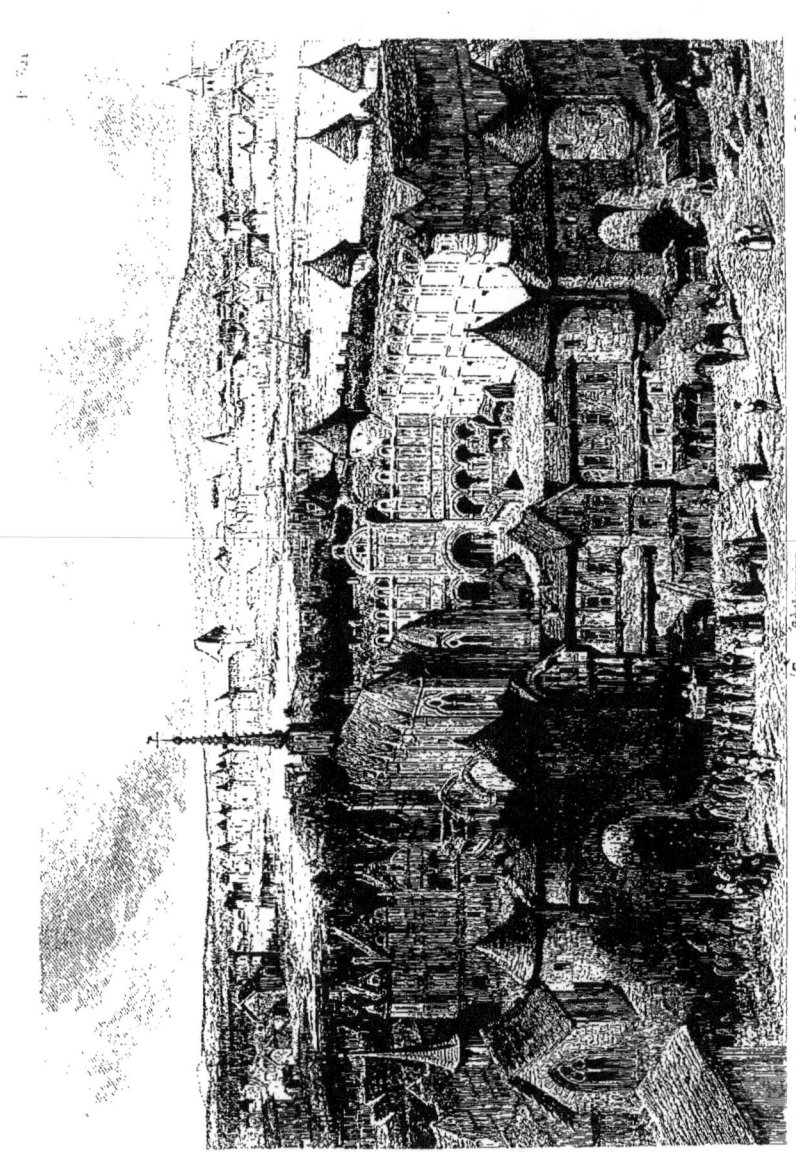

PALAIS DE JUSTICE ET STᵉ CHAPELLE.

mières infinies. On y voyoit Dieu manger des pommes, rire avec sa mère, dire ses patenostres avec ses disciples, susciter et juger les morts... Des sauvages, des rois de la fève menoient grands ricolas; des ribauds en blanches chemises agaçoient par leur biauté et liesse; des animaux marchoient; des enfants joutoient ; des dames caracoloient de biaux tours; des fontaines de vin couloient; le grand guet faisoit la garde en habits uniformes [1]; toute la ville balloit, dançoit et se déguisoit en plaisantes manières. »

Le jour de la Pentecôte avait été choisi pour la réception des chevaliers. Cette cérémonie, dans laquelle l'ordre fut conféré non-seulement aux fils du roi, mais encore à un certain nombre de gentilshommes, fut suivie d'un splendide dîner dans la grande salle du palais. La salle était resplendissante du feu des lustres, bien qu'il fît grand jour. Le lendemain et le surlendemain, le roi de Navarre et le roi d'Angleterre tinrent à leur tour table ouverte. La table du roi d'Angleterre avait été dressée dans les jardins de Saint-Germain-des-Prés ; les mets étaient apportés au bruit du cor et à cheval.

Quelques jours après, Philippe ouvrait au palais les états du royaume pour leur demander des subsides, car plus d'une fois le besoin d'argent était venu en aide à la liberté. Les premiers états généraux de France avaient été réunis, en 1302, à Notre-Dame. Il s'agissait alors d'obtenir l'appui du clergé et de la nation contre le pape, et Philippe le Bel n'avait pas été fâché sans doute de

[1] L'uniforme du guet se composait de la jaque de mailles et du cabasset ou coiffe de fer.

Hautes colonnes, riches vitraux dont les éclatantes couleurs défient encore les siècles, arcades et colonnettes peintes avec chapiteaux dorés, médaillons en verre émaillé et argenté sur lesquels se découpent des sujets de l'histoire sainte brillant des teintes les plus vives : tel est le magnifique ensemble qu'offre ou plutôt qu'offrait à l'œil la chapelle de saint Louis, et qu'elle nous offrira bientôt encore, grâce aux restaurations intelligentes dont elle est aujourd'hui l'objet. Mais les saintes reliques, mais les émaux de Léonard de Limoges, la *Mère de Pitié* de Germain Pilon, le chef en or de saint Louis, la croix de vermeil dans laquelle était enchâssé le bois du Calvaire et que portaient quatre figures de lion; mais le modèle de la Sainte-Chapelle en argent doré, chef-d'œuvre de Pijart, mais la chaire où Massillon, debout devant le catafalque de Louis XIV, fit entendre ce cri sublime : *Dieu seul est grand!* qui nous les rendra? qui comblera jamais le vide qu'a creusé en un jour le torrent révolutionnaire?

La chapelle de saint Louis existe du moins encore. C'est bien là la poésie ardente de la foi, lançant dans les airs, comme l'encens, ses clochetons et ses pinacles; c'est bien là la pensée mystique de ce *bénoît roi* qui demandait à Dieu *fontaine de larmes*. Près de l'autel, à droite, vous apercevez encore l'oratoire où il priait. L'autel lui-même n'est-il pas celui où, chaque année, le jour du Vendredi saint, il exposait la sainte couronne à la vénération publique? Enfin, sous le pavé, au pied de l'autel, voilà l'endroit où, suivant toutes les probabilités de la critique historique, son cœur repose. La couronne, l'éponge, la vraie croix rappelaient le grand mystère du salut du monde; on les a jetées au vent. Le cœur de saint Louis eût eu le même sort, s'il eût été reconnu pour être le cœur d'un roi; mais on l'a pris pour celui de quelque pauvre homme, de l'architecte du monument sans doute, et il a été remis dans son coffret de plomb sous les dalles. Ce cœur dont la Sainte-Chapelle fut comme un élan d'amour est aujourd'hui la seule relique qui lui reste.

Saint Louis avait agrandi le palais, et en avait fait le centre de l'administration; Philippe le Bel l'agrandit à son tour, et en fit le centre d'une organisation toute nouvelle pour la justice. Philippe avait été élevé par des juristes, et la finesse cauteleuse du procureur se trouvait jointe en lui à la froide mathématique de l'usurier. Engagé dans d'interminables querelles avec la féodalité et avec l'Église, il s'était servi de la féodalité pour frapper le pape, et du pape pour briser dans la main des templiers la plus forte épée de l'armée féodale. Mais en même temps il travaillait lentement à créer par l'université, par les états et par les parlements, un pouvoir nouveau qui pût devenir le bras droit de la royauté dans la lutte. Ce pouvoir sera celui des juristes et des docteurs, de la bourgeoisie et de l'école. Les vues de Philippe étaient étroites et mesquines, son égoïsme ne visait qu'à la toute-puissance; mais le besoin d'un levier lui en fit chercher un dont la royauté ne devait pas toujours être maîtresse. Il voulait le despotisme, et il travaillait pour ce qu'on est convenu d'appeler la liberté.

Avant lui, les plaids royaux n'avaient ni attributions déterminées ni assises fixes. Philippe le Bel rendit le parlement sédentaire; il régla les diverses fonctions de ses membres, et décida qu'ils tiendraient deux sessions par année, chacune de deux mois, la première après l'octave de Pâques et la seconde après l'octave de la Toussaint. Telle fut toutefois l'importance qu'acquit immédiatement ce grand corps judiciaire que, dès l'année 1316, ses assises devinrent permanentes. Comme conseil de la couronne, c'était dans le palais du roi que le parlement s'était toujours assemblé; ce fut là qu'il continua de tenir ses séances. La demeure du roi ne devait-elle pas être naturellement la demeure de la justice?

Le palais fut donc, encore une fois, restauré et agrandi. « Iceluy roi Philippe, lisons-nous dans les grandes chroniques de France, fit faire, en son vivant, le palais à Paris et le Montfaucon, et en eust la charge messire Enguerrand de Marigny. »

On sait que le Montfaucon était le lieu où la justice trouvait sa sanction dernière. Au moment où il pourvoyait à l'organisation de la magistrature, Philippe le Bel n'oubliait pas le gibet.

En sa qualité de demeure royale, le palais fut témoin en outre, sous le règne de Philippe le Bel, des fêtes splendides qui accompagnèrent, en 1310, la veillée d'armes des fils du roi. « Jamais on n'avoit vu rien de pareil, dit un historien; car tous les ducs, comtes et barons de France s'y trouvèrent présents, et dans un seul jour ils changèrent trois fois d'habits. On vit aussi les artisans marcher en procession, chaque métier avec ses ornements. Toute la ville étoit couverte d'étoffes de soie ou de lin, et des théâtres y avoient été dressés avec lu-

donner à cette politique assemblée l'apparence d'un religieux concile. Mais à partir de 1308 c'est au palais que se réunissent les députés du royaume. Nous les y voyons, après la mort de Louis le Hutin, donner une éclatante sanction à la loi salique en excluant du trône la fille du roi. Nous les y voyons au xiv⁰ siècle disputant l'administration du royaume au dauphin après le désastre de Poitiers.

C'est également au palais que fut signée cette belle ordonnance de Louis le Hutin, par laquelle « considérant, dit le roi, que, selon le droit de nature, chacun doit naître *Franc*, et que nostre royaume est dict et nommé le *royaume des Francs;* voulant que la chose en vérité soit accordante au nom... avons ordené et ordenons que servitudes soient ramenées à franchises. »

Philippe le Long, successeur de Louis le Hutin, nous a laissé un règlement pour le gouvernement de son palais. Nous y voyons qu'il entendait la messe chaque matin, et que nul ne pouvait alors l'entretenir, sauf son confesseur et seulement pour choses touchant la conscience. Défense était faite « à toute personne ménagère et garçon de petit estat » d'entrer à la garde-robe royale, de mettre la main au lit, d'y introduire des draps étrangers. Toujours et partout la crainte des maléfices!

Transportons-nous maintenant au règne de Philippe de Valois. Avec lui commencent les malheurs de la France, mais les fêtes n'en continuent pas moins nombreuses et brillantes, à Paris et au palais : « et n'y avoit oncques mais eu en France roi, comme on disoit, qui eût tenu l'État pareil au roi Philippe, et faisoit faire tournois, joutes et esbattements moult et à grand plenté. »

Philippe de Mézières nous représente ce prince, dans son *Songe du vieil Pèlerin*, festoyant les souverains d'Écosse, de Navarre, de Majorque, et ce vieux roi de Bohème, l'aveugle de Crécy, qui ne pouvait se résoudre à quitter Paris, « le séjour le plus chevaleresque du monde. »

Devant eux sont deux *quartes dorées* pleines de vin, et à chacune son aiguière et sa coupe. Sur le dressoir, au lieu de vaisselle d'or et d'argent, de *flacon ou ydre*, une outre de cuir dont le ventre rebondi promet aux convives de ne laisser tarir la source de la gaieté. En parcourant les chambres du palais, on peut remarquer que tout autre roi que le roi de France n'a que demi-ciel. Si vous assistez enfin à quelque tournoi ou fête, et qu'un rubis ou balai de mille florins vienne à briller par hasard sur un mantel ou sur un casque, mantel de roi ou casque de prince, vous le verrez « réputé à grande admiration. »

Mais bientôt à Crécy succède Poitiers, aux ruines succèdent les ruines. Le dauphin captif au palais, pendant que son père est captif à Londres, cherche vainement à secouer le joug de la populace et d'Étienne Marcel. Le jeune prince avait commencé par être faible, il voulut finir par être fort; malheureusement il le fut mal à propos. L'exécution violente d'un bourgeois qui avait frappé à mort un trésorier de la couronne, exécution juste en elle-même, mais attentatoire au droit d'asile dont jouissait l'église où le meurtrier s'était réfugié, exaspéra surtout la foule. Une collision était imminente; elle le devint plus encore par l'intention qu'on supposa au dauphin de déclarer la guerre à Charles le Mauvais, le fidèle allié de Marcel.

Un matin donc, Marcel assemble devant Saint-Éloi les corps et métiers en armes. A peine cette ardente multitude était-elle rangée en bataille qu'elle aperçoit Regnauld d'Acy, l'un des conseillers du dauphin, sortant du palais. Elle se rue aussitôt sur lui, le poursuit jusque dans la boutique d'un pâtissier et l'y frappe à mort; puis, ivre de sang, elle gravit les degrés de la demeure royale, Marcel en tête, et pénètre jusque dans la chambre du dauphin. « Monseigneur, ne vous étonnez de rien de ce que vous allez voir, s'écrie Marcel, il faut qu'il en soit ainsi. » Et se tournant vers les chaperons verts et rouges qui l'entourent (c'était la livrée populaire) : « Allons vite, faites votre besogne. » Jean de Conflans, maréchal de France et l'un des conseillers du dauphin, est aussitôt massacré au pied du lit du prince. Robert de Clermont s'était réfugié dans un cabinet; il y est atteint et tué. Le dauphin restait immobile et éperdu, sa robe était tachée de sang, ses officiers avaient fui. « En voulez-vous donc à ma vie? s'écrie-t-il. — Non, Monseigneur, soyez tranquille, » répond Marcel, et, prenant au prince son chaperon broché d'or, il le coiffe en échange du chaperon populaire.

Ces douloureuses scènes de sa jeunesse restèrent trop présentes au souvenir de Charles V pour qu'il pût trouver quelque calme au palais de la Cité; aussi fixa-t-il son séjour de préférence hors des murs de la ville, à l'hôtel Saint-Paul et au Louvre. Ce fut toutefois au palais, comme au centre de la puissance royale, qu'il reçut l'empereur Charles IV en 1378. Christine de Pisan nous représente le roi dans cette circonstance, vêtu d'un manteau d'écarlate et la tête couverte d'un *chapel royal à bec richement orné de perles*. L'empereur, prince goutteux et infirme, gravit le perron dans une chaire de drap d'or que Charles V lui avait fait préparer. Charles lui céda *sa chambre de bois d'Irlande qui regardoit sur le jardin vers la Sainte-Chapelle*, et se retira modestement *ès chambres et galetas que son père le roy Jehan avoit fait faire*. Nous n'entrerons point d'ailleurs dans le détail des magnificences qui eurent alors lieu. Qu'il nous suffise de citer un repas dans la grande salle du palais, repas où l'archevêque de Reims tint la première place, l'empereur la seconde. Ce festin royal se composa de *quatre assiettes* de quarante paires de mets chacune, avec un entremets représentant *comme Godefroy de Bouillon conquit Jérusalem*. Enfin, lorsque l'empereur prit congé du roi, celui-ci lui offrit de magnifiques présents d'orfévrerie sculptée *tels comme à Paris on les savait faire*. On remarquait surtout deux flacons d'or sur lesquels était figuré en relief *comment saint Jacques monstroit à saint Charles-Maigne le chemin en Espaigne par revélacion*.

Charles n'avait point oublié d'ailleurs d'offrir à la vénération du prince allemand les reliques du Calvaire. Humble et pieux, souvent il revenait au palais pour les exposer lui-même, comme saint Louis, au respect des peuples.

Charles VI y revint à son tour à de rares intervalles, pendant les terribles orages de sa minorité et de sa folie, présider aux parades théâtrales que lui faisaient jouer les ambitieux partis qui se disputaient sa personne. Telle fut entre autres la scène d'intimidation et de pardon qu'il joua dans la grande cour du palais, sous la direction de ses oncles, à la suite du soulèvement des Maillotins. Le chancelier d'Orgemont commença par lui représenter avec emphase les crimes des Parisiens. On eût dit qu'un arrêt terrible allait être prononcé. Des femmes et des enfants éplorés tendaient leurs mains vers le trône en criant : *Miséricorde!* Jusque-là au moins le spectacle était pathétique; mais il devint bientôt ridicule, lorsqu'on vit les oncles du roi, c'est-à-dire les instigateurs de toutes les violences, se jeter, eux aussi, aux pieds de Charles et demander sa pitié pour les coupables. La grâce fut accordée ou plutôt fut vendue. Ne fallait-il pas de l'argent à tout prix à MM. de Berry et de Bourgogne?

Charles VII, Louis XI et Charles VIII habitèrent, pendant leurs rares séjours à Paris, le palais des Tournelles, récemment agrandi par les Anglais. Louis XII, au contraire, revint habiter la demeure de la Justice. Souvent on le rencontrait traversant la grande salle sur sa mule, à cause de ses infirmités précoces, pour aller assister aux plaids. Le peuple se pressait autour de lui, et parfois même étendait des tapis sous les pieds de sa monture. Louis XII aimait la justice comme saint Louis; il la voulait simple, franche, paternelle. La place qu'il prenait au parlement était à peine distincte de celles des juges, « et il entendoit fort volontiers plaider les éloquents advocats, raconte l'un de ses historiens, les comparant néanmoins aux cordonniers qui allongent le cuir avec les dents. Eux, disoit-il, ils allongent et dilatent les réponses des sages, des loix et des constitutions des empereurs. »

Mais si la prolixité des avocats le désolait, la cupidité des procureurs ne le désolait guère moins. Quelqu'un lui demandant un jour ce qui offusquait le plus sa vue : « C'est, répondit-il, un procureur chargé de ses sacs. »

Ce profond respect pour le droit et la justice détermina Louis XII à décorer avec splendeur le lieu où elle se rendait. La grand'chambre était toujours simple et nue comme au temps de saint Louis ; on n'y apercevait que quelques bancs et escabelles comme dans la salle chapitrale d'un monastère. Mais dès lors ses murs disparurent sous des lambris sculptés, et son plafond sous des voussures terminées en culs-de-lampe. Les peintures et les dorures y furent en outre jetées avec une telle profusion, que cette salle, je l'ai dit, ne fut plus connue que par le nom de *chambre dorée*. Elle est aujourd'hui consacrée à la Cour de cassation; l'ornementation en a été modifiée dans le dernier siècle.

Mais Louis XII ne se borna pas à restaurer et à embellir, il édifia en outre près de la Sainte-Chapelle, sur les dessins de l'illustre dominicain Fra Giocondo, un riche palais pour la Cour des comptes. Ce palais, qui a été détruit par un incendie, en 1737, alliait les éléments classiques de la Renaissance avec la gracieuse ornementation du moyen âge. L'ogive y apparaissait timidement encore près du plein cintre ; et les pignons aigus, les tourelles en encorbellement, les hautes lucarnes y rappelaient encore la France, près d'une majestueuse rampe à arcades qui rappelait l'Italie.

Ainsi, l'antique palais de nos rois ne suffisait déjà plus aux débats judiciaires. Comment nos rois eussent-ils pu désormais y trouver un abri ? François Ier rendit toutefois encore le pain bénit, en 1531, à la paroisse du palais; mais Fontainebleau, Chambord, Madrid, avec leur luxe des arts et leurs frais ombrages, mais les Tournelles et le Louvre, dominant les faubourgs de Paris, devaient rendre chaque jour plus sévère et plus triste le vénérable manoir de la Cité. On lui laissa donc l'honneur des pompes solennelles, à sa table de marbre les festins royaux, à sa grande salle les réceptions des ambassadeurs et des princes, à sa chambre du parlement les lits de justice; mais le roi lui-même et sa cour cessèrent d'y résider.

Le véritable roi du palais fut dès lors le parlement, avec toute sa dignité, toute sa fierté, toutes ses ambitions. Chaque matin, on voyait arriver les magistrats sur leurs mules, après la messe; quelquefois même ils devançaient le jour durant les longues nuits, et perpétuaient par leur simple gravité les mœurs antiques. Sous ces voûtes, dans ces grandes salles trônèrent tour à tour et Jean de la Vacquerie, et Olivier de Leuville, et Michel de l'Hôpital, et les Harlay, les Molé, les Séguier, les de Mesmes, les Lamoignon, les Nicolaï, nobles et magistrales figures qui semblent coulées en bronze dans l'histoire. Ces murs, qui ont entendu la parole de saint Louis, retentissent encore de celles de d'Aguesseau, de Talon, de Patru, de Corbin, de Gerbier et de tous ces hommes de notre siècle qui continuent de porter haut l'antique renom de la probité et de l'éloquence française.

En parcourant ces lieux, on est comme obsédé d'immortels souvenirs. C'est Olivier de Leuville, refusant sa signature à François Ier : « Vous ne ferez jamais, lui dit-il, qu'un acte inique devienne juste en lui donnant le

titre de loi. » C'est Mathieu Molé, impassible au milieu des factieux et les terrassant d'un mot. C'est Achille de Harlay, calme et ferme devant le duc de Guise le lendemain des barricades, comme il le sera un jour devant Bussy le Clerc. « Le duc le rencontra se pourmenant au jardin de son hôtel (occupé aujourd'hui par la préfecture de police), lequel s'estonna si peu de sa venue, qu'il ne daigna pas seulement discontinuer sa pourmenade commencée, laquelle achevée qu'elle fut, il retourna et vit le duc de Guise. « Monsieur, lui dit-il, quand la ma-
« jesté du prince est violée, le magistrat n'a plus d'au-
« torité. Au reste, mon âme est à Dieu, mon cœur est à
« mon roi, et mon corps est entre les mains des mé-
« chants. Qu'on en fasse ce que l'on voudra. »

Oublierons-nous maintenant Clavier, répondant aux émissaires de Napoléon, qui lui demandent la condamnation de Moreau en lui promettant qu'on pardonnera : « Eh! qui donc me pardonnera, à moi ? »

Malheureusement, à côté de ces grands actes d'indépendance et de cœur, se présentent de tristes souvenirs, tantôt de faiblesse, tantôt d'ambition mesquine et jalouse; à côté de cette simplicité de mœurs, se révèle parfois une austérité d'apparat qui n'est que le déguisement de l'orgueil. Un jour (c'était le lendemain de la Saint-Barthélemy) Charles IX arrive au palais accompagné de sa mère, et là, entouré de magistrats du tiers-parti qui n'ont pas même le courage de la peur, de Christophe de Thou, entre autres, il s'avoue l'auteur de tous les crimes et fait condamner au gibet ses ennemis morts.

Quelques années après, le 16 janvier 1589, soixante

conseillers se lèvent comme un seul homme pour suivre leur premier président que Bussy le Clerc conduit, le pistolet au poing, à la Bastille. Tous ils descendent les degrés du palais entre deux lignes de spadassins, tous ils passent le guichet de la prison au milieu des huées du peuple; mais le lendemain, le peuple les retrouva siégeant au palais sous la présidence de Barnabé Brisson, dont la conscience savait céder aux événements, moyennant de certaines protestations secrètes. Plus tard, du moins, Barnabé Brisson sut mourir.

Ainsi donc, tremblant à la suite des partis, le parlement n'est plus alors qu'un instrument docile de leurs passions. Il pactise avec la Ligue, il triomphe avec Henri IV; il fait plus, il flétrit, il condamne suivant l'impulsion du jour.

Mais avec la paix, avec l'avénement des minorités chancelantes recommence son action personnelle; et nous voyons le perron du palais, la salle des Pas-Perdus et quelquefois la grand'chambre devenir le théâtre de luttes passionnées. Qui ne se rappelle la Fronde avec tous ses héros : le bonhomme Broussel, le duc de Beaufort, le prince de La Rochefoucauld, le cardinal de Retz, et malheureusement le grand Condé? Qui ne voit encore le cardinal saisi par La Rochefoucauld entre les deux battants de la porte de la grand'chambre et ne lui répondant, après avoir été délivré toutefois, que par cette insolente facétie : « Tout beau, mon ami, tu es un lâche, et je suis un prêtre : le duel nous est défendu. »

Institué par Philippe le Bel, non-seulement comme corps judiciaire, mais encore comme point d'appui contre le clergé et contre la féodalité, le parlement se proposa constamment pour but de faire de la grand'chambre tout à la fois le conseil politique et le conseil religieux de la nation. De là une guerre perpétuelle d'empiétements et vis-à-vis de l'Église et vis-à-vis de l'Etat ; de là ces sacrements portés, entre deux haies de soldats, à des hérétiques, par arrêt de la cour ; de là cette fastueuse opposition à l'absolutisme royal, opposition qui, ne tendant en définitive qu'à fonder sur d'inébranlables bases l'oligarchie parlementaire, ne se montra guère moins hostile à la liberté qu'à la royauté. Puis après tant de bruit, tant d'oppositions, tant de remontrances, la grande assemblée finit un jour par se perdre comme bien d'autres, mais plus muette et plus inaperçue que bien d'autres, dans l'arène brûlante des révolutions.

Le nom du parlement de Paris n'en est pas moins resté grand dans l'histoire. Il le doit à ce que le parlement fut longtemps en France la seule tribune publique, le seul écho des souffrances ou des plaintes de la nation ; il le doit à cette habitude de la lutte qui lui fit défendre parfois les intérêts du peuple. Mais il le doit aussi au caractère traditionnel de ses membres, soit comme citoyens, soit comme magistrats ; à cet ensemble de science, d'honneur, de simplicité et de droiture qui, sans être complétement à l'épreuve de l'esprit de secte et de l'esprit de corps, n'en a pas moins toujours été le patrimoine de la magistrature française.

L'organisation du parlement remontait, nous l'avons dit, à Philippe le Bel. La chambre des plaids ou la grand'chambre en était l'âme ; elle seule possédait la plénitude de la juridiction qui était répartie entre les requêtes, les enquêtes et la Tournelle; elle seule était ouverte au chancelier, aux princes et aux pairs; et lorsque le roi tenait son lit de justice, c'était toujours dans la grand'chambre du palais. Le spectacle que le parlement offrait alors était sans égal et pour la majesté et pour la richesse. Les pairs ecclésiastiques et les conseillers-clercs y venaient en grand costume de chœur, les pairs laïcs en habit et manteau de cour, avec toque à plume et épée au côté, et les conseillers de robe courte en toge écarlate avec chapeau rouge fourré d'hermine.

En avril, mai et juin, les ducs et pairs, fussent-ils fils de France, devaient au parlement, chacun à leur tour, la baillée des roses. Le jour de la baillée, toutes les chambres du palais étaient jonchées de fleurs et d'herbes odoriférantes. Un déjeuner splendide était offert aux magistrats; puis, l'heure de l'audience venue, le donateur se présentait à la barre, au son des hautbois, et offrait, dans un bassin d'argent, autant de bouquets et de couronnes de roses qu'il y avait de présidents et de conseillers.

Il serait difficile de pénétrer l'origine de cette coutume, qui semblait transformer de graves magistrats en divinités pastorales. Nous savons cependant que la rose, cette reine des fleurs, était considérée, au moyen âge, comme le symbole de la dignité et de la prééminence. Il n'était pas un souverain qui ne s'honorât de recevoir la rose d'or des mains du pape, et, à ce titre, nul plus que nos fiers parlementaires ne devait tenir à ce gracieux tribut du printemps.

De son côté, la basoche ne manquait jamais de planter solennellement un *mai* au pied du grand escalier du palais. On eût dit, dans le monde poudreux de la chicane, une rivalité de fêtes printanières.

La basoche réunissait jadis en corporations tous les clercs de commissaires, notaires, procureurs et greffiers. Elle avait sa juridiction, ses armoiries, sa bannière, et formait un petit royaume dans l'État. Ses armoiries étaient *d'argent à trois écritoires de sable*, l'écu surmonté d'une couronne de marquis et supporté par deux jeunes filles à longue chevelure. Le chef de la basoche prenait le titre de roi, qu'il prétendait avoir reçu de Philippe le Bel[1]; il tenait ses audiences dans la grand'chambre, et les arrêts qu'il rendait commençaient toujours par la formule sacramentelle : *La basoche régnante et triomphante, salut.* Le roi de la basoche avait même le droit de battre monnaie, mais sans pouvoir toutefois donner cours à ses deniers hors de son royaume. Chaque année il faisait une revue de son peuple, le 1er mai, après la plantation de l'arbre aux guirlandes de fleurs. François Ier voulut assister à l'une de ces revues; sept à huit cents clercs de la basoche y figurèrent à cheval.

Le clerc de la basoche se reconnaît en général à son entrain caustique, à sa loquacité de palais semée de traits du métier, et à cette souplesse de talent et de caractère que l'on dirait particulière aux enfants de Paris. Aussi nul ne l'égale pour les *moralités* et *sotties* qu'il joue tout simplement sur la table de marbre, c'est-à-dire sur la table du roi, cette table à laquelle nul n'a le droit de s'asseoir aux grands jours s'il ne porte couronne souveraine. Le matin, il fait suer la procédure ; le soir, il

---

[1] Henri III le lui ôta.

s'ébat sur son théâtre ou court les rues avec torches et flambeaux pour donner des aubades, tandis que ses confrères du *haut et puissant empire de Galilée*, c'est-à-dire les clercs de la chambre des comptes, se livrent à des *danses, morisques, mommeries et autres triomphes*. Tantôt scribe, tantôt comédien, orateur toujours, on le verra même changer parfois l'écritoire pour l'épée sans rien perdre de sa causticité joyeuse. Le roi de la basoche offrit fièrement 6,000 de ses sujets à Henri II, pour l'aider dans une de ses expéditions; et, aux premiers jours de 91, ne vit-on pas les basochiens du palais s'organiser en corps sous un uniforme rouge à boutons d'argent, pour voler des premiers aux frontières?

Au-dessus de la basoche s'élevait l'ordre antique des avocats, qui participait par sa forte éducation et par ses traditions de famille et de palais à la dignité de la magistrature. S'il y eut des *avocats patelins*, ainsi que nous le prouve la piquante comédie du xve siècle, il y avait aussi, et c'était le plus grand nombre, de religieux et graves avocats qui commençaient la journée par la prière commune, et reproduisaient dans leur vie cette impression de bonté et de dignité que l'antiquité considérait comme l'aide la plus puissante de l'éloquence : *Vir bonus dicendi peritus*.

Le palais où ont passé toutes ces gloires, gloires de la royauté, de la justice, de l'éloquence, fut longtemps circonvenu de rues étroites qui ne lui laissaient un peu de jour et d'air qu'à l'ouest, du côté du jardin de Saint-Louis. Comme le Louvre, ses bâtiments irréguliers étaient flanqués çà et là de tourelles à toit conique dont quelques-unes existent encore sur le quai de l'Horloge. Leur pied était alors baigné par la Seine : chacune d'elles avait son nom ; il y avait la tour de Beauvais, la tour des Joyaux, la tour de la Question, la tour Carrée, la tour Civile, etc. Dans la tour Carrée, qui forme aujourd'hui encore l'angle du quai, fut placée par Charles V, en 1370, une horloge avec son horloger. L'horloge était la plus considérable qui eût encore été vue à Paris ; l'horloger, Henri de Vic, était Allemand. Il vint en France sur l'invitation du roi, et un appartement lui fut assigné dans la tour, afin qu'il pût constamment surveiller son œuvre. Au-dessus de l'horloge, dans la lanterne, était le tocsin.

L'aspect extérieur du palais a d'ailleurs été considérablement modifié dans le dernier siècle. A la place de la porte basse qui lui donnait entrée sur la rue de la Barillerie, se développe depuis 1787 une grille monumentale. La rue elle-même s'est élargie, et une nouvelle voie de communication forme, depuis quelques années, une splendide avenue au sanctuaire de la justice. Malheureusement la façade du palais est lourde ; elle affecte une certaine grandeur théâtrale, grandeur sans caractère.

De tout temps le palais avait eu sa prison, que nous trouvons désignée par le nom de *conciergerie,* dès le xive siècle. La Conciergerie a fidèlement gardé ses cachots et ses verroux. Que de cœurs flétris et que de cœurs généreux ont gémi sous ces voûtes : Enguerrand de Marigny le concussionnaire, et Barnabé Brisson le magistrat timide mais intègre ; la Brinvilliers une empoisonneuse, et Charlotte Corday une républicaine de Rome antique ; Vergniaud le régicide, et la reine martyre Marie-Antoinette !

Le cachot de Marie-Antoinette est une salle basse et humide; vous y trouverez encore quelques souvenirs de son passage; et, dans les salles du palais, vous verrez le lieu où siégea Fouquier-Tinville à la place de d'Aguesseau; vous verrez la barre où comparurent et où furent condamnés et Malesherbes et Mouchy, et Cazotte et Mme Élisabeth, toutes les dignités, toutes les vertus, toutes les gloires [1].

Près de la Conciergerie on remarque une suite de salles basses à ogives, que leurs vastes cheminées ont fait nommer les *cuisines de saint Louis*. Au-dessus d'elles s'étend la grande salle du Palais, immense promenoir construit une première fois sous le règne de saint Louis, et reconstruit après un incendie par Jacques de Brosses, du vivant de Louis XIII. Mais la table de marbre a disparu, cette illustre table de marbre qui en occupait toute l'extrémité occidentale, qui avait sa juridiction, et sur laquelle dînait le roi et dansaient les clercs de la basoche. Elle a été calcinée par l'incendie. La salle de Jacques de Brosses reproduit d'ailleurs fidèlement les dimensions et la disposition de la salle de saint Louis. Ce sont toujours deux grandes nefs séparées par un rang de piliers; mais vainement y chercherait-on aujourd'hui les

---

[1] Comment parcourir ces salles sans se rappeler le cri de Marie-Antoinette, accusée d'avoir corrompu son fils : *J'en appelle à toutes les mères!* Et cette réponse si belle de M. de Gramont, prévenu de correspondance avec la famille royale : *Aucun témoignage ne s'élève contre moi, je pourrais nier; mais je ne rachèterai pas ma vie par un mensonge!* Comment oublier ce vieux conseiller Isabeau auquel Fouquier-Tinville demande ironiquement s'il reconnaît la salle où il se trouve : *Oui, je la reconnais; c'est ici que j'ai vu, quarante ans, la justice épouvanter le crime, et c'est ici que je vois maintenant le crime égorger la vertu!*

compartiments d'azur et d'or qui couvraient, du temps de saint Louis, la nudité des piliers, vainement les lambris ouvragés de la voûte, vainement ces statues de rois dont Corrozet disait : « On pense que ceux qui ont les mains hautes ont régné vertueusement, et que ceux qui ont les mains basses ont été infortunés ou n'ont fait acte d'excellence [1]. »

Mais du moins en face de l'entrée des tribunaux et de la chambre de saint Louis s'élève, depuis quelques années, la blanche statue de Malesherbes. Dernier défenseur des rois, dernière gloire de l'ancienne magistrature, il est là comme le génie de la vieille France, veillant encore sur la France nouvelle dans cet antique palais de la justice et de la royauté.

LE LOUVRE

Hors des murs de Paris, à l'entrée des grands bois qui suivaient jusqu'au Pecq les sinuosités de la Seine, s'élevaient, dès le IXe ou le Xe siècle, les fortes tours d'un domaine royal, dont le nom latin, *Lupara*, semble indiquer le voisinage des loups de la forêt. Ce domaine réunissait sans doute, comme tous les lieux de plaisance des chefs francs, le double caractère d'une bonne mé-

[1] On montre encore, près de la salle des Pas-Perdus, la chambre de saint Louis et de Marguerite de Provence ; elle faisait partie des anciennes constructions du roi Robert, et a porté autrefois le nom de *chancellerie*.

tairie et d'un rendez-vous de chasse. « Les rois ne faisaient néanmoins, dit Sainte-Foix, qu'y passer et s'y rafraîchir; jamais ils n'y ont été à demeure. »

Il serait au reste fort difficile de déterminer avec précision quelle était l'importance des bâtiments du Louvre avant Philippe-Auguste. Tout ce que nous savons, c'est que la grosse tour que ce prince édifia au milieu de la cour du château ne fit que remplacer une tour plus ancienne. Il est donc possible que la tour du Louvre fût déjà ce qu'elle a été constamment depuis, le centre de la France féodale. C'était d'elle en effet que relevaient tous les grands fiefs et toutes les grandes seigneuries du royaume. Chaque vassal était tenu d'y venir rendre hommage, et, en cas de félonie, était sûr d'y trouver une prison. Ferrant de Portugal y fut le premier enfermé, après la bataille de Bouvines. Ferrant s'était vanté d'entrer en triomphe à Paris : il y entra enchaîné sur un char traîné par quatre chevaux richement ornés; il avait dit qu'il coucherait au Louvre ; il y coucha douze ans.

Après lui, Enguerrand de Coucy, Guy de Flandre, Enguerrand de Marigny, Jean de Montfort, Charles de Navarre, Jean de Grailly, captal du Buch, Pierre des Essarts, Jean d'Alençon, Antoine de Chabannes-Dammartin, etc., vinrent successivement expier leurs velléités de cupidité ou d'ambition sous ces épaisses voûtes.

La tour du Louvre était, en outre, la gardienne du trésor des rois; on n'y entrait que par un pont-levis jeté sur de larges douves. La porte en était fermée par une grille de fer s'ouvrant sur un escalier à vis, qui conduisait à divers étages d'appartements voûtés dont les croisées étaient profondément enfoncées dans la muraille[1]. En outre de ces appartements on y remarquait un puits et une chapelle.

Cette tour isolée communiquait par une galerie de pierre au vaste parallélogramme que dessinaient, depuis Philippe-Auguste, les bâtiments du château. Ces bâtiments, d'une construction informe, ne manquaient cependant ni de légèreté ni d'élégance, grâce aux tours nombreuses et élancées qui flanquaient leurs angles et protégeaient leurs issues. On eût dit, à voir les pignons aigus de quelques-unes de ces tours que surmontaient de hautes girouettes, à voir les tourelles accolées à quelques autres, tourelles qui se détachaient comme de sveltes donjons de leur sommet crénelé, on eût dit une construction orientale. Dans l'architecture civile comme dans l'architecture religieuse, les lignes prennent toutes alors une direction verticale. C'est une aspiration incessante qui se traduit par mille formes gracieuses : flèches, tours, clochetons, pinacles. Les toits eux-mêmes sont brisés par des ressauts qui semblent lutter de hardiesse et de hauteur. Le Louvre actuel représente l'harmonieuse mais grave poésie des anciens ; le Louvre de Philippe-Auguste, les fleurs capricieuses mais variées de la poésie chevaleresque.

J'ai dit que le Louvre était situé hors de Paris ; sa position à cet égard ne se trouva pas changée par la nouvelle enceinte de Philippe-Auguste. Cette enceinte fut en effet

---

[1] La tour du Louvre avait 32 mètres de hauteur et 16 de diamètre ; l'épaisseur de la maçonnerie était de 4 mètres dans le bas et de 3 mètres 65 centimètres dans le haut.

tracée entre la façade orientale du palais et le portique de Saint-Germain-l'Auxerrois. Le Louvre eut sa ligne de circonvallation particulière, et forma une citadelle à la porte de la ville. Quelques rues cependant commençaient dès lors à s'ouvrir de ce côté, le quartier Saint-Honoré se formait et se peuplait : aussi Charles V finit-il par comprendre le Louvre dans ses travaux de fortifications qui jetèrent les limites parisiennes jusqu'à la tour de Bois, vers le pont actuel des Saints-Pères.

Charles V résidait habituellement à l'hôtel Saint-Paul, qui est quelquefois désigné dans l'histoire par le titre d'*hôtel solemnel des grands esbattements*. Le roi de France pourrait y loger superbement, disait-on, vingt-deux princes de la qualité du duc de Bourgogne. On eût dit, en effet, non pas un hôtel, mais une ville tout entière : tant il y avait de tours, de pignons, de galeries, de jardins, de viviers, de chapelles dans cette immense enceinte. Cette grandiose réunion de palais embrassait, en y comprenant l'église et le couvent des Célestins qui y avaient été édifiés aux frais du roi, tout l'espace circonscrit aujourd'hui par la Seine, les greniers d'abondance et les rues Saint-Antoine et des Nonandières.

Mais si l'hôtel Saint-Paul était le lieu des pompes de la royauté, le Louvre était devenu avec Charles celui de ses méditations et de ses études. C'était là en effet que ce prince, à l'esprit *durement sage et subtil*, pour parler comme Froissart, avait fait transporter sa librairie et ses instruments astrologiques. C'était là que venaient le trouver de préférence les philosophes, les érudits, les poëtes, Nicolas Oresmes, Philippe de Maizières, Bauchant de Saint-Quentin, Raoul de Presle, Everard de Conti et l'astrologue Thomas de Pisan, près duquel se presse attentive Christine de Pisan, sa fille, « petite clochette qui grand bruit sonne. »

On croit les voir, les entendre dans cette *tour de la Librairie*, dont le roi avait fait griller les fenêtres avec du fil d'archal, pour n'y être troublé par les pigeons et colombes. Tantôt ils conversent de chevalerie ou de belles-lettres; tantôt, « pour obvier à vaines et vagues paroles, » ils prêtent l'oreille à une musique composée d'instruments bas, ou à la voix de quelque prud'homme disant « gestes et mœurs vertueux d'aulcuns bons trépassés. »

Qui ne reconnaîtrait, au milieu d'eux, le roi *sage*, c'est-à-dire, suivant le langage du temps, le savant, le lettré, dans ce front pâle, cette tête amaigrie et méditative, toujours penché pour entendre, mais sur laquelle les impressions sont à peine sensibles, tant il y a en elle de réflexion et de calme. Jamais prince ne fut moins *chault ni furieux*, mais jamais non plus tant de bénignité et de douceur ne se cacha sous une enveloppe de marbre. « Que vous êtes heureux, Sire! lui disait le beau chevalier Burel de la Rivière, son ministre et son ami. — Oui, je suis heureux, répondait Charles, car j'ai le pouvoir de faire le bien. »

Charles V consacra 55,000 livres à agrandir le Louvre, et particulièrement à en exhausser les bâtiments d'un étage. Sur le pignon du pont-levis qui donnait entrée à la grosse tour, on remarquait sa figure tenant le sceptre. Elle y avait été sculptée par Jean de Saint-Romain, au prix de six livres huit sols parisis [1].

Le Louvre s'étendait alors de la rivière à la rue de Beauvais, et de la rue Froi-Manteau à celle d'Autriche, aujourd'hui de l'Oratoire. Il était accompagné de plusieurs jardins ; le plus considérable était borné par la rue Froi-Manteau, et comprenait le terrain sur lequel a été édifié depuis lors l'angle nord-ouest du palais actuel. Quatre ou cinq basses-cours avaient en outre été réservées dans l'intérieur de l'enceinte, afin de suffire sans doute au service des nombreux gouverneurs qui y exerçaient un commandement. Chaque tour du Louvre était en effet une capitainerie, et ces tours étaient sans nombre. J'ai déjà parlé de la grosse tour et de la tour de la Librairie ; je pourrais citer encore la tour de la Fauconnerie, la tour de l'Artillerie, la tour de la Taillerie, la tour de la Grande-Chapelle, la tour de l'Écluse, la tour de Windal, la tour du Pont-des-Tuileries, la tour de l'Horloge, les deux tours du Fer-à-Cheval, etc.

Charles VI ajouta, de son côté, quelques pierres à ce vaste ensemble de constructions. Le Louvre fut momentanément habité sous son règne par le dauphin, jeune homme frivole et voluptueux qui cherchait un asile pour

---

[1] L'architecte qui présida aux travaux se nommait Raymond du Temple. Il se plut à prodiguer toutes les richesses de l'art dans cette royale habitation. Les murs de la salle des festins étaient ornés de paysages ; les escabelles, les bancs, les *faudesteuils*, les escaliers, les cheminées surtout étaient enrichis de sculptures. Celle de la chambre du roi se faisait remarquer par treize statues de prophètes, douze figures d'animaux allégoriques et deux anges qui soutenaient les armes de France. Parmi toutes ces magnificences se trouvait un *vieil banc* que le roi gardait avec un pieux respect ; ce *vieil banc* avait appartenu à saint Louis.

ses plaisirs loin de l'hôtel Saint-Paul, où vivait sa femme; mais les fenêtres du Louvre éclairées chaque nuit de mille bougies, ses grandes salles, ordinairement solitaires, retentissant tout à coup de bruit et de musique, ne tardèrent pas à éveiller une vive irritation au cœur des princes et du peuple. Un soir donc, les princes et avec eux la reine et la dauphine se présentent au Louvre et y font saisir de vive force Jean de Croy, David de Brimeu, Bertrand de Montauban, le seigneur de Moy et quelques autres conseillers du dauphin. Le jeune prince s'irrite, il veut sortir, il veut ameuter le peuple, mais on ne lui en laissa pas les moyens; et la « royne sa mère, dit Monstrelet, tant qu'elle put le rapaisa. » Le dauphin, qui jusque-là avait suivi les impulsions de la faction d'Orléans, passa alors du côté du duc de Bourgogne.

Sept ans s'écoulent, et nous rencontrons au Louvre, non plus le fils étiolé de Charles VI, jeune homme dont les débauches ont en quelques jours épuisé la vie, mais Henri V d'Angleterre, *régent et héritier présomptif de la couronne de France*. « Le roy d'Angleterre et ses deux frères, dit Monstrelet, se logèrent au chastel du Louvre... et quant à parler des dons et présents qui furent faits audict roy et à sa femme la royne, il seroit trop long à raconter chacun à part soi. » Tristes souvenirs de honte et de bassesse !

Au XVIe siècle, le Louvre servit de demeure à Charles-Quint pendant les huit jours qu'il passa à Paris en 1539 [1].

[1] François Ier avait évité de placer dans le palais aucune tapisserie de Flandre, se souvenant avoir ouï dire à l'empereur qu'il les détestait, « parce que en icelles sont toujours figurés divers banquets, pots, tasses ou raisin, qui sont actes de mangerie. » — Sous le règne de Charles VI, le Louvre avait déjà

L'empereur y arriva le 2 janvier « monté sur un beau cheval moreau et vestu d'un petit manteau de drap noir, et, en sa teste, un chapeau de feutre noir, parce qu'il portoit le deuil de sa femme [1]. » Le présent que lui fit la ville fut « un bel et grand Hercule, effigié tout en argent, vestu d'une peau de lion, lequel estoit de environ six pieds de haut, et tenoit deux grosses colonnes d'argent lesquelles il plantoit à force dedans terre... et à l'entour desdictes colonnes estoit escript *plus oultre*, qui estoit la devise dudict empereur, lequel Hercule fut mis dedans un étui de cuir sur lequel avoit des aigles à deux testes dorés et estoit doublé de satin vert. »

Charles-Quint, de son côté, laissa à Paris diverses marques de sa générosité. On citait, entre autres, un candélabre à dix branches d'un fort beau travail qu'il offrit à l'église Sainte-Opportune, et qu'on y voyait encore en 1789.

Cependant le Louvre que venait d'habiter le grand empereur n'était déjà plus qu'une ruine. François Ier y avait fait, il est vrai, d'importantes réparations ; mais, soit que ces travaux fussent insuffisants, soit que la vieille architecture de Charles VI et de Philippe-Auguste blessât l'œil du prince qui avait construit Fontainebleau et Chambord, toujours est-il qu'immédiatement après le départ de Charles-Quint, un nouveau et splendide palais s'éleva, sur les dessins de Lescot, à la place du gothique manoir.

L'œuvre de Lescot, qui est restée connue sous le nom

---

servi de demeure à Manuel, empereur de Constantinople, et à Sigismond, empereur d'Allemagne.

[1] Registres de l'hôtel de ville.

de *vieux Louvre*, se composait de deux corps de bâtiments dont un seul est demeuré intact. Ce bâtiment est celui qui s'étend du pavillon du Dôme au pavillon des Antiques; le second, qui lui était semblable, formait un retour d'équerre depuis le pavillon des Antiques jusqu'au guichet actuel du bord de l'eau. Ce dernier a été complétement modifié, d'après les dessins de Perrault, lors de l'achèvement du palais.

Enfin, deux autres corps de bâtiment, de dimensions égales aux premiers, devaient, suivant le plan de Lescot, terminer le parallélogramme qui n'eût occupé ainsi que le quart de la surface actuelle du Louvre. La mort de François Ier, celle de Henri II et celle de Lescot arrêtèrent l'exécution du monument. Elle ne fut reprise que sous le règne de Louis XIII, et alors seulement les proportions actuelles lui furent données, proportions étrangères à la pensée primitive de l'artiste.

Le vieux Louvre n'en reste pas moins, malgré le dôme et le péristyle de Lemercier et malgré la colonnade de Perrault, la partie la plus remarquable de l'édifice. Nous n'y retrouvons sans doute ni la hardiesse ni le grandiose du moyen âge; mais la Renaissance y a semé à pleines mains toutes ses harmonies : élégance du dessin, pureté des détails, correction sans sécheresse, alliance merveilleuse de l'équerre et du ciseau ; voilà ce qui frappe dès l'abord dans cette splendide construction. C'est encore le moyen âge pour la richesse, mais c'est aussi l'antiquité classique pour l'habileté technique de la main. La pensée de l'art s'est amoindrie, mais elle est toujours féconde et puissante.

Lescot s'était associé Goujon pour l'accomplissement de son œuvre; et tandis que l'architecte dessinait les profils du monument, le sculpteur taillait dans la pierre des trophées, des esclaves et des figures allégoriques, telles que la Pudeur, l'Abondance, le Courage, etc.; tandis que Lescot suspendait les voûtes de l'immense salle des *Cent-Suisses*, Goujon en décorait l'extrémité d'une tribune supportée par ces célèbres cariatides qui rappellent Michel-Ange. Jamais lutte plus brillante et plus fraternelle ne s'était engagée entre deux beaux génies.

On se ferait du reste difficilement une idée de ce qu'était le Louvre à la mort des deux artistes. Une partie considérable des vieux bâtiments existait encore à l'est et au sud, et leurs hauts toits, leurs tours noircies par le temps se raccordaient assez mal avec la construction italienne et tout éclatante de blancheur et d'art du Bramante français. Ajoutons que des échoppes boiteuses se pressaient dans la cour parmi des monceaux de gravois, tandis que de nouveaux bâtiments s'élevaient dans la direction de la Seine, en dehors du plan régulier du palais. Telle était, par exemple, la galerie des Antiques commencée, par Serlio peut-être, dès le règne de Henri II, et qui formait terrasse pour les appartements du Louvre au premier étage. Henri IV la surmonta plus tard de la galerie d'Apollon.

Ainsi, confusion d'âges, de styles et de plans, tel était l'aspect que présentait le Louvre lorsqu'il devint tout à coup, après des siècles d'oubli, la résidence habituelle de la royauté. L'hôtel Saint-Paul n'existait plus; Henri II venait de mourir frappé d'un coup de lance au palais des

Tournelles, et Catherine de Médicis, sa veuve, s'empresse de chercher un refuge contre un si pénible souvenir dans les salles toutes neuves du Louvre. C'est donc au Louvre que va s'accomplir le drame douloureux et lugubre des derniers Valois : c'est là que vont passer sous nos yeux et Charles IX et Henri III, et les Guise et Coligny, et la Saint-Barthélemi et les Barricades.

Quelques jours avant ces tristes jours la cour se trouvait réunie au Louvre, prêtant l'oreille à une belle jeune fille alors dans son

> Doux printemps et fleur de jeunesse [1],

laquelle déclamait publiquement une oraison en latin qu'elle avait faite, soutenant et défendant, contre l'opinion commune, qu'il estoit bien séant aux femmes de savoir les lettres et arts libéraux... « Je l'ay vue là! » s'écrie Brantôme avec un triste et pieux souvenir. Cette jeune fille, cette enfant de treize ans, était Marie Stuart.

Ce fut également *dans le bastiment neuf du chasteau du Louvre* qu'eurent lieu les fêtes de son mariage avec le roi-dauphin. Marie était vêtue de blanc, avec *carcans de pierreries* autour du cou, et couronne d'or, de diamants et de perles sur la tête; à cette couronne était attachée une escarboucle pendante de 500,000 écus. Ne nous semble-t-il pas la voir avec ce *pas modeste* et cette *belle grâce* dont parle Brantôme, *ballant* dans la salle des Cent-Suisses, au bruit des *clairons, hautbois, flageols*, et parmi

---

[1] Vers de Marie Stuart.

la joie et *délectation* de tous les seigneurs et princes qui sentaient l'amour *voleter autour d'elle* [1] ?

Quatre années s'écoulent, et cette gracieuse figure ne nous apparaît plus que sous un voile de deuil :

> Ce qui m'estoit plaisant
> Ores m'est peine dure ;
> Le jour le plus luisant
> M'est nuit noire et obscure ;
> Et en rien n'ay plaisir
> Qu'en regret et désir.

L'esprit s'attache involontairement à ces détails d'une mélancolique poésie, en présence surtout des scènes violentes auxquelles ils préludèrent.

A l'époque de Catherine de Médicis, le côté du Louvre qui fait face à Saint-Germain-l'Auxerrois présentait un confus assemblage de tours et de bâtiments qui, la plupart, dataient du règne de Philippe-Auguste. Sur une partie de l'emplacement de la colonnade actuelle s'étendaient la chapelle et la galerie de l'hôtel du Petit-Bourbon, splendides débris de la demeure du connétable. Ce fut dans cette galerie, la plus vaste de France, qu'eurent lieu les fêtes du mariage de Marguerite de Valois et de Henri de Navarre. L'histoire ne dit pas si Marguerite y dansa ce *branle de la torche* dans lequel elle se montrait si grave et si belle ; mais ce qui est certain, c'est que jamais danse n'eût été mieux à sa place ni mieux nommée. A voir en effet catholiques et huguenots se toiser de l'œil et de la dague, il était évident que ces fêtes étaient les premières étincelles d'un terrible incendie. Le pur-

---

[1] Poésie du temps citée par Brantôme.

gatoire et l'enfer avaient été représentés au Petit-Bourbon, raconte Tavannes, et les huguenots y furent jetés après un combat de barrières, « présage de leur malheur. »

A peu de distance de cette galerie, s'élevait entre deux grosses tours la porte orientale du Louvre, et près de cette porte se trouvait le jeu de paume. Plus d'une fois Catherine de Médicis y avait fait voler la balle avec cette légèreté et cette adresse qu'elle déployait si souvent, du vivant de Henri II, soit à l'*assemblée du cerf*, soit au tir de l'arbalète. Quatre seigneurs jouaient en ce lieu le vendredi matin, 22 août 1572; c'était le roi Charles IX, le duc de Guise, l'amiral de Coligny et le comte de Teligny, gendre de l'amiral. A peine s'étaient-ils séparés, qu'un coup de feu parti d'une fenêtre treillissée du cloître Saint-Germain, atteignit au bras un gentilhomme qui paraissait sortir du Louvre et se dirigeait vers la rue des Fossés-Saint-Germain-l'Auxerrois en lisant une lettre. Ce gentilhomme était Coligny. La main qui le frappait avait été dirigée par le duc de Guise.

Depuis quelque temps, Coligny, le vaincu de dix batailles, avait été introduit au conseil par l'influence de Catherine de Médicis, qui cherchait à contrebalancer par les protestants la puissance des catholiques; elle divisait pour régner. Mais Coligny, au lieu d'être un aide, prétend du premier coup être un maître. Il ne conseille pas, il commande, il menace. Ce qu'il lui faut avant tout, c'est la rupture de toutes les alliances catholiques et traditionnelles de la France; ce qu'il lui faut, c'est la guerre avec l'Espagne dans les Flandres, c'est une union intime avec les Provinces-Unies de la Hollande, dont il n'est pas un huguenot de France qui n'envie l'oligarchie républicaine. Charles IX se laissait volontiers bercer par les rêves d'agrandissement et de gloire dont Coligny savait entourer ses projets. Coligny lui promettait d'ailleurs un secours de 10,000 hommes. « Où donc M. de Châtillon a-t-il pris ces 10,000 hommes? s'écria un jour Tavannes. Ne serait-ce pas chez vous, Sire? Si jamais un de mes sujets me portait de telles paroles, je lui ferais trancher la tête. »

Charles IX refusa; Coligny n'en envoya pas moins ses 10,000 hommes en Flandre, où ils furent battus, suivant leur habitude. Mais il fit plus, il posa fièrement comme ultimatum au conseil la guerre avec les huguenots ou la guerre avec l'Espagne.

Voilà donc à quoi aboutissait la politique de bascule de Catherine de Médicis! Voilà quel était le terme de ces éternelles compositions que le saint pape Pie V prévoyait depuis longtemps ne pouvoir être que feintes et embûches, *nisi fictam insidiisque plenam compositionem.* On avait eu peur du triomphe des catholiques; eh bien! il faudra suivre, tête baissée, le char de triomphe des battus de Jarnac et de Montcontour. Catherine de Médicis frémit; elle convoque ses affidés, Tavannes, Retz, de Sauve, et, plutôt que de courber le front devant l'amiral, elle se prononce pour la trahison et pour l'assassinat.

N'était-il pas facile d'ailleurs d'en rejeter la honte sur autrui? Depuis la mort de l'illustre François de Guise, une rumeur persistante accuse Coligny d'en avoir été l'instigateur ou le complice. Henri de Guise, le *Balafré*, avait vingt fois depuis lors demandé justice contre celui qu'il tenait pour être le meurtrier de son père. Il l'avait même traduit devant le parlement, mais le parti politique s'était empressé d'arrêter les poursuites; il l'avait provoqué à une lutte en champ clos, mais la provocation était demeurée sans effet, « pour beaucoup de raisons, et surtout pour l'incertitude de l'événement. » C'est un écrivain huguenot qui parle ainsi.

Sans aucun doute, à la suite de tels refus, bien des projets de vengeance avaient traversé le cœur du Balafré. On le pensait du moins; on supposait avec raison peut-être que MM. de Guise n'étaient pas plus scrupuleux que les pieux ministres et les loyaux chevaliers de la réforme qui payaient le cheval de Poltrot et lui mettaient le pistolet au poing. Eh bien! on permettra à MM. de Guise de tuer Coligny; on leur fournira même un meurtrier dont la main est sûre; on placera ce meurtrier avec leur aveu dans la maison de Villemur, leur ancien précepteur. Assurément il était impossible de mieux calculer un crime pour en rejeter la honte et en garder le profit.

Coligny ne fut que légèrement blessé; mais l'irritation des huguenots ne connut plus de bornes; elle étouffa même en eux la prudence, qui leur ordonnait de quitter Paris. Au lieu de se disperser, ils s'assemblent, ils menacent, ils demandent justice. Le duc de Guise l'avait demandée lui aussi; l'avait-il obtenue?

Charles IX ne se montrait d'ailleurs guère moins irrité qu'eux; il va voir l'amiral, accompagné de sa mère, et promet de lui faire réparation « *si rondement qu'il en sera mémoire à jamais.* » Puis il demande à voir la balle. « Je suis bien aise qu'elle soit dehors, dit alors

Catherine avec un à-propos perfide ; car il me souvient que lorsque M. de Guise fut tué devant Orléans, les médecins dirent qu'une fois la balle dehors, fût-elle empoisonnée, il n'y avait plus danger pour la vie. »

Cependant l'amiral avait demandé à parler en secret au roi, et pendant cette mystérieuse conférence, les huguenots, au nombre de plus de deux cents, passent et repassent sans respect autour de la reine mère, causant à voix basse et indiquant par leur physionomie et par leurs gestes les intentions les plus sinistres. « Onc Catherine ne s'étoit trouvée, disait-elle, en lieu où il y eût plus d'occasion de peur et d'où elle fût sortie avec plus de plaisir. »

Lorsque le roi et sa mère rentrèrent au Louvre, ils étaient dans les intentions les plus opposées : le roi décidé à poursuivre et à punir, la reine résolue à empêcher une poursuite qui, en passant par-dessus M. de Guise, risquait d'arriver jusqu'à elle. Le conseil s'assemble : il était composé des affidés de Catherine. Chacun d'eux savait que le roi était facilement irritable ; aussi lui rappellent-ils avec complaisance la conjuration d'Amboise, où il s'était agi de la vie de ses conseillers, de la sienne peut-être ; ils lui rappellent cette « traitte de Meaux que l'amiral lui fit faire plus vite que le pas ; » ils lui parlent des forces des huguenots, de leurs menaces, de leurs levées en Allemagne. « La guerre est infaillible aujourd'hui, disent-ils ; eh bien ! mieux vaut gagner une bataille à Paris, où tous les chefs se trouvent, que de la mettre en doute dans la campagne. » A chacune de ces paroles il était aisé de voir le changement qui s'opérait sur les traits du roi. « Par la mort-Dieu, s'écrie-t-il tout à coup, si nous en croyons le récit de son frère, puisque vous trouvez bon qu'on tue l'amiral, je le veux; mais aussi tous les huguenots de France, afin qu'il n'en demeure pas un qui puisse me le reprocher; et donnez-y ordre promptement. »

Les intentions du conseil n'allaient pas jusque-là; la mort des chefs lui suffisait. Pauvre volonté humaine, qui déchaîne les passions, et croit ensuite pouvoir leur dire : Tu n'iras pas plus loin [1].

Bref, le samedi 23 août au soir, le duc de Guise et le prévôt des marchands sont mandés au palais. Au duc on donne la mission de tuer l'amiral; au prévôt, d'assembler la milice, de faire fermer les portes de la ville et enlever les bateaux qui servent au passage de la rivière. Il s'agit, lui dit-on, d'une vaste conspiration qui vient d'être découverte. Il s'agit de la sûreté du roi, de la reine et du royaume; plus tard on lui donnera des ordres.

La nuit s'écoule, nuit d'insomnie et d'angoisse. Tout à coup, aux premières lueurs du jour, la cloche de Saint-Germain-l'Auxerrois se fait entendre, le tocsin de l'horloge du palais lui répond. Quelques auteurs prétendent même que, redoutant les hésitations de son fils, Catherine de Médicis fit sonner avant l'heure. « Ainsi que le

[1] Il nous en coûterait fort peu de croire à une longue préméditation de la Saint-Barthélemy, car nous n'avons aucune estime pour le caractère de Catherine de Médicis; mais nous n'y croyons pas, parce que rien ne la prouve. La correspondance diplomatique que ne connaissait pas de Thou, témoigne au contraire de l'irréflexion avec laquelle l'exécution fut décidée. Le récit de Tavannes et celui du duc d'Anjou, qui d'ailleurs ne cherchaient pas à s'excuser, sont donc seuls vraisemblables.

jour commençoit à poindre, racontait le duc d'Anjou à son médecin Miron, durant une de ces nuits pénibles où le souvenir de la Saint-Barthélemy revenait comme un affreux cauchemar troubler son sommeil, le roi, la reine et moi allâmes au portail du Louvre, pour voir le commencement de l'exécution ; où nous ne fûmes pas longtemps..... que nous entendîmes tirer un coup de pistolet, et ne saurois dire en quel endroit ni s'il offensa quelqu'un. Bien sçai-je que le son seulement nous blessa tous trois si avant dans l'esprit, qu'il offensa nos sens et notre jugement. Espris de terreur et d'appréhension, nous envoyâmes soudainement à M. de Guise pour lui dire qu'il se retirât en son logis, et qu'il se gardât bien de rien entreprendre sur l'amiral ; mais M. de Guise répondit que le commandement estoit venu trop tard, et que l'amiral estoit mort, et que l'on commençoit à exécuter par tout le reste de la ville. Ainsi retournâmes à notre première délibération, et peu à peu nous laissâmes suivre le fil de l'entreprise et de l'exécution. »

Que se passait-il cependant à l'Hôtel-de-Ville ? La milice bourgeoise s'y était assemblée sur l'ordre du prévôt des marchands. Là on lui annonce qu'un complot vient d'être découvert, et qu'elle est appelée à sauver le roi et la reine. On va plus loin (ce sont les pamphlets huguenots qui nous apprennent ces détails) ; on dit aux bourgeois que les conjurés sont déjà à l'œuvre, qu'ils ont tué quinze soldats de la garde ; on nomme même ces soldats : *se disoient ceux qui estoient morts* [1]. Qu'on juge

---

[1] Voir le *Mémoire sur l'Estat de France sous Charles IX*; le *Tocsin contre les massacreurs* ; le *Réveille-matin des François*, etc.

de l'effet de ces proclamations sur une population habituée de longue main à ne voir dans les huguenots que des ennemis de Dieu et du roi. Elle s'associe au massacre; elle s'enivre de sang; mais au bout de quelques heures le Bureau de ville commence à s'apercevoir qu'en lâchant la bride à toutes les passions, on court à une proscription en masse. Il se transporte au Louvre vers onze heures; il remontre au roi qu'on tue dans les rues, qu'on pille les maisons, qu'on saccage sans distinction tous les huguenots. « Montez à cheval, répond le roi, mettez-vous à la tête de toutes les forces de la ville, et faites cesser la sédition; ayez-y l'œil jour et nuit. »

Vains efforts! au-dessous du peuple, de cette importante fraction du peuple du moins qui n'a été entraînée que par l'annonce d'une conspiration et, suivant le langage d'un écrivain calviniste, « par un désir de religion joint à l'affection qu'elle porte à son prince; » s'agite la tourbe famélique et sanguinaire, qu'on retrouve comme la lie au fond de toutes les grandes cités. Mettez-la en mouvement, et elle troublera, elle souillera toute la ville, et il faudra des sueurs et du temps pour la faire rentrer dans sa honte et dans son repos. C'est cette tourbe de cannibales qui s'est attachée au cadavre de Coligny, qui l'a mutilé et qui le traîne de rue en rue; c'est elle qui tue encore, qui pille, qui saccage; elle le fera encore demain, encore après-demain. Vous voulez la retenir; il n'est plus temps [1].

[1] Dans cette appréciation du rôle du peuple, nous ne faisons que reproduire ce qui a été dit par l'auteur du célèbre pamphlet huguenot intitulé : *Discours merveilleux de la vie, actions et déportements de la royne Catherine de Médicis.* Cet écrivain, que l'on croit être Henri Estienne, dit positivement

Décrirons-nous maintenant, en nous bornant à l'histoire spéciale du Louvre, les scènes hideuses dont il fut le théâtre? Montrerons-nous les officiers du prince de Condé et du roi de Navarre massacrés sous le porche même du palais? Rappellerons-nous Téjean et Ségur-Bourse, poursuivis de coups de hallebarde jusque dans la chambre et dans la ruelle de Marguerite de Valois? On a dit que Charles IX tirait pendant ce temps-là, avec une grande arquebuse de chasse, sur des huguenots qui traversaient la Seine; on a même désigné la fenêtre par laquelle il tirait; c'est celle qui donne sur le quai au-dessous de la galerie d'Apollon. Il ne nous coûterait nullement de croire à cette honte de plus de la part du prince qui se vanta en plein parlement d'avoir longuement prémédité la Saint-Barthélemy, ce qui n'était pas vrai, et se permit, à la vue du cadavre de l'amiral, des plaisanteries dignes d'Héliogabale. Mais nous repoussons ce fait, parce que, s'il eût été réel, Charles IX s'en fût vanté, et parce que, dans tous les cas, ceux sur lesquels on prétend qu'il tira, et qui tous eurent la bonne fortune d'échapper au massacre, le comte de Montgommery, le vidame de Chartres, Rohan-Fontenay, Pardaillan, etc., n'eussent pas manqué de le crier haut et partout. Comment surtout Montgommery, qui fut pris peu de temps

« qu'en la plus grande fureur des massacres, les paisibles catholiques avoient sauvé autant d'huguenots qu'il leur estoit possible. Mais qui s'enquerra, ajoute-t-il, quels ont été les exécuteurs de cet exécrable massacre, on n'y trouvera que des bélîtres qui attendoient du butin... avec quelques renieurs de Dieu et contempteurs de religion, qui y tuèrent même des catholiques parmi les autres. » Quelques-uns même de ces catholiques étaient célèbres; qu'il nous suffise de citer Jean Goujon, tué par un artiste qu'il avait renvoyé de ses ateliers.

après et décapité à Paris, n'eût-il pas, du haut de son échafaud, jeté cette accusation à la face du roi comme un sanglant outrage?

Quant à la fenêtre qu'on indique comme ayant donné passage à l'arquebuse de Charles IX, elle ne fut construite que sous le règne de Henri IV.

Assez de détails sur ces cruels souvenirs. Nous avons fait la part de chaque parti telle qu'elle résulte, non pas sans doute des histoires écrites après coup, mais des récits du temps. Nous l'avons dit, et nous le répétons : si les catholiques eussent été les maîtres, on n'eût pas traité après Montcontour, et l'on ne se fût pas engagé dans l'impasse d'où des politiques de cour crurent ne pouvoir sortir que par une trouée sanglante. Alors il serait simplement arrivé ce qui était arrivé en Allemagne, en Hollande, en Belgique, partout où s'étaient élevées des guerres religieuses : les vainqueurs seraient restés vainqueurs à la face du soleil, et les vaincus seraient restés vaincus. Il y a enfin un dernier mot à dire sur la Saint-Barthélemy, et ce mot a été dit par notre ami M. de Falloux : « Supposez, au lieu d'une cour pleine d'intrigues et d'adultères, une cour où règne l'Évangile; supposez la loi de Dieu puissante sur les puissants; au lieu de Catherine et de Charles IX mettez sur le trône Blanche de Castille et saint Louis ; et puis, je vous le demande maintenant : au premier aperçu de votre jugement, au premier cri de votre conscience, dites si la Saint-Barthélemy était alors possible. »

Quelques mois après le 24 août 1572, Charles IX était pris d'une fièvre erratique qui le mina lentement : la vie s'éteignait en lui avant l'âge, et la paix, qu'il avait si chèrement achetée, ne venait même pas jeter un peu de calme sur ses derniers instants. De sourdes rumeurs l'assiégeaient sans cesse; le duc d'Alençon conspirait, disait-on ; le roi de Navarre était d'intelligence avec le duc. On parlait même de sortiléges et de maléfices; deux gentilshommes, La Molle et Coconnas, payèrent de leur tête ces ténébreuses velléités d'opposition. Quelque joie cependant semblait réservée au moribond, Catherine le pensait du moins ; elle entre un jour dans sa chambre et lui annonce la prise de Montgommery, le *meurtrier* de son père. Charles IX fixa sur elle des yeux immobiles et éteints : « Ne m'est soucy, dit-il, ni de cela ni de chose du monde. » Trois jours après, ce roi de vingt-quatre ans n'était plus (30 mai 1574).

Charles IX habitait le *bastiment neuf* du Louvre, c'est-à-dire ce que nous appelons aujourd'hui le vieux Louvre. C'est donc là, c'est dans la salle des Cariatides, dans l'escalier de Henri II, dans la galerie qui s'avance perpendiculairement sur la rivière et qu'occupent actuellement les Antiques, que nous pouvons nous représenter cette pâle figure de roi, grand jeune homme, maigre, voûté, tête penchée sur l'épaule, teint mat, traits délicats et fins, yeux jaunes et bilieux. Lorsqu'il est dans sa chambre, il s'enveloppe le plus souvent d'une robe de satin vert gaufré, bordé de rubans d'argent; mais lorsqu'il va à l'*assemblée*, il revêt un pourpoint de toile d'argent doublé de boucassin avec bandes barbillonnées de satin orange. Ses souliers sont de maroquin blanc ; son bonnet est orné de plumes et d'aigrettes, ses mains sont couvertes de grands gants de chien qui montent jusqu'au coude.

Autour de lui, ce qui vous frappera davantage peut-être, ce seront les nains et les naines. Les nains et les naines sont un des objets de luxe les plus appréciés du roi et de sa mère. On leur en a fait par deux fois des envois importants de Pologne et d'Allemagne.

« Charles IX, raconte Papyre Masson, se divertissoit à tous les exercices, comme de danser, jouer à la paulme, piquer des chevaux, leur forger des fers... il savoit encore parfaitement le métier d'armurier, aussi bien que celui de carrossier. » Il y avait en un mot chez lui un continuel besoin d'action. Mais ce qu'il aimait surtout, c'était la chasse à courre ; il erroit nuit et jour dans les forêts jusqu'à perdre le boire et le manger. Rencontrait-il des animaux domestiques sur sa route, il leur abattait la tête d'un coup, sauf à payer grassement leurs maîtres.

Dans son palais on retrouvait en lui la même expression de brutalité. Il s'emportait, il jurait ; puis vous le voyiez tout à coup s'émouvoir sans en deviner la cause : c'est qu'il avait aperçu le sourire de sa nourrice, la bonne femme Richard ; c'est que le son lointain de quelque instrument, lyre, luth, viole, était venu jusqu'à lui. Comme tous les Valois, Charles IX avait une ardente passion pour la musique. Son chanteur favori, le *soprano* Leroy, est resté célèbre ; Charles avait en outre de nombreux joueurs d'instrument, des compositeurs, des chœurs de petits chantres ; souvent même il se joignait à eux pour chanter en partie. N'y avait-il donc point dans cette sensibilité d'organisation une prédisposition aux qualités heureuses? Charles avait pris pour devise deux mots sublimes, *pietate et justitia* (par la piété et par la justice); cette devise était brodée sur la livrée de tous ses varlets. Aucun de ces hommes ne passa-t-il donc sous ses yeux, comme une leçon et comme un reproche, le matin de la Saint-Barthélemy?

Laissons passer le règne de Henri III, cette décrépitude de la royauté qu'appauvrissent chaque jour de honteuses débauches. Laissons passer ces fluctuations de l'impuissance qui tantôt court les processions, invente des confréries et harcèle de ses grossiers sarcasmes ceux qui « ne vont que d'une fesse, » tantôt appelle les huguenots, s'allie à eux et leur livre le royaume. De toutes les scènes dont le Louvre fut alors le théâtre, nous n'en rappellerons qu'une. C'était le 9 mai 1588; le duc de Guise venait d'entrer à Paris avec sept ou huit gentilshommes, malgré la défense du roi. Le Lorrain s'était rendu, parmi des flots de peuple qui avaient reconnu sa glorieuse balafre, à l'hôtel de Soissons qu'habitait la reine mère. Cet hôtel occupait l'emplacement actuel de la Halle-au-Blé. La naine de la reine était aux fenêtres; elle reconnut le duc : « M. de Guise est à la porte, s'écria-t-elle. — On vous baillera le fouet, car vous mentez, » répondit Catherine.

Au même instant la porte s'ouvre, et Catherine de Médicis se trouve en face du Balafré. Le trouble de la reine se révèle aussitôt à tous les yeux par une pâleur subite; elle ne dissimule pas au duc qu'elle eût préféré le savoir partout ailleurs qu'à Paris, et lui propose de le conduire au Louvre. Le duc accepte; on part, la reine dans sa chaise et le duc à pied, et à chaque pas il lui fallait fendre la foule qui le saluait de ses acclamations joyeuses. Mais au Louvre, au lieu de cris de joie, Henri de Guise ne rencontre que des attitudes menaçantes et des visages sévères. La garde avait été doublée ; Crillon qui la commandait le salua à peine, et lorsque la porte de la chambre du roi s'ouvrit, le duc eut beau s'agenouiller jusqu'à terre, il ne reçut pour accueil que ces sèches paroles : « Pourquoi êtes-vous venu ? — Pour me purger des calomnies qu'on m'a mises sus, » répondit le Lorrain avec une émotion qui faisait refluer le sang de ses veines. « Je vous avais expressément commandé de ne venir pour cette heure, » reprit Henri III; puis, allant droit au fait, il reproche au Balafré d'être la cause de tous les désordres qui menacent la capitale : « Vous menez les princes de la Ligue par le nez comme buffles, lui dit-il; mais je suis résolu de faire paraître à vous et à tous autres que je suis votre roi. »

Quelques jours après, le duc demanda nettement au roi le renvoi de ses favoris et de ses ministres. « Qui aime son maître, aime son chien, répondit Henri III. —Pourvu qu'il ne morde, » reprit vivement le duc de Guise.

Une crise était imminente ; Henri III crut la prévenir en faisant entrer des troupes dans Paris, mais la seule vue de ces troupes détermina l'explosion. En quelques heures toutes les rues de la Cité sont barricadées, et, après vingt-quatre heures de lutte, après une nuit pendant laquelle tout le monde au Louvre, courtisans et soldats, s'était tenu debout, la dague au poing, Henri III, apprenant que les insurgés se proposent d'attaquer son palais par la campagne, se décide à partir. Il sortit du Louvre à pied, une baguette à la main, comme s'il allait se promener ;

il affectait une contenance gaie ; mais arrivé aux Tuileries, qui étaient hors des murs, il s'assit, dit-on, sur une pierre et pleura chaudement : « O ville ingrate, s'écria-t-il, je t'ai plus aimée que ma propre femme ! » Suivant quelques historiens, il aurait ajouté : « Je n'y rentrerai plus que par la brèche. » Mais, avant que cette menace pût s'accomplir, Henri devait rencontrer les Guise à Blois, et Jacques Clément à Saint-Cloud [1].

Les cinq premières années du règne de Henri IV furent guerroyantes et besogneuses. Paris, la grande capitale de la Ligue, lui avait fermé ses portes, et le Louvre demeurait vide.

Un événement tragique s'y passa vers cette époque. Le duc de Mayenne, étant subitement arrivé à Paris, au mois de décembre 1591, y fit pendre dans la basse salle du Louvre, Louchard, Anroux, Sémonot et Ame-

---

[1] Parmi les souvenirs du règne de Henri III qui se rattachent au Louvre, il en est un que nous fournit le procès de Salcedo. Salcedo fut condamné et exécuté à Paris, en 1582, pour avoir voulu attenter à la vie du duc d'Alençon, à l'instigation du duc de Parme. Un certain nombre de personnages marquants passaient pour être compromis par ses révélations. Cette pensée affectait profondément le roi. Se trouvant un jour à une fenêtre intérieure du Louvre avec le conseiller au parlement Angenoust, chargé de l'instruction du procès, et jetant les yeux sur la foule de seigneurs qui remplissait la cour : « Maistre Angenoust, vous voyez là bien du monde ; dites-moi en qui me fier en tous ceux-là ? » Angenoust, pour toute réponse, le pressa de venir assister, derrière une tapisserie, à la question ordinaire et extraordinaire qui allait être donnée au coupable. Henri hésitait ; il aurait voulu savoir si jamais ses prédécesseurs s'étaient trouvés en pareille exécution. Sur les instances réitérées d'Angenoust, il finit cependant par se rendre au palais, les portières baissées. Lorsque la gehenne et la question eurent été subies et les réponses faites, Angenoust congédia Salcedo et leva la tapisserie qui cachait le roi. Celui-ci « se tint un espace de temps dans sa chaire, regardant d'un œil fort pensif... et dit qu'on lui avoit fait faire une chose qu'il ne feroit jamais plus, mais que, pour une partie de son royaume, il ne voudroit pas n'avoir entendu de ses oreilles les confessions de ce misérable. »

line, quatre des principaux chefs de la faction des Seize, qui venait de se souiller par le meurtre du président Brisson. Ce fut également **au Louvre que se réunirent**, deux ans **après**, les états de la Ligue. Henri IV ne tarda pas **à les** y remplacer. Le 22 mars 1594, il était définitivement reçu dans la capitale, moins par amour que par argent ; et le lendemain la communauté de ville venait lui offrir au Louvre, comme don de bienvenue, quelques confitures, dragées, hypocras et flambeaux de cire blanche. Le roi agréa le tout joyeusement, « disant en ces mêmes mots : « — Hier j'ai reçu vos vœux, aujourd'hui je reçois vos confitures ; » — puis mêla à cette *récréation* les plus vives expressions de contentement pour avoir trouvé le peuple si affectionné à son endroit.

Les heureuses et franches qualités de Henri devaient, en effet, promptement lui attirer les sympathies populaires ; mais le crime, naturalisé en quelque sorte par trente ans d'assassinats, n'en germait pas moins sans relâche dans quelques têtes.

On avait entendu un bourgeois se plaindre tout haut, sur le passage même du roi, du grand nombre de *chiens* qui depuis quelque temps étaient entrés à Paris ; on en citait d'autres qui rappelaient le nom de Jacques Clément comme un grand souvenir et comme une perpétuelle menace. Bref, le 7 décembre 1594, sur les six ou sept heures du soir, au moment où Henri IV rentrait au Louvre [1] et se baissait pour relever les chevaliers de Mon-

---

[1] La plupart des historiens placent cet événement au Louvre ; il en est cependant qui le placent à l'hôtel de Schomberg, au coin de la rue Saint-Honoré et de la rue Baillet ; et d'autres à l'hôtel de Joyeuse, rue du Coq,

tigny et de Ragny qui le saluaient, il fut atteint à la tête d'un coup de couteau dirigé sur sa poitrine. La douleur fut d'ailleurs assez peu vive pour que le roi crût avoir affaire à une plaisanterie de sa folle Mathurine. « Il y a, Dieu merci, si peu de mal, écrivait-il dès le soir même, que pour cela nous ne nous mettons pas au lit de meilleure heure. » L'assassin, Jean Châtel, était âgé de dix-neuf ans. Il fut arrêté, condamné, tenaillé et écartelé dans l'espace de deux jours.

Avons-nous besoin de rappeler que les jésuites, chez lesquels il avait étudié, furent en outre chassés de Paris; que le père Guéret, son professeur de philosophie, dut souffrir la question; et que le père Guignard expia sur l'échafaud « quelques écrits injurieux et diffamatoires trouvés en son étude, qu'il avoit faits pendant la guerre et avant la conversion du roi et réduction de Paris. » Aucun indice de complicité n'existait d'ailleurs contre les jésuites.

Cette condamnation « n'était pas seulement une scandaleuse iniquité, a dit Sismondi, c'était un grand acte de lâcheté politique; car le parlement qui condamnait l'ordre entier des jésuites, d'après quelques doctrines contraires à l'autorité royale qui se trouvaient exprimées dans les écrits de quelques-uns de ces religieux, était le même corps qui, l'année précédente, sanctionnait la révolte et donnait une adhésion tout au moins tacite à l'assassinat commis par Jacques Clément. En effet, toute sa sévérité n'avait qu'un but, celui de faire oublier sa précédente opposition à l'autorité royale. »

---

qu'occupait alors Gabrielle d'Estrée. L'hôtel de Joyeuse a été occupé dans la suite par la congrégation de l'Oratoire.

Jean Châtel avait encore son père. Ce malheureux père fut mis à la question, puis condamné à neuf années d'exil et 2,000 écus d'amende. Quant à la maison qu'il occupait en face du palais de la Cité, elle fut rasée, et sur son emplacement fut érigée une pyramide commémorative chargée d'inscriptions contre le meurtrier et contre les jésuites. Cette pyramide, qui perpétuait la basse iniquité du parlement, ne pouvait faire oublier à jamais le droit et la justice. Elle fut démolie par ordre même de Henri IV en 1605. La petite place sur laquelle elle s'élevait forme aujourd'hui l'entrée de la rue de Constantine.

Transportons-nous maintenant à l'année 1601; Marie de Médicis vient d'arriver, sans grande solennité, à Paris, et, au bout de deux jours, elle prend possession du Louvre. Marie avait alors vingt-sept ans; elle était épaisse de taille et de figure; ses gros yeux presque ronds n'avaient ni douceur ni grâce. Son caractère froid et obstiné manquait également du charme qui manquait à sa personne. Elle trouva Henri IV bien ridé et bien gris. Henri, de son côté, eut peine à oublier, près de la quinteuse Florentine, la gaieté toute française de la marquise de Verneuil. Il fit venir la marquise au Louvre : insulte poignante qui éveilla entre les époux de violentes querelles.

Un événement heureux ne tarda pas à les apaiser : la reine était enceinte, et l'espérance d'un fils était l'une des plus chères pensées du roi. Cette espérance ne fut pas trompée : le 27 septembre 1601, Marie donna le jour, dans les grands appartements de Fontainebleau, à l'enfant qui devait être bientôt Louis XIII. A peine fut-il né que Henri IV, ouvrant les grandes portes, laissa entrer dans la chambre de la reine près de deux cents personnes qui obstruaient les vestibules. La sage-femme s'en plaignit vivement. « Tais-toi, sage-femme, reprit Henri IV ; car cet enfant est à tout le monde ; il faut que chacun s'en réjouisse. »

Marie de Médicis n'avait pas reçu, à son arrivée de Florence, la consécration solennelle du couronnement qui avait lieu ordinairement pour les reines de France. C'était un regret pour elle, regret qu'elle cacha longtemps, mais qui devint plus vif lorsque l'amour de Henri IV pour la princesse de Condé lui fit craindre un second divorce. C'était en l'année 1610. Moitié par amour, moitié par politique, le roi était alors sur le point de s'engager dans une guerre funeste contre l'Autriche et l'Espagne. Il voulut même accompagner ses troupes et conférer la régence à la reine. Marie de Médicis profita de cette occasion pour demander que la couronne fût d'abord posée solennellement sur sa tête. Cette demande embarrassa le roi. Un jour qu'il était à l'Arsenal, rêvant et battant des doigts sur l'étui de ses lunettes : « Maudit sacre ! s'écria-t-il tout à coup, tu seras cause de ma mort ; car, pour ne vous en rien celer, ajouta-t-il en parlant à Sully, l'on m'a dit que je devais être tué à la première grande magnificence que je ferais. »

Le couronnement n'eut pas moins lieu à Saint-Denis le jeudi 13 mai 1610. On remarqua qu'au moment où la reine retourna de l'autel au trône, la couronne faillit tomber ; mais Marie de Médicis y porta la main et la raffermit : augure de bonheur suivant les uns, de malheur suivant les autres. Le lendemain, vendredi 14 mai, un carrosse aux panneaux ouverts attendait le roi dans la cour du Louvre pour le conduire à l'Arsenal, où demeurait Sully. Le roi désirait voir son ministre, qui souffrait en ce moment d'une ancienne blessure; puis, sur le point de partir, il hésitait, par la crainte de se mettre en colère, chose qui lui arrivait souvent avec Sully. « M'amie, irai-je? disait-il à la reine. —Monsieur, envoyez-y, répondit la reine ; vous êtes en belle humeur, et vous irez vous fâcher. » Henri IV se décida néanmoins, comme toujours, pour donner à son vieux compagnon un témoignage de son amitié : « Je ne ferai qu'aller et venir, dit-il, et serai ici tout à cette heure. »

Cependant un homme à la barbe rouge et enveloppé d'un manteau se tenait depuis quelque temps assis sur une borne près de la porte du Louvre. Au moment où le roi descendit de ses appartements, il se leva, voulut avancer ; mais le passage lui ayant été barré par le duc d'Épernon, il s'éloigna rapidement et suivit la voiture à la course. La voiture disparut dans la direction de la rue Saint-Honoré ; mais à peine un quart d'heure s'était-il écoulé, qu'on la voyait revenir au pas par la Croix-du-Trahoir et la rue des Fossés-Saint-Germain-l'Auxerrois. Dès qu'elle fut sur le pont-levis, « on cria au vin et au chirurgien, mais on n'avait besoin ni de l'un ni de l'autre. » Henri IV, frappé au cœur, dans la rue de la Ferronnerie, par l'homme qui s'était attaché à ses pas, était en effet déjà mort. Suivant Matthieu, au contraire, il ne mourut que sur le lit où il fut transporté par MM. de Montbazon, de Vitry et de Noirmoutier ; mais dès lors tout espoir de vie était perdu. « Sire, souvenez-vous de Dieu, lui disait Petit, son premier médecin ; dites en votre cœur : Jésus, fils de David, ayez pitié de moi. » Et pour lors, si nous en croyons le récit de Petit, Henri aurait ouvert les yeux par trois fois.

Lorsqu'on parcourt les appartements de l'aile du Louvre contre laquelle a été adossée la colonnade, on en remarque plusieurs dont les riches boiseries rappellent le travail du XVIe siècle. Le premier de ces appartements, en entrant par l'escalier du sud, offre mille fois répétés sur les frises et les panneaux le chiffre de Henri II, et le croissant ainsi que l'image de la duchesse de Valentinois sous les traits de Diane ; c'était la chambre de Henri II. Le second porte sur ses boiseries dorées la date de 1603. Le plafond est orné d'une frise autour de laquelle sont sculptés en bas-reliefs des Génies, des Victoires et des groupes de soldats vaincus. Au centre s'élève une légère coupole semée de branches de laurier et de fleurs de lis. Enfin, dans la paroi du nord de cette chambre, s'ouvre une alcôve dont le dais est orné d'arabesques. Cette chambre est la chambre de Henri IV ; cette alcôve est celle où il fut déposé sanglant, le 14 mai 1610, après le crime de Ravaillac [1].

[1] En parlant des chambres d'Henri II et d'Henri IV, nous n'entendons parler que des boiseries. Les salles où elles se trouvent aujourd'hui ne datent en effet que de Louis XIII et de Louis XIV. On les voyait autrefois dans les appartements dont on a fait, il y a cinquante ans, la *salle des sept cheminées*, au-dessus du musée des Antiques. C'est en effet là qu'étaient les chambres d'Henri II et d'Henri IV. Les boiseries furent toutes exécutées, sous le règne d'Henri II, par Rolland, les deux Hardoin, Francisque et Biard *le grand-père*.

Jamais mort de prince né causa en France de douleur plus universelle. Seul, au milieu du deuil général, Ravaillac conservait une froide impassibilité. Chacun se perdait en conjectures sur les motifs ou les complices qui avaient pu armer sa main. Pour contraindre Ravaillac à parler, on le menaça, si nous en croyons Malherbe, de faire écorcher devant lui son père et sa mère : menace atroce dont nous ne trouvons, Dieu merci, aucun indice dans les pièces du procès. « Et de fait, ajouta Malherbe, on les alla querir, ce qui lui attendrit un peu le cœur. » Mais, au lieu de parler de complices, il ne parla que de sa vie agitée et de ses hallucinations nocturnes. Tantôt c'était un papillon qui le poursuivait; tantôt c'étaient soixante hommes armés de toutes pièces qui se battaient à ses côtés; tantôt une tête de Maure qui lui apparaissait dans un triangle : image de la tête du roi, dit-il, que toute l'eau de la mer ne saurait laver. Ravaillac avait été chassé du couvent des Feuillants comme *mélancolique;* et tous les tourments de la question, les tenailles, la cire, le plomb fondu ne purent rien lui arracher qui ne fût l'expression d'une pensée personnelle et d'un aveugle fanatisme. Il fut écartelé en place de Grève, et ses membres épars furent brûlés à tous les coins de la ville.

Henri IV a laissé au Louvre la trace ineffaçable et monumentale de son passage par la construction de la grande galerie du bord de l'eau. La pensée du roi, dans cette vaste construction, fut de se ménager une retraite

---

A l'époque d'Henri IV on y ajouta seulement quelques ornements de peu d'importance.

sûre hors des murs de la ville, qui séparaient alors le Louvre des Tuileries ; d'être en un mot dehors et dedans quand il lui plairait, de manière à ne se voir jamais pris, ainsi que Henri III avait failli l'être, par une populace irritée. Henri trouvait d'ailleurs dans ses habitudes libérales et dans son amour des arts un noble emploi pour cette longue suite de bâtiments.

« Comme entre les infinis biens qui sont causés par la paix, lisons-nous dans des lettres patentes signées de lui, celui qui provient de la culture des arts n'est pas des moindres..... nous avons eu égard, en la construction de notre galerie du Louvre, d'en disposer le bâtiment en telle forme que nous y puissions commodément loger quantité des meilleurs ouvriers et plus suffisants maîtres qui se pourroient recouvrer tant de peinture, orfévrerie, horlogerie, insculpture en pierreries qu'autres de plusieurs excellents arts, tant pour nous servir d'iceux comme pour être employés par nos sujets en ce qu'ils auroient besoin de leur industrie, et aussi pour faire une pépinière d'ouvriers de laquelle, sous l'apprentissage de si bons maîtres, il en sortiroit plusieurs qui par après se répandroient par tout notre royaume et sauroient très-bien servir le public. »

La mort seule empêcha Henri IV de conduire à terme cette grande œuvre. Il est d'ailleurs facile de reconnaître la partie de la galerie qui remonte à son règne, sinon à la grandeur du style, du moins à la délicatesse des ornements. Du Pérac, sur les dessins duquel elle fut élevée, divisa son plan en deux ordres, toscan et corinthien, avec bossages vermiculés, et toute une profusion de décors tels que trophées, frises, etc., dans lesquels il semble que le ciseau ait épuisé ses ressources. Malheureusement le fini de ces sculptures disparaît dans la vaste étendue du monument, et les deux ordres manquent d'ailleurs quelque peu d'harmonie dans leurs proportions respectives. Metezeau, qui termina la galerie sous Louis XIII, en modifia complétement l'ordonnance. Au lieu des deux ordres de son prédécesseur, il n'en admit qu'un seul qui se raccordât avec l'architecture du pavillon des Tuileries, sur lequel la galerie devait s'appuyer. Cet ordre de pilastres accouplés répond mieux peut-être, par son élévation et sa simplicité, aux grandes lignes de cette imposante construction. L'œuvre de Metezeau l'emporte évidemment dans son ensemble; celle de Du Pérac l'emporte pour l'exécution.

Ce fut également sous le règne de Louis XIII que le palais même du Louvre fut agrandi dans des proportions complétement étrangères à la pensée de Lescot. Au lieu de terminer le parallélogramme dont ce grand architecte avait tracé deux des côtés, l'architecte Lemercier édifia en droite ligne le pavillon du Dôme et le bâtiment qui lui fait suite jusqu'à l'aile du nord. Dans le dessin de ce bâtiment le style de Lescot fut d'ailleurs rigoureusement conservé. Le pavillon du Dôme, au contraire, avec sa calotte quelque peu pesante, ses gigantesques cariatides, et son vestibule à colonnes, appartient uniquement à Lemercier.

Ainsi chaque jour le Louvre prenait des dimensions plus royales, et chaque jour on rêvait pour lui des accroissements nouveaux. Tantôt il s'agissait comme aujourd'hui

d'élever une galerie « pareille à celle qui regarde sur la rivière, » puis, « de ruyner toutes les maisons entre les deux galeries, de manière que des Tuileries au Louvre se fût trouvée une grande cour admirable ; » tantôt de jeter à terre la chapelle du Petit-Bourbon et tous les bâtiments qui sont entre le Louvre et Saint-Germain, lequel deviendrait alors « la bienséance de la chapelle des rois [1]. » Puis on dessinait de nouveaux corps de logis, des pavillons, des terrasses : immenses projets que la mort venait sans cesse interrompre, car

..... La garde qui veille aux barrières du Louvre
N'en défend pas nos rois.

Malherbe, qui écrivait ces vers sous Louis XIII, était un des habitués du Louvre, comme Ronsard l'avait été sous Charles IX. Ses lettres à M. de Peiresc offrent un tableau assez curieux de la vie intime de la cour à cette époque, avec ses querelles d'honneur, ses galanteries et la familiarité de ses habitudes. Nous y voyons, par exemple, le roi et Madame tenir bonnement sur les fonts l'enfant d'Arlequin ; nous y entendons les propos des courtisans qui paient des gueux pour aller dire à la reine « de ne se plus mettre de *coton* aux oreilles [2]. » Nous y suivons pas à pas et sans voile la fortune de cet Italien Concini, qui, en quelques jours, devient marquis d'Ancre, premier ministre et maréchal de France. « Hier, il bouffonnoit avec M. de Guise de son marquisat d'Ancre, écrivait Malherbe, et disoit que cela

[1] *Mémoires de Gaspard de Saulx-Tavannes*, édit. Buchon, p. 400.
[2] Le père Coton n'avait alors rien perdu du crédit qu'il avait acquis à la cour, sous Henri IV.

s'étoit rencontré fort à propos à cause qu'en Italie il est descendu des comtes de la Plume. M. de Guise lui répondit qu'avec une comté de Plume et un marquisat d'Ancre il ne lui falloit plus qu'une devise de papier pour assortir tout l'équipage. »

Concini, beau et fier, trouvait d'ailleurs dans la promptitude de son esprit, dans la hauteur de sa volonté et dans l'assurance de sa tenue que ne parvenaient même pas à troubler les grotesques inexpériences de son langage, une ressource un peu plus puissante que ses titres de fraîche date. La prudente activité de sa femme lui venait de plus en aide. Nul contraste n'était plus étrange que celui que présentait, près des épaisses formes de Marie de Médicis, la figure pâle et exiguë de la maréchale d'Ancre, qui ne la quittait pas. Les traits de cette petite femme avaient en outre une délicatesse et une finesse d'expression qu'étaient loin de posséder ceux de la reine. Elle tenait son voile constamment baissé pour se préserver, dit-on, de la *gettatura*: c'était une espèce de sortilége italien. On prétendait de plus qu'elle avait toujours à la main des boulettes de cire qu'elle pétrissait dans des intentions magiques. La seule chose certaine, c'est qu'il y avait chez la maréchale beaucoup d'esprit, beaucoup de fermeté et beaucoup d'intrigue.

Marie de Médicis se laissait complaisamment dominer par les deux Italiens, dont l'insolence et le despotisme ne connurent bientôt plus de bornes. Concini levait, de son chef, des corps de troupes, il faisait dresser des potences sur le Pont-Neuf; et Léonora, de son côté, qui habitait alors le Louvre, faisait dire fièrement au jeune roi de cesser ses jeux lorsque le bruit l'en incommodait. — « Si j'incommode madame la maréchale, répondit un jour Louis XIII, elle peut sortir du Louvre; Paris est assez grand pour la loger. »

Louis XIII croissant en âge, une catastrophe devenait inévitable. Les ennemis du maréchal d'Ancre eurent peu de peine à s'emparer de l'esprit du roi, et l'arrestation, le meurtre peut-être du maréchal fut résolu. Louis XIII autorisa-t-il le meurtre? Il paraît certain qu'on ne parla que de l'arrestation, et que le meurtre ne fut admis que comme dernière extrémité, si le maréchal et sa garde faisaient résistance.

Concini venait de perdre sa fille, et la mort de cette enfant qu'un prince du sang, le comte de Soissons, n'avait pas dédaigné de demander en mariage, lui semblait un présage de calamités pour toute sa famille. « Partons pour Florence, disait-il à Léonora si nous en croyons Bassompierre; je ne vois depuis quelque temps ici que des avertissements sinistres. — Quitter la France, mais ce serait quitter la reine! répondait Léonora; le pourrions-nous sans lâcheté et sans ingratitude? »

Et les époux étaient restés. Le lundi 24 avril 1617, le maréchal sortit à pied de chez lui, vers dix heures du matin, pour aller au Louvre; il avait, suivant son habitude, une nombreuse suite : mais à peine eut-il mis le pied sur le pont dormant du palais que Vitry, capitaine des gardes, placé là par de Luynes avec promesse du bâton de maréchal de France, s'écria en avançant vers lui: « Je vous arrête au nom du roi. — Moi! » répondit Concini; et, disant cela, il reculait violemment comme pour se mettre en garde; à ce geste les gentilshommes de la suite de Vitry l'étendirent mort à leurs pieds; et les cris de *Vive le roi* ayant appelé Louis XIII au balcon : « Grand merci, amis, dit-il, maintenant je suis roi. »

Cependant, au bruit du meurtre, Léonora se met au lit afin de cacher sous son corps ses pierreries et celles de la couronne; mais les hommes qui ont tué son mari pénètrent dans sa chambre, la mettent nue sur le plancher et s'emparent de ses richesses. On trouva chez elle, dit-on, une figure de cire dans une bière, des boulettes de verre et quelques feuilles de parchemin vierge; c'en fut assez pour la faire accuser de sorcellerie. « N'est-il pas vrai, méchante femme, lui dirent les juges, que vous avez jeté un charme sur la reine mère pour lui persuader tout ce que vous vouliez? — Mon charme, répondit Léonora, a été le pouvoir que doivent avoir les âmes fortes sur les esprits faibles. »

Léonora Galigaï, maréchale d'Ancre, fut décapitée et brûlée comme sorcière, le 8 juillet 1617, en place de Grève. On voit encore l'hôtel qu'elle habitait avec son mari, rue de Tournon; il sert aujourd'hui de caserne.

L'éloignement de Marie de Médicis était une conséquence naturelle de la mort des Concini. Marie sortit éplorée du Louvre, sans avoir pu voir son fils autrement que dans une audience publique dont les termes avaient été réglés d'avance. On dit que Louis XIII se mit froidement à la fenêtre pour la voir partir.

Louis XIII est le dernier roi qui ait passé sa vie au Louvre. Après lui l'antique palais de Philippe-Auguste demeura à jamais veuf de la royauté. L'appartement qu'y avait occupé Anne d'Autriche, au rez-de-chaussée du pavillon des Antiques, conserva néanmoins jusqu'en 1789 le nom d'*appartement de la reine;* mais la seule princesse qui l'occupa quelque temps fut cette jeune infante Marie-Victoire, appelée d'Espagne en 1719, pour être élevée en France, où elle devait un jour épouser Louis XV, et qui, six ans après, fut renvoyée sans égard en Espagne. Le pavillon qu'elle habita et le jardin qui fut planté pour elle, portent aujourd'hui encore le nom de *Pavillon* et de *Jardin de l'Infante.*

S'il n'habita pas le Louvre, Louis XIV d'ailleurs ne l'oublia pas. Une de ses plus constantes pensées fut même de terminer magnifiquement cette œuvre toujours inachevée des siècles. Dans ce but il s'adressa d'abord à Levau, qui édifia l'aile septentrionale; puis au cavalier Bernin, le célèbre architecte de la colonnade de Saint-Pierre de Rome, auquel un plan général d'achèvement et de raccordement avec les Tuileries fut demandé.

> A la voix de Colbert Bernini vint de Rome;
> De Perrault dans le Louvre il admira la main :
> « Ah! dit-il, si Paris renferme dans son sein
> Des travaux si parfaits, un si rare génie,
> Fallait-il m'appeler du fond de l'Italie? »

Cette anecdote poétisée par Voltaire a le malheur de n'être pas vraie. On l'a également racontée de Serlio, à l'occasion du plan du Louvre par Lescot; nous ne savons si c'est avec plus de fondement. Toujours est-il certain que, prenant au sérieux le rôle de prince des arts que Louis XIV lui fit jouer pendant son séjour parmi nous, Bernin se montra avare de louanges pour les œuvres françaises. « Il avoit l'esprit vif et brillant et un grand talent pour se faire valoir, raconte Perrault. Beau parleur, tout plein de sentences, de paraboles, d'historiettes et de bons mots, dont il assaisonnoit la plupart de ses réponses... il ne louoit et ne prisoit guère que les hommes et les ouvrages de son pays. Il citoit souvent Michel-Ange, et on l'entendoit toujours dire : *Siccome diceva il gran Michel-Agnolo Buonarotti.* »

Bernin traça le plan qui lui avait été demandé ; ce plan réduisait à néant l'œuvre de Levau et masquait celle de Lescot. Il était d'ailleurs conçu avec grandeur, tant dans le dessin du palais que dans celui de ses dégagements. La première pierre en fut solennellement posée par Louis XIV lui-même ; mais Bernin ayant sur ces entrefaites quitté la France, comblé d'honneurs et d'argent, nul ne songea plus ni à son projet ni à lui.

Ce fut alors, mais alors seulement et après de longues hésitations, que la colonnade dessinée par Perrault s'éleva sur les ruines de la chapelle et de la galerie du Petit-Bourbon [1].

La colonnade du Louvre peut être envisagée de deux points de vue différents. Comme dessin, elle réunit dignité, invention et harmonie : peu de monuments classiques pourraient lui être comparés ; comme appropriation, au contraire, elle manque aux plus simples convenances de l'art. On s'explique d'abord difficilement une aussi large galerie placée à l'est d'un palais dont elle

---

[1] La galerie de l'hôtel du Petit-Bourbon était la plus vaste de Paris. Les états de 1614 s'y assemblèrent, et elle servit également aux débuts de Molière devant Louis XIV.

ne peut qu'assombrir sans utilité les grandes salles; mais, en outre, la colonnade du Louvre n'était en rapport ni avec l'élévation intérieure des bâtiments, ni avec celle de ses ouvertures. Pour remédier à ce dernier inconvénient, Perrault supprima les fenêtres de la galerie et leur substitua des niches. La colonnade ne fut plus dès lors qu'une décoration de théâtre destinée à cacher le jour aux habitants du palais.

L'anomalie était ici tellement étrange, que l'on s'est cru obligé de rétablir les ouvertures au commencement de ce siècle.

La différence d'élévation de la colonnade et des bâtiments intérieurs a nécessité d'un autre côté l'abandon de l'attique si élégant de Pierre Lescot, et l'édification à la place d'un troisième ordre, au risque de donner à un palais l'apparence d'une splendide manufacture. Ces travaux occupèrent non-seulement les trente dernières années du XVIIe siècle, mais encore une partie du XVIIIe et le demi-siècle entier qui vient de s'écouler.

A l'époque de 1789, la plupart des bâtiments manquaient encore de toits, et, à l'exception du vieux Louvre et de quelques salles occupées par les différentes académies, le palais était à la fois inhabité et inhabitable. Son achèvement extérieur ne date que de Napoléon, et son achèvement intérieur des derniers règnes. Aujourd'hui le Louvre présente, sur trois de ses faces intérieures, les deux étages et les ordres sévères, mais froids, de l'auteur de la colonnade; et sur la troisième, qui garde fidèlement le nom de Vieux-Louvre, l'attique, les colonnes, et la richesse d'ornementation du dessin de Lescot. A l'extérieur, deux des façades seulement, celles du sud et de l'est, appartiennent à Perrault ; la façade du nord appartient à Levau : quant à celle qui répond aux Tuileries, elle n'a jamais été faite.

Pénétrez maintenant sous ces voûtes ; montez ces rampes sans rivales, celle du musée des tableaux surtout, monument grandiose du temps de l'Empire ; celle de Henri II, à la voûte finement sculptée comme toutes les œuvres de la Renaissance ; celles de la colonnade, majestueuses comme toutes les pensées du grand roi. Parcourez ces appartements, ces immenses galeries ; tantôt vous rencontrerez la salle des Gardes, où les états de la Ligue s'assemblèrent et où la Restauration tenait ses séances royales ; tantôt la salle des Cent-Suisses, immortalisée à jamais par les cariatides de Goujon ; tantôt les galeries de marbre des Antiques, qu'habitèrent successivement Charles IX et Anne d'Autriche ; tantôt les boiseries ouvragées des chambres de Henri II et de Henri IV.

Laissez-vous aller au courant de la foule dans cet incomparable promenoir qui commence au pavillon des Tuileries pour embrasser deux fois toute la cour du Louvre, et vous irez, vous marcherez deux heures, trois heures, parmi les colonnes, les pilastres, les dorures, sous des voûtes sculptées ou peintes, et entre deux rangées de merveilles de tous les pays, de tous les temps et de toutes les écoles.

La pensée de faire de la galerie du bord de l'eau un musée de peinture remonte au règne de Louis XVI ; elle ne fut toutefois exécutée qu'après lui. Avec Charles X cette pensée s'est agrandie ; avec Louis-Philippe elle a pris des développements plus vastes encore ; enfin, le Louvre n'est plus aujourd'hui qu'un immense musée où vous trouverez des tableaux, des statues, des myriades de dessins échappés à la plume et au crayon des maîtres ; puis des monuments sans nombre de l'antique Égypte, de colossales divinités de la grande Ninive, *magnam Niniven*, des pirogues, des casse-têtes de sauvages, tout un arsenal maritime en miniature, et, enfin, depuis quelques jours, mille souvenirs des princes qui ont régné sur la France : vêtements, couronnes, armures, etc.

Au rez-de-chaussée vous aurez une apparition de la Grèce en marbre de Paros ; Bacchus, Minerve, Diane chasseresse, l'Apollon Saurochtone, le Discobole, et surtout Vénus, Vénus *pudique*, Vénus *callipyge*, Vénus de Milo, ce type de l'art païen, cette poétique et plus ou moins candide expression de la grande divinité du sensualisme.

Au premier étage, le changement de scène est complet ; là, au sortir de l'Olympe, vous rencontrez tout à coup, dans le premier vestibule, des saints et des vierges modelés par la main céleste de la foi, plus encore que par le pinceau matériel de l'art. Ce n'est plus la beauté du corps dans ce qu'elle a d'enivrant, mais c'est elle toujours dans ce qu'elle a de sublime. Entrez ensuite dans le grand salon, et vous vous trouverez en face des *Noces de Cana* de Paul Véronèse. On dirait tout un nouveau monde de dignité, d'inspiration, de poésie.

Les genres les plus divers, les tendances d'esprit les plus opposées se pressent d'ailleurs, se succèdent quelquefois pêle-mêle dans ces immenses galeries. Les batailles de Lebrun et l'*Entrée de Henri IV* de Gérard y formeront pendants à la *Cène* ou au *Calvaire;* une *Noce Flamande* de Téniers à un *Souper d'Emmaüs* de Rembrandt ; et peut-être serez-vous obligés de détourner les yeux de quelques poétiques nudités de l'Albane pour pouvoir contempler les célestes madones de Raphaël. Cette confusion apparente ne rend néanmoins que plus facile l'appréciation de toutes les nuances de l'art, non-seulement au point de vue de la beauté technique, mais encore et surtout au point de vue de cette beauté intérieure qu'on appelle la pensée.

Citerons-nous maintenant des noms? Ce seront d'abord des noms français : Cousin et son *Jugement dernier;* Clouet et ses portraits de cour; Lesueur et sa saisissante épopée de *saint Bruno;* Poussin et son *Déluge,* et ses *Bergers d'Arcadie*, et sa *Femme Adultère*, et toute cette poésie biblique qui s'écoulait à flots de son âme douce et pieuse; Lorrain et ses perspectives virgiliennes; Vernet et ses marines; David et ses académies; Gros et la fougue de ses batailles; Jouvenet, Mignard, Lebrun, Girodet, et Géricault, ce Titan de l'art qui, s'il fut frappé jeune, ne le fut du moins que vainqueur.

Aux grandes scènes qu'ils font passer devant nous succèdent tout à coup ces scènes de tous les jours qu'excelle à représenter le génie des Flandres : une *Danse villageoise* de Breughel, un *Intérieur rustique* de Bega, un *Mendiant* de Meel, un *Joaillier* de Metsys, un *Chimiste* et une *Cuisinière* de Metzu, les *Bulles de savon* de Miéris, le *Maître d'école* d'Ostade, *le Roi boit* de Jordaens, la *Femme hydropique* et l'*Arracheur de dents* de Gérard Dow, l'*Enfant prodigue* de Téniers, etc.; puis des chevaux de Paul Potter, des troupeaux de Van den Welde, des arbes de Ruysdaël, perles inimitables de l'art, du milieu desquelles se détache la tête lumineuse du Christ dans les sombres tableaux de Rembrandt.

Au-dessus de ces petites toiles s'étalent magnifiquement les grandes peintures de Rubens. On dirait des scènes de Corneille égarées parmi les fables de La Fontaine.

Mais voici l'Italie! voici l'idéal de l'art à côté de sa vérité vulgaire! voici le *saint François* de Giotto, le *Couronnement de la Vierge* du bienheureux de Fiesole, la *Salutation angélique* de Frère Barthélemi, la *Joconde* de Léonard, la *Charité* d'André del Sarte, le *Mariage de sainte Catherine* du Corrège, le *Silence* d'Annibal Carrache; et plus loin, la *sainte Cécile* du Dominiquin, la *Circé* du Guerchin, le *saint François* du Guide, le *saint Pierre* de Lanfranc, la *Pythonisse* de Salvator, le *Christ* du Tintoret, le *Christ* du Titien, et des saintes familles sans nombre, des vierges du Titien, du Pérugin, de Sassoferrato, de Jacques Palma, du Parmesan, du Guide, de Vinci, du Véronèse, et, parmi tous, la *Belle jardinière* de Raphaël.

Ce que la Vénus de Milo est pour l'art païen, la *Belle jardinière* l'est pour l'art chrétien : ce n'est plus seulement la gracieuse séduction de l'art, c'est son inspiration céleste; ce n'est plus seulement l'expression de la beauté, c'est encore la transparence de la vertu.

Tel est le Louvre! on dirait la *voie triomphale* de l'art; vous l'y suivrez sous toutes ses transformations, et chacune d'elles y sera marquée par des chefs-d'œuvre. Le palais lui-même compte à bon droit parmi les monuments les plus célèbres. Nulle part au monde la royauté du sceptre ne s'est montrée plus prodigue envers la royauté du génie.

LES TUILERIES

Catherine de Médicis venait de quitter les Tournelles, et, se trouvant bientôt étouffée dans l'étroit espace du Louvre, elle appelle Philibert Delorme, l'un des plus merveilleux génies de la Renaissance, et lui demande un palais des champs avec bassins, volières, profonds ombrages, où elle puisse retrouver l'air avec la liberté. Philibert se met aussitôt à l'œuvre et édifie hors des remparts, sur l'emplacement d'anciennes tuileries, une gracieuse *villa* semi-italienne, semi-gauloise, où les hautes toitures et les pavillons saillants du nord s'allient aux terrasses suspendues, aux galeries à jour et aux coupoles de l'Italie.

Il serait difficile aujourd'hui de retrouver la pensée primitive de l'artiste parmi les altérations et les additions que le goût suspect des âges suivants a fait subir à son œuvre ; mais les dimensions du moins en sont encore visibles. Ainsi toute la partie de l'édifice qui est divisée en deux ordonnances superposées, ionique et corin-

thienne, appartient plus ou moins complétement au
xvi⁰ siècle; celle au contraire qui n'a qu'une seule et
colossale ordonnance, c'est-à-dire les deux corps de logis
et les deux pavillons qui terminent le palais, sont de
lourdes superfétations du xvii⁰.

Figurez-vous maintenant, à la place du dôme quadrangulaire des Tuileries actuelles, une élégante coupole flanquée de tourelles, et sous laquelle se développe un escalier circulaire. A droite et à gauche de cette coupole s'étendent, sur la façade du jardin, deux terrasses en arcades, au fond desquelles apparaissent les bâtiments percés de hautes fenêtres dont les baies ouvragées pénètrent la toiture, et se dessinent en festons blancs sur le bleu foncé des ardoises. Enfin, deux pavillons habilement combinés pour ne point écraser de leur masse la coupole centrale, et dont les gracieux détails semblent trahir la main de Jean Bullant, l'un des contemporains de Philibert Delorme, complètent heureusement cet harmonieux ensemble [1].

Tel était le palais de Catherine de Médicis en 1570 : tel il nous apparaît encore dans d'anciennes gravures, objet perpétuel d'admiration et de regret. On dirait une

---

[1] Philibert Delorme, dans la dédicace de son Traité d'Architecture à Catherine de Médicis, lui attribue une certaine part dans les œuvres qu'il exécuta par ses ordres : « Madame, lui dit-il, je voy de jour en jour l'accroissement du grandissime plaisir que Votre Majesté prend à l'architecture et comme, de plus en plus, votre bon esprit s'y manifeste et y reluit; quand vous-même prenez la peine de portraire et esquicher les bastimens qu'il vous plaist commander estre faicts, sans y omettre les mesures des longueurs et largeurs, avec le département des logis qui véritablement ne sont vulgaires et petits, ains fort excellents et plus que admirables : comme entre plusieurs est celuy du palais que vous faictes bastir en Paris, près la porte Neuve (les Tuileries). »

de ces charmantes *villas* que Galeas Alessi semait vers la même époque sur la côte de Gênes. C'est la même légèreté de colonnes et d'arcades ; ce sont les mêmes terrasses parfumées d'arbustes en fleur ; mais les Tuileries ont de plus ce charme du pays, cette variété dans les élévations qui rappelle de loin nos vieilles demeures féodales et que lui reprochent en vain les partisans de l'unité italienne. Elles ont de plus ce royal aspect que ne possède au même degré aucune des *villas* de Gênes.

Philibert Delorme et Jean Bullant se proposaient de lui donner une étendue plus royale encore ; mais Catherine de Médicis interrompit tout à coup leurs travaux. Un astrologue lui avait dit qu'elle mourrait près de Saint-Germain, et elle venait d'apprendre que les Tuileries faisaient partie de la paroisse de Saint-Germain-l'Auxerrois. Elle fuit donc les Tuileries, comme elle a déjà fui Saint-Germain-en-Laye, comme elle fuit la pensée de la mort, et la voilà qui commande à Jean Bullant un nouveau palais au centre de la ville [1].

Les Tuileries demeurèrent par suite un lieu de promenade plutôt qu'un lieu d'habitation. Un jour, cependant, Catherine arrive suivie de ses conseillers dans ses appartements déserts. C'était le 23 août 1572 ; elle sortait de chez Coligny ; elle avait pu entendre les menaces des huguenots et apprécier l'irritation de Charles IX. Une pensée affreuse lui traverse alors l'esprit, et craignant que les murs du Louvre n'entendent, elle vient dans la solitude des Tuileries épancher son secret au sein de quelques hommes qu'elle sait tout prêts à le comprendre, et leur

[1] L'hôtel de Soissons, sur l'emplacement actuel de la halle au blé.

demander des forces pour triompher de l'opposition du roi. Lorsque la reine rentra au Louvre, la Saint-Barthélemi était résolue.

Henri IV conçut la pensée d'agrandir les Tuileries, et il en chargea Androuet Du Cerceau, le jeune artiste qui venait de s'illustrer par la construction du Pont-Neuf. Mais si Du Cerceau avait de la science, il manqua de goût. D'un élégant palais il fit une confusion de palais : confusion par le style, par les élévations, par le caractère. A deux ordres remarquables par leur légèreté on le vit accoler une ordonnance de pilastres gigantesques; à des bâtiments d'un étage on le vit ajouter les hautes et pesantes masses du pavillon Marsan, du pavillon de Flore et des deux corps de logis qui les relient au palais de Philibert Delorme. Ces travaux, commencés par Henri IV, ne furent achevés que sous le règne de son successeur. Louis XIV voulut à son tour répandre un peu d'harmonie dans ce chaos; il confia ce soin à Levau et d'Orbay, et alors fut consommé le sacrifice du *chastel* de Catherine. Afin de l'aider à supporter le poids des bâtisses de Du Cerceau, on l'exhaussa; la svelte coupole devint un large dôme; les ailes et les pavillons furent couronnés d'un attique, et l'on parvint de la sorte à établir du moins entre les diverses parties une certaine unité d'entablement.

Que restait-il alors de l'œuvre de Philibert? les galeries du rez-de-chaussée et les terrasses qui les surmontaient. Eh bien! il a fallu qu'une de ces terrasses disparût encore sous Louis-Philippe pour la commodité de l'habitation royale, de telle façon que la symétrie des lignes, cette beauté dernière de l'art, n'existe même plus

A l'intérieur du moins la splendeur des Tuileries n'a fait que s'accroître. Escalier d'un beau style ; vaste galerie ornée de peintures de Mignard représentant l'histoire de Psyché d'après Annibal Carrache ; salle grandiose du Dôme tapissée naguère encore dans tout son pourtour des portraits en pied des maréchaux de France ; chapelle où prêcha Bourdaloue ; théâtre où siégea la Convention nationale : tels sont les lieux qui, dans ce palais, appellent plus particulièrement l'attention ou les souvenirs.

Pendant l'enfance de Louis XIII, les grandes allées des Tuileries devinrent le lieu accoutumé de ses plaisirs. C'était là qu'il s'exerçait à tracer des bastions, à sonner du cor, à dresser les faucons et émerillons de sa volière ; ce fut là qu'il connut et qu'il s'attacha le jeune Albert de Luynes, le plus expert des gentilshommes dans l'art de siffler les oiseaux, et qu'il devait décorer du titre de *maître de la volerie du cabinet* avant d'en faire un connétable de France.

Peu de temps après, le royal jardin n'est plus connu dans l'histoire que sous le nom de *jardin de Renard,* qui était celui d'un industriel auquel on avait permis l'établissement d'une ménagerie sur l'emplacement actuel de la grande allée des orangers, et dont les bêtes curieuses ne cessaient d'attirer la foule. Le jardin de Renard devint, par suite, surtout pendant la Fronde, la promenade habituelle de la mode et de la politique. On s'y montrait, on s'y bravait. Un jour les *petits maîtres,* c'est-à-dire le parti du prince de Condé, ou, pour parler le langage du peuple, les mentons rasés et les têtes sans cervelle, s'y étaient réunis pour dîner. Ils dînaient donc et s'enivraient, ne parlant de rien moins que de faire manger de l'herbe à tous les bonnets carrés du parlement, lorsque le duc de Beaufort se présente tout à coup avec deux cents frondeurs. On tire la nappe, on renverse les mets sur les convives ; mais quelle que fût la rage des petits maîtres, en présence du nombre il leur fallut céder. Ces rixes, qui se renouvelaient tous les jours, qui se traduisaient même parfois en coups de feu, n'étaient que les passe-temps de la Fronde.

Louis XIV est le premier de nos rois qui ait habité les Tuileries, et encore n'y fit-il que de rares séjours. A l'époque de sa minorité, les Tuileries étaient séparées du jardin par une rue et par un mur qui ne tardèrent pas à disparaître. L'appartement de Louis le Grand était situé au rez-de-chaussée sur le jardin; il avait été décoré, par une flatterie souvent répétée de son vivant, de l'épopée mythologique du dieu de la lumière. Ces peintures étaient de Pierre Mignard et de Francisque Millet; son trône s'élevait à l'extrémité de la grande galerie du Carrache ; c'était dans cette galerie qu'il recevait les ambassadeurs. Mais qu'étaient ces richesses près de celles de Versailles? qu'était ce jardin de 35 hectares, dont Le Nôtre, il est vrai, venait de dessiner de nouveau les parterres et les ombrages, près du tapis vert, du grand canal et de ces rampes de marbre, de ces bosquets, de ces labyrinthes parsemés de grottes, de fabriques, de statues, au milieu desquels s'égarait la cour du grand roi? qu'étaient ces bassins des Tuileries alimentés par la Samaritaine, et d'où s'échappaient aux grands jours quelques maigres filets d'eau, comparés à ces lacs jaillissants qu'entretenait et qu'animait la machine de Marly?

Aussi Louis XIV n'habita-t-il parfois les Tuileries qu'avant l'achèvement des travaux de Versailles. Nous l'y rencontrons spécialement pendant les derniers mois de l'année 1670, année si tristement marquée par la mort de Madame, par *ce triomphe de la mort*, comme dit Bossuet. Bossuet offrait alors le rare spectacle, non point d'un évêque de cour, mais d'un *évêque à la cour*, comme le disait si bien Massillon. Depuis neuf ans sa grande voix n'avait cessé de retentir dans les chapelles royales ; hier encore, s'apitoyant magnifiquement sur la misère de l'homme, il jetait, comme un cri de détresse, du milieu des splendeurs de Louis le Grand, ces mots qui atteignaient toutes les consciences : *Oh! que nous ne sommes rien!* Mais aujourd'hui voué à de nouveaux devoirs, nommé évêque de Condom, chargé de l'éducation du Dauphin, on ne devait plus l'entendre qu'à de rares intervalles. La place qu'il laissait vide dans la chaire chrétienne fut d'ailleurs immédiatement et dignement remplie.

Dès cette année 1670, un jeune prédicateur de l'ordre des Jésuites se fit remarquer en effet, sinon par le feu de son génie, du moins par la souveraine et constante raison de sa parole. « Le père Bourdaloue prêche divinement bien aux Tuileries, écrivait Mme de Sévigné ; il passe infiniment tout ce que nous avons ouï. »

Louis XV occupa les Tuileries pendant sa minorité. C'était dans la pièce connue alors sous le nom de cabinet du roi, vaste appartement dont le plafond richement sculpté et doré était orné de figures en stuc, que se tenait le conseil de régence. A cette époque de notre histoire et à ce palais des Tuileries se rattache le souvenir d'un des plus beaux monuments de l'éloquence française ; le Père Massillon avait été chargé de faire entendre la parole de Dieu au jeune roi. Il se rapetissa alors pour lui comme le prophète lorsqu'il voulut ressusciter le fils de la Sunamite, et écrivit ce *Petit Carême*, incomparable modèle de simplicité et de dignité. Il nous semble le voir encore dans cette royale chapelle ; il nous semble entendre sa voix douce et pénétrante enseignant toute vérité et toute justice à ce monde d'orgueil, de doute et de débauches, qui inaugurait pour la Révolution le xviiie siècle.

« Sire, heureux le peuple qui trouve ses modèles
« dans ses maîtres, qui peut imiter ceux qu'il est obligé
« de respecter, qui apprend dans leurs exemples à obéir
« à leurs lois, et qui n'est pas contraint de détourner ses
« regards de ceux à qui il doit ses hommages... Plus on
« est grand, Sire, plus on est redevable au public ; l'élé-
« vation qui blesse déjà l'orgueil de ceux qui nous sont
« soumis, les rend des censeurs plus sévères et plus
« éclairés de nos vices... Non, Sire, les grands se croient
« tout permis, et l'on ne pardonne rien aux grands ; ils
« vivent comme s'ils n'avaient point de spectateurs, et
« cependant ils sont tout seuls comme le spectacle éter-
« nel de toute la terre... et si un amour outré de la gloire
« les enivre, tout leur souffle la désolation de la guerre.
« Alors, Sire, que de peuples sacrifiés à l'idole de leur
« orgueil ! Que de sang répandu qui crie vengeance
« contre leur tête ! Que de calamités publiques dont ils
« sont les seuls auteurs ! Que de voix plaintives s'élèvent
« au ciel contre des hommes nés pour le malheur des

« autres hommes! Que de crimes naissent d'un seul
« crime! »

Et c'était au petit-fils de Louis XIV que Massillon parlait ainsi ; c'était en face du régent et de ses roués qu'il s'apitoyait magnifiquement sur le sort de ces peuples « contraints de détourner leurs regards de ceux à qui ils doivent leurs hommages. » Trente-sept ans auparavant, Mme de Sévigné écrivait à sa fille, au retour d'un voyage de Versailles : « Nous entendîmes après dîner le sermon de Bourdaloue, qui frappe toujours comme un sourd, disant des vérités à bride abattue, parlant à tort et à travers contre l'adultère : sauve qui peut, il va toujours son chemin. »

Ainsi du moins parmi tant de fronts courbés il y en avait encore quelques-uns d'inflexibles ; et si nous marchions vers l'abîme, ce n'était pas faute de prophètes pour nous l'indiquer de loin.

Après la minorité de Louis XV, les Tuileries redeviennent désertes ; la plupart de leurs appartements sont même distribués à de vieux serviteurs, et le théâtre du palais est transformé pendant vingt ans en théâtre public. Puis, à partir de 1783, le silence se fait de nouveau dans les grandes salles jusqu'à l'heure néfaste de 1789.

Un soir de cette année (c'était le 6 octobre), un bruit inaccoutumé retentit, à la nuit, sur toute la ligne des quais de la Seine. La population entière s'y était portée pour voir passer le cortége royal qu'une armée de bandits et de mégères amenait triomphante de Versailles. Jamais Paris n'avait vu semblable entrée de roi ; jamais pareil mélange d'enthousiasme et d'ignominie n'avait accueilli un souverain dans sa capitale. Le peuple saluait Louis XVI, il est vrai, de ses acclamations ; il l'accueillait avec bonheur dans l'espoir surtout qu'il fixerait sa résidence au milieu de lui ; mais à cette effusion d'une imprudente ivresse répondaient les hurlements patriotiques et les chants obscènes de la multitude déguenillée, à qui les têtes des gardes-du-corps massacrés dans le palais avaient, jusqu'aux portes de Paris, servi de bannière.

Les hommes brandissaient des piques ou des haches dont quelques-unes étaient sanglantes, ou bien encore fraternisaient hideusement avec des militaires désarmés ; les femmes, à cheval sur des canons, criaient au peuple, en faisant allusion à la cherté du blé qu'on attribuait à la cour : « Courage, amis, nous ne manquerons plus de pain ; nous amenons le boulanger, la boulangère et le petit mitron. » Les archevêques d'Aix et de Bordeaux ayant été reconnus à la suite du roi, on entendit le cri sinistre qui devait être si souvent répété depuis : « Les évêques, les prêtres à la lanterne ! »

Et c'était au milieu de ces clameurs, au milieu de ces hontes que s'avançait lentement la voiture du roi. Elle passa sans s'arrêter au pied du pavillon de Flore, et prit la direction de l'hôtel de ville ; elle ne devait être de retour au palais que vers le milieu de la nuit.

Les Tuileries, abandonnées depuis soixante ans, s'étaient peu à peu remplies, je l'ai dit, d'une population étrangère à la cour, et à peine avait-on conservé intacts quelques grands appartements qui y représentaient la royauté absente. Ces appartements étaient d'ailleurs à peine meublés, et rien, dans cette surprise de l'émeute, n'avait été disposé pour y recevoir des hôtes. Les princes et la cour campèrent donc dans ces salles où allait s'accomplir l'agonie de la royauté.

Les jours suivants, on parvint à établir quelque ordre dans le palais; Louis XVI prit au premier, sur le jardin, les appartements qu'avait occupés Louis XV; Marie-Antoinette prit ceux de Marie-Thérèse, dans le double de la grande galerie. En même temps une instruction était commencée sur les crimes du 6 octobre, instruction hypocrite dont il n'est resté qu'un mot, mais un mot sublime. Lorsqu'on demanda à Marie-Antoinette ce qu'elle savait des faits de cette journée, « J'ai tout vu, répondit-elle, j'ai tout su, et j'ai tout oublié. »

Le séjour de la famille royale aux Tuileries dura vingt-deux mois. Ce fut une captivité de palais qui ne différa que par quelques hommages de faux aloi de la captivité du Temple. Au mois d'avril 1791, Louis XVI voulut aller demander à la calme résidence de Saint-Cloud un peu de repos et de liberté; mais le peuple se porta autour des Tuileries et lui barra le chemin. Deux mois après, dans la nuit du 20 au 21 juin, le malheureux prince sortait à pied de la demeure royale, donnant la main à son fils et suivi de loin par les autres membres de sa famille. A voir ce roi traversant la cour de son palais en étouffant le bruit de ses pas, on eût dit un conspirateur qui se cachait dans l'ombre. Louis XVI se crut un instant libre; il allait revoir son armée, ses généraux fidèles; il allait jouir de l'indépendance qui lui était nécessaire pour l'accomplissement même des devoirs que la constitution lui imposait; mais reconnu à Sainte-Menehould, arrêté à Varennes, il est ramené aux Tuileries comme un voleur, avec trois de ses gardes enchaînés sur le siége de sa voiture. Les cheveux de la reine blanchirent en chemin.

Le titre de roi cependant restait encore à Louis XVI, et comme roi on le somme de sanctionner des décrets contre ses frères et contre les prêtres qui ne veulent pas être apostats. Louis refuse; et alors l'émeute gronde de nouveau autour des Tuileries; elle y pénètre même le 20 juin; elle en gravit la rampe, et la fait gravir à un canon qu'elle braque contre la porte de l'appartement du roi, en menaçant de l'enfoncer à coups de mitraille.

Louis se présente alors. « Je ne crois pas, dit-il, avoir rien à craindre des Français. » Et le calme de son regard, l'affabilité de son visage, jettent un instant le trouble parmi les plus exaltés. Cependant quelques sujets dévoués, MM. Acloque, Aubier, de Marcilly, de Bougainville se serraient autour du prince, et le faisaient monter sur une estrade afin de le soustraire aux basses insultes de la populace. De cette espèce de trône, Louis XVI vit défiler pendant trois heures l'armée de la Révolution, c'est-à-dire toutes les cupidités, toutes les haines, tous les vices sous les traits d'hommes dégradés et de femmes perdues.

L'un de ces hommes portait le mot de *Mort* écrit en gros caractères sur ses vêtements; il se tint constamment en face du roi. Un autre lui présenta à boire. « La bouteille est empoisonnée, dirent tout bas quelques esprits craintifs. — Eh bien! je mourrai sans avoir trahi ma conscience, » répond tranquillement Louis, et il boit. On lui demande, on lui commande de nouveau de sanctionner les décrets : « Plutôt renoncer à la couronne, » dit-il. Le cri de, *à bas le veto !* se fait alors entendre, et un bonnet rouge est placé sur le front royal, comme autrefois le chaperon pers et rouge de la populace sur la tête du fils de Jean II. Le maire, Jérôme Péthion, un de ces hommes nés pour être complices, veut chercher à rassurer le roi. Il monte sur une chaise, il s'écrie : « Sire, vous n'avez rien à craindre. — L'homme de bien ne tremble jamais, » répond Louis XVI ; et prenant la main d'un grenadier : « Mets-la sur mon cœur, et dis à cet homme s'il bat plus vite qu'à l'ordinaire. »

La rage des plus forcenés finit par faiblir devant tant de simplicité et d'héroïsme, et l'émeute se dissipa sans avoir rien obtenu.

Mais au bout de quelques jours elle se remet à l'œuvre, et cette fois elle a pour avant-garde tout un bataillon de Marseillais qui vient de traverser la France au bruit du chant de guerre, disons mieux, du chant de mort auquel il doit laisser son nom :

> Marchons, marchons,
> Qu'un sang impur abreuve nos sillons.

Dès le matin du 10 août, le terrible refrain se fait entendre, et les cohortes indisciplinées des faubourgs se précipitent avec les Marseillais à l'assaut des Tuileries. Louis XVI les attendait, le front calme comme au 20 juin ; il avait passé une partie de la matinée enfermé avec l'abbé Hébert, supérieur des Eudistes, et avait puisé dans les secours de la religion cette sublime égalité d'âme qui ne sait ni braver ni se laisser abattre. Autour de lui se pressaient quatre cents gentilshommes accourus de toutes les parties de la France pour lui faire un rempart de leurs corps. Plusieurs bataillons de la garde nationale s'associaient sinon à l'enthousiasme chevaleresque de cette poignée de braves, du moins à l'énergique pensée de défendre jusqu'au bout l'inviolable représentant du droit et de la loi. Les Suisses, voués au culte du drapeau, étaient d'ailleurs prêts à mourir. Mais dans la cour et sur les terrasses du jardin des dispositions toutes différentes se manifestaient d'heure en heure. Les artilleurs éteignaient leurs mèches, et la garde nationale des faubourgs brandissait ses piques en proférant les cris les plus outrageants pour le roi et pour la reine. Louis XVI, ayant parcouru toute la grande allée du jardin jusqu'au pont Tournant, ne put rentrer au palais que sous le feu croisé de ces huées odieuses.

Une collision était imminente, non-seulement avec l'émeute, mais même parmi les forces sur lesquelles on avait compté pour la défense du roi. Le résultat de cette collision ne semblait toutefois douteux à personne. Mais si Louis XVI était brave pour lui, il l'était peu pour les autres. N'était-ce pas lui qui avait dit, lorsqu'on l'engageait à fuir dans la nuit du 5 octobre : « Ce serait le signal de la guerre, j'aime mieux périr. » Au 10 août sa pensée fut la même : il fallait se sacrifier ou faire couler le sang, Louis XVI se sacrifia.

Et le sang n'en coula pas moins ! Parmi les serviteurs fidèles qui encombraient les salons des Tuileries, chacun avait pu apercevoir le procureur de la commune, Rœderer, un de ces hommes de tiers-parti trop honnêtes pour vouloir le mal de sang-froid, trop faibles pour lui opposer énergiquement leurs bras et leur cœur; hommes toujours incertains dans leurs pensées comme dans leurs actes, marchant toujours, toujours dépassés, et ne cherchant que des faux-fuyants au milieu de toute crise, comme si l'on pouvait fuir une crise après s'y être engagé. Rœderer suppliait le roi de se réfugier au sein de l'assemblée nationale; c'était éviter un siége, mais c'était abdiquer; Louis XVI hésita, puis il se rendit.

Mais à peine a-t-il quitté son palais que la populace y pénètre en massacrant les sentinelles. Les Suisses la refoulent à coups de feu et déblaient en un instant la cour et le Carrousel. Malheureusement leur petit nombre était connu. On savait qu'un de leurs bataillons avait suivi le roi, que la plupart des gentilshommes en avaient fait autant. Le sang de plusieurs de ceux-ci, de MM. de Castéjà entre autres et de Clermont-d'Amboise, tués sur le seuil de la grille de la reine, avait laissé sa trace sur le sable du jardin. Cette vue du sang appelle le sang; on s'échauffe, on se rallie, on retourne à l'assaut; quatre-vingts Suisses, échelonnés sur les marches du grand escalier, jonchent le vestibule de cadavres; mais cette fois la rage étouffe la peur, les flots des assaillants se renouvellent, et de minute en minute les coups des Suisses deviennent plus rares; ils ne s'éteignirent toutefois qu'avec la dernière vie. Chaque soldat avait tenu à honneur de couvrir, mort comme vif, le poste qui lui avait été confié : *Suo corpore tegunt.*

Peindrons-nous maintenant les saturnales qui suivirent, ces corps dépouillés et insultés, cette demeure des rois profanée et saccagée, et ces feux de joie qui dans le jardin et dans la cour consumèrent jusqu'à la nuit les débris des cadavres entremêlés aux meubles du palais? Leur rougeur blafarde pénétrait jusque dans la salle de l'assemblée, où la famille royale subissait depuis le matin la longue torture de sa déchéance.

Les Tuileries n'étaient plus qu'une ruine. Au bout d'un an, la Convention s'y installa dans l'emplacement du théâtre. Ce théâtre, construit par Vigarani sous Louis XIV, pouvait contenir de six à huit mille spectateurs. Il fut à la fois réduit et modifié pour les besoins de la législature. C'est donc là qu'ont passé toutes les hontes révolutionnaires; c'est là que Drouet s'écriait : « Soyons brigands pour le bonheur du peuple ! » que Barrère faisait mettre la *terreur* à l'ordre du jour ; que le comité de salut public demandait à Fouquier-Tinville 150 têtes par vingt-quatre heures, ce qui causait un tel saisissement au monstre lui-même, qu'en quittant les Tuileries et suivant les quais de la Seine il répétait comme un insensé : « Il me semble que la rivière roule du sang. »

Évoquerons-nous d'autres souvenirs? Rappellerons-nous les apostasies hideuses de quelques prêtres jureurs, et les ornements des églises, les vases sacrés, les reliques des saints, les reliques de saint Denis entre autres, apportés à la barre au chant de la *Carmagnole?* Et ce ne fut pas tout encore. Qui osera redire cette soirée du 10 novembre où la *déesse Raison* fut amenée aux Tuileries, embrassée par le président de la Convention, et reçut les honneurs de la séance! Peuple et législateurs se prirent

25

alors par la main, et leur tourbe cynique dansa avec la prostituée une ronde effroyable.

Mais dans cette même salle aussi, nous ne pouvons l'oublier, retentirent parfois de généreux accents. N'entendez-vous pas Lanjuinais répondant aux insultes du prêtre apostat Chabot, dans la terrible séance du 2 juin : « On a vu dans l'antiquité orner les victimes de fleurs et de bandelettes, mais le prêtre qui les immolait ne les insultait pas. » La Convention siégeait enfin aux Tuileries au 31 mai, au 10 thermidor; elle y siégeait également lors des journées de prairial et de vendémiaire. On se rappelle qu'en prairial l'assemblée fut envahie, le représentant Ferraud tué, et sa tête présentée au bout d'une pique, comme une menace de mort, au président Boissy-d'Anglas, qui demeura impassible sur son siége. Après la dissolution de la Convention, le conseil des Anciens prit sa place dans l'antique palais de nos rois, puis un jour la royauté y reparut sous l'égide de la gloire.

C'était le 30 pluviôse an x (10 février 1800). Bonaparte n'était encore que premier consul, mais les grandeurs du Luxembourg ne suffisaient plus à ses ambitions et à ses espérances. Il donna en conséquence l'ordre d'effacer aux Tuileries les traces du 10 août, de passer le pinceau surtout sur les faisceaux, les piques et les bonnets rouges qui, depuis cette journée de triste souvenir, avaient été prodigués dans les appartements. « Faites-moi disparaître ces vilenies, » avait-il dit, et les vilenies avaient disparu. Nul n'osa toucher néanmoins à l'inscription qui se lisait sur la façade du palais : « Le

10 août 1792, la royauté a été abolie en France ; elle ne s'y relèvera jamais. »

Bonaparte arrivait cependant ; il arrivait avec une pompe toute royale, voiture attelée de six chevaux blancs, brillant état-major, nombreux soldats, acclamations enthousiastes. Du haut du balcon du Dôme il assista au défilé des troupes, et, le soir, il se reposa sur l'oreiller de Louis XVI, en rêvant sans doute à Charlemagne.

Joséphine, la superstitieuse créole, prenait en même temps possession, au rez-de-chaussée, de l'appartement de Louis le Grand, en attendant le diadème que lui avait prédit la nécromancienne de la Martinique.

Quelques jours après, l'inscription de la façade des Tuileries avait disparu.

Pendant les quatorze ans qui suivirent, le palais de Catherine de Médicis devint le rendez-vous de toutes les grandeurs et de toutes les gloires. Français et étrangers, rois de naissance et rois de fortune, princes, ambassadeurs, maréchaux, vainqueurs et vaincus se pressaient autour de celui que les uns appelaient le *nouveau Cyrus*, les autres le *nouveau César*, et la tourbe incrédule du XVIIIe siècle, *l'homme du destin*.

Parmi ce flot de visiteurs il y en eut de tels que Paris n'en avait vu depuis plus de six siècles. Lorsque le pape Innocent II vint en France, « nous allâmes au-devant de lui, raconte Suger, en formant une procession magnifique aux yeux de Dieu et des hommes, et nous l'embrassâmes en exaltant son arrivée par des chants d'allégresse. Les siens l'habillèrent alors suivant l'usage romain, le parèrent d'une foule d'ornements admirables, placèrent sur sa tête, comme insigne de sa puissance, la tiare en forme de casque et environnée d'un diadème d'or, et le conduisirent porté sur une haquenée blanche couverte d'une riche housse. Eux-mêmes, richement vêtus, et montés sur des chevaux de couleurs diverses, mais parés de blanc, s'avancèrent deux à deux, en chantant des hymnes. Les barons, vassaux de notre église, et de nobles châtelains, tous à pied et faisant les humbles fonctions d'écuyers, tenaient les rênes de la monture du pontife. Quelques hommes qui le précédaient jetaient une grande quantité d'argent pour écarter la foule qui obstruait le passage, et a route royale était parsemée de branches et tendue somptueusement de tapis précieux attachés aux arbres... »

L'entrée de Pie VII à Paris, au mois de brumaire an XIII, fut loin de rappeler cette religieuse solennité du moyen âge; mais le respect, mais la vénération publique n'en entourèrent pas moins le successeur de Pierre, et se traduisirent fréquemment par des scènes touchantes. La foule s'agenouillait sur son passage; elle implorait sa bénédiction. Un jeune homme du peuple, demeurant un jour couvert devant lui, allait ressentir les effets de l'indignation générale, lorsque le pontife se tournant de son côté : « Découvrez-vous, lui dit-il, afin que je vous bénisse : la bénédiction d'un vieillard n'a jamais porté malheur à personne. » Et le jeune homme tombait à ses pieds.

Pie VII fut logé aux Tuileries, dans les salons du pavillon de Flore, et il y trouva, par une attention délicate de son hôte, un appartement en tout semblable à celui du Quirinal qu'il venait de quitter. Ce fut au reste à cette surprise que se bornèrent à peu près les prévenances et les égards de Napoléon vis-à-vis du pontife qui était venu le sacrer.

Quelques années après, Napoléon épousait une petite fille de Marie-Thérèse ; l'enfant de son mariage était salué roi dès sa naissance, et les grandeurs et les fêtes devenaient plus éclatantes que jamais aux Tuileries. Les vieilles Tuileries ne semblaient même plus dignes ni de l'empereur ni de l'empire. Déjà on avait repris le projet d'en faire un seul palais avec le Louvre par l'édification d'une galerie parallèle à la galerie des tableaux, et ce projet était conduit aux deux tiers de son exécution en moins de six ans. Les bâtiments de servitude qui formaient jadis trois cours distinctes sous les fenêtres du château avaient en outre fait place à un champ de manœuvre où les soldats de Marengo et d'Austerlitz défilaient chaque jour, à la garde montante, sous les yeux de leur chef. Cette vaste esplanade était séparée du Carrousel par une grille majestueuse entremêlée de statues de victoires. Enfin, aux deux avenues de la demeure impériale, s'élevaient deux arcs de triomphe, l'un immense à l'extrémité des Champs-Élysées, l'autre gracieux et élégant, orné de statues, de bas-reliefs, de colonnes de marbre et surmonté des chevaux de Corinthe, à l'entrée même du palais. On ne devait plus pénétrer dans ce palais qu'en passant sous des arcs de triomphe.

Napoléon y passait encore le 25 janvier 1814, en partant pour ces victoires de la Champagne dont il ne devait pas revenir. Il y passait le 20 mars au soir, enlevé de son cheval, et porté de bras en bras, à la lueur des torches qui avaient éclairé, le matin, le départ de Louis XVIII. Il y passait enfin une dernière fois le 12 juin, huit jours avant Waterloo. Les murailles du 10 août semblaient porter malheur à leurs hôtes.

Rappellerons-nous maintenant l'ivresse qui accueillit la Restauration en 1814, et dans la France, et dans Paris, et sous les voûtes du vieux palais? A ces premiers moments d'union et d'oubli succèdent bientôt les haines des Cent-Jours ; haines vivaces, que quinze ans de prospérité sans égale dans l'histoire ne devaient pas éteindre. Poignard ou calomnie, tantôt elles tuent, tantôt elles déshonorent. Les fêtes cependant reparaissent aux Tuileries, fêtes entremêlées de larmes, mais qui étaient du moins les fêtes de la France. En 1820, on y célébrait la naissance de celui que les poëtes appelaient alors l'*enfant du miracle;* en 1823, le retour de l'armée d'Espagne; en 1825, le sacre de Charles X, du roi chevalier dont la première parole avait été : *Plus de hallebardes!*

La Révolution attendait et veillait. Un jour enfin elle se lève de nouveau comme au 10 août ; elle pénètre dans le palais et le saccage, s'attachant de préférence aux appartements d'une princesse connue pour la générosité de son cœur. Puis, quelques jours après, les insignes de la royauté reparaissent aux Tuileries, le trône est relevé, et la Révolution s'y assied en personne ; elle se coiffe d'un diadème ; elle parle de stabilité et d'avenir, sans prendre garde qu'elle n'est et qu'elle ne sera jamais que la Révolution.

Le 24 février 1848, Louis-Philippe, le roi des barricades, déjeunait paisiblement en famille, tandis que ces barricades auxquelles il devait le trône se reformaient et se resserraient autour de lui. Après de longues hésitations il avait dissous son ministère, et, cette concession faite aux passions du moment, il avait repris sa confiance ordinaire en son habileté et en sa fortune. Tout à coup un député se présente, l'inquiétude peinte sur le visage; la famille entière se lève et l'entoure. « L'émeute grandit, raconte-t-il, les noms des nouveaux ministres sont repoussés; l'ordonnance qui les appelle au pouvoir est déchirée par le peuple. » Et au même instant on entendait dire que les barricades s'élevaient jusque dans la rue de Rivoli et dans les rues qui aboutissent au Carrousel.

Louis-Philippe était descendu à son cabinet de travail, au rez-de-chaussée du pavillon de Jean Bullant : l'indécision était dans son regard, et l'abattement dans ceux de ses conseillers les plus fidèles. Une voix se fait alors entendre : «Sire, abdiquez. » Louis-Philippe se retourne comme frappé au cœur; mais d'autres voix se joignent à la première, et le roi abdique. Ce n'est pas assez; il faut que la régence, lui dit-on, soit confiée à la duchesse d'Orléans : Louis-Philippe résiste, il invoque la loi; mais on lui répond par la Révolution, et le malheureux vieillard fléchit une fois encore la tête devant sa mère.

Le sacrifice était fait; il ne s'agissait plus que de le consommer en quittant Paris, afin de n'y plus paraître ni un danger ni un obstacle. Une voiture est demandée; mais à peine les premiers chevaux ont-ils franchi le seuil des écuries royales, en face même des Tuileries, que le piqueur qui les guide tombe frappé à mort. Alors on se met en route à pied, à la hâte, par un souterrain qui établit une communication entre le pavillon de Flore et la terrasse du bord de l'eau. On suit précipitamment cette terrasse, et l'on arrive par le pont Tournant sur la place de la Concorde, au moment où une immense cohue de toutes les passions et de toutes les curiosités la sillonnait pêle-mêle pour se porter au palais Bourbon. Le cortége royal se trouve coupé, morcelé par cette foule tumultueuse et distraite : personne d'ailleurs ne pense au roi du matin; on ne prend garde ni à lui, ni à son chapeau agité en l'air, ni aux paroles qu'il articule pour faire connaître son abdication et s'assurer une libre sortie. Ceci se passait au lieu même où avait été dressé l'échafaud de Louis XVI.

Au même instant quelques serviteurs dévoués faisaient monter le prince dans une voiture attelée d'un cheval qui s'éloignait immédiatement au galop. La prophétie de Vergniaud continuait de s'accomplir : « La Révolution est comme Saturne ; elle dévorera jusqu'à ses propres enfants. »

Jetons maintenant un épais voile sur les saturnales qui s'accomplirent au palais, sur les meurtres et les pillages qui y furent commis; car on tua et l'on vola, quoi qu'on ait pu dire. Les choses saintes du moins furent respectées; on a même parlé d'un christ solennellement transporté des Tuileries à Saint-Roch au milieu des hommages empressés et recueillis des vainqueurs. Cet acte isolé fut loin d'avoir la solennité qu'on lui attribue. Il est incontestable d'ailleurs que la passion dominante, dans ces grandes tourmentes révolutionnaires, est toujours la passion de la destruction : on tue et on brise plus qu'on ne vole.

Le silence se fit ensuite aux Tuileries; leurs fenêtres, naguère encore animées et étincelantes, demeurèrent muettes et ternes, et le vieux palais n'apparut plus que comme un noir fantôme au fond du royal jardin où se pressait toujours la foule.

Le jardin des Tuileries, dessiné par Le Nôtre en 1665, est partagé dans sa longueur en deux parties fort distinctes, un parterre semé de statues, de bassins et de fleurs, et deux épais massifs de verdure formés par des marronniers séculaires. Dans sa largeur il est bordé à droite et à gauche par les terrasses des Feuillants et du bord de l'eau, qui n'ont été plantées que sous Bonaparte. Ces deux terrasses s'élargissent devant la place Louis XV; elles forment en cet endroit quelques riants bosquets, puis viennent aboutir, en pente douce et en demi-cercle, aux statues de fleuves majestueusement accoudées sur leurs socles qu'on remarque près du bassin du pont Tournant.

La terrasse des Feuillants donna jadis entrée à la première salle de la Convention, qui occupait le manége des Tuileries, sur l'emplacement des n°s 36 et 38 de la rue de Rivoli. Son sable a été plus d'une fois ensanglanté par les sbires révolutionnaires; la terrasse du bord de l'eau était réservée aux princes. J'ai déjà dit qu'elle communiquait par un souterrain avec le palais. Le jeune fils de Louis XVI y passait ses journées, vêtu souvent d'un petit habit de garde national. Il y élevait quelques animaux domestiques, et y cultivait des fleurs qu'il se plaisait à offrir lui-même aux promeneurs du jardin. Sa pieuse tante, Mme Élisabeth, y venait souvent aussi, pendant la longue captivité des Tuileries : « Je vais, le matin, trois à quatre heures dans le jardin, écrivait-elle à Mme de

Raigecourt, cela me fait beaucoup de bien. » Le roi de Rome y parut quelquefois plus tard, traîné par des chevaux nains dans une jolie calèche; une petite *villa* champêtre y avait été construite pour lui. Peut-être le duc de Bordeaux et le comte de Paris y sont-ils venus à leur tour. Les déceptions apparaissent partout en ces lieux à côté de l'espérance, le néant à côté de la grandeur.

La terrasse du bord de l'eau et les parties du jardin qui l'avoisinent sont ordinairement désertes; la grande avenue des Tuileries, cette voie triomphale qui réunit dans une même perspective le pavillon central du palais, l'obélisque de Louqsor et l'arc de l'Étoile, n'est pas moins solitaire. Seuls l'étroit sentier des Feuillants et le terre-plein des Orangers, en face du pavillon Marsan, ont le privilége d'attirer la foule.

> Les autres sont déserts; la raison en est bonne :
> Si personne n'y va, c'est qu'on n'y voit personne.

Mais là se donnent rendez-vous chaque jour le désœuvrement et le luxe; là règne la mode, cette première et dernière royauté des Parisiens, celle qu'ils ont mise à la tête de tout, même de la politique.

Par une bizarrerie classique qui tient à l'esprit des derniers siècles, les statues des Tuileries, au lieu de représenter les grands hommes de notre histoire, ne rappellent que des souvenirs républicains ou mythologiques, et n'offrent, beaucoup d'entre elles du moins, que des nudités blessantes et pour nos traditions et pour nos mœurs. Les plus remarquables sont les copies en bronze de l'Apollon du Belvédère, de la Vénus accroupie, du Mercure

Lantin, du Laocoon, du Rémouleur ; nous citerons également les groupes en marbre de Borée et Orythie, de Lucrèce et Collatin, d'Énée et Anchise, de Saturne et Cybèle, le Faune jouant de la flûte, le Pygmalion sur son rocher, les chasseresses de Coustou et les chevaux ailés de Coysevox. Enfin, à quelques pas du pavillon du Dôme et en face de lui, a été placée, il y a peu d'années, une statue de Spartacus par Foyatier. Si cette statue n'avait été mise là par ordre de la royauté, on eût pu croire à une menace : tout ce qui n'est pas maître en effet, dans nos jours de confusion morale, ne se croit-il pas esclave? Les Tuileries étaient vides, que Spartacus les menaçait encore.

L'HOTEL - DE - VILLE

Nous n'avons point oublié cette antique corporation des *nautes* ou navigateurs parisiens qui, dès le règne de Tibère, consacrait un autel à Jupiter dans l'île de la Seine. Cette corporation représentait évidemment les intérêts généraux de la cité, intérêts qui, par la position même de Lutèce, devaient se résumer surtout en questions de navigation et de transit. S'assurer le monopole de la Seine pendant un certain parcours, assujettir à certains droits toute *navée* abordant aux rives parisiennes, tel dut être, dès le premier jour comme il le fut incontestablement par la suite, le but de cette association de marins et de marchands. Or, il y avait là, on le conçoit, une pensée confuse encore, mais instinctive, d'organisation municipale.

Au IV° siècle, cette pensée reçut un développement subit par l'établissement de municipes romains dans la plupart des villes des Gaules. Nul doute en effet qu'à l'époque de Julien Paris n'eût sa curie, ses décurions et ses duumvirs avec leurs attributions civiles et judiciaires, et son défenseur du peuple, *defensor plebis*, avec sa justice populaire et son droit d'instruction criminelle. Dulaure suppose même, non sans vraisemblance, que la tour ou forteresse de la Cité fut originairement consacrée aux réunions de la curie : cette tour aurait été le Capitole parisien.

L'invasion franque étouffa malheureusement bientôt les libertés romaines, et elle dut les étouffer surtout à Paris, où le voisinage des rois francs rendait nécessairement leur pouvoir plus sensible. Et cependant si grande est la force des droits acquis, si imprescriptible est la puissance des traditions, que nous retrouvons sans cesse, à travers le moyen âge, l'antique corporation des *nautes*, tantôt sous le nom de *confrérie de la marchandise de l'eau*, tantôt sous le nom de *hanse*, concentrant peu à peu en elle les divers pouvoirs de la curie. Cette corporation, qui aura dans la suite son prévôt des marchands, a dès le IX° siècle ses *scabins* ou échevins, et, même dès le VIII°, sa milice commandée par un *spatharius*, nom fastueux emprunté aux grandes dignités de l'empire de Bysance.

La révolution sociale qui signala le XII° siècle eut d'ailleurs peu d'écho à Paris. La raison en est simple : c'était de l'Église, plus encore que de la royauté, que partait le mouvement. Aussi les chartes communales furent-elles d'abord obtenues par les villes particulièrement soumises à l'influence de l'Église : les premières communes furent celles de Noyon, de Beauvais et de Laon, les trois pairies ecclésiastiques. « L'Église avait jeté là, dit M. Michelet, la base d'une forte démocratie. »

Mais si l'autorité royale conserva toujours officiellement sa pleine indépendance à Paris, nous n'en voyons pas moins la république bourgeoise des *marchands de l'eau* y croître plus rapidement dès lors en attributions et en priviléges. Diverses ordonnances de Louis le Gros, de Louis le Jeune et surtout de Philippe-Auguste lui donnèrent une importance administrative qu'elle n'avait pas. A partir de cette époque, ou tout au moins dans la seconde moitié du xiiie siècle, la confrérie de la marchandise a son prévôt des marchands, ses gardes de la prévôté, ses archers, ses jurés-crieurs, etc.; elle a son *parlouër aux bourgeois* avec sa juridiction communale, et ses prud'-hommes (*probi homines*). Dès le xiie siècle, elle avait son blason qui n'était que l'expression héraldique de son titre même de *marchandise de l'eau*. C'était une nef d'argent à six cordages avec la légende suivante en orle : *Sigillum mercatorum aquæ parisiensis* (Sceau des marchands de l'eau de Paris). Dans la suite l'antique nef devint un navire ponté et voilé ; le chef de l'écu fut semé de fleurs de lis ; mais le souvenir des *nautes* parisiens, on le voit, demeura toujours vivant dans les armoiries municipales.

Le plus ancien parloir aux bourgeois qui ait laissé quelque trace sur le sol de Paris, était situé sur le coteau de Sainte-Geneviève, près des murs de la ville. Le réfectoire et le dortoir des Jacobins en occupaient, au xviie siècle, les derniers débris. De la rue des Grès, les bourgeois paraissent avoir transporté leur auditoire dans la *Vallée de misère*, nom que l'on donnait à tout le quartier occupé maintenant par les quais Pelletier et de la Mégisserie. Il est certain du moins que la ville a longtemps possédé une maison située entre Saint-Leufroy et le grand Châtelet, maison désignée dans divers baux par le nom de *Parloir aux bourgeois*. Elle était affermée, au xve siècle, à des particuliers, au prix de seize livres parisis, *plus demi-douzaine de chapeaux de roses vermeilles et six bouquets de même.*

Dès lors en effet la hanse parisienne avait quitté la Vallée de misère pour aller s'établir sur la place de Grève, qui était une propriété communale et le centre des opérations commerciales de la cité. La place de Grève avait été acquise par les bourgeois du quartier, sous le règne de Louis VII, pour la somme de soixante-dix livres. L'acte est de 1141; la confrérie des marchands n'y posséda d'abord aucun établissement; mais en 1367 le célèbre prévôt Étienne Marcel y acheta du dauphin la *Maison aux piliers*, qui était la plus ancienne et la plus remarquable de la Grève. Depuis plus de cent ans cette maison avait toujours été occupée par des princes; elle reposait sur de gros piliers qui formaient un promenoir dont l'ordonnance fut reproduite dans la plupart des édifices de la place.

« Pour ce qui est du bâtiment, raconte Sauval, c'étoit un petit logis qui consistoit en deux pignons et qui tenoit à plusieurs maisons bourgeoises. (L'une de ces maisons, celle de Dimanche de Châtillon, fut achetée, dès l'année 1359, par le prévôt des marchands Culdoé, et servit à l'agrandissement du *parloir*.) Je ne m'amuserai point, poursuit Sauval, à faire un long récit de tous ses appartements. Il suffira de savoir qu'il y avoit deux cours, un poulailler, des cuisines hautes et basses, grandes, petites, des étuves ou bains, une chambre de parade, une autre appelée le *plaidoyer*, une chapelle lambrissée, une salle couverte d'ardoises, longue de cinq toises et large de trois, avec plusieurs autres commodités. En 1430, il y avoit encore un grand grenier pour l'artillerie. Mahiet ou Matthieu Biterne peignit la chambre qui tenoit au bureau et l'embellit, à la façon du temps, de fleurs de lis et de rosiers entremêlés et rehaussés des armes de France et de la ville. »

A ces détails nous pouvons en ajouter quelques autres que fournissent les comptes de recettes et dépenses de la prévôté. Ainsi la grande chambre du parloir était, suivant l'usage assez général alors, jonchée de nattes l'hiver et d'herbe verte l'été. Au-dessus du bureau apparaissaient un *Dieu de pitié* (un crucifix) et un saint Grégoire. Dans une autre partie de la salle se faisait remarquer une horloge à sonnerie dont « les contrepoix devoient estre relevés chacun jour. » Enfin, divers coffres servant à la fois de caisse et de bibliothèque, quelques tablettes de bois recouvertes de corne noire avec agrafes d'argent pour serrer les mémoires et registres; une chaîne de fer et un grésiller auxquels pendaient les pintes, chopines et demi-setiers qui se trouvaient confisqués; des bancs, des siéges, un comptoir avec son huis pour le receveur de la commune : voilà à quoi se bornait à peu près le mobilier municipal.

Quelque modeste qu'il fût, la bourgeoisie, dont le parloir était le palais, n'en était pas moins fière, ni son autorité moins puissante. C'est même à partir du moment où la prévôté s'établit à la Grève qu'on la voit, dans ce centre du commerce parisien, vers lequel rayonnaient les mille bras de ses quarteniers et de ses dizainiers, tendre à transformer son auditoire municipal en tribune politique. Le premier prévôt des marchands que nous y rencontrions est Étienne Marcel, coiffé de son chaperon pers et rouge avec fermoir d'argent émaillé aux mêmes couleurs. Marcel songe bien moins à administrer la cité qu'à régenter le dauphin et à réformer l'État. Le Parloir aux bourgeois, pendant son administration, est agité par une tempête perpétuelle. Ce qu'on y veut, ce qu'on y demande, c'est que les gens ne soient plus *ni formenés ni triboulés,* que les soudoyers soient payés, que les salaires des agents de l'autorité soient déterminés de façon à ce qu'on n'en voie plus « aller à quatre ou cinq chevaux, tandis que s'ils alloient à leurs dépens, leur suffiroit bien d'aller à deux ou trois. » Ce qu'on y veut encore, c'est que prompte et exacte justice soit rendue par les tribunaux, tandis qu'aujourd'hui « on vient tard, on dîne à l'aise, on fait muser les plaideurs. »

Certes nuls vœux n'eussent été plus légitimes, s'il ne fût arrivé alors ce qui arrive trop souvent, que derrière d'honnêtes formules se cache une opposition de vanité et de pouvoir qui ne tend qu'à bouleverser l'État.

Marcel était parvenu à faire de son titre de prévôt une

royauté de place publique, et ses succès de tribun formaient sur ses yeux comme un voile qui l'empêcha de s'arrêter à temps. Après avoir été le salut de Paris, il faillit en être la ruine. Les génies de cette trempe sont ainsi faits : enivrés d'eux-mêmes, à chaque résistance qu'ils rencontrent ils s'irritent, et à chaque appui qui leur manque ils suppléent d'abord par l'audace, plus tard par le crime.

Ne nous semble-t-il pas voir encore Marcel sur la place de Grève, après le massacre des maréchaux de Clermont et de Conflans? Son front est couvert du chaperon doré qu'il vient de prendre au dauphin. « Ceux qui ont été tués, crie-t-il à la foule, étoient des traîtres! — Oui, oui, répondent un grand nombre de voix ; nous vous avouons de tout, nous sommes à vous à la vie et à la mort! »

A l'avénement de Charles VI, nouveaux troubles à l'Hôtel-de-Ville. Les impôts étaient lourds, et les oncles de Charles les aggravent encore par de nouvelles taxes et par leurs rapines. La capitale n'en reçut pas moins son roi avec transport. La misère publique se cacha un instant pour lui souhaiter la bienvenue; mais après les acclamations, les bruyants spectacles, les cris de *Noël! Noël!* poussés sur le passage du royal enfant dont la franche et ouverte physionomie semblait annoncer un heureux avenir, la misère se retrouve vis-à-vis d'elle-même, les impôts sont toujours là, et, malgré ses promesses, le duc d'Anjou n'a rien accordé. Une sourde fermentation agite alors la ville. Le prévôt des marchands croit l'apaiser en réunissant les bourgeois et les

26

conjurant d'attendre au moins l'issue des fêtes ; mais un cordonnier se lève : « La patience du peuple est à bout, s'écrie-t-il ; prenons donc les armes, mieux vaut mourir que souffrir ! »

Et l'on part, et l'on se rend au palais. A la vue de cette multitude, le duc d'Anjou monte sur la table de marbre, et ses paroles sont encore des paroles d'espérance. « Retirez-vous paisiblement, dit-il, demain vous obtiendrez peut-être ce que vous désirez. »

Le peuple se retire ému, incertain. Tout à coup quelques riches perdus de dettes jettent à ces flottantes passions le nom des juifs, et la foule court aux juifs ; elle les pille, elle les tue ; puis elle enfonce les portes des receveurs publics, elle brise leurs caisses, répand l'argent et déchire les rôles. Une fois lancé dans la voie du crime, le peuple va toujours loin. Il se flattait du moins d'avoir conquis l'abolition des taxes ; mais quatorze mois s'étaient à peine écoulés qu'un homme armorié de France parcourait les rues de Paris au galop en criant que les impôts seraient perçus le lendemain. Le lendemain, 1er mars 1382, le peuple court aux armes ; ceux qui n'ont point d'armes prennent à l'Hôtel-de-Ville des maillets de plomb qui avaient été fabriqués à l'intention des Anglais : « périlleux bâtons pour enfoncer heaumes et bassinets, » dit Froissart ; et chaque rue de la capitale devient le théâtre d'une violente orgie.

Avons-nous besoin de rappeler les tristes conséquences de cette rébellion ? La garde bourgeoise fut désarmée, et les antiques priviléges de la cité furent abolis. Paris avait deux prévôts, celui qu'on appelait *prévôt de Paris*, qui était l'homme du roi, et le *prévôt des marchands*, qui était l'homme du peuple. Eh bien ! par ordre royal toutes les attributions du prévôt des marchands furent dévolues au prévôt de Paris ; il n'y eut plus ni prévôt, ni échevins, ni communauté de ville, ni confréries de métiers, ni quarteniers, ni dizainiers pour la garde et la police, et le Parloir aux bourgeois, ce palais du peuple, devint la *maison de la Prévôté de Paris*.

Cet état de choses, modifié toutefois bientôt par la nomination d'un prévôt des marchands d'élection royale et révocable à volonté, dura près de trente ans. Au bout de ce terme, les antiques priviléges de la commune furent rétablis, et la bourgeoisie parisienne rentra en pleine possession de ses armes et de son parloir. Il est remarquable néanmoins que Charles Culdoé, qui exerçait alors les fonctions de prévôt des marchands, protesta contre le rétablissement des quarteniers, centeniers et dizainiers, etc., déclarant que ses concitoyens « entendoient s'en passer, comme ils l'avoient fait depuis trente ans ; qu'ils se félicitoient d'avoir vécu en paix pendant tant d'années sous l'autorité du roi. »

Cette protestation resta sans effet. Nous la rappelons, parce qu'elle indique dès lors la diversité des tendances de l'administration communale siégeant au parloir, et des chefs de quartier répandus dans la ville. L'administration municipale, jugeant de plus haut, représentait plus fidèlement les intérêts de la cité ; les chefs de quartier, plus rapprochés du peuple, en exprimaient plus vivement les passions. Cette différence se retrouve dans toutes les crises qui agitèrent Paris, soit à l'époque de Charles VI, soit pendant la Ligue, soit pendant la Fronde.

A l'époque de Charles VI, le triomphe des Cabochiens fut dû surtout à l'influence des chefs de quartier. Les discussions qui eurent lieu alors à l'Hôtel-de-Ville offrent une triste analogie avec les scènes qui s'y passèrent il y a soixante ans. Reportons-nous à l'année 1413. Les princes qui guerroient autour de Paris soumettent au conseil des propositions de paix. Ces propositions sont communiquées à l'Hôtel-de-Ville ; mais tout à coup, au milieu de la délibération, on voit entrer les écorcheurs Denis de Chaumont et Caboche. Ils sont en armes, et s'écrient qu'il faut rejeter cette *paix fourrée*. La séance est levée en tumulte ; mais au bout de quelques jours on s'assemble de nouveau. « Il y a des gens qui ont trop de sang, dit alors Henri de Troyes, et qui ont besoin qu'on leur en tire avec l'épée. » Les bouchers Legoix applaudissent et éclatent en menaces. « Eh bien ! leur répond Guillaume Ciriasse, un charpentier, voyons s'il se trouve à Paris autant de frappeurs de cognée que d'assommeurs de bœufs. » L'assemblée se sépara avec peine. Le lendemain la faction de Caboche fut exilée de Paris.

Quelques détails sur le mode qui était suivi pour l'élection du prévôt des marchands sont ici nécessaires. Cette élection était loin d'être démocratique. Ainsi, pour y participer il fallait non-seulement être bourgeois de Paris, mais être encore *des plus suffisants*. Quelques jours avant la Notre-Dame d'août, chaque quartenier réunissait les cinquanteniers et dizainiers sous ses ordres avec six bourgeois notables du quartier, et à eux tous ils désignaient quatre d'entre eux au bulletin secret, parmi lesquels le bureau de la ville choisissait deux électeurs [1]. Étaient en outre électeurs de droit le prévôt des marchands et les échevins en exercice, les membres de la communauté de ville et les quarteniers. Le nombre total des électeurs s'élevait sous Charles VI à soixante-dix-sept personnes.

C'était le lendemain de la Notre-Dame que l'élection avait lieu. Les bulletins étaient déposés dans un chapeau mi-parti rouge et tanné qui étaient les couleurs du prévôt. Ils étaient ensuite comptés et portés sans être ouverts au roi ou à son lieutenant, auquel appartenait seul le droit de proclamer le résultat du scrutin. Louis XI se permit à cet égard plus d'une fois des proclamations assez peu véridiques. A ce droit de proclamation fut substitué dans la suite un simple droit d'approbation. Dans les derniers temps même le prévôt des marchands se bornait à notifier l'élection de son successeur au secrétaire d'État, et à prendre jour avec lui pour la prestation de serment entre les mains du roi.

Les prévôts des marchands, échevins, etc., étaient tous élus pour deux ans, mais ils pouvaient l'être trois fois de suite. Les quarteniers, cinquanteniers, dizainiers, etc., furent d'abord électifs; mais telle était leur influence dans chaque quartier, que bien souvent la charge s'identifia en quelque sorte avec eux et avec leur famille Louis XIII finit même par transformer ces divers emplois en offices transmissibles moyennant finance.

Les quarteniers étaient chargés de la police de leurs

---

[1] Il y eut avec le temps quelques modifications dans cette manière de procéder; mais ces modifications étaient peu importantes.

quartiers et de la défense des remparts et des portes dont ils gardaient les clefs. Sous le porche de leur maison se trouvaient vingt-quatre seaux et des crocs en fer pour servir en cas d'incendie. Les cinquanteniers commandaient à cinquante bourgeois sous les ordres des quarteniers. Ils veillaient à ce qu'il ne se fît aucune assemblée « pouvant tendre à sédition, » et avaient soin des chaînes des rues ainsi que « de leurs rouets et autres fermetures. » Ils devaient avoir en outre une liste exacte de toutes les personnes qui habitaient les maisons confiées à leur garde.

Il n'était pas enfin de cérémonie publique à laquelle les officiers municipaux de tous grades n'assistassent avec les insignes éclatants de leurs dignités : le prévôt avec la soutane de satin rouge à boutons et ceinturon d'or, et la robe ouverte de velours mi-partie rouge et tannée, fourrée de martre zibeline ; les échevins en robes de velours mi-parties à longues manches ; les conseillers de ville en robes et manteaux de satin ; les quarteniers en manteaux de velours ciselé ; les archers avec la casaque bleue à galons d'argent et le navire d'orfévrerie sur la poitrine. Venaient ensuite les élus des métiers, les drapiers en velours tanné, les épiciers en velours noir, les merciers en velours pers, les pelletiers en velours violet fourré de loup-cervier, les orfévres en velours cramoisi ; et ce n'était pas tout encore : les hommes de peine avaient également leurs places et leurs vêtements d'honneur dans le cortége populaire. On remarquait, entre autres, les crieurs en robes mi-parties blanches et rouges, les vendeurs de vin avec la robe mi-partie et le bâton blanc, les courtiers, les jaugeurs, les déchargeurs, les porteurs de sel ou hanouers, les briseurs de sel, les mesureurs de grain, les mofleurs de bois, etc., tous vêtus de longues robes aux mille couleurs. On eût dit qu'il y avait lutte pour la splendeur et pour la richesse entre la cour du Louvre et la cour de l'Hôtel-de-Ville.

L'Hôtel-de-Ville avait ses banquets, ses spectacles, ses feux de la Saint-Jean auxquels le Louvre lui-même était invité. Ainsi, sous le règne de Louis XI, les chroniques nous parlent d'*un moult beau service de chair et de poisson* qui eut lieu à l'Hôtel-de-Ville à l'occasion du mariage d'une fille naturelle du roi avec le bâtard de Bourbon, « gentil et loyal chevalier, lequel ne donna jamais à avarice une seule demi-heure pour dormir en son cœur. » Sous le règne de Henri II, en 1558, nous voyons le roi annoncer lui-même au prévôt des marchands l'intention d'aller souper à la maison commune : aussitôt le bureau de ville envoie querir des rôtisseurs, maîtres d'hôtel, peintres, etc., et fait marché avec eux par-devant notaires. On mande également un *pleyeux de linge*, fonctions qui n'étaient pas sans mérite à une époque où l'on tenait à imprimer des plis ondoyants et capricieux au linge des festins. Plusieurs fils des marchands sont en outre réunis, et une livrée de soie leur est donnée afin qu'au jour solennel ils servent à la table du roi. Ajoutons enfin que le plafond de la grande salle fut accoutré de lierre, et « qu'il y avoit, suivant les registres, force chapiteaulx de triumphe dedans lesquels estoient les écussons du roi, de la royne, etc. »

Malheureusement la salle se trouva si pleine et la confusion fut si grande, que « cela ôta le plaisir. » L'artillerie de la ville avait d'ailleurs sonné de telle façon que les haquenées royales avaient failli renverser le roi; puis les chantres étaient enroués, les comédiens, et parmi eux Jodelle, ne purent à cause du bruit achever leur jeu ; et tels étaient enfin la presse et le désordre, « que plusieurs s'en allèrent malcontents, parce qu'ils avoient souppé sans boire. »

Parmi ces détails d'assez médiocre intérêt, nous remarquons seulement que « les damoiselles de Paris s'estoient assises les premières au hault bout, si bien que furent contraints plusieurs grands seigneurs se asseoir au-dessoubs d'elles. » Le fait parut assez grave pour être mentionné au registre.

Quant au menu du souper, on y comptait sans doute, comme au festin qui avait été offert à Catherine de Médicis, neuf ans auparavant, dans la grande salle de l'évêché de Paris, force paons, cygnes, grues, faisans, trubles, chevreaux de regain, poulets d'Inde, chapons, tourterelles, cailles, perdrix, outardeaux, etc., sans parler des pâtisseries, des fruits, du beurre de Vannes, des fromages de Milan, des quartes d'hypocras et de malvoisie, des *cagées* d'herbes odorantes semées par les salles, des chandelles de parfum et d'ambre, et des chopines d'eau de rose et de mélilot répandues sur le linge ouvré du service.

Ces fêtes, qui se reproduisent de temps en temps dans l'histoire de nos rois, n'étaient toutefois que des solennités extraordinaires ; mais le feu de la Saint-Jean revenait chaque été avec sa pompe traditionnelle. La coutume était de *semondre* le roi ou autre prince de son sang, à l'effet de mettre le feu à la pyramide qui était alors dressée en la place de Grève. A l'arrivée des hauts personnages invités, le prévôt et les échevins, parés d'écharpes de fleurs nouées en sautoir sur l'épaule, offraient à leurs hôtes, fussent-ils évêques ou cardinaux, des écharpes semblables. Le feu était mis ensuite au son de l'artillerie et des instruments, puis les officiers municipaux donnaient la collation ou le bal.

Une dernière particularité du feu de la Saint-Jean, c'est que, par un bizarre et cruel amusement, on jetait dans les flammes grand nombre de chats; on y jeta même une fois un renard, « pour donner plaisir à Sa Majesté. »

Reprenons cependant l'histoire chronologique de l'Hôtel-de-Ville. A l'époque de Henri II, l'ancienne Maison-aux-Piliers avait disparu pour faire place à un monument conçu dans des proportions dignes à tous égards de la municipalité parisienne. Ce monument avait été entrepris sous le règne de François Ier. « Nous voulons qu'il soit somptueux et des plus beaux que l'on sache, » avait dit ce prince, et l'architecte, Domenico Boccadoro da Cortona, s'était noblement inspiré de la pensée royale. La première pierre du nouveau bâtiment fut posée le 15 juillet 1533, par Pierre Viole, seigneur d'Athis, prévôt des marchands, au bruit des canons et des cloches, et avec grand accompagnement de tables dressées et de tonneaux défoncés pour donner pain et vin à tous venants. Dès l'année suivante, 1534, Me Thomas Choqueur, tailleur d'images, s'occupe des sculptures; mais, à partir de 1541, l'ouvrage demeure suspendu ; il le fut pendant plus de cinquante ans.

L'Hôtel-de-Ville ne se composait donc, vers le milieu du xvi° siècle, que du pavillon de droite, dit le pavillon Saint-Jean, et du premier étage des autres parties de la façade. Sa construction ne fut reprise qu'en 1605, à l'époque de la prévôté de François Miron ; un vieux dessin sur parchemin avait été trouvé, et il fut suivi. Ce ne pouvait être évidemment que le plan du Cortone.

Ce plan remarquable offre une preuve de l'influence que le génie français exerçait même sur les artistes italiens. Ainsi Fra Giocondo avait édifié le palais de la chambre des comptes dans un style que les critiques du dernier siècle accusaient d'être semi-gothique : ainsi Boccadoro construisait de hautes toitures à l'Hôtel-de-Ville, et prenait soin, à l'exemple de nos vieux maîtres, d'en dissimuler la monotonie par des lucarnes ouvragées et d'élégants campaniles.

L'Hôtel-de-Ville, tel qu'il fut conçu par l'artiste italien, comprenait le corps de logis central avec les deux pavillons de Saint-Jean et du Saint-Esprit[1]. La cour, entourée de ses deux étages d'arcades avec colonnes engagées, offrait, malgré l'absence de parallélisme de deux de ses côtés, une élégante décoration qui, cette fois, rappelait complétement l'Italie. Les sculptures des plafonds du portique, ainsi que celles de l'escalier, étaient remarquables par leur variété et leur délicatesse. La même harmonie de dessin se retrouvait dans les entable-

[1] Le pavillon de gauche, ainsi nommé parce qu'il se trouvait placé devant le petit hôpital du Saint-Esprit.

ments, les profils, les chambranles, et en général dans tous les détails d'ornementation du monument. Officiers municipaux et artistes avaient rivalisé de zèle, les uns par la dépense, les autres par le talent. Jamais plus de précautions ne furent en même temps prises pour assurer longue vie à une œuvre. Il était stipulé, par exemple, que les colonnes de la façade ne seraient que de deux pièces, qu'elles seraient en pierres de Torcy, plus dures que les pierres déjà employées, et qu'enfin l'entrepreneur les garantirait « de ne se gaster et dépérir de la lune, soleil, gelées et autres incommodités, fors et excepté du tonnerre et autres furies qui pourraient arriver du ciel. »

A l'intérieur nous retrouvons les mêmes soins, la même richesse. La salle du Trône, éclairée par huit fenêtres en bois *enrichi,* était en outre ornée de deux cheminées monumentales dues au ciseau de Biard et de Boudin; les jambages en étaient formés par des dieux termes, parés de colliers de roses. La salle du Zodiaque se distinguait, de son côté, par une menuiserie sculptée représentant les douze mois de l'année, sous la forme de douze femmes. Ces sculptures, dans lesquelles on retrouve une pensée déjà exprimée par Jean Goujon à l'hôtel de Carnavalet, passaient pour être de cet incomparable artiste.

Disons enfin que la statue équestre de Henri IV, par Biard, se détachait en bosse sur un fond de marbre noir au-dessus de la porte d'entrée, et que bientôt après la statue pédestre de Louis XIV par Coysevox fut placée en face de la même porte, sous l'arcade centrale du portique.

La plupart de ces œuvres d'art existent encore ; mais il n'en est plus ainsi des médaillons consacrés à la mémoire d'un grand nombre de prévôts des marchands dans la cour d'honneur, ni des peintures sans nombre par lesquelles chaque administration municipale s'était efforcée de vouer à l'immortalité les traits de ses membres, depuis le prévôt jusqu'au greffier. Deux tableaux de Porbus brillaient comme deux diamants dans cette collection.

On le voit, le palais était digne de l'institution, et plus d'un prince en Europe eût pu envier la demeure de ce chef de marchands, dont les honoraires se bornaient d'ailleurs à deux robes de velours, au droit de franc salé chez l'épicier de la ville, à quelques bourses de jetons d'argent, à l'usage du grand lit de parade en damas noir, puis enfin à d'amples fournitures de plumes de Hollande, de lunettes de cristal, de canifs à manche du Brésil et d'écritoires de cuir doré à layettes et secrets.

Parmi les noms de ces prévôts, il en est qui sont restés plus particulièrement célèbres. Avons-nous besoin de rappeler celui de Jean Gentien, qui combattait auprès du roi à la bataille de Mons-en-Puelle ; celui de Michel Lallier, qui chassa les Anglais de Paris ; et ceux de Viole, de Budé, de Thou, de Miron, de Sanguin, de Lepelletier, de Fourcy, de Turgot, de Viarmes, de Taitbout, de La Michodière, de Flesselles, etc.?

Ne pourrions-nous citer encore la Chapelle-Marteau, dont plus d'une fois on aurait pu croire que l'ombre errait encore avec celles des Seize à l'Hôtel-de-Ville? Ne pourrions-nous citer le vieux Broussel, proclamé prévôt après une soirée d'incendie et de massacre?

C'était le lendemain de la bataille du faubourg Saint-Antoine ; une assemblée de bourgeois avait été convoquée à l'Hôtel-de-Ville, et depuis le matin on remarquait aux abords de l'hôtel des groupes menaçants qui contraignaient les passants à s'affubler de poignées de paille en signe d'union contre Mazarin. Lorsque le prince de Condé et le duc d'Orléans se présentèrent, ils portaient eux-mêmes de la paille à leurs mains et à leurs chapeaux. Leur première motion fut de signer l'acte d'union contre le ministre ; mais une lettre du roi venait d'arriver, et cette lettre enjoignait au prévôt des marchands de remettre l'assemblée à huitaine, et un grand nombre de bourgeois paraissaient disposés à obtempérer à l'ordre royal.

Ce n'était pas ce que voulaient les princes ; aussi quittèrent-ils immédiatement la salle. Or, presque au même moment, le feu éclate sur plusieurs points de l'Hôtel-de-Ville, et une multitude exaspérée s'y rue comme sur un repaire de Mazarins. Vainement le curé de Saint-Jean-en-Grève fait apporter l'hostie sainte ; rien n'arrête ces furieux ; ils tirent des coups de fusil aux fenêtres, ils enfoncent les portes. « L'effroi fut si grand et la consternation telle, raconte un contemporain, que la plupart de la compagnie se jeta par terre et crut certainement être arrivée au dernier moment de la vie. »

On ne voyait, en effet, que gens qui se confessaient, prêtres qui absolvaient ; puis chacun se dispersa pour tâcher d'échapper à la mort. Les uns, tels que d'Aligre et Mandat, se réfugièrent dans les galetas de l'hôtel ; les autres, tels que le prévôt et le conseiller Lallemand, se barricadèrent longtemps de salle en salle. Il y en eut qui descendirent par les plus hautes fenêtres sur l'hôpital du Saint-Esprit ; il y en eut qui se travestirent et s'efforcèrent d'échapper à travers les flammes et les mousquets ; mais la mort les attendait au dehors comme au dedans. Parmi ceux qui périrent, l'histoire cite le conseiller Ferrand, le maître des requêtes Legros, l'auditeur aux comptes Boulanger, et Miron, maître aux comptes, qui, blessé à mort sur la place de Grève, refusa de faire connaître ceux qui l'avaient frappé. Le greffier Lemaire se laissa, de son côté, percer de dix-sept coups de poignard plutôt que de faire connaître l'endroit où se trouvait l'argent des rentes de la ville : il n'en mourut pas. Le président de Guénégaud ne sauva sa vie qu'au prix de vingt pistoles ; le prince de Guéméné au prix de quarante. « Enfin, ajoute la relation que nous avons déjà citée, peu de personnes échappèrent sans être foulées, pillées, rançonnées, mises en chemise, battues, maltraitées, ou massacrées. »

L'Hôtel-de-Ville avait joué un grand rôle pendant les troubles de la minorité de Louis XIV, tant par son action municipale que par le séjour qu'y fit Mme de Longueville, en 1649, dans la vieille chambre du greffier, sur la rue, du côté de Saint-Jean. Le massacre que nous venons de raconter, et que suivit l'élection de Broussel, fut le dernier soupir de la Fronde.

Mais au bout d'un siècle et demi, d'autres massacres devaient souiller l'Hôtel-de-Ville. C'est une triste et pénible histoire que celle du vieux parloir depuis soixante ans. Centre de tous les crimes pendant la première période révolutionnaire, il continue d'être parmi nous le rendez-vous permanent de toutes les révolutions. Nous n'avons plus ici à raconter, les souvenirs sont trop présents; nous n'avons qu'à mentionner.

La première victime qui se présente à nous est Flesselles, le dernier prévôt des marchands. Il descendait de l'Hôtel-de-Ville, appelé par le peuple, le jour de la prise de la Bastille, lorsque, arrivé au bas de l'escalier, il est étendu sans vie d'un coup de pistolet. « Traître, tu n'iras pas plus loin, » lui avait dit l'assassin. Sa tête est promenée au bout d'une pique et son corps traîné dans la fange.

Huit jours après, Berthier, intendant de Paris, est amené prisonnier à l'Hôtel-de-Ville. Les électeurs qui s'y trouvaient cherchent à calmer la multitude en donnant l'ordre de le conduire en prison; mais à peine a-t-il descendu l'escalier comme Flesselles, qu'il est enlevé et pendu à un réverbère, à l'entrée de la rue de la Vannerie. On lui fit embrasser, avant de mourir, la tête sanglante de Foulon, son beau-père.

Foulon, arrêté à quelques lieues de Paris, y avait été conduit pieds nus avec un collier de chardons autour du cou, et venait de précéder son gendre à un des réverbères de la Grève. Sa tête et celle de Berthier furent ensuite promenées de rue en rue.

Louis XVI était venu le 17 juillet à l'Hôtel-de-Ville, y avait reçu du maire la cocarde tricolore, s'était montré avec ce nouvel insigne au balcon, et avait entendu alors les derniers cris de *vive le roi!* qui dussent frapper, avec quelque ensemble, son oreille. Il revint le 6 octobre à la nuit, mais captif, mais entouré d'une pompe insultante, et il dut y subir, pour comble d'humiliation, les harangues adulatrices des puissances du jour et les apparences dérisoires d'un triomphe.

La mairie était alors occupée par Bailly, un de ces hommes de science et d'étude qui ne connaissent ni les passions ni les hommes. Bailly ne tarda pas à faire place à Péthion, c'est-à-dire à la lâcheté se cachant sous le voile de la bonhomie. Avec Péthion apparaît le sanglant fantôme de la commune. L'Hôtel-de-Ville est livré à Marat, à Danton, à Robespierre, à tous *ces enfants de Caïn*, pour employer l'expression même de Danton, qui avaient résolu d'opérer en grand une *saignée nationale*. C'est à l'Hôtel-de-Ville que les massacres de septembre furent résolus; c'est de l'Hôtel-de-Ville que partirent les ordres et les sicaires. Déjà au 10 août Mandat y avait été assassiné. Robespierre y fut pris à son tour : c'était le 9 thermidor. Décrété d'accusation par la Convention, Robespierre était parvenu à se réfugier à l'Hôtel-de-Ville. Son frère était avec lui, ainsi que Couthon, Henriot, Lebas et Saint-Just. Là, entourés des satellites de la commune, les proscrits rêvaient déjà un retour offensif; mais les troupes les abandonnent, l'Hôtel-de-Ville est cerné, ses salles sont envahies. A cet instant suprême, Couthon et Saint-Just cherchent vainement à se cacher, Lebas se brûle la cervelle, Henriot est précipité du haut d'une fenêtre par un de ses complices; Robespierre jeune se jette lui-même du troisième étage, et son frère, acculé dans un angle de l'appartement voisin de la grande salle, se tire un coup de pistolet qui lui fracasse la mâchoire. Le lendemain, l'homme de la terreur montait à l'échafaud.

Sous l'Empire et la Restauration, l'histoire de l'Hôtel-de-Ville se borne à quelques fêtes splendides, comme le furent toujours les fêtes municipales de la grande cité. La plupart des joies officielles et des victoires de nos armes y trouvèrent un bruyant écho : puis, en juillet 1830, le vieux parloir reprend son rôle émeutier et révolutionnaire. Enlevé par le peuple dès le 28, repris par la garde royale, et presque aussitôt abandonné, il devient le centre de l'action et le siége d'un gouvernement provisoire, dont le général Lafayette était l'âme. Le 29 juillet, l'ordonnance de Charles X qui constituait un nouveau ministère y fut apportée. « Il est trop tard ! » répondit Lafayette.

Le vétéran de 89 condamnait ainsi d'un geste toute une dynastie, et il ne s'apercevait pas que pour lui-même il était déjà trop tard. Déjà, en effet, s'était constitué, en dehors du mouvement républicain de l'Hôtel-de-Ville, le mouvement orléaniste du Palais-Bourbon. Une lutte entre ces deux tendances si diverses était imminente. Le duc d'Orléans la prévint par une démarche hardie ; il se rend, le 30, à l'Hôtel-de-Ville, et traverse, pour y arriver, les groupes les plus menaçants. Lafayette l'attendait : Louis-Philippe l'embrasse ; puis, après quelques mots de vague politique qui prirent bientôt, dans le langage de l'opposition, le nom de *Programme de l'Hôtel-de-Ville*, il l'entraîne au balcon de la grande salle, et là, il le serre de nouveau dans ses bras en agitant un drapeau tricolore. Une immense acclamation s'élève alors de la place, et assure le triomphe de celui que Lafayette lui-même appelait alors *la meilleure des républiques*.

Du règne de Louis-Philippe date, au point de vue monumental, une ère toute nouvelle pour l'Hôtel-de-Ville. Le vieux palais était devenu complétement insuffisant pour sa destination, et l'entourage de hautes maisons et de rues tortueuses qui l'étreignait, le privait de tous dégagements en cas d'émeute. On résolut donc et de l'agrandir et de l'isoler. Dans ce but, les rues sombres et populeuses du Martroy, de la Mortellerie, de la Levrette, des Audriettes, du Mouton, des Vieilles-Garnisons, du Pet-au-Diable disparurent en quelques jours pour faire place à un vaste rectangle s'étendant de la rue de la Tixeranderie à la Seine, et de la Grève à une nouvelle et large voie tracée en face du remarquable portail de Saint-Gervais.

Les deux principaux côtés de ce rectangle, sur la Grève et vers Saint-Gervais, n'ont pas moins de 120 mètres, et les deux autres en ont 80. L'ancienne façade, dessinée par le Cortone, s'est trouvée ainsi augmentée d'un corps en retrait et d'un pavillon d'angle à la suite de chacun des anciens pavillons de Saint-Jean et du Saint-Esprit. Le style de l'artiste italien a d'ailleurs fidèlement été suivi dans cette partie des additions faites à son œuvre [1]. Les niches, si nombreuses dans son ordonnance, ont en outre été remplies par les statues de quelques-uns des hommes les plus célèbres de l'histoire parisienne [2].

---

[1] Nous n'excepterons que les toitures, bizarrement coupées; on a trouvé sans doute les anciennes trop françaises.

[2] Ces statues sont celles de saint Landri, de Gozlin, de Maurice de Sully,

Quant aux trois nouvelles façades, le style adopté a été celui de la Renaissance italienne. Depuis trois cent cinquante ans, l'habitude est prise par nos artistes d'aller chercher, même pour les monuments les plus essentiellement nationaux et populaires, leurs modèles à l'étranger. Ainsi ne fait pas la fière Albion; ainsi ne ferions-nous pas sans doute nous-mêmes, si nous nous sentions un peu de respect pour les traditions de la patrie.

Le plan et les élévations des nouveaux bâtiments réunissent d'ailleurs richesse et harmonie; ces arcades à colonnes engagées ou isolées, suivant l'importance de la façade; ces balustres à jour, ces hauts pavillons d'angle, ces larges perspectives ménagées autour du monument, offrent incontestablement le plus grandiose aspect.

Les dispositions intérieures ne sont pas moins magnifiques. Nous n'avons, toutefois, l'intention de décrire ici ni les sept ou huit rampes monumentales qui conduisent aux appartements, ni les salons de 40 mètres, les galeries de 48 mètres, les stucs, les marbres, l'allégorie semant à pleines mains sur les frises, les plafonds et les pendentifs, ses énigmatiques couleurs. Ces détails sont du domaine du cicerone; nous n'empièterons pas.

A peine ces immenses travaux étaient-ils achevés, qu'une nouvelle révolution éclate, et que l'Hôtel-de-Ville devient, pendant trois mois, le siége d'un gouvernement

du célèbre prévôt Boylève, de Hugues Aubriot, de Michel Lallier, de Juvénal des Ursins, de Jean de la Vacquerie, de Pierre Viole, de Guillaume Budé, de Robert Estienne, de J. Aubry, de Pierre Lescot, de Jean Goujon, de François Miron, de Lesueur, de Matthieu Molé, de saint Vincent de Paul, de Lebrun, de Mansart, de Voyer d'Argenson, de Rollin, de Turgot, de l'abbé de l'Épée, de Bailly, de Perronnet, de Frochot.

de hasard et le quartier général de bandes sans nom. Ces scènes sont encore présentes à tous les esprits : à quoi bon les redire ? à quoi bon rappeler cette fièvre chaude de tout un peuple, et ce flottement des passions qui s'exaltent ou s'apaisent au souffle de la parole, comme la grande mer au souffle du vent ? De toute cette effervescence, de tout ce bruit, de toute cette convulsion d'une société en délire, il ne restera plus bientôt, espérons-le du moins, que quelques mots de Lamartine : Lamartine ! un poëte ! un de ces hommes d'imagination et de plume comme Bailly, qui se plaisent à appeler la tempête, et ne savent plus, au milieu de ces orages des hommes, que parler et mourir !

Lamartine, du moins, s'exposa noblement et éloquemment à la mort. Qu'on se figure les escaliers et les salles de l'Hôtel-de-Ville encombrés d'hommes armés. Des coups de feu partent quelquefois du sein de cette foule ; des cris stridents et frénétiques s'en élèvent, demandant la république rouge, le drapeau rouge ; quelques voix demandent même la tête de Lamartine. « Vous l'aurez tout à l'heure, répond celui-ci ; mais avant tout, écoutez. » Et s'adressant à tout le peuple, à toute la place : « Vous « voulez le drapeau rouge à la place du drapeau trico- « lore ! s'écrie-t-il. Le drapeau rouge ! je ne l'adopterai « jamais, et je vais vous dire pourquoi : c'est que le « drapeau tricolore a fait le tour du monde avec vos « libertés et vos gloires, et que le drapeau rouge n'a « fait que le tour du Champ-de-Mars, traîné dans le sang « du peuple ! » — Et le peuple applaudit, et le drapeau rouge rentre dans le néant.

Puisse-t-il n'en plus sortir ! puisse le calme qui règne en ce moment au vieux parloir y être durable ! puisse le peuple de Paris n'oublier jamais que les beaux jours de son Hôtel-de-Ville ne furent pas ceux de Marcel et de Broussel, mais bien ceux de Viole, de Miron et de Turgot ! Qu'il considère la nef de ses armoiries, cet héraldique symbole de ses anciennes libertés et prospérités : l'histoire lui dira que la vieille nef n'a jamais abordé à la Grève par des jours d'orage.

LE LUXEMBOURG

Le Luxembourg est parmi nous, comme les Tuileries, un souvenir des Médicis, et, comme les Tuileries, il a été édifié par un artiste français. Il est remarquable, en effet, que, tandis que nos rois allaient demander à l'Italie ses Giocondo, ses Serlio, ses Boccadoro, ses Primatice, les deux princesses italiennes qui occupèrent, vers le même temps, le trône de France, s'adressèrent de préférence au génie français. Catherine de Médicis avait mis à l'œuvre Philibert Delorme et Jean Bullant ; Marie de Médicis mit à l'œuvre Jacques de Brosses.

Ce fut deux ans après l'assassinat de la rue de la Ferronnerie que Marie, devenue régente du royaume et se souvenant des grandeurs de Florence, demanda à de Brosses un palais à bossages qui lui rappelât le palais Pitti. Dans ce but, elle commença par acheter l'ancien hôtel de Harlay, appartenant alors au duc de Pinei-Luxembourg ; elle en agrandit l'enclos par l'acquisition de divers jardins, d'un moulin et d'une ferme de l'Hôtel-Dieu, et livra à de Brosses cet immense espace où, à l'exemple de Catherine, elle espérait trouver plus d'air et plus de liberté qu'au Louvre.

Ce qu'elle voulait, d'ailleurs, je l'ai déjà dit, c'était un palais conçu dans les idées architectoniques de Florence, un palais imposant par son expression de solidité et de grandeur ; ce qu'elle voulait, c'étaient des terrasses, des parterres, des nappes d'eau, des fontaines mythologiques, comme elle avait été accoutumée à en voir, enfant, à Poggio-a-Cajano, et dans le jardin des Ruccellai. Enfin, le dessin de Jacques de Brosses devait être approuvé en Italie avant d'être exécuté en France.

Jacques de Brosses prend aussitôt la règle et le compas, et jamais imagination d'artiste ne répondit à la fois avec plus d'exactitude et plus d'indépendance à un programme. Le plan qu'il traça causa une générale admiration dans la patrie elle-même d'Ammanati et de Michel-Ange. C'était, en effet, avec le caractère imposant et les bossages de l'architecture de Florence, quelque chose de plus élégant et de plus dégagé que les forteresses florentines. Le portail, avec ses terrasses à balustres et son dôme entouré de statues et de colonnes, était une création neuve, dont on ne pouvait trouver le modèle dans aucun des splendides palais de la *Via larga* ou de la place du *Palais-Vieux*. La cour d'honneur faisait oublier, par ses vastes proportions, la cour du palais Strozzi. Nulle part enfin on n'eût pu trouver un plan plus riche de détails et dont les membres s'agençassent avec une plus parfaite harmonie.

La première pierre du Luxembourg fut posée en 1615, et cinq ans après, l'édifice était déjà complet. Il s'élevait sur une surface de 5168 mètres, et formait un parallélogramme exact et symétrique dont les faces principales avaient 90 mètres de longueur, et les faces latérales 118.

Mais ce n'était là encore qu'une partie de l'œuvre de de Brosses. Dans le même moment, il dessinait et plantait les jardins ; il amenait de Rungis à Paris une source abondante, en lui faisant franchir la vallée d'Arcueil sur une suite d'arceaux gigantesques, près des ruines de l'aqueduc romain, et construisait, pour la recevoir, cette grotte élégante avec sa statue de Naïade et ses colonnes en rocaille que nous remarquons aujourd'hui encore à l'extrémité de l'allée des Platanes.

L'intérieur du palais répondit dignement à ce vaste ensemble de splendides travaux. Le grand escalier, construit en coquille, occupait le centre du principal corps de bâtiment ; il était surmonté d'un dôme *à la ceinture dorée* comme le dôme du portail, et se faisait remarquer par sa majesté et par son élégance. Il a été détruit au commencement de ce siècle, pour faire place à la salle des séances du sénat. Un autre escalier à rampes droites, et du caractère le plus imposant, fut alors pratiqué sur une partie de l'espace qu'occupait originairement la galerie de Rubens.

Cette galerie, autre souvenir italien, était, par ses peintures, transportées aujourd'hui au Louvre, une des plus riches merveilles du palais. Marie de Médicis avait demandé à Rubens vingt-quatre tableaux qui reproduisissent les événements heureux et malheureux de sa vie : d'abord jeune fille au val d'Arno, puis reine de France, épouse de Henri le Grand, mère de Louis le Juste. Le premier acte de ce poëme, que le génie de Rubens avait su rendre héroïque, la représentait naissante, sous l'influence des Grâces ; et le dernier était destiné à consacrer ses plus vives joies de mère lorsque, revenant d'exil, elle put se faire entendre du cœur de son fils.

A la suite de la galerie de Rubens, se trouvait l'appartement de la reine. Ce que nous appelons aujourd'hui la salle des gardes formait son oratoire ; il était orné de peintures du Poussin, de Philippe de Champagne, et de divers élèves de Rubens. Quelques-unes de ces peintures ont été réunies, il y a trente ans, dans une petite pièce voisine de la chapelle, et connue sous le nom de salle du Livre-d'Or. L'oratoire de Marie de Médicis communiquait immédiatement avec sa chambre, qui servait naguère de salle d'attente aux huissiers. Cette chambre « est grande, belle et carrée, lisons-nous dans une description contemporaine, enrichie d'une cheminée admirable par son ouvrage et dorure, garnie de deux gros chenets d'argent. En cette chambre se voit la place du lit enfermée de balustres dont les piliers sont d'argent.

« De cette chambre, on entre au cabinet (salle actuelle des messagers d'Etat), le plus riche qui se puisse voir. Le plancher est fait de marqueterie de bois, la cheminée d'un ouvrage très-rare et tout doré, le lambris fait de pièces de menuiserie de rapport doré, les vitres de fin cristal, et, au lieu de plomb pour les lier, la liaison est toute d'argent. »

Faut-il ajouter que ce royal appartement fut à peine habité par celle qui avait éprouvé de si vives jouissances à le faire construire! Marie de Médicis n'y séjourna qu'entre ses deux exils. Au retour du premier, elle était accompagnée de Richelieu, qui était alors son conseil et son ministre. Pour l'avoir même toujours près d'elle, elle lui donna quelques arpents de terre à l'ouest de son palais, et sur ces arpents s'éleva aussitôt pour le cardinal l'hôtel princier du Petit-Luxembourg. Mais cette affectueuse confiance de la reine ne tarda pas à faire place à une aversion profonde, et le Luxembourg fut plus d'une fois témoin des scènes violentes dans lesquelles s'exhalait l'amer ressentiment de Marie.

Elle si hautaine, si entière, comment eût-elle pu pardonner à l'homme qu'elle était allée chercher au fond d'un évêché de province pour en faire un cardinal et un ministre, la fière indépendance de son administration? Une lutte ardente s'engagea donc entre la reine et le ministre, et par suite entre Louis XIII et sa mère. Marie essayait surtout vis-à-vis de son fils les ressorts secrets que sait faire jouer la rancune d'une femme. Un jour (c'était le 12 novembre 1630), Richelieu, qui avait essuyé la veille un des plus violents accès de colère auxquels se fût jamais laissé emporter la reine, se présente, le front calme, au Luxembourg. Marie était enfermée avec Louis XIII dans son cabinet, et, sous prétexte d'indisposition, elle avait interdit sa porte; Richelieu ne tient compte de la défense et va frapper au cabinet. La porte reste close ; le cardinal pénètre alors dans l'oratoire par les appartements de service qui donnent sur la cour du palais. Une femme de chambre, du nom de Gincolle, veut lui barrer le passage ; mais il lui glisse dans la main un rouleau de doublons, et la femme de chambre le laisse passer. Nous avons dit qu'une porte de communication existait entre l'oratoire et la chambre de la reine ; Marie avait négligé de la fermer; Richelieu l'ouvre subitement, et se trouve en face de Marie de Médicis et de Louis XIII.

« Tout est perdu! » s'écrie Louis en regardant sa mère. « Je m'assure que vous parliez de moi, dit à son tour Richelieu avec le plus grand calme. — Non, répond la reine. — Avouez-le, Madame, » reprend le cardinal avec une fermeté qui ne connaît plus le respect. Marie alors s'emporte en reproches et en injures. Richelieu s'humilie, il offre de quitter les affaires ; il veut, dit-il, aller dans la plus profonde retraite pleurer le malheur d'avoir déplu à sa bienfaitrice. Le roi, de son côté, s'efforce d'apaiser la princesse. Marie insiste pour qu'on chasse l'ingrat. « Serez-vous assez dénaturé, dit-elle à son fils, pour préférer un valet à votre mère? » Ne pouvant la calmer, Louis XIII sort et part pour Versailles. Richelieu le suit, le visage blême ; les courtisans se pressent alors autour de Marie ; chacun la flatte, la félicite. Le cardinal est perdu ; nul n'en doute. On sait cependant ce qui arriva. La scène du Luxembourg n'était que le premier acte de ce qu'on a appelé *la journée des dupes.*

Exilée de nouveau, Marie quitta le Luxembourg, au

commencement de l'année 1631, et elle ne le revit plus. Tout le monde sait les tristes vicissitudes de son existence pendant les onze années de vie qui lui restaient encore. Lorsqu'elle mourut à Cologne, en 1642, elle n'avait plus ni argent ni serviteurs, et l'on ne pouvait plus reconnaître en elle une reine qu'en voyant le nonce apostolique prier à deux genoux au pied de son lit.

Marie avait légué le Luxembourg à son second fils, Gaston d'Orléans, à ce prince dont le cardinal de Retz a dit que la passion dominante était la peur. Ce fut donc là que Gaston hésita et trembla toute sa vie, mais c'était également là que sa fille, la grande Mademoiselle, réunissait les frondeurs et activait la révolte. C'était du Luxembourg qu'elle sortait, le 2 juillet 1652, avec ses *maréchales de camp* mesdames de Fiesque et de Frontenac, et allait faire tirer le canon de la Bastille sur les troupes du roi. C'était du Luxembourg qu'elle sortait le lendemain pour se rendre à l'Hôtel-de-Ville : un bourgeois essoufflé venait en effet d'apporter la nouvelle du massacre dont nous avons parlé ; « Le feu est à l'Hôtel-de-Ville ; l'on y tire, l'on s'y tue, avait-il dit ; c'est la plus grande pitié du monde. »

A ces mots qu'on lui apporte, Gaston d'Orléans, qui changeait de linge, oublie qu'il n'est pas vêtu, et s'élançant en chemise dans le salon qui était plein de dames : « Mon cousin, dit-il au grand Condé, allez à l'Hôtel-de-Ville, vous donnerez ordre à tout. — Monsieur, je ne m'entends pas en sédition et j'y suis fort poltron, répond Condé ; envoyez-y M. de Beaufort, il est connu et aimé du peuple. »

Mademoiselle offre alors ses services; elle part, elle rencontre des cadavres dans les rues; on lui dit même que des coups de feu ont été tirés sur le saint sacrement : effrayée, elle rentre au Luxembourg; puis elle en ressort sur les instances des princes, et se laisse distraire en chemin par les accidents les plus grotesques : « Je trouvai Mme Lariche, dit-elle, une vendeuse de rubans, en chemise; il avoit fait grand chaud ce jour-là, et la nuit étoit la plus belle qui se puisse voir. Elle étoit avec le bedeau de Saint-Jacques-la-Boucherie; il étoit en caleçon. Cette mascarade me parut assez plaisante. Ils se mirent à me faire mille contes en leur patois de francs badauds, qui me firent rire, nonobstant l'embarras où l'on étoit. »

Cependant un inconnu se présente à la portière du carrosse de la princesse, demandant le prince de Condé; on supposa qu'il voulait le tuer. Ce ne fut que vers minuit que l'ordre rentra à l'Hôtel-de-Ville. Mademoiselle contribua à sauver la vie du prévôt des marchands.

Cette sédition, nous l'avons dit, eut pour effet l'élection du vieux Broussel. Broussel prêta serment au Luxembourg, entre les mains du duc d'Orléans : « J'étois dans la galerie lorsque cela se passa, raconte Mademoiselle; j'avoue que cela me parut être une comédie. »

Quelques années auparavant, en 1646, le pieux abbé Olier était venu chercher un refuge au Luxembourg contre les passions ameutées par ses réformes. Une ambassade de trois cents femmes de mauvaise vie brillamment vêtues s'y présenta à son tour, demandant justice contre un curé qui était, disaient-elles, un sujet de gêne et de troubles pour la paroisse. On devine aisément quel accueil elles reçurent.

Sous Louis XV, le Luxembourg fut le triste témoin des orgies de la duchesse de Berry, fille du régent. Pour mieux cacher sans doute les hontes de sa vie, la princesse interdit l'entrée du jardin au public. Rentré plus tard dans le domaine royal, le Luxembourg fut donné par Louis XVI à Monsieur, comte de Provence, depuis Louis XVIII. Monsieur s'établit même au Petit-Luxembourg le 6 octobre 1789, et y resta jusqu'au moment de son émigration.

En 1793, le Luxembourg fut transformé en prison. Parmi les victimes qui y attendirent la mort nous citerons le maréchal de Mouchy, ce vieillard de soixante-dix-neuf ans, qui n'avait pas quitté Louis XVI le 20 juin; sa femme voulut souffrir et mourir avec lui. Le vicomte de Beauharnais et Joséphine, Danton, Camille Desmoulins, Fabre d'Églantine, Héraut de Séchelles, David, furent également incarcérés au Luxembourg. Robespierre y resta quelques heures; de tous ces captifs deux seuls en sortirent avec un arrêt de vie; ce furent Joséphine et David.

A l'avénement du Directoire, le grand et le petit Luxembourg servirent de logement aux directeurs. Ce fut dans le palais de Marie de Médicis que Barras tint sa cour de femmes gracieuses et légères où se pressait la *jeunesse dorée* de tous les partis. Bonaparte, au retour de sa première campagne d'Italie, reçut au Luxembourg une sorte d'ovation théâtrale. Un autel, décoré du sobriquet d'autel de la Patrie, avait été dressé au fond de la cour. Autour de cet autel siégeaient, vêtus du costume romain, en leur qualité sans doute de grands prêtres de la patrie française, les cinq directeurs Barras, Sieyès, Roger-Ducos, Gohier et Moulins. Il y eut des coups de canons, des fanfares, un hymne de Chénier, un discours de Talleyrand, une réponse de Bonaparte qui d'ailleurs fit mieux que parler, qui remit aux membres du gouvernement le traité de Campo-Formio et de nombreux drapeaux pris sur l'ennemi.

Devenu consul, Bonaparte s'établit au Petit-Luxembourg, l'ancien hôtel de Richelieu, et le sénat prit possession du grand. Quelques modifications que nous avons indiquées furent alors pratiquées à l'intérieur du palais. C'est de la salle du sénat que partirent les premiers vœux officiels qui portèrent Bonaparte à l'empire, et c'est de cette même salle que partit en 1814 l'arrêt de sa déchéance.

Sous la Restauration et sous le gouvernement de Juillet le Luxembourg fut affecté à la chambre des pairs.

A cette dernière période de son histoire se rattache le souvenir du maréchal Ney, triste et pénible souvenir. Ney, le brave des braves, homme d'entraînement et d'enthousiasme, s'était trouvé un jour entre un serment solennel et une affection de quinze ans. L'affection l'avait emporté, et toutes les calamités des cent-jours s'étaient appesanties sur la France. Traduit devant la cour des pairs, il occupa, pendant son jugement, l'ancien cabinet du bibliothécaire situé à l'extrémité ouest de la grande galerie des Archives. Ce fut de cette chambre, dont la porte conserve encore le guichet en fer qui y fut alors pratiqué, que l'intrépide maréchal marcha à la mort avec le calme du chrétien et la force du soldat. Au moment de monter dans la voiture qui l'attendait, le curé de Saint-Sulpice ne voulait y prendre place qu'après lui. « Montez le premier, monsieur le curé, lui dit Ney, j'arriverai là-haut avant vous. »

Depuis 1830, le nombre et l'importance des procès politiques augmentant de jour en jour, le palais de Marie de Médicis a dû subir des agrandissements proportionnels. C'est ainsi qu'on l'a allongé, sur chacune de ses faces latérales, d'un corps en retrait et d'un pavillon en tout semblables aux parties analogues déjà existantes. La nouvelle façade sur le jardin n'a été également que la reproduction fidèle du plan de de Brosses.

Magnifique à l'extérieur, le Luxembourg ne l'est d'ailleurs pas moins au dedans : vastes galeries, pompeux amphithéâtres, riches peintures, stucs, marbres, boiseries, tous les talents, toutes les richesses y ont été prodigués.

Le jardin qui s'étend devant sa façade méridionale est peut-être de tous les jardins publics de Paris le plus varié, le plus pittoresque, et certainement celui qui par ses vues lointaines se ressent le moins de l'emprisonnement de la ville. Plus large autrefois, il était loin d'avoir la profondeur qu'il a aujourd'hui. La grande allée de l'Observatoire, ouverte au commencement de ce siècle à travers l'enclos des Chartreux, a surtout, en reliant deux des principaux monuments de la capitale, créé pour chacun d'eux une magnifique perspective. Autrefois le parterre était divisé, suivant le goût du temps, en grand nombre « d'allées et de carreaux représentant diverses figures et inventions des jardiniers. » Il était séparé des terrasses par des murs de soutenement couronnés de balustres et de vasques à sources jaillissantes; sur les terrasses, à droite et à gauche du palais, s'étendaient de longues avenues d'arbres parmi lesquels on remarquait des ifs et des buis bizarrement taillés.

Aujourd'hui, le Luxembourg a perdu ses ifs, ses buis et ses murs, pour reprendre le port naturel et majestueux des grands bois. Ses terrasses se terminent en talus parsemés de verdure et de fleurs, et le parterre, en carreaux du XVIe siècle, a fait place à de larges pelouses.

Au nombre des promeneurs dont le souvenir est resté attaché à ce jardin, la tradition cite plusieurs des philosophes du dernier siècle. Jean-Jacques, entre autres, se plaisait à rêver avec Virgile sous ses épais ombrages. La coterie des encyclopédistes le fréquentait également; Diderot surtout, qu'on y rencontrait sans cesse « en été, avec sa redingote de peluche grise éreintée par un des côtés, sa manchette déchirée, ses bas de laine noire recousus de fil blanc, faisant enfin une assez triste figure dans l'allée des Soupirs. » Aujourd'hui, l'allée des Soupirs n'est plus connue que sous le nom d'allée des Philosophes.

A côté de cet homme d'orgueil et de bruit il est une femme de piété et de charité dont le souvenir est inséparable de ces avenues solitaires. Madeleine Robineau, baronne de Neuvillette, était une de ces âmes d'élite comme en produisit en si grand nombre le siècle de Vincent de Paul. Devenue veuve, elle se fit la servante des prisonniers, des galériens et des infirmes. « Je ne puis rien faire où elle n'ait part, » écrivait l'abbé Olier. Puis après ses longues courses dans les galetas, parmi toutes les misères, on la voyait s'arrêter avec jouissance sous les frais ombrages du Luxembourg, près duquel elle demeurait..... « La miséricorde divine m'a détachée des créatures, se disait-elle avec reproche, et, après tout cela, je sens que j'aime encore un jardin ! »

Dans la partie de ce jardin qui touche à la rue d'Enfer, ont été déterrées, depuis cinquante ans, de nombreuses antiquités romaines, parmi lesquelles dominent les ustensiles de ménage et les ornements militaires, tels que ceinturons, agrafes, boucles, fourreaux d'épée, etc. Ces découvertes, d'autant plus remarquables qu'on ne trouve dans le voisinage aucun vestige de maison ou de tombeau, laissent peu de doute sur l'existence en cet endroit d'un camp romain, celui évidemment où Julien harangua ses troupes après avoir été proclamé empereur :

« A peine sorti de l'enfance, leur disait-il, revêtu de
« la pourpre qui ne m'était donnée que comme une vaine
« parure, la Providence me mit entre vos mains... Tou-
« jours à votre tête... vous me vîtes braver mille fois la
« mort, et je vous vis terrasser des ennemis désespérés
« avec un héroïque courage. Aussi ne craignez plus que
« votre mémoire périsse. » Et les légions acclamaient en frappant leurs boucliers de leurs lances.

Sur le lieu de ces scènes guerrières, vous ne rencontrez plus aujourd'hui que de graves promeneurs fuyant pour la plupart le bruit du monde, quelques groupes d'écoliers à l'habit *éreinté* comme Diderot, et de joyeux enfants épars parmi les statues et les fleurs.

Nous avons émis le regret, en parlant des Tuileries, que la fable et l'histoire ancienne y fussent seules représentées. Ce même reproche eût pu également s'appliquer au Luxembourg, il y a quinze ans. Les Apollon, les Mercure, les Vénus, les Gladiateurs y offraient en effet partout à l'œil leurs nudités inconvenantes et grotesques; mais aujourd'hui, un nouveau et patriotique système d'ornementation s'attache noblement à reproduire, dans ce jardin créé par une reine de France, les traits de la plupart des femmes célèbres de notre histoire : Sainte Geneviève, sainte Clotilde, Blanche de Castille, Marguerite de Provence, Jeanne d'Arc, Jeanne Hachette, Anne de Bretagne, Marie de Médicis, etc. Quelques-unes de ces statues sont déjà posées.

Nous avons parlé de la galerie de Rubens. Depuis qu'elle est vide des tableaux de ce grand maître, elle s'est promptement remplie des ouvrages les plus remarquables de nos peintres vivants. La collection qui en a été faite occupe les galeries supérieures des deux ailes du palais [1]. Chaque dimanche, la foule s'y presse devant l'*Élisabeth* et le *Joas* de Delaroche, le *Boëce* et la *Jeanne d'Arc* de Schnetz, la *Charlotte Corday* d'Ary Scheffer, le *Pierre le Grand* de Steuben, le *saint Pierre* d'Ingres, le *Marius* de Cogniet, les *Femmes d'Alger* de Delacroix, les batailles d'Horace Vernet, les intérieurs de Granet, les animaux de Brascassat, etc., etc.

[1] La galerie de Rubens n'occupait que l'aile droite, c'est-à-dire celle qui se trouve coupée aujourd'hui par le grand escalier.

De toutes les parties du palais, ces galeries étaient hier les seules dont le mouvement ne se fût pas retiré avec les crises politiques. Le reste était morne et désert. Après Louvel, Fieschi, Alibaud, Lecomte, etc., toute cette suite de régicides qui sont venus entendre au Luxembourg leur arrêt de mort, est arrivée, en effet, la Révolution balayant la royauté et la pairie d'un même coup. Sur le siége du chancelier de France elle plaça un matin Louis Blanc, et l'on vit alors la population ouvrière envahir, pendant trois mois, le Luxembourg, pour s'y repaître à loisir de paroles d'excitation et de haine; puis le silence se fit. Plus profond toutefois fut ce silence, plus grande était l'impression que produisait, dans ces salles si brillantes encore et si vides, le souvenir de cette tribune de la pairie où retentirent les voix de Châteaubriand, de Lainé, de Bonald, de Pasquier, de Fitz-James, de Dreux-Brézé, de Noailles, de Molé, de Broglie, de Montalembert, cette tribune qui, pendant trente ans, fut une des gloires de la France.

LE PALAIS-ROYAL

Richelieu avait fait édifier le Petit-Luxembourg; mais quelque luxe qu'il eût apporté dans la construction de cette demeure, elle ne pouvait cependant être appelée que du nom d'hôtel, et Richelieu finit par vouloir un palais. Il donne donc le Petit-Luxembourg à la duchesse d'Aiguillon sa nièce, et fait élever pour lui, près de la porte Saint-Honoré, sur l'emplacement de l'hôtel de Rambouillet et de l'antique habitation du connétable d'Armagnac, ce célèbre Palais-Cardinal qui, sous un nom ou sous un autre, devait rester jusqu'à nos jours une des merveilles de Paris.

Il serait difficile, au reste, de juger aujourd'hui, par l'architecture extérieure du palais, de ce qu'il fut au temps de Richelieu. La disposition des bâtiments est la seule partie de l'ancien plan qui soit demeurée intacte; mais quant aux bâtiments eux-mêmes, leur dessin primitif a complétement disparu dans le dernier siècle sous l'enveloppe théâtrale dont Moreau et Oppenord l'ont entouré.

La façade de la rue Saint-Honoré était formée de petits pavillons d'un goût sévère; celle de la cour était plus riche. Au rez-de-chaussée régnait une suite d'arcades sur les pieds-droits desquelles étaient sculptées des ancres et des proues de navire en mémoire du titre de surintendant de la marine, l'un des nombreux titres du cardinal. Ces arcades supportaient un étage orné de pilastres doriques, et répondaient à une élégante galerie couverte qui donnait entrée dans le jardin. Un mail, un manége et deux bassins étaient alors à peu près les seuls ornements de ce jardin, pour l'agrandissement duquel on avait abattu le rempart et comblé le fossé de la ville. Sa forme était d'ailleurs assez irrégulière; mais dès lors Richelieu avait conçu la pensée de l'entourer de bâtiments splendides et symétriques, pensée grandiose que l'esprit de spéculation a réalisée depuis.

HÔTEL DE VILLE.
(1580)

Ce qu'il y avait surtout de remarquable au Palais-Cardinal, c'étaient les galeries, les salles de spectacle, les bibliothèques et les vivantes peintures exécutées par Vouet, Poerson et Philippe de Champagne. Ce dernier artiste avait peint, à lui seul, toute la galerie de l'aile gauche, en entrant par la rue Saint-Honoré. On y voyait se dérouler à la voûte le tableau des succès de tout genre qui marquèrent le gouvernement du cardinal. Croirait-on que, moins de quarante après, cette splendide galerie fut détruite par les ducs d'Orléans pour faire place à une longue suite de chambres à coucher?

Une seconde galerie occupait l'aile gauche de la seconde cour. Celle-là fut destinée par Richelieu à recevoir les portraits des hommes célèbres de la France. Le premier de ces portraits était celui de Suger; le dernier celui de Richelieu. Cette dernière galerie a également été détruite. Les portraits qu'elle contenait sont aujourd'hui à Versailles.

Parmi les grandeurs du Palais-Cardinal nous avons parlé de salles de spectacle. Telle était en effet la passion du cardinal pour les représentations scéniques, qu'il voulut avoir deux théâtres dans sa demeure. L'un de ces théâtres ne pouvait contenir que cinq cents spectateurs; c'était le théâtre intime. L'autre pouvait donner place à trois mille personnes; il occupait l'aile droite du palais en entrant par la rue Saint-Honoré; ce fut sur ce théâtre que Richelieu dépensa 200,000 écus pour faire représenter sa tragédie de *Mirame*.

Sous Louis XIV, la foule vint y applaudir Molière; elle l'y applaudissait encore le vendredi 17 février 1673.

Molière jouait ce jour-là *le Malade imaginaire;* lorsqu'on fut arrivé à l'intermède du dernier acte, à peine put-il répondre le *juro* du bachelier. Il venait d'être pris de convulsions; mais de peur de manquer son rôle, il s'efforça de dissimuler sa souffrance par un rire forcé. « J'ai un froid qui me tue, » dit-il à Baron. Baron lui donna son manteau pour le réchauffer; il fit avancer ses porteurs pour le conduire promptement chez lui, et lui-même marcha près de sa chaise dans la crainte qu'il ne lui arrivât quelque accident du Palais-Royal à la rue Richelieu, où il demeurait. Quelques heures après, Molière expirait entre les bras de deux bonnes religieuses qui lui prodiguaient les derniers soins. Le sang qu'il vomissait l'étouffa.

Après la mort de Molière, le théâtre du Palais-Royal fut consacré à l'Opéra, et les œuvres de Lulli et de Rameau y firent longtemps fortune. Détruit enfin par deux incendies, en 1763 et 1781, il fut reconstruit de l'autre côté du palais, et devint avec Talma le théâtre classique de notre grande littérature française [1].

L'histoire de cette littérature est au reste trop intime-

---

[1] Puisque nous avons nommé Talma, rappelons à son sujet un souvenir qui le concerne. Pendant sa dernière maladie M. Guiraud lui parlait de Dieu. « Je suis fâché de ne pas croire, lui répondit Talma; mais, en vérité, ce n'est « pas trop ma faute; j'ai eu pour père l'athée le plus décidé de tout le xviiie « siècle; il me fouettait quand je m'agenouillais pour réciter la prière que ma « bonne m'avait enseignée. Il me retira du collége parce qu'on m'y faisait « prier Dieu; il avait fait copier en grosses lettres les maximes les plus impies « du baron d'Holbach, et en avait tapissé ma chambre. C'est de là que je suis « passé au théâtre, où la Révolution, avec tous ses principes, m'a trouvé et « m'a laissé. Je vous demande si, après cela, il est possible que je sois jamais « un bon chrétien. » (*Œuvres d'Alex. Guiraud*. t. IV, p. 258.)
Triste souvenir des influences du xviiie siècle et de la tolérance philosophique!

ment liée à celle du Palais-Royal et de Richelieu pour que nous passions ici sous silence un des événements qui occupent le plus de place dans nos annales littéraires. Au moment où Richelieu livrait à l'architecte Mercier les terrains et les débris sur lesquels allait s'élever sa royale demeure, quelques hommes d'étude, la plupart très-inconnus aujourd'hui, Godeau, Gombault, Chapelain, Serizay, Malleville, Conrart, se réunissaient une fois par semaine chez ce dernier pour causer d'affaires, de nouvelles et de belles-lettres, et leurs conférences étaient suivies, tantôt d'une collation, tantôt d'une promenade. Ce cercle intime où chacun trouvait, suivant l'expression de Pélisson, « un plaisir extrême et un profit incroyable, » finit par s'élargir. On y admit successivement Furet, Desmarets de Saint-Sorlin et Boisrobert. Or, Boisrobert était un des familiers du Palais-Cardinal. Homme d'esprit et homme du monde, constamment à l'affût des nouvelles, les racontant ou les inventant au besoin avec une verve inépuisable, il était de ces esprits légers à qui tout est facile, prose et vers, et qui savent grandir leur petit mérite par leur vivacité et leur entrain. Richelieu, absorbé par les méditations ardues de la politique, avait besoin de ces rieurs de bon ton autour de lui. « Monseigneur, lui disait son médecin et ami Citois, homme de science et d'esprit tout ensemble, nous ferons ce que nous pourrons pour votre santé ; mais nos drogues seront inutiles si vous n'y mêlez un peu de Boisrobert. »

Boisrobert parla au cardinal des réunions qui avaient lieu chez Conrart, et le cardinal conçut aussitôt la pensée de donner un caractère public et durable à une association qui n'était encore fondée que sur les convenances et le plaisir. La négociation fut difficile : habitué aux simples lois de l'amitié, on craignait d'en subir d'autres. Comment refuser cependant une toute-puissante protection? Après bien des hésitations on finit par se soumettre, et l'on répondit au cardinal que la société naissante « ne vouloit recevoir l'âme que de lui, et que l'espérance de sa protection l'obligeoit déjà à un extrême ressentiment. »

Telle fut l'origine de l'Académie française. C'est en quelque sorte du Palais-Cardinal qu'elle sortit, et ce fut au Palais-Cardinal que furent minutées de la main de Citois les lettres patentes qui la constituèrent.

A sa mort, Richelieu fit don de son palais au roi. Anne d'Autriche vint presque aussitôt l'habiter avec la cour. Le séjour qu'elle y fit, et qui ne dépassa pas le temps de la jeunesse de Louis XIV, suffit néanmoins pour que la demeure de Richelieu prît à jamais le nom de Palais-Royal. Ce séjour fut d'ailleurs marqué par de grands événements. L'arrestation de Broussel, les barricades qui en furent la suite et la longue procession des magistrats du parlement venant par deux fois solliciter de la reine l'élargissement du prisonnier, sont en effet autant de souvenirs inséparables de cette splendide habitation. Ce fut sur la place du Palais-Royal que le coadjuteur, renversé et menacé au moment où il secourait un blessé, dit à un homme qui le couchait en joue : « Malheureux! si ton père te voyait! »

La journée des barricades fut une défaite pour la cour, et Anne d'Autriche n'était pas femme à rester en face de ses vainqueurs. Elle partit donc secrètement de Paris avec toute la cour, le 16 janvier 1649, à trois heures du matin, par une porte dérobée des jardins du Palais-Royal. Mais, avec Mazarin, la partie n'était jamais perdue. Un an était à peine écoulé, que l'habile ministre parvenait à semer la division entre le prince de Condé et le parlement, et, à l'aide de cette division, n'hésitait pas à faire arrêter le prince.

Les détails de cette arrestation ne forment pas l'incident le moins burlesque de la Fronde. Mazarin avait fait connaître sa résolution au coadjuteur; le secret, parfaitement gardé, avait été confié néanmoins à trop de personnes pour ne pas éveiller de soupçons. Plus d'un avis anonyme fut adressé au prince de Condé; on lui rappelait sa naissance à Vincennes pendant l'emprisonnement de sa mère, et l'on ajoutait : « D'où sortent les fleuves, là ils retournent. *Unde exeunt flumina, inde revertuntur.* »

Condé haussait les épaules avec une railleuse expression de fierté blessée. Il eût volontiers répondu, lui aussi, comme le duc de Guise : « Ils n'oseraient ! » Cependant les avis se multipliaient. Fatigué de ces craintes importunes, Condé se présente, le 18 janvier 1650, au Palais-Royal, et va droit au cabinet de Mazarin. Le cardinal était seul avec de Lionne, son secrétaire, qui écrivait sous sa dictée. Ce que de Lionne écrivait, c'était l'ordre d'arrestation du prince.

Mazarin n'en fait pas moins bon visage ; il reçoit le grand homme avec les témoignages de l'affection la plus sincère ; il le rassure sur les bruits qui courent, et finit par lui dire que, loin de vouloir le perdre, il ne songe qu'à perdre les frondeurs. « Aujourd'hui même, ajoute-t-il, les ordres sont donnés pour l'arrestation de Des Coutures, le chef des séditieux qui ont attaqué le carrosse de Votre Altesse sur le Pont-Neuf. » Condé approuve, remercie, il dispose même ses gardes de manière à rendre l'arrestation plus sûre ; et, le soir, il vient seul au Palais-Royal contre sa coutume, afin d'épier les événements.

Il y rencontra le prince de Conti et le duc de Longueville, qui y avaient été mandés. La reine feignait d'être indisposée et s'abstenait de paraître ; Mazarin sortit sous un vain prétexte, et alors on vit entrer Guitaut, Comminges et Croissy, officiers aux gardes, lesquels dirent poliment à l'oreille des princes qu'il fallait aller en prison. Condé crut d'abord qu'on se moquait, puis sa colère s'exhala en reproches ; mais Guitaut était suivi de vingt hommes armés qui entraînèrent les princes par un escalier dérobé dans le jardin du palais, et les firent monter en voiture pour Vincennes.

Louis XIV agrandit le Palais-Royal, du côté de la rue Richelieu, d'une vaste galerie où Coypel représenta à grands traits divers sujets de l'Énéide. Les ducs d'Orléans, à qui ce palais fut donné, s'étudièrent à leur tour, pendant un siècle, à en accroître l'éclat. Le régent y rassembla une collection unique de tableaux de toutes les écoles ; il y consacra en outre un cabinet aux pierres gravées, un autre à la minéralogie et à l'histoire naturelle, un troisième aux productions et aux outils divers des arts et métiers.

Mais ce fut surtout après l'incendie du théâtre, en 1763, que le Palais-Royal fut l'objet d'immenses travaux qui en modifièrent complétement l'aspect. Louis-Philippe d'Orléans, petit-fils du régent, qui le possédait alors, confia la direction de ces travaux à Moreau, architecte de la ville. La façade de la rue Saint-Honoré avec ses deux ordres dorique et ionique, et la façade du jardin avec ses huit colonnes ioniques cannelées et son attique couronné de statues, sont l'une et l'autre de cet architecte. L'escalier à double rampe fut dessiné par Constantin; il rivalisa de noblesse avec le grand escalier dessiné anciennement par Desorgue.

Cette partie du Palais-Royal n'a pas changé d'aspect depuis quatre-vingts ans; mais ce qui a changé, ce qui a été bouleversé, transformé, c'est le jardin dessiné en 1730 par Desgots, neveu de Le Nôtre, et dont les vieux ormes en boule, dont les grands marronniers et les longues charmilles formaient un lieu de douce solitude au centre de Paris.

J'ai déjà dit par suite de quelles sordides pensées ce lieu devint en 1781 la grande foire de la capitale. Pour y attirer plus sûrement la foule, on commença par y attirer le commerce et la débauche. On consacra à l'un et à l'autre un immense palais qui s'unit par ses extrémités au palais du prince. Les portiques, les balustres, les hauts pilastres corinthiens de cette nouvelle construction, entourant l'antique jardin sur trois de ses faces, offraient d'ailleurs, malgré la maigreur des ordonnances, un grand effet d'ensemble. Commencée par Louis-Joseph d'Orléans, cette imposante spéculation n'a été achevée que de nos jours par son fils.

Pendant quarante ans, en effet, les galeries du Palais-

Royal n'ont été reliées entre elles, du côté de la cour, que par une suite de baraques formant deux couloirs étroits et infects. A ces hideuses baraques Louis-Philippe a substitué une galerie vitrée étincelante de marbre et d'or qui, par son éclat et sa grandeur, peut figurer parmi les monuments de la capitale. Les constructions diverses du palais ont en outre été raccordées entre elles, des vestibules à colonnes ont été ouverts sur différentes rues, et le Palais-Royal, remarquable depuis longtemps comme demeure princière, est devenu sans égal comme palais de l'industrie.

Au temps des Romains, l'emplacement actuel du Palais-Royal fut sans doute occupé par quelque monument public ou quelque somptueuse *villa*. Un aqueduc souterrain, descendant des hauteurs de Chaillot, y aboutissait en effet à deux bassins dont on a pu reconnaître les vestiges. Aujourd'hui le jardin, resserré entre de longues lignes de bâtiments, et n'ayant plus à la place de ses vieux bois que de vastes pelouses et un petit nombre d'arbres maintenus à demi-hauteur, conserve du moins son bassin et sa gerbe jaillissante.

Parmi les hommes dont le souvenir en est inséparable nous ne pouvons oublier Louis XIV. C'était là qu'enfant il s'exerçait à tous les jeux, pendant la régence de sa mère. « Ses divertissements, raconte Dubois son valet de chambre, estoient les promenades qu'il faisoit aux maisons autour de Paris, ses petites chasses, son fort dans le jardin du Palais-Royal où il faisoit faire à sa compagnie de tous les jeunes princes et seigneurs, des attaques, des défenses, des sorties et l'exercice..... Il se divertissoit aussi à mener son petit carrosse dans le jardin, et tomba, le 30 avril (1651), entre les deux chevaux, et s'attacha fermement au col du plus vicieux. Les chevaux s'arrêtèrent tout court et ne branlèrent pas, ce qui est fort à remarquer, les chevaux étant vicieux. »

Rentré au palais, Dubois nous le représente dansant, faisant des armes, rompant la lance *dans la visière du faquin,* « déjeunant au bruit de ses petits violons qui jouoient assez joliment, ce qui faisoit que plusieurs gens le venoient voir déjeuner, » puis traduisant studieusement les Commentaires de César en l'absence même de M. de Rhodez son précepteur, « lisant dans l'histoire de France, estudiant la langue italienne et les cartes et les mathématiques. »

Pendant la nuit des barricades, le petit duc d'Anjou fut saisi de peur, et « ne trouva point de lieu de sûreté, dit Dubois, que d'obliger le roi à prendre son épée : ce que le roi fit d'une grâce admirable, flattant cet enfant, le tenant auprès de lui et lui disant les plus jolies choses du monde, mais d'un air qu'un grand général peut parler dans de vives alarmes, sans s'émouvoir, et d'un discours qui donnoit cœur et rassuroit ceux qui l'entendoient. »

Autour de cette noble figure de jeune roi représentez-vous l'austère figure de Matthieu Molé, la calme beauté d'Anne d'Autriche, le front altier de Mme de Montbazon, ce front qui ne rougit jamais, et la physionomie si gracieusement et si finement candide de Mme de Longueville. Représentez-vous Condé, Retz, Turenne et Mazarin, cet Italien si insinuant et si souple, qui semble être le valet de tout le monde et qui n'en est pas moins le maître partout [1].

Sous la régence, le Palais-Royal devint le rendez-vous habituel des sceptiques et des roués. Quelle cour que celle qui s'était formée sous les auspices de Dubois, de ce petit homme maigre, effilé, à mine de fouine, chez lequel il n'était pas de vice qui ne disputât aux autres la préséance, et dont les pores semblaient exhaler une telle « fumée de fausseté, pour parler comme Saint-Simon, que sa gaieté elle-même attristait! » Le 9 août 1723, Dubois subissait une opération dangereuse; l'air était lourd : « J'espère que ce temps-là fera partir mon drôle, » dit le régent; le lendemain Dubois expirait.

Parlerons-nous maintenant du régent, de cette belle et grande nature étiolée par le vice? Parlerons-nous des Parabère, des Tencin, de toutes ces hontes du dernier siècle qui envahirent avec lui le Palais-Royal? Son fils, au contraire, n'y laissa entrer, quelques années après, que la science et la vertu; son petit-fils, que les douces gaietés d'une société facile; mais sous les traits de Louis-Philippe-Joseph semble renaître le régent avec l'intelligence de moins et l'ingratitude de plus. Les hommes qui

---

[1] On s'imaginerait difficilement jusqu'où allaient les prévenances obséquieuses de Mazarin. Tandis que ses diplomates et ses espions couraient l'Europe, placé lui-même à la tête d'une cour futile, il faisait venir de tout pays des tables d'ébène, des coffrets de bois de chêne, des gants à la Frangipane, des guéridons à têtes de More, des odeurs, des reliquaires, des médailles, des confitures, et s'en faisait le galant distributeur. L'artifice de ces petits ressorts italiens n'échappait à personne; mais, tandis qu'on riait de lui, l'adroit ministre n'en suivait que plus rapidement sa voie, en dépit des pamphlets et des chansons.

l'entourent, les Laugier, les Sillery, descendent en droite ligne des roués de la régence.

A l'époque de la Révolution, le Palais-Royal devint le centre de toutes les agitations populaires. Camille Desmoulins y était en quelque sorte à demeure, haranguant le peuple le pistolet au poing et le soulevant de son emphase délirante, tantôt contre la Bastille, tantôt contre la royauté, tantôt contre la Gironde. Théroigne de Méricourt, la furie révolutionnaire, y apparaissait aussi de temps en temps, au moindre symptôme d'émeute, avec sa bande échevelée de femmes sans pudeur et sans frein. Chaque fois enfin qu'une tête était promenée dans les rues de Paris, on était sûr que sa première station serait au Palais-Royal parmi les clubistes et les prostituées, et sous les fenêtres du prince régicide. Les têtes de Foulon, de Berthier, de la princesse de Lamballe ont toutes passé par là. Un jour une charrette chargée de condamnés à mort y passait à son tour; elle s'arrêta un instant devant le palais. Parmi les victimes qu'elle traînait au supplice la foule avait reconnu le duc d'Orléans, et elle avait voulu qu'il contemplât une dernière fois sa demeure; et elle le huait. Le régicide leva alors les épaules : « Ils m'applaudirent ! » s'écria-t-il.

Depuis ce jour les temps ont marché, et, malgré les différences des caractères et des hommes, le Palais-Royal n'en est pas moins resté le palais révolutionnaire. Deux fois nous l'avons vu, en 1830 et en 1848, acclamant, profanant, s'agitant de nouveau au moindre bruit d'émeute comme à l'époque de Camille Desmoulins et de Théroigne de Méricourt. Centre brillant des quartiers populeux de la capitale, rendez-vous habituel de tous les désœuvrements et de toutes les passions, on dirait une nouvelle Sybaris; mais en même temps, dans ces galeries de marbre, parmi cette foule qui jouit insoucieuse, qui s'amuse, qui s'enivre, la Révolution erre sans cesse dans l'ombre : elle écoute et elle attend.

LE PALAIS BOURBON

Le palais Bourbon est né d'hier, et déjà son histoire embrasse toute notre histoire. N'est-ce pas là en effet que trône, depuis quarante ans, cette royauté de la parole qui a semé sur notre pays l'éloquence et les révolutions?

Deux époques, deux styles caractérisent l'architecture de ce palais. La façade du sud date de la première moitié du xviiie siècle; elle fut l'œuvre de l'Italien Girardini et successivement de l'Assurance, de Bareau, de Charpentier, etc. La façade du nord, au contraire, n'est qu'un placage théâtral appliqué aux anciens bâtiments depuis qu'ils ont été affectés aux séances de nos divers corps législatifs. Elle fut construite en 1807 par l'ordre de Napoléon et sur les dessins de Poyet.

L'impression que produit le palais Bourbon est donc fort différente, suivant qu'on le considère de la place Bourbon ou de la Madeleine. De la place Bourbon, on reconnaît à première vue une demeure princière : porte majestueuse ; riches colonnades, vaste cour, élégants portiques ; c'est bien là l'ancienne habitation des Condés ; mais de la Madeleine, à voir ces douze colonnes corinthiennes se serrant les unes contre les autres pour mieux soutenir le classique fronton athénien, on ne reconnaît plus qu'un temple, le temple de la loi sans doute.

A droite et à gauche de cette dernière façade, se font remarquer les statues colossales de la Force et de la Prudence, et, plus loin, celles de Sully, Colbert, l'Hôpital et d'Aguesseau.

Ce fut en 1795 que le palais Bourbon, devenu propriété nationale à la suite de l'émigration des Condés, reçut la destination qu'il a toujours conservée depuis. Le conseil des Cinq-Cents est la première assemblée qui y ait tenu ses séances ; puis vinrent le Corps législatif muet de l'Empire, les luttes ardentes de la Restauration, et le 7 Août, et les *vainqueurs* de Juillet, et, à leur suite, toutes les passions, toutes les clameurs de Février retentissant de banc en banc comme autant d'échos de la rue.

La salle des séances républicaines a disparu avec le 2 Décembre : c'était un édifice de bois et de plâtre, une *salle de carton*, comme on l'appelait, qui défigurait assez tristement la cour grandiose du palais. La République n'a jamais pu vivre parmi nous que sous la tente.

L'autre salle, la *salle de marbre*, date des dernières années de la Restauration. Elle succéda brillamment à l'amphithéâtre mesquin du Corps législatif. La Restauration avait importé en France le gouvernement parlementaire; aussi, dans le plan qu'elle traça pour la disposition de son palais, se plut-elle à lui prodiguer tout ce qui donne éclat et grandeur : colonnes de marbre, vastes galeries, statues, dorures, médaillons, arabesques. Et, au même moment, le gouvernement parlementaire l'étreignait, l'étouffait de ses liens.

Louis-Philippe acheva et inaugura la nouvelle salle. Éclos à la chaleur du souffle parlementaire, son gouvernement tint de plus à honneur d'embellir, d'*illustrer* la demeure du parlement. Au-dessus du fauteuil présidentiel se déroula un vaste tableau de Court représentant le serment du 9 Août, cette inauguration bourgeoise de ce qu'on appelait la *royauté citoyenne;* puis des statues allégoriques de l'Ordre, de la Liberté, de la Force, de la Justice, de la Vérité, de l'Éloquence furent jetées, comme autant de sentinelles, aux avant-postes de la tribune. On se plaisait à faire de l'allégorie pour le peuple le moins allégorique du monde. La Force cependant se montra un jour toute vive, toute nue. Elle pénétra hardiment dans l'enceinte, et devant elle tout s'évanouit : majorité, minorité, éloquence, ordre public, dynastie de vingt ans, il ne fallut qu'une heure pour que tout cela disparût devant un geste de Ledru-Rollin et une phrase de Lamartine.

Ainsi en arrive-t-il des peuples usés par la parole.

Les diverses salles du palais Bourbon reflètent toutes l'éclat de la souveraineté parlementaire. Vous remarquerez surtout la *salle des Conférences* avec sa belle statue de Henri IV et ses tableaux du *Siége de Calais* et de *Matthieu Molé;* la *salle des Pas-Perdus* avec ses groupes de Laocoon et de Virginie; la bibliothèque avec ses 50,000 volumes et ses manuscrits de Fénelon et de Jean-Jacques; la *salle d'Attente* avec ses graves figures de Mirabeau, de Bailly, de Foy et de Casimir Périer. Que de souvenirs, que de révolutions dans ces quatre statues immobiles! Le Jeu de Paume! le 5 Octobre! le 29 Juillet 1830! ne sont-ce pas là en effet les grandes dates de notre vie parlementaire?

Les ombres se pressent du reste au palais Bourbon. Tenez, voilà Lainé, cet homme d'une sensibilité si harmonieuse et qui devenait parfois si énergique, cette corde d'une lyre qui se tendait à l'orage : le voilà en présence de Napoléon, lui rappelant avec dignité que la France est à bout de sang et d'argent.

Ne vous semble-t-il pas, en parcourant ces grandes salles, entendre, en même temps, quelque écho lointain de l'esprit de Benjamin Constant, du flegme irritant de Manuel, ou de cette rhétorique de Foy, dont les élans eux-mêmes s'encadraient dans une forme qu'on eût dit renouvelée de l'antique? Voyez-vous l'ardent général en face de de Serre, de cet homme dont la figure maigre et obscure est si dominante, dont le regard profond est à la fois si passionné et si puissant? De Serre, désabusé de ces faiblesses qui n'aident qu'à mourir, s'est porté tout à coup à la défense du pouvoir contre ses amis de la veille. Foy se lève alors avec la pose académique qui est dans sa nature : « Pour toute vengeance, dit-il, pour toute « punition, je ne vous condamne, Monsieur, qu'à tourner « les yeux, lorsque vous sortirez de cette enceinte, sur « les statues de l'Hôpital et de d'Aguesseau. » De Serre bondit comme un lion; il commande, il entraîne; les expressions les plus colorées sortent à flots de sa bouche. « La démocratie, s'écrie-t-il, coule à pleins bords; » et fixant la gauche, la tenant pour ainsi dire immobile sous son regard : « Je vous ai vus, je vous ai pénétrés, je vous « ai démasqués. »

C'étaient alors les beaux jours de la tribune; c'étaient les jours de Martignac, cette musique parlée qui aurait pu faire croire à la fable de la Sirène; c'étaient les jours de Peyronnet si pompeux et si grave, de Corbière si spirituel et si instruit, de la Bourdonnaye si éloquent dans les entraînements de sa foi monarchique, de Castelbajac et de Salaberry, si vifs à l'attaque, si prompts à la *rescousse!*

C'étaient les jours des oracles de Royer-Collard, de ce patriarche de la doctrine dont la voix platonique évoquait avec tant de gravité, du sein des nuages, cette *souveraineté de la raison* si habilement taillée à la mesure de ceux qui ne veulent ni de la souveraineté de droit divin, ni de la souveraineté du peuple, mais qui s'accommoderaient facilement de la leur.

Il y a quelques mots de Royer-Collard qui sont restés. J'en citerai un seul : « Deux choses nous manquent : dans « l'ordre intellectuel, l'*attention;* dans l'ordre moral, le « *respect.* » N'est-ce pas en deux lignes le secret de toutes nos catastrophes?

La tribune de la Restauration vit enfin une lutte sans égale peut-être dans l'histoire, lutte de toutes les forces réunies d'une opposition d'élite, souplesse de Benjamin Constant, apostrophes de Casimir Périer, prosopopées de

Foy, élans capricieux de la Bourdonnaye, contre un petit homme nazillard et grêle, qui n'était ni Cicéron ni Mirabeau, mais qui causait de guerre, de diplomatie, de finances presque aussi bien que Thiers, et qui n'était pas si étourdi; qu'on aurait pu prendre pour un avocat, mais qui était un homme politique.

La lutte dura cinq ans, et si M. de Villèle succomba dans des scrutins de village, à la tribune du moins il ne fut pas vaincu.

La révolution de Juillet éclate, et avec elle retentit le fameux adage de Dupin : *Chacun pour soi, chacun chez soi*. Avec elle les apostrophes de Casimir Périer se transforment en accès de commandement superbe. Les députés hésitent-ils : « Allons, allons donc, Messieurs, debout, debout! » leur crie l'impatient ministre, et ils se lèvent sous l'impulsion de cette ardente volonté qui était devenue du génie.

Puis viennent les grandes luttes entre Guizot et Thiers : Thiers si fin sous son enveloppe de prétentieuse bonhomie, si prompt d'intelligence, si inépuisable et si précis de détails, merveilleux causeur en un mot, mais qui n'a pu échapper au défaut habituel des causeurs, celui de laisser tomber des mots qui rendent impossible; et Guizot, si fier, si dominant, n'envisageant les questions que de haut ou de loin, ce qui offre le grand avantage d'en rendre les aspérités moins sensibles; puis les résumant d'un mot, les saisissant d'un trait dans sa vaste synthèse. Les clameurs, les trépignements s'efforcent-ils de l'interrompre, il ne recule pas, comme Thiers, pour porter un coup plus sûr. On dirait un roc, tant il est inébranlable.

« Quelle que soit, répondra-t-il, la fureur redoublée
« de vos cris, ils n'ébranleront pas mon courage. Vous
« avez beau faire, vous n'élèverez jamais vos injures à
« la hauteur de mes dédains. »

Rappellerons-nous maintenant la verve d'Odilon Barrot, cette verve retentissante qui allait devoir ses plus belles inspirations à la République? Rappellerons-nous cette distinction de forme et de langage qui devenait une puissance avec Molé, et cette logique des affaires qui allait jusqu'à l'éloquence avec Dufaure? Oublierons-nous la poésie de Lamartine, cette harpe d'or sur laquelle les sentiments vibraient comme des idées, et les entraînements d'une riche et mobile imagination comme autant de convictions ardentes!

Mais surtout, qui ne voit, qui n'entend Berryer approfondissant, agrandissant toutes les questions : Berryer dont l'assemblée aspire chaque idée, chaque syllabe, et qui la tient palpitante comme la sibylle sous la pression du dieu?

Place maintenant à la République! place aux Colberts et aux Sullys ignorés qui restaient condamnés avant elle au dossier ou à la glèbe? Les voyez-vous qui accourent des quatre vents? Ils entrent au palais Bourbon aux sons harmonieux de la harpe de Lamartine; on dirait une lyre éolienne au premier souffle de l'orage, mais elle vibre encore que ses sons impuissants se perdent dans le bruit. La République trouva cependant son homme, elle produisit un caractère, le général Cavaignac; puis elle le brisa d'un coup. Et alors vous n'apercevez plus dans la phalange républicaine que des interrupteurs, des vociférateurs, et un essai de tribun.

La parole cependant reste aux vieux maîtres : Thiers reparaît plus fécond et plus habile ; Berryer plus magnifique ; Odilon Barrot plus nerveux et plus fort ; Montalembert, un exilé du Luxembourg, plus incisif et plus dominant. Près d'eux vous retrouverez Vatimesnil dans toute la force de ses beaux jours ; vous y retrouverez aussi un homme, jeune encore, peu connu naguère, mais qui s'est révélé au péril, cette pierre de touche des grandes âmes. Lorsqu'il paraît à la tribune, il se fait un silence gros d'orages. C'est qu'en effet il y a trop de sérénité sur son front et trop de bienveillance dans sa parole, il commande trop la confiance et l'estime, pour n'être pas haï. Aussi bientôt la tempête éclate : prêtez l'oreille, si vous le pouvez, à ces clameurs qui s'entre-croisent. Celui-ci traite de folie sa politique :

« Il y a, répond-il, une folie bien autrement redou-
« table, c'est celle de la passion. »

Celui-là lui montre un nouveau 10 août suspendu sur sa tête :

« Le 10 août, reprend-il avec calme, a été suivi du
« 2 septembre, du 31 mai, du 9 thermidor ; il a été
« suivi du 18 brumaire. Toutes ces dates se tiennent ; ce
« sont les étapes logiques et inévitables des passions que
« vous évoquez contre nous aujourd'hui, et qui se
« tourneront contre vous demain. Non, le peuple ne
« veut pas d'un 10 août, parce qu'il sait trop bien où
« cela le conduirait. Le peuple ne veut pas des trem-
« bleurs ; mais il ne veut pas davantage de ceux qui
« font trembler, sachez-le bien. »

— « La France ne veut pas de vous ! » hurle alors la montagne.

— « La France accepte, répond-il aussitôt, la France
« veut le concours de toutes les bonnes fois et de toutes
« les bonnes volontés. La France sait parfaitement
« qu'on n'improvise pas l'avenir, que l'avenir se fait
« avec du passé, et le progrès avec de l'expérience. La
« France ne veut ni des hommes qui ne sont capables
« de rien, ni des hommes qui sont capables de tout. »

Et alors vous eussiez vu la salle frémir au tonnerre des applaudissements : c'était Falloux.

Oui, le palais Bourbon nous rappellera longtemps de grands caractères et de grands triomphes. Il nous rappellera le 15 Mai et sa glorieuse victoire ; il nous rappellera la longue lutte de 1848, cette lutte du bon sens et du courage contre tous les sophismes et toutes les émeutes de la Révolution. Et cependant, lorsqu'on parcourt la plupart des dates de son histoire, que trouve-t-on, je le répète? Des dates révolutionnaires : la tribune soulevant les pavés des rues, et les pavés des rues opprimant la tribune. Ne semble-t-il pas alors que toutes les voix se taisent, et qu'on n'entend plus dans le lointain que le cri sauvage de Danton : « De l'audace, de l'audace, toujours de l'audace ! »

L'HOTEL-DIEU

Encore un palais, l'humble palais du pauvre, ou, pour parler le pieux langage de l'Église, l'*hôtel de Dieu*. Julien l'Apostat, cherchant à s'expliquer la force du christianisme, l'attribuait à la charité envers les pauvres, à la gravité des mœurs et au respect pour les sépultures.

Il y avait loin, en effet, bien loin de ces *maisons de Dieu*, s'ouvrant pour toutes les misères, à ces cellules souterraines de l'ergastule où l'esclave, parqué comme le bétail, était nourri, soigné et enchaîné comme lui : l'esclave, cette autre espèce d'homme, comme dit Florus, *secundum hominum genus;* ces pieds liés, ces mains garrottées, ces visages marqués au fer, comme dit Sénèque, *impediti pedes, vinctæ manus, inscripti vultus*. Une voix d'en haut a dit tout à coup : « Ce que « vous aurez fait au plus petit d'entre vos frères, c'est « à moi que vous l'aurez fait. » Et aussitôt il y a eu des secours, des affections et des dévouements pour toutes les souffrances. Le pauvre est devenu sur la terre comme un vivant souvenir de Dieu.

Aussi y a-t-il ses palais ; nos splendides abbayes, nos vieux cloîtres furent les premiers palais du pauvre; nos grandes églises, ses chapelles royales. On trouvait en outre, çà et là, près de la maison de l'évêque surtout, des asiles particulièrement ouverts aux pèlerins, aux infirmes et aux voyageurs. Nous avons parlé d'un de ces asiles qui était attenant à l'église Saint-Julien-le-Pauvre ; il en existait un autre près de Saint-Benoît, sur la pente du coteau des Thermes ; et un troisième à la porte de la cathédrale ; la fondation de ce dernier a été longtemps attribuée à saint Landri, évêque de Paris, dans le viie siècle. Saint Landri est surtout connu dans l'histoire par le dévouement dont il fit preuve durant la calamiteuse année 651, et c'est sans doute à ce pieux souvenir qu'est due la tradition qui lui fait honneur de l'établissement de l'Hôtel-Dieu.

Longtemps avant lui toutefois, on peut même dire de tout temps, la maison de l'évêque était la maison des pauvres. Ils y étaient immatriculés, afin d'y recevoir régulièrement les secours de l'Église. Comment ne pas voir dès lors, dans cette évangélique coutume, l'origine des hôpitaux qui, dans beaucoup de villes, sont demeurés fidèles au voisinage de l'évêché?

L'existence de l'Hôtel-Dieu, comme maison spéciale de pauvres, n'est d'ailleurs prouvée qu'à partir du ixe siècle. Il dépendait de l'évêque et du chapitre, et, à certains jours, les chanoines y lavaient les pieds aux malheureux. Parmi les droits et priviléges qui lui avaient été dès lors ou qui lui furent plus tard concédés, nous remarquons celui de prendre un lit garni dans l'héritage de chaque chanoine [1]. Ces lits furent d'abord de bois commun, de toile et de serge ; plus tard, la simplicité primitive disparut sous l'or, l'argent et les riches soieries. Les héritiers prétendirent alors se libérer de l'an-

[1] Statut du chapitre de 1168.

cienne redevance par un don de cent livres; mais le parlement maintint fidèlement aux pauvres leur part dans la succession du luxe et de la vanité.

Le nombre des lits croissant ainsi de jour en jour, on finit par admettre à l'Hôtel-Dieu, non plus seulement les indigents et les voyageurs, mais encore et surtout les malades et les infirmes. Par des statuts de l'an 1217, l'administration de la maison fut confiée à quatre prêtres, quatre clercs, trente frères lais et vingt-cinq sœurs, sous l'autorité du chapitre de Notre-Dame, et la direction d'un prêtre auquel était conféré le titre de *maître de la maison de Dieu*. Les membres de cette communauté hospitalière faisaient vœu de pauvreté et de chasteté, et étaient astreints à la vie commune.

L'Hôtel-Dieu fut longtemps désigné par le nom d'*Hôpital Saint-Christophe*, du titre d'une petite église qu'il possédait à l'entrée du parvis. Il comptait en outre, parmi ses propriétés, deux maisons dans Paris qui lui avaient été données par un clerc du nom d'Adam, à la condition que chaque année, au jour anniversaire de sa mort, on accorderait aux malades tous les mets qu'il leur plairait de manger, pourvu seulement qu'il fût possible de se les procurer : *quidquid cibariorum in eorum veniret desiderio, si tamen inveni possit*. Douce et miséricordieuse pensée qui malheureusement avait peu consulté les préceptes de la médecine.

Mais c'est surtout à partir du règne de saint Louis que date la prospérité de l'Hôtel-Dieu. Saint Louis en agrandit les bâtiments, qui s'étendirent dès lors jusqu'au Petit-Pont. Il lui conféra, en outre, le droit royal de prendre dans les marchés les denrées qui lui étaient nécessaires en en déterminant lui-même le prix. Enfin, l'Hôtel-Dieu fut déclaré exempt de tous impôts et droits d'entrée et de péage.

Chaque siècle a laissé, au reste, son empreinte dans l'histoire et dans les constructions de l'Hôtel-Dieu. Au xve, une nouvelle entrée est ouverte du côté du Petit-Pont ; au xvie, le cardinal Duprat, ministre de François Ier et légat du saint-siége, fait édifier du même côté la salle qui a longtemps porté le nom de *salle du Légat.* Vers la fin du même siècle, l'Hôtel-Dieu acquiert divers bâtiments sur la rive gauche de la Seine ; Henri IV les met en rapport avec l'hospice par la construction d'un pont. Puis nous voyons la salle Saint-Charles s'élever aux frais de M. de Bellièvre. Un second pont est construit sous le nom de Pont-aux-Doubles. L'hôpital s'accroît encore au xviiie siècle ; mais l'incendie vient alors, deux fois dans l'espace de quarante ans, semer la désolation et la ruine parmi ces milliers de malades, et dans ce confus assemblage d'édifices.

Le premier de ces incendies, celui de 1737, dura trois jours. On transporta les malades, au nombre de 2,500, dans la grande salle de l'archevêché et dans les nefs de Notre-Dame. Le second, celui de 1772, fut plus violent encore : plusieurs centaines de malades périrent dans les flammes ou sous les décombres.

Treize ans après, nous trouvons une statistique de l'Hôtel-Dieu, de laquelle il résulte qu'il était devenu complétement insuffisant pour sa destination. Il ne possédait que 733 grands lits, de 1 mètre 44 centimètres de largeur, destinés chacun à deux malades, et 486 petits lits, d'un mètre seulement de largeur, et destinés à un seul malade, en tout 1,229 lits pouvant contenir 1,952 malades. Or, le nombre des malheureux admis à l'hospice s'élevait rarement à moins de 2,500, et dépassait souvent 3,000. Les malades y étaient donc entassés trois et quatre dans les mêmes lits.

Louis XVI, à qui nulle bonne et grande pensée n'était étrangère, ordonna à cet égard de larges réformes. Par des lettres patentes de 1781, l'Hôtel-Dieu dut être disposé de manière à pouvoir contenir au moins 3,000 malades couchés seuls dans leurs lits. Puis une commission de l'Académie des sciences reçut mission, en 1785, de visiter les divers établissements du même genre que possédait la capitale, et de donner son avis sur la création de quatre nouveaux hospices. Le rapport des commissaires constate que la mortalité était alors à l'Hôtel-Dieu de 2 sur 9, tandis que dans les autres hôpitaux de Paris, et spécialement dans ceux des Frères de la Charité, elle n'était que de 2 sur 15 [1]. La commission ajoutait à ces calculs les chiffres suivants : pour l'hôpital de Lyon, 2 sur 24; pour l'hôpital de Saint-Denis, 2 sur 30; et pour l'hôpital du Saint-Esprit à Rome, 2 sur 22.

La création des quatre nouveaux hospices fut dès lors et immédiatement décidée. Malheureusement la Révolution vint tout à coup arrêter l'effet des généreuses intentions du roi; elles n'ont pu être réalisées que de nos jours.

L'Hôtel-Dieu ne compte plus actuellement que 1,000

[1] C'est à peu près aujourd'hui le chiffre de la mortalité à l'Hôtel-Dieu.

lits, dans lesquels chaque malade est couché seul; 440 de ces lits sont destinés aux hommes, et 560 aux femmes : les salles sont propres, vastes, aérées. L'ouverture d'une rue et d'un quai sur la rive gauche de la Seine a, de ce côté surtout, considérablement amélioré les conditions hygiéniques de l'établissement. Deux jardins et une galerie vitrée élevée sur le vieux pont de Henri IV servent de promenoirs aux malades; et les filles de Saint-Augustin, que la Révolution avait chassées de l'hospice, leur patrie, y prodiguent de nouveau aux infirmes leurs soins maternels.

En voyant les robes blanches de ces pieuses filles errantes dans les salles, il est un souvenir qui se présente naturellement à l'esprit; c'est celui de Geneviève Bouquet, de cette illustre prieure qui avait pris pour titre de religion le *saint nom de Jésus*, et qui réforma, qui renouvela la Congrégation hospitalière de l'Hôtel-Dieu, au XVIIe siècle. Ces lieux qu'ont parcourus tant de générations de malades, la salle Saint-Charles, le pont du Rosaire, etc., ne furent-ils pas les muets témoins de ses œuvres évangéliques?

L'Hôtel-Dieu s'annonce sur la place du Parvis par un péristyle dorique; on est allé demander à la Grèce ses colonnes et ses triglyphes pour un genre de monument qu'elle ne connut jamais.

Mieux inspirés, nos pères avaient imprimé au frontispice de l'hôpital le religieux caractère des âges de foi qui donnèrent naissance à ces institutions de l'amour et de la charité. Il y a soixante ans, l'Hôtel-Dieu ne formait pas encore contraste avec la cathédrale. Ses longues fenêtres ogivales, ses meneaux, ses colonnettes rappelaient Charles V, saint Louis, Philippe-Auguste, et, en pénétrant sous ces voûtes, on pouvait s'imaginer les voir encore, saint Louis surtout, ce pieux gardien de la dignité des pauvres, qui, lorsqu'il s'agissait de l'Hôtel-Dieu de Paris, *donnoit dix fois plus qu'il ne lui estoit demandé,* racontent les chroniques. « Quand la maison fut en estat, ajoutent-elles en parlant d'un autre hôpital, saint Louis, assisté du roi Thibaut, son gendre, y mit le premier malade, qu'il porta dans un drap de soie, et il laissa le drap sur le lit du malade. Louis et Philippe, ses deux fils aînés, portèrent de même le second malade; et, après eux, les barons qui estoient présents portèrent les autres. »

Ceci se passait six cents ans avant la grande révolution qui prétendit inaugurer parmi nous l'ère de l'*Égalité* et de la *Fraternité*.

FIN.

TABLE

PARIS AUX DIFFÉRENTS AGES DE SON HISTOIRE

I — Paris avant et pendant la domination romaine.	3
II — Prédication du christianisme. — Domination franque.	10
III — Aspect de Paris sous les derniers Mérovingiens.	17
IV — Carlovingiens. — Invasions normandes.	22
V — Capétiens. — Guerres féodales. — Communes.	26
VI — Mouvement des études et des arts.	31
VII — Philippe-Auguste. — Rues de Paris. — Nouvelle enceinte. — Université. — Fondations pieuses.	36
VIII — Saint Louis; son administration. — Métiers. — Guet des bourgeois. — Essor de la piété et de la charité.	47
IX — Statistique et tableau de Paris sous Philippe le Bel.	57
X — Esprit de fondation au xive siècle.	70
XI — Avénement des Valois. — Douleurs et ruines.	72
XII — Charles V et Charles VI. — Sagesse et folie.	76

XIII — Dépopulation de Paris. - Il reprend vie sous Louis XI.
— Imprimerie, poètes, etc. 89

XIV — Première moitié du xvie siècle. — Beaux-arts.— Monuments. 94

XV — La Saint-Barthélemy. — La Ligue. 98

XVI — Siége de Paris.— Entrée de Henri IV.— Son gouvernement. 106

XVII — Agrandissement et embellissement de Paris pendant la seconde moitié du xvie siècle et les premières années du xviie. — Mœurs, luxe, duels, etc. 114

XVIII — Essor que prend Paris sous Louis XIII. — Charité. — Beaux-arts, sciences, belles-lettres. 125

XIX — Louis XIV. — La Fronde. — Caractères de l'art sous Louis XIV. — Somptueux édifices. — Vastes perspectives. — Aspect monumental de Paris. 134

XX — Tableau satirique de Paris sous Louis XIV. 146

XXI — Louis XV. — Accroissement de Paris. — Monuments. — Philosophisme. — Décadence sociale. 151

XXII — Développement rapide de Paris sous le règne de Louis XVI. — Puissante et généreuse initiative du roi. . . . 156

XXIII — Révolution. — Traces qu'elle a laissées à Paris. — Ruines. — Centralisation. 162

XXIV — Napoléon. — Créations de tout genre. 166

XXV — Restauration. — Progrès rapides de la Capitale. . . . 174

XXVI — Gouvernement de Juillet. — Vastes travaux d'embellissement à Paris. 177

TABLE. 467

HISTOIRE CRITIQUE ET ANECDOTIQUE

DES

MONUMENTS DE PARIS

ÉGLISES

Sainte-Geneviève.	183
Saint-Germain-des-Prés.	195
Notre-Dame.	204
Saint-Germain-l'Auxerrois.	234
Saint-Gervais.	240
Saint-Merry. — Saint-Nicolas-des-Champs.	243
Saint-Eustache. — Saint-Étienne-du-Mont.	248
Saint-Louis. — L'Oratoire. — Saint-Roch.	254
Église des Invalides.	258
Saint-Sulpice.	261
La Madeleine.	269

PALAIS

Les Thermes.	277
Le Palais-de-Justice et la Sainte-Chapelle.	291
Le Louvre.	324

Les Tuileries. 370
L'Hôtel-de-Ville. 395
Le Luxembourg. 421
Le Palais-Royal. 435
Le Palais Bourbon. 448
L'Hôtel-Dieu. 457

TOURS. — IMP. MAME.

www.ingramcontent.com/pod-product-compliance
Lightning Source LLC
Chambersburg PA
CBHW072212240426
43670CB00038B/807